大学入試問題問題シリーズ4

絶対に解けない
受験世界史 4
悪問・難問
奇問・出題ミス集

稲田義智

パブリブ

■■■序文■■■

　『絶対に解けない受験世界史』シリーズは4冊目を刊行することになった。出版ごとにこの序文では近年の受験世界史の概況を述べているが，本巻の大きなトピックとしてはセンター試験から大学入学共通テスト（以降は共通テスト）への切り替わりが挙げられる。共通テストの地歴公民では，史資料をふんだんに用いて，単純に知識を問うだけではなく，読解力や思考力をも問うという高い目標の下で工夫が凝らされた出題が初年度以降続いている。一方で，やはり目標が高すぎたのか，センター試験と比べると少し荒れた出題が登場してしまう。そうした問題は本編で取り上げた。また，この制度変更自体も調べてみたらかなり面白かったので，コラムにまとめておいた。お読みいただければ幸いである。

　前巻から続くトレンドとして，入試で世界史を課す大学・日程が減少する傾向がある。より正確に言えば，高校科目に出題が制限されないので作問しやすい「総合問題」に流れ，英語や国語ごと科目の入試を廃止する傾向が強まっている。もはや教員に高校科目を勉強させて高校科目入試を作らせるだけの体力が大学から無くなりつつあるのだろう。さらに言えば一般入試の定員が年々縮小されており，学校推薦型選抜や総合型選抜（旧称AO入試）の枠が広がっている。これ自体の是非は本書では問わないが，高校卒業程度の学力を問うのに高校科目の枠組みが無視されるというのは本末転倒の感がある。

　以下は前著にも書いた内容であるが，繰り返しておきたい。なぜ出題ミスや悪問が許されないかと言えば，端的に言って公正さを欠くからである。より具体的に言えば受験生の努力を無に帰す行為である。作問者の大学研究者からすると単なる厄介な年次行事でも，受験生からすると一生のかかった大事な試験だ。無論,「大学入試が人生の全てではない」のだが，それとこれとは別の命題であり，一生がかかっていることには違いない。問題を解くことに膨大な勉強時間を費やしてきたからこそ，どうがんばっても解けない問題を出すのは出題側の不始末であり，指定した範囲から逸脱するのもルール違反だ。範囲に関しては明確なルールが存在しないとはいえ,「高校生として必要な知識・教養を問う」というのが大学と受験生

の間の紳士協定であろう。

　また，多くの悪問は知的怠惰と傲慢さから生じているものであり，避けがたいケアレスミスではない。ここは非常に重要なところで，前者と後者には天と地ほど開きがある。作問者も人間であるから，どれだけ注意をしていてもミスを起こすことはある。そのためにクロスチェックをするであろうが，複数の人間が見落とすことも稀にある。そういった場合にはミスの存在を発表し，適切な措置をとれば，責任は相当に軽くなる話なのである。少なくとも私はなんら糾弾しないし，私自身しばしば誤字脱字を起こすのでむしろ同情したくなる。

　しかし，実際に解いて分析してみると，出題ミスや悪問は，単純な怠惰と傲慢さから生まれたとしか思えないものがほとんどである。課すべき出題範囲を把握しておらず，歴史の問題ではあるが，明らかに高校世界史の範囲を逸脱した出題をする。結果，紳士協定は守られない。また，クロスチェックを通していないとしか思えないほど独りよがりな問題を作り，しかもミスを出したところで発表も訂正もしないで，スルーしようとする大学さえある。はっきりと言ってしまえば教育研究機関としてあるまじき態度であり，知的怠惰と傲慢と言われても仕方がない。その実態は案外と知られていないのではないか。センセーショナルに一部の弩級の悪問だけが騒がれ，それ以外は無視されているのではないか。むしろ問題は，センセーショナルではない程度の悪問が跋扈していることだ。こうした現状は，暴露されなければなるまい。

本書の目的

　本書の目的はいくつかある。

1．入試世界史の一部大学に見られる，杜撰な作問を明らかにし，糾弾すること。特に，有名大学・難関大学にあぐらをかいている方々の知的怠惰の暴露を最大の目的とする。

2．真摯に作られた問題でも，出題ミスになることはある。そこで，出題ミスを集めることで，出題ミスの出やすい傾向を分析する材料として世の中に提供する。

3．単純に，バカバカしい入試問題をエンターテイメントとして笑い飛ばし，当時の受験生たちの無念を供養することにする。

4. 受験世界史範囲外の超難問を収録することで，受験生および一般の歴史好きに対する挑戦状とする。なお，本書を参考書として用いた結果として落ちても著者は責任を取りません。

　本書の目的として注記しておくこととして，現行の大学入試制度の批判は目的としていない。要するに「世界史という科目自体の存在意義」ひいては「知識を問う筆記試験という問題形式自体の存在意義」に関する議論は，本書ではしない。それは私の手に余る議論だ。本書はあくまで，「現行の世界史という試験として，糾弾されるべきもの・笑えるもの・特異なものを記録として収集し，分析する」ことだけに特化している。

収録の基準と分類

　悪問というものを考えるとき，反対に言って良問・標準的な問題とは何だろうか。私は以下のように定義する。そしてここから外れたものを悪問として扱う。

・世界史という科目の都合上，歴史的な事象ないしそれに関連する地名等を問うもの。
・大学入試という形式上，最低限どれかしらの高校生向け検定教科書に記載がある内容を範囲とするもの。これを逸脱するものは完全なルール違反である。
・また，現実的に考えて受験生が販路の限られた教科書の全種類に触れることは不可能であり他科目への圧迫となるため，可能な限り半分以上の教科書に記載がある内容を範囲とするもの。
・歴史的知識及び一般常識から，「明確に」判断を下せるもの。作問者の心情を読み取らせるものは世界史の問題ではなく，現代文の試験としても悪問である。

　以上の条件から外れたものは，悪問として扱えるだろう。しかし，この緩い判定では，あまりにも多くの問題が引っかかってしまうのが現状である。よって，さらにここから厳しい条件を課しつつ，以下のように分類してリストアップすることとした。

出題ミス：どこをどうあがいても言い訳できない問題。解答不能，もしく
　　　　　は複数正解が認められるもの。

悪問：厳格に言えば出題ミスとみなしうる，国語的にしか解答が出せない
　　　問題。

奇問：出題の意図が見えない，ないし意図は見えるが空回りしている問題。
　　　主に，歴史的知識及び一般常識から解答が導き出せないもの。

難問：一応歴史の問題ではあるが，受験世界史の範囲を大きく逸脱し，一
　　　般の受験生には根拠ある解答がおおよそ不可能な問題。

　補足説明として。**出題ミス**は「完全に解けないこと」が条件。少しでも
解けそうならば**悪問**に分類した。難問・奇問の判定基準であるが，基本的
に「山川出版社から刊行されている『世界史(B)用語集』（以下カギカッ
コ無しに用語集と記載）に記載がないもの」は難問・奇問とした。もう少
し説明すると，用語集とは高校世界史Ｂとして検定を突破した教科書に
記載されている歴史用語を網羅的に収録した辞書のようなものである。網
羅的に収録しているため，この用語集に収録されていないということはど
の教科書を見ても載っていないと言ってもまず問題ない。つまり，範囲外
である。このうち，一応ジャンル的には歴史になりそうなものは**難問**，そ
もそもジャンルが歴史ではないものは**奇問**とした。

　……という運用で2014年頃までは問題なかったのだが，用語集は2014
年10月に新課程の版に改訂された際に，用語を大幅に削減して約20％を
カットした（収録用語が約7000語から約5600語になった）。これは検定
教科書の冊数が11冊から7冊に減少した影響もあるが，「編者である全国
歴史教育研究協議会が不要と判断した用語は教科書に記載されていても収
録しない」という新たな方針を採用したという点も大きく影響しており，
結果的に用語集の網羅性はかなり下がっている。ゆえに，2014年10月以
降の版では「用語集には記載がないが，教科書のうちいずれかに記載があ
る」という現象がそれなりに見られるようになってしまい，以前より高校
世界史範囲内・外の判定が困難になった。一応，用語集に記載がないがい
ずれかの教科書には記載があるという用語に遭遇した場合，掲載されてい
る教科書のシェアや，常識的に考えて通常の受験勉強で覚える用語かどう
か等の観点から総合的に検討して判定した。また，用語集に記載されてい

ても，普通は覚えないもの・覚えようとは考えないものが出題されていた
場合は，難問として収録した。そこは実際に解く上での難易度を勘案して
柔軟に運用したつもりである。また，分類:難問については，用語集に載っ
ていないものを完全に機械的に収録したため，いくつか良問も含まれてい
る。この種別については収録即悪質というわけではないことを注記してお
く。

　もう一つ，用語集の説明として。用語集では，収録された用語の横には
丸数字がついており，これが検定教科書に載っていた数を示している。た
とえば「シュメール人⑦」であれば，7冊の教科書に「シュメール人」と
いう記載があることを示す。なお，7冊というのは最大数であり，シュメー
ル人は全ての教科書に載っているということがわかる。逆に「フルリ人
①」は7冊中1冊にしか記載がない。ここからシュメール人はメジャーな
用語，フルリ人はマイナーということがわかる。以後，この丸数字は特に
注記がない限り用語集頻度を示す数字として扱う。その他，図版や地図を
使った問題については，手持ちの何冊かの資料集を見て掲載があるかない
か，また私の判断で知名度を勘案し，範囲内・外を判断した。一般的な認
識とずれている可能性が無くはないので，この点もご了承いただきたい。

　最後に，入試問題については，現物の入手が可能だったものについては
現物を参照した。しかし，実際にはほとんど不可能だったので，ほぼ旺文
社の『入試問題正解』といわゆる『赤本』，主要予備校の解答速報，Xam
を参照した。難問・悪問になってくると各予備校・参考書の解答が割れて
いるものもあって，おもしろい。そこも注目していただければと思う。こ
れらの書誌情報については以下の通り。

[主要な参考文献一覧]
通称『入試問題正解』（本文では『入試問題正解』と表記）
　『2022年受験用 全国大学入試問題正解 世界史』旺文社，2021年。
　『2023年受験用 全国大学入試問題正解 世界史』旺文社，2022年。
　『2024年受験用 全国大学入試問題正解 世界史』旺文社，2023年。

通称『大学入試シリーズ』（本文では『赤本』と表記）
　『早稲田大学（法学部）（2024年版 大学入試シリーズ）』教学社，2023年。

『慶應義塾大学（法学部）（2024 年版 大学入試シリーズ）』教学社，
2023 年。
以下，入試問題を収録した大学については，収録された巻を参照した。

解答速報各予備校 URL
河合塾　http://www.kawai-juku.ac.jp/
駿台予備学校　http://www.sundai.ac.jp/
代々木ゼミナール　http://www.yozemi.ac.jp/
東進ハイスクール・衛星予備校　http://www.toshin.com/index.php
早稲田予備校　http://www.waseyobi.co.jp/index.html
増田塾　https://masudajuku.jp/

※　このうち，全大学の入試解答を出しているのは東進のみ。ただし，早慶等の難
　関大学以外は「速報」ではなく，かなり遅れてから解答が発表される。しかも会
　員制であり，かつ解答の精度は高くない。三大予備校はさすがに解答の正確性が
　どこも高い。頼りになるのが代ゼミ・駿台で，分析がしっかりしている。河合塾
　は速報が出るのがやや遅い点と，分析があっさりしている点で，他社よりも力が
　入っていない印象。しかし，河合塾の大きな特徴として，他の予備校は 1 年分し
　か掲載していないのに対し，ここは過去 2 年分（東大・京大に限れば 10 年分！）
　掲載があり，この点ではとても重宝する。早稲田予備校は名前の通り，早稲田大
　のみ。増田塾は私大文系専門塾で，解答速報も早慶と MARCH 等の難関私大中
　心である。増田塾は解説が丁寧だが，発表が入試日から 4 ～ 6 日後であるので「速
　報」とは言いがたいという欠点がある。

教科書

『詳説世界史 B　改訂版』山川出版社，2019 年。
『新世界史 B　改訂版』山川出版社，2019 年。
『世界史 B』東京書籍，2019 年。
『世界史 B　新訂版』実教出版，2019 年。
『新詳世界史 B』帝国書院，2019 年。

参考書

『世界史用語集　改訂版』全国歴史教育研究協議会編，山川出版社，
2018 年刊行，2020 年・2021 年・2022 年各版。
『山川　詳説世界史図録　第 2 版』山川出版社，2014 年刊行，2017 年版。

『詳説世界史研究』山川出版社，2017年刊行。

『日本史用語集　Ａ・Ｂ共用』全国歴史教育研究協議会編，山川出版社，2022年刊行。

『最新世界史図説タペストリー』帝国書院，2021年・2022年・2023年各版。

その他使用した参考文献は，本文中使用したページにて書誌情報を記載。

目次

2023年度

早慶・国公立

■■■■ 2023 早慶 ■■■

1. 慶應義塾大 経済学部

難問・奇問

問題1　問5　下線部Eに関連して（編註：日本はドイツに対して宣戦布告した），日本の動向に関する次の1〜5の出来事を，年代の古い順に並べ替え，その番号を左から解答用紙Bの所定の欄に記入しなさい。

1. 加藤友三郎内閣がシベリア本土からの撤兵を決定した。
2. 米騒動が起き，寺内正毅内閣が総辞職した。
3. ドイツ領であった赤道以北の南洋諸島が日本の委任統治領となった。
4. 日本がドイツの膠州湾租借地を占領した。
5. ワシントン会議で海軍軍備制限条約が締結された。

＜解答解説＞━━━━━━━━

　どう見ても日本史の問題。歴史総合は2025年からである。年度を間違えてはいないだろうか。とはいえ，4は第一次世界大戦開戦直後（1914年），2はシベリア出兵の開始に関連する事件だから大戦末（1918年），3はヴェルサイユ条約の内容（1919年）まではわかるだろう。困ったのは残りの2つで，1のシベリア出兵撤兵が1922年であるからおそらく決定も同年，5の海軍軍備制限条約は1922年締結であるところまではそれほど難しくないのだが，**同年ということは月単位問題**ということになる。1と5の月は日本史の早慶対策でも普通は覚えない。

　おそらく作問者の想定する解法は「加藤友三郎内閣」がヒントなのであろう。ワシントン会議の開催が日本に通達されると，首相の原敬は海軍の重鎮であった加藤友三郎，駐米大使の幣原喜重郎，貴族院議長の徳川家達の3人を全権大使に任命し，英米との協調を命じて送り出した。しかしその直後の1921年11月に原敬が東京駅で暗殺されると，高橋是清が代わって首相に就任した。その際，全権大使3名は帰国していない。1922年2

月，当初の方針通りに英米との協調を優先し，ワシントン海軍軍備制限条約を締結し，その際に加藤友三郎はシベリアからの撤兵を約束して，ワシントン会議は閉会した。帰国後の 1922 年 6 月，高橋是清内閣が閣内不一致で倒れると，加藤友三郎に組閣の大命が下り，加藤友三郎内閣は即座にシベリア撤兵を閣議決定，10 月に撤兵が完了した。したがって，シベリア撤兵が決定された時期を知らなくても，原敬→高橋是清→加藤友三郎という内閣の順番を知っていれば一応 1 と 5 の順番はわかる。正解は 4 →2→3→5→1。しかし，この内閣の順番にしても完全に高校日本史の内容であり，世界史で学習する内容ではない。

　慶應大の経済学部は良問の作成を標榜しており，実際に良質な問題が多いが，日本史的・地理的・政経的な問題については少し容赦が無い印象である。2023 年は本問以外に GATT と WTO の違いとその時代的背景を問う出題や，ビキニ環礁の位置を問う地図問題があった。これらは世界史と地理・政経の重複領域であって範囲内と見なせるし，良いところを聞いているという意味では良問でもあるが，解答に細かい知識が必要で受験生の正答率は低いと推測される。より質の良い問題作成を目指すのであればもう少し知識的な難易度を下げてほしいとは思うが，現状の難易度でも慶應大の他学部や他の大学の問題よりも良質なので，あまりわがままを言わないことにしたい。受験生は，本問のような日本史としても難問になるものまで学習するのはやりすぎにせよ，他科目との重複領域に注意するとよいだろう（本書では珍しい実践的なアドバイスを書いてしまった……）。

2．慶應義塾大　商学部

| 出題ミスに近い・難問 |

問題 1　(1)(2) を中心に遊牧勢力が台頭し，モンゴル高原西部のナイマンを征服した。その指導者はチンギス＝ハンとして即位後，大遠征をくりひろげた。

15　アイグン　　　　　17　アルタン＝ハン　　　20　エセン＝ハン

22 外興安嶺	24 キャフタ	30 小興安嶺
37 大興安嶺	41 ダヤン＝ハン	43 中央アジア
50 西アジア		

（編註：関係のある選択肢のみ抜粋。17 のアルタン＝ハンは別の問題の正解。）

＜解答解説＞

　慶應大の商学部は例年，慶應大の４学部では最も易しく，経済学部に次いで良質であるが，2023 年はかなり乱調であった。難化しているが，難化したというよりもなんだか調子のネジが狂っていて上手くはまっていない様子であった。特に大問１がひどい。閑話休題，この最初の空欄からして問題が胡乱である。まず思いつくのはチンギス＝ハンだが，問題文に登場するので違う。では改名前のテムジンかと思うと，選択肢にいない。となると地名か？　と疑って選択肢を見るが，選択肢にモンゴル高原がない。中央アジアと西アジアは絶対に違うと削っていくと，外興安嶺・大興安嶺・小興安嶺の３つが残る（ただし，選択肢は全部で 51 もあるので削る作業だけでかなり時間を食う）。なるほど，入れさせたいのは山脈名とここまで来てやっとわかるのだ。

　しかし，高校世界史で登場するのは外興安嶺のみなので，ほとんどの受験生は大興安嶺と小興安嶺の位置がわからない。外興安嶺はネルチンスク条約で露清国境となった山脈であり，アムール川の北に位置しているから，モンゴル高原からはかなり遠く，明らかに違う。残った大興安嶺と小興安嶺の２択で手詰まりである。正解は大興安嶺の方で，内モンゴルの東部で北東から南西にかけて連なっている山脈である。一応，実教出版の教科書の本文にこの記載があるが（p.165），この部分を丸暗記していた受験生はいないと思われる。

　ところで，テムジンが大興安嶺を根拠地としていたというのは正しいだろうか。**テムジンのモンゴル部族はケルレン川とオノン川の流域で遊牧生活を営んでおり，当時大興安嶺付近にいたのはタタル部**のはずである。実教出版の表現自体があやしい。テムジンの祖先は 10 世紀頃まで大興安嶺で遊牧をしており，その後ケルレン川・オノン川流域に移動したとされるので，その勘違いではないかと思われる。何度も書いていることだが，自

分の専門領域外のことはよく裏をとってから出題してほしい。なお，赤本は「日頃から地図をよく見ていないと，正答するのは難しい。」と間の抜けた解説をしていた。地図をよく見ていても本問は解けない。

3. 慶應義塾大　商学部（2つめ）

難問

問題1　その後の皇帝も貿易を外国人に対する恩恵とみなす立場を崩さず，18世紀後半には貿易港を1つに限定し，外国人商人や家族を　(31)(32)　に居住させるなど，厳しい管理を行なった。

39　台湾　　53　北京　　56　香港　　57　マカオ
（編註：関係のある選択肢のみ抜粋）

＜解答解説＞

　広州かなと思いきや選択肢にないから，消去法で対処するしかない。台湾はいかにも違う。首都の北京に参勤交代の大名の家族のように居住させたか，にしては遠すぎる。香港は英領になっていないが，ひょっとして割譲前には商人の居留地だったのだろうか……と妄想してしまうとかえって正解から遠のく。香港島はイギリスが開拓するまで小さな漁村しかなかったというエピソードを知っていると消しやすいかもしれない。残ったマカオが正解で，すでにポルトガルが居住権を認められた土地であったから，ヨーロッパ人はまとめてそこに居住させようというのが清朝側の意図であった。一応，正解にたどり着けるような推測の働かせ方をここに書いたが,実際の受験会場は北京や香港を切りにくく,受験生は苦しんだだろう。正答率が気になるところ。

4．慶應義塾大　商学部（3つめ）

問題1　自由貿易を求める国々の不満が高まるなかで，　(33)(34)　年に広州に派遣された林則徐によるアヘンの取締りがきっかけとなり，イギリスに開戦の口実を与えた。

13　1838　　14　1839
（編註：関係のある選択肢のみ抜粋）

＜解答解説＞

　林則徐は 1838 年 11 月に欽差大臣に任命され，1839 年 1 月に広州に赴任してアヘンの取締りを開始した。さて，「派遣された年」はどちらになるだろうか。彼が辞令を受けたタイミングとして 1838 年 11 月か，到着した 1839 年 1 月か，あるいは北京を発った日か。あれこれ調べてみたが，北京を発った日はわからなかったし，それをとことん調べる気力は持てなかった。その過程で，案の定，書籍ごとに派遣された年が異なり，1838 年としているものも 1839 年としているものも見つかった。

　種明かしをすると，山川の『詳説世界史』の本文に「1839 年，林則徐を広州に派遣して取締りにあたらせた」という記述があるので（p.295），本問はこれをそのまま採っていて，正解は 1839 年の方だと思われる。「派遣された年」という表記だけでは年号が一義に定まらないことに作問者が気付かず，ともすれば出題ミスと言える本問はまぎれもなくゴミである。林則徐閣下にあたっては本問もアヘンと一緒に焼却してしまってほしい。なお，赤本は「林則徐が広州に派遣されたのは，アヘン戦争が始まる前年」と全く調べずに書いたらしい解説を掲載していた。仕事が雑すぎる。

5．慶應義塾大　商学部（4つめ）

難問

問題1　**問3**　下線部（b）に関連して（編註：<u>フビライ</u>），遷都前にフビライが大ハン位の継承をめぐって争った人物は誰か。

＜解答解説＞

　思わずハイドゥと答えそうになるが，ハイドゥの乱はフビライの大ハン位即位後に起きたものであるから誤りである。正解はフビライの弟のアリクブケ（アリクブカ）。大学生や社会人の方で，これは普通の問題ではと思った方は，受験生時代に真面目に世界史を勉強していたのではないか。古い課程なら早慶レベルではあるが範囲内である。近年は用語集で立項されておらず，かろうじてフビライの項目内の説明文に登場する。また東京書籍の教科書にも記載があるので（p.180），これは教科書に記載があるが用語集が拾っていない用語の一つということになる。何度も繰り返し書いているが，これをグレーゾーンと見なして出題するのは受験生に全ての教科書を買いそろえて丸暗記させるのを強いることになり，金銭的・時間的負担が重すぎる。歴史は暗記科目ではないと主張したいのであればやめてほしい。とはいえ，そうした事情から早慶対策として教える予備校講師が多かろうから，正答率は低くなさそう。

6．慶應義塾大　商学部（5つめ）

難問

問題1　**問6**　下線部（e）に関連して（編註：<u>満州人の政権</u>），満州人による中国統治の正当性を主張するために，第五代皇帝の勅命によって刊行された書物は何か。

＜解答解説＞

　正解は『大義覚迷録』。問題文の「第五代皇帝」は雍正帝である。これも古い課程では早慶レベルながら用語集に項目があって範囲内であったので，その時代の受験生の方ができるかもしれない。また，これも実教出版の教科書には記載があり（p.234），早慶は古い課程の用語集に記載があれば出題することがあるということで早慶対策ではしばしば出てくる書名ではある。受験生の正答率が極端に低いということはなさそう（迷の字が書ければ）。

7．慶應義塾大　商学部（6つめ）

難問

問題2　(65)(66)　　派が主導する北部7州は，南部10州が戦線から離脱したあと，1579年にユトレヒト同盟で結束を固めて独立戦争を続行し，17世紀に国際的に独立が承認された。この連邦共和国の主権は　(67)(68)　にあった。こうして，国土の狭いスイスとオランダは，近隣の大国フランスがとった絶対王政と対極の国制で対抗した。

16　オランダ総督　　29　州議会　　61　連邦議会
（編註：関係のある選択肢のみ抜粋。また　(65)(66)　の正解はカルヴァン。）

＜解答解説＞

　思わず16のオランダ総督と答えてしまいそうになるが，ここにオランダ総督を入れてしまうと「近隣の大国フランスがとった絶対王政と対極の国制で対抗した」という文脈と矛盾が生じてしまう。実際にオラニエ家が世襲したオランダ総督は国家元首の地位で，大きな権力はなかった。さらに言えば，独立から18世紀半ばまで，つまりネーデルラント連邦共和国の存続期間の大半には7州のそれぞれに州総督がいて，形式的にはオランダ総督（ホラント州総督）が特権的な地位にいたわけではない。アムステ

ルダムを抱えるホラント州の経済力が他の州を圧倒していたため，オランダ総督が実質的な国家元首と見なされていたに過ぎない。18 世紀半ばにホラント州総督が他の州総督も兼任することが決まってから，やっと国家元首の地位が安定するのである。

　これだけでもわかる通り，近世のオランダは特殊な国制をとっていて，中央集権化が進むフランスや，後に覇権国家の地位を継承する英米と比べると圧倒的な分権型の国家であった。形式的には各州がそれぞれ主権を持ち，州の最高機関は州議会であった。連邦議会は存在したが，権限は全州にかかわる外交と軍事に限定され，しかも実権を連邦財政の大半を負担していたホラント州の州議会が握っていた。

　ということで，正解は 29 の州議会を入れるべきか 61 の連邦議会を入れるべきか迷うのだが，おそらく作問者は「（主にはホラント州の）州議会」を正解とする意図で作問したのではないかと思われる。当然ながらここまで細かい近世オランダ史は通常の受験勉強で学習しない。ほとんどの受験生がオランダ総督か連邦議会と解答して間違えたのではないか。しいて言うと，用語集の「ネーデルラント連邦共和国」の項目に「各州が主権と議会を持ち，外交や軍事などは 7 州による連邦議会で決定され」という説明があるので，これを丸暗記していた受験生なら州議会が正解になる可能性を多少考慮できたかもしれない。

8．慶應義塾大　商学部（7つめ）

難問

問題3　オスマン帝国支配下のバルカン半島では，1815 年に　(77)(78)　が制限つきながらも自治権を認められ独立への一歩を踏み出したほか，1829 年には　(79)(80)　が独立を果たした。

25　ギリシア	27　クロアチア	34　セルビア
44　ブルガリア	51　モンテネグロ	

（編註：関係のある選択肢のみ抜粋。(79)(80) の正解はギリシア。）

＜解答解説＞

　別の問題の正解だからギリシアではない，クロアチアは当時ハプスブルク家の領土だから消して３択がスタートラインだろう。ブルガリアは1878 年のベルリン条約で自治権を認められているから，1815 年ではなさそうと当てをつけて，セルビアとモンテネグロの２択までたどり着けたら受験生の知識としては十分である。あとは純粋な運試しになる。一応，用語集のセルビアの項目に記載があり，「1815 年にオスマン帝国宗主権下の自治公国として，近代セルビア国家が出発した」とあり，この通りにセルビアが正解であるが，この年号を覚えていた受験生は皆無に近いだろう。しかもモンテネグロの項目にも「15 世紀以降，オスマン帝国の影響下に置かれながらも自治を保った」という説明があるので，用語集を舐めるように読み込んできた受験生ほど「どっちの項目にも自治って言葉が書かれていたような……」となって混乱してしまう可能性もある。せめて首都の名前を出すなり「中世に王国が栄えた」なりのヒントが欲しかった。

　慶應大の商学部ではこの他に，立憲王政のベルギー王国が成立した年を1830 年と 1831 年から選ばせる問題もなかなかひどかった。独立が宣言されたのは 1830 年だが，憲法制定とレオポルト１世の即位は 1831 年であるから，後者が正解である。ただ，両年号とも教科書や用語集で明記されていることが多いので，意外と区別がついている受験生が多かったかもしれない。また，古い用語集では立項されていたシリーズとして，七月王政末期の首相ギゾーも問われていた。機械的に判断するならこれも収録対象であるが，唯一記載のある教科書の実教出版では太字の記載であり，これは拾っていない用語集の側の方が問題であると思われること，早慶対策としてはアリクブケや『大義覚迷録』よりもさらによく見る人物名であることを考慮して，白寄りの灰色という判断を下した。

　以上，慶應大の商学部は７つ収録となった。うち５つは，用語集に立項されていないが教科書どれか１冊のみに記載がある用語または年号からの出題である……**どう考えてもこれは同大学の法学部の作問手法で，悪い癖が移ってしまった。**せっかく商学部は経済学部に次いでまともな出題が多かったのに，これから法学部化していくのだろうか……そんな地獄は見たくないのだが。この手法は法学部でもそうだが，今回の商学部の大問１だ

けを見ても大興安嶺や林則徐の問題がそうであるように，実際には解釈が割れて悪問が生じやすい。教科書の記述だけが真実ではないのである。法学部の作問手法をまねてよいかどうかを，商学部は自立心をもって判断すべきではないか。総じて2023年の商学部はよほど法学部への憧れがあるのか，難易度の面でも作りの荒さの面でも前年までとのギャップが激しい。

9. 慶應義塾大 文学部

難問

問題2 設問（4）オスマン帝国の第30代スルタンであるマフムト2世がイェニチェリ軍団を廃止したのは何年か，アラビア数字（算用数字）で記しなさい。

<解答解説>

　普通は覚えない年号を問うのはやめろシリーズ。正解は1826年で，他のメジャーな年号とのかかわりも特になく，推測しようにも1800年くらいから1830年くらいまでの幅でしか見当が付かないから，あまりにも分の悪い運ゲーである。2023年の慶應大・文学部はこれ以外にカール4世が金印勅書を発布した年として1356年も出題していた。こちらもそれを聞いてどうするんだ感があるものの，金印勅書が頻出の用語であるし，大空位時代とハプスブルク家の世襲開始のちょうど中間点の14世紀半ばであるという知識を問うという意図は伝わる（それでも下一桁を問う意味はなかろうと思う）。イェニチェリ軍団の廃止年はそういう意図もわからない。作問者に見解を聞いてみたい。

　ともあれ，2023年の慶應大の文学部はこの2つの年号以外は極端に難しい問題がなく，用語集頻度が低かったり近年出題頻度が低かったりしてちょっと難しいかなと思われるのがドレスデン空襲，アポロ11号，ジャコバン派右派のダントン，デリー＝スルタン朝3番目のトゥグルク朝，「知恵の館」を設立したマームーン，政治協商会議くらいか。例年なら商学部の方が易しいが，2023年はあちらの難化もあって逆転し，慶應大4学部

の中で文学部が最も易しかったように思われる。平均点はそれなりに高そう。それだけに，この異様な年号をぶっ込んできたことが余計に解せない。

１０．慶應義塾大　法学部

出題ミスに近い

問題1　設問2　下線部（イ）に関連して（編註：<u>アメリカ合衆国</u>），20世紀半ばの同国に関する記述として誤っているものを下から選び，その番号を　(11)(12)　にマークしなさい。

- ［01］アイゼンハワー大統領は，退任に際して「軍産複合体」について警告した。
- ［02］連邦最高裁判所は，1954年のブラウン判決により公立学校での人種隔離を違憲とした。
- ［03］共和党上院議員マッカーシーらは，共産主義者や左翼運動を攻撃する，いわゆる「赤狩り」を行った。
- ［04］1947年の国家安全保障法により，国家安全保障会議，国防総省などが設立された。

＜解答解説＞

　2023年の慶應大の法学部は2022・21年と比べると易しく，悪問も少なかった。しかし，あくまで同学部の他年度との比較での話であって，他の難関私大の平均的な難易度・質と比べるとやはりひどいものはひどい。

　閑話休題，［01］・［02］・［03］は正文である。軍産複合体の用語集頻度は②，ブラウン判決は①，マッカーシズムは④なので，［01］・［02］は判定が難しかっただろう。よって消去法で正解は［04］に絞られることになり，1947年の国家安全保障法で設立されたのは国家安全保障会議と中央情報局（CIA），国家軍事機構等である。国防総省の設立は1949年のことで，用語集頻度はこれも①であるから，範囲内の難問だった……で終わることができるなら本問はここに掲載されていない。**国家軍事機構は**

国防総省の前身であって 1949 年は改名しただけであるから，**国防総省の設立年は 1947 年と見なすことが可能である。**単に山川の用語集がその説明を欠いているだけだ。たとえばコトバンクにある平凡社百科事典では「1947 年の国家安全保障法 National Security Act により創設された」となっていて，改名の件は説明がない。英語版 Wikipedia も設立を 1947 年としている。これだけで十分だろうと思ってしっかりと調べていないが，おそらく 1947 年・1949 年のどちらも出てくるだろう。また，百歩譲って国防総省の設立年を 1949 年と見なしたとしても，**根拠法は 1947 年の国家安全保障法である**から，「1947 年の国家安全保障法により，国防総省が設立された」は説明文として誤りではない。以上のような論拠から，［04］を誤文と見なせるのは改名を設立と見なした場合のみであり，かなり苦しい。河合塾・駿台・代ゼミから同様の指摘あり。

　なお，頻度①であるからどれかの教科書 1 冊には載っているはずと思って探してみたら，山川の『詳説世界史』であった（p.381）。そこには「1947 年には国家安全保障法が成立し，国家安全保障会議や国家軍事機構（のちの国防総省），中央情報局（CIA）などが設置された。」とある。この文だけでは国家軍事機構から国防総省への変化が再編なのか改名なのかの区別はつかない。これを別組織への再編であると断定的に読む読み方があるなら教えてもらいたい。**設立の根拠法の扱いがぞんざいな法学部とはいったい。**なお，赤本は本問の問題点をスルーして解説していた。

１１．慶應義塾大　法学部（２つめ）

　難問

問題1　設問6　下線部（カ）に関連して（編註：<u>再び緊張緩和の方向に向かった</u>），安全保障に関する米ソの交渉についての記述として<u>誤っているもの</u>を下から選び，その番号を　(19)(20)　にマークしなさい。

　［01］　1963 年，アメリカ合衆国とソ連は，両国首脳間で直接通話できる回線を設ける直通通信（ホットライン）協定を結んだ。

[02]　米ソ間の第1次戦略兵器制限交渉の結果，1972年に核兵器現状凍
　　　結協定と弾道弾迎撃ミサイル制限条約が結ばれた。
[03]　1973年には，米ソ間で核戦争防止協定が結ばれた。
[04]　米ソ間の第2次戦略兵器制限交渉は，1979年のソ連によるアフガ
　　　ニスタン侵攻のため，調印に至らなかった。

◀解答解説▶━━━━━━━━━━━━━━━━━━━━━━

　本問も，[01]・[02]・[03]がいずれも正文で，それぞれの用語集頻
度はホットライン協定が②，核兵器現状凍結協定が①，弾道弾迎撃ミサイ
ル制限条約は項目なし（核兵器現状凍結協定の説明文内に登場），核戦争
防止協定が①と際どいところを突いている。[04]も一見すると正文に見
えるのだが，第2次戦略兵器制限交渉は調印された後にソ連のアフガニス
タン侵攻があり，アメリカ議会上院が批准を拒否したために発効しなかっ
た。このため[04]が誤文である。正誤判断のポイントとしてはあまり
にも細かいが，2015年に上智大で類題がある（2巻の**2015 上智12番**，
p.239を参照のこと）。難関私大の作問者が出したくなるようなポイント
ということなのだろう。そういえば，本問と前問は慶應大・法学部ミリオ
タ問題の一環かも。

１２．慶應義塾大　法学部（3つめ）

出題ミスに近い

問題2　設問9　下線部（ケ）に関連して（編註：その正統教義をめぐる
論争），キリスト教では，三位一体説の正統教義化への反発から　(49)(50)
教会が成立し，そこからエチオピア教会がわかれた。　(49)(50)　に入る最も
適切な語句を語群より選び，その番号を解答用紙の所定の欄にマークしな
さい。

05　アルメニア　　　　17　コプト　　　19　コンスタンティノープル

22　シリア　　　42　ローマ
（編註：関係のある選択肢のみ抜粋）

<解答解説>━━━━━━━━━━━━━━━━━━━━

　適当に解答を出すなら 17 のコプトになるが，**コプト教会は三位一体説
を規定したニケーア・コンスタンティノープル信条を受け入れている。**高
校世界史で登場する異端で三位一体説を採用していないのはアリウス派だ
けである。エフェソス公会議やカルケドン公会議の論点はそこではなく，
父なる神と子なるイエス・聖霊の神性が同質不可分であることを確認した
上で，子なるイエスの中にある神性と人性に関する議論であった。いわゆ
るアタナシウス派，後のカトリックや東方正教会の正統教義では，イエス
の神性は父なる神と同質であり，人性は我々と同質である，かつイエスの
うちの神性と人性は融合しておらず，分離もしていないとする。神性と
人性は分離していると見なしたのがネストリウス派で，神性と人性は融合
して一つの本性となったと見なしたのが非カルケドン派（いわゆる単性論
派）になる。参考文献として，久松英二『ギリシア正教　東方の智』（講
談社選書メチエ，2012 年）を挙げておく。ちょっと古くなってきたが，
いまだに本書が古代のキリスト教および東方正教の教義について最も簡潔
にまとまっていてわかりやすい。

　根本的にキリスト教の神学的理解が誤っているので本来ならば問題不成
立の出題ミスになるのだが，困ったことに**高校世界史の教科書は全体的に
同様の誤りを犯している。**主要 5 冊のうち，たとえば東京書籍の教科書は
「カルケドン公会議は，これ（編註：単性論派のこと）を異端とするとと
もに，正統のアタナシウスの説を整え，神とイエスと聖霊との三者を不可
分なものとする三位一体説を確立した。このため単性論派は，6 世紀以降，
独自にコプト教会やシリア教会，アルメニア教会などをつくっていった」
と書いていて，帝国書院の教科書もほぼ同様の記述である。実際には三位
一体説が確立したのは 381 年のコンスタンティノープル公会議であり，
451 年のカルケドン公会議では主要な議論の対象ではない。実教出版の
教科書はよりまずく，「451 年のカルケドン公会議では，シリアやエジプ
トで根強かったイエスに神性のみ認める単性論派が異端とされ，アタナシ
ウスの説の父なる神と子なるイエスに聖霊を加えた三位一体説が正統教義

として確立された。しかし，シリアやエジプトの諸教会はこの決定に反発し，こののちのシリア教会やコプト教会として独自に発展をとげた。」と書いている。上述の通り，シリア教会もコプト教会も三位一体説には反発していない。こうした事情から，大学当局に指摘したところで出題ミスとは認めてくれないだろう。とはいえ，このミスは現役のコプト教会の信徒に対して非常に失礼であり，高校世界史全体として改めてほしい。また，何度も書いているが，このような教科書執筆者も作問者も大して理解できていない古代キリスト教の神学論争が高校世界史上で必須の理解とは思えず，出題ミス頻発地帯になっている現状であることから，各教科書会社は三位一体説以外の神学的な説明を思い切って削除してほしい。

１３．慶應義塾大　法学部（４つめ）

難問

問題３　［資料Ｂ］大統領就任演説
私は人民の意思によって大統領になった。（…）二か月前，このマイダンに，［　イ　］中の広場や通りに数百万の人々が出た。（…）勝利者は，全ての［　イ　］市民である。我々は公正な選挙を勝ち取り，12月26日に我々は運命と行き違うことはなかった。（…）私は，全［　イ　］の大統領である。ドンバスや沿ドニエプルの鉱山，黒海の港湾，ガリツィアの通商路が稼働することに責任がある。（…）ヨーロッパへの一歩一歩——これは，数百万の［　イ　］人にとっての新しい可能性である。

設問２　資料Ｂに関連した以下の記述を読んで，　(55)(56)　および　(57)(58)　に入る最も適切な語句を語群より選び，その番号を解答用紙の所定の欄にマークしなさい。

この［　イ　］の　(55)(56)　革命に前後して，他の国でも類似した政治変動が生じた。たとえば，キルギスの　(57)(58)　革命が知られている。

05 オリーブ 06 オレンジ 07 カーネーション

11 黄色 12 銀色 21 チューリップ

25 バラ 29 ひまわり 30 ビロード 34 ブルドーザー

37 ユリ 39 緑色

（編註：関係のある選択肢のみ抜粋）

＜解答解説＞

　半ば時事問題。マイダン，ドンバス，ドニエプルの組合せで空欄イに入るのがウクライナとわかる。なお，空欄イ自体は別の問題で問われており，誤答用の選択肢はグルジア（ジョージア）とセルビアであった。しかし，いかに時事問題とはいえ，2004 年のオレンジ革命となるとけっこう深くニュースを聞いていないと厳しそうだ。正解できた受験生はよく現代史に対応していると言っていい。より厳しいのがもう一方で，キルギスで革命が起きていたこと自体知らない受験生の方が多かっただろう。正解は 21のチューリップ革命。誤答にあるバラ革命がグルジア（ジョージア）で起きた革命である。本問も慶應大・法学部お得意の「用語集にはないけど教科書 1 冊には載っている」シリーズの 1 つで，オレンジ革命・チューリップ革命・バラ革命という一連のカラー革命を載せていたのは山川の『新世界史』であった。

　その他の選択肢について。比較的メジャーなものはまずカーネーション革命で，これは 1974 年のポルトガルの民主化の契機である。ひまわりは台湾のひまわり学生運動のことか。ビロード革命はチェコスロヴァキアの1989 年の民主化。ブルドーザー革命は 2000 年にユーゴスラヴィアで発生し，ミロシェヴィチ大統領が退陣した。その他は私も知らなかったので，一通り調べてみた。

・オリーブ革命：存在しない。静岡県でオリーブの生産量が増加しているというネット記事が見つかっただけ。

・黄色革命：1986 年のマルコスを退陣させたフィリピン革命（エドゥサ革命）をこう呼ぶことがあるらしい。~~古参の百合オタクなので黄薔薇革命なら知ってる。~~

・銀色革命：存在しない。1990 年に日本の作家が出版した詩集が出てきた。

28

・ユリ革命：存在しない。フランスが第二復古王政の政体に変化する革命が起きたらこう命名されそう。

・緑色革命：1970年にアメリカで出版された書籍。1960年代のカウンターカルチャーを賛美したもので，当時ベストセラーになった。ただし，原著のタイトルは The Greening of America とのことなので，革命要素は無い。ところで，慶應大の選択肢語群は原則として五十音順なので，ユリの後に緑色が来ることに違和感があったのだが，この書籍名は「りょくしょくかくめい」と読むらしい。納得はしたが，由来を知らないと「りょくしょく」とは読めない。緑色を選択肢に入れたのは作問した教員の趣味と思われ，これと銀色革命から戦犯もとい作問者を絞れないかなと疑っている。

１４．慶應義塾大　法学部（５つめ）

出題ミス（複数正解）・難問

問題3　［資料E］［　ウ　］農村協同組合大会における国王の演説

今ここで，私は国王としての責任において，そして［　ウ　］国民の権利と尊厳を守ると誓った誓約を順守するべく，善神と悪神の闘いの最中にあってどっちつかずの傍観者であることはできないのである。（…）私が［　ウ　］の国王として，そしてまた，三軍の長として，国民投票にかけ，その確認のために，媒介なしの直接的な形で，［　ウ　］国民の肯定的判断を期待する諸原則とは，以下の通りである。

一．（…）土地改革を以て，地主・小作体制を廃止すること

二．［　ウ　］全土にわたる森林の国有化法案の承認

（編註：空欄ウをこの資料Eのみで特定するのは困難だが，別に引用されている資料Cがどう見てもイラン＝イスラーム共和国憲法であることや，他の設問の問題文から空欄ウは容易にイランと特定可能。資料Eは白色革命の開始を宣言する演説の一環で1963年に発表された。）

設問5　資料Eの国［　ウ　］に関連した以下の記述のうち，正しいも

のを下から選び，その番号を　(65)(66)　にマークしなさい。

[01] この国は，第二次世界大戦中，連合国側の一員としてドイツと戦い，イギリス軍とソ連軍の駐留も認めた。

[02] 第二次世界大戦後もアメリカ合衆国系企業に石油を独占管理される状況などをめぐり，民族主義者が反発を強め，この国の首相は 1951 年に石油国有化を実行した。

[03] 石油国有化を実施した政権が倒れたのち，この国は，アメリカ合衆国系資本の後押しも受け，アメリカ合衆国に軍事基地を提供した。

[04] この国とアメリカ合衆国は，この国の化学兵器開発をめぐって緊張関係にあったが，2015 年にいったん妥協が成立した。

＜解答解説＞

　[02]はアングロ＝イラニアン石油（現在の BP）がイギリス系なので「アメリカ合衆国系」ではなく誤文。[04]は「化学兵器」が「核兵器」の誤りで，山川の『新世界史』にしか記載が無いが，一般常識の範囲で誤文とわかるだろう。審議の対象が [01] と [03] である。[01] から検討しよう。イランは 1941 年当時に第二次世界大戦における中立を宣言していた一方で，国王パフレヴィー 1 世が枢軸国に接近する動きを見せていた。しかし，大規模な油田があってソ連の横っ腹を突ける地政学的位置のイランの枢軸国入りは連合国にとって悪夢であったので，同年の 8 月にイギリスとソ連の連合軍が南北からイランに進駐し，翌月にパフレヴィー 1 世が退位（実質的に配流されて南アフリカで死去），パフレヴィー 2 世が即位する。パフレヴィー 2 世は連合軍との協定に同意し，以後のイランはレンドリースの通り道となった。そういうわけで終戦までイギリス軍とソ連軍どころかアメリカ軍も駐留している。1943 年には正式にドイツに宣戦布告しているが，実際にはドイツ軍がイランに到達したことはない。調べがつかなかったが，イラン軍がヨーロッパ戦線に派遣されたということもなさそうである。以上の情報を基に判断するに，宣戦布告を重視するか交戦の有無を重視するかにより，**[01] は「連合国側の一員としてドイツと戦い」は正しいとも誤っているとも言えてしまう**ので，正誤判定が不可能である。とすると一度飛ばして [03] を検討するしかない。なお，そもそも [01] の

情報はほぼ完全に受験世界史範囲外である。

　その［03］も難しい。前半は正しいが，パフレヴィー２世時代のイラン国内に米軍基地があったかどうかは極めて細かい知識になる。こういう時は慶應大・法学部お決まりの作問手法であろうと思ってしらみつぶしに探してみたところ，やはり実教出版の教科書にそのままの記載があった（p.393）。慶應大・法学部の論拠はこれだろうから，［03］は正文＝正解，したがって［01］は誤文ということになる。**宣戦布告は交戦を意味しないのが慶應大・法学部の公式見解ということが確定したので，入試問題以外の場面でもこれに反する場面を見つけたら積極的に擦っていきたい。**

　ところで，実教出版の教科書にある「イランは親米政策を強め，アメリカに軍事基地を提供し」という記述は事実なのだろうか。手元にある範囲の書籍と，英語圏のネット記事を探してみたが，基地があったとする記述は全く見当たらなかった。実教出版に問い合わせた方が確実かもしれない。**大学当局から［01］と［03］の複数正解を認める旨の発表があった（謝罪無し）。**謝罪がなかったのは別にいいとしても，イランに米軍基地があったのかどうかについての見解を発表してほしかったところ。

　この他に法学部の大問３ではハンガリー革命の主導者クン＝ベラが問われていた。クン＝ベラは用語集に項目が立っていないがハンガリー革命の項目内に説明があり，また語群から消去法で解答可能なので収録対象外としたが，クン＝ベラの出題自体を数年ぶりに目にして驚いたので記録のために付記しておく。

　以上，慶應大・法学部は 50 問中で収録対象が５問，際どく範囲内と見なしたグレーゾーンの難問がクン＝ベラを含めて４～５問というところで，合わせて 10 問あるかどうかである。2018 ～ 22 年の５年間はずっとこれが 50 問中 15 問程度であったから，2023 年は出題ミス・悪問・難問が減少したと言っていい。問題の出題方法の観点から言っても，マニアックな用語を直接問う無味乾燥とした問題が減って，少なくとも４択正誤判定にしたり，消去法でなら解答可能だったり，最も凝っている問題では史料読解を挟んで思考力を必要としたりと工夫が見られた。ちょっとだけ更生した不良を褒めるようで気が進まないが，難易度も質も改善したと断言できる。2023 年に限れば商学部の方が悪質で，むしろ昨年までの法

学部に成り代わったかのような出題が見られた。教員が学部間で異動した
わけでもなかろうに，不思議な現象である。法学部はこのまま自力更生路
線を進むのか，今年は反省した振りだったというオチなのか，来年の動向
に注目したい。

〔番外編〕早稲田大・文化構想学部

問題5

図 B 《希望》

設問3 図 B は，フランスの画家ピュヴィ＝ド＝シャヴァンヌが1871 年
から 1872 年にかけて「希望」をテーマに制作した作品の１点である。
ここでは，白いドレスを着た女性が平和を意味する小枝を持ち座ってい
るが，その背景には荒涼とした風景が広がり，墓地や十字架が見え戦争
の痕跡がうかがえる。この絵の構想の着想源となった，製作時期にもっ
とも近い年代に行われた戦争は何か。次のア〜エの中から一つ選び，マー

32

ク解答用紙の所定欄にマークしなさい。

ア　ライプツィヒの戦い　　　イ　アロー戦争
ウ　プロイセン＝フランス戦争　　エ　クリミア戦争

設問4　図Bについて適切に説明している文章を，次のア〜エの中から一つ選び，マーク解答用紙の所定欄にマークしなさい。

ア　白いドレスの女性が平和や希望といった抽象的概念を表していると考えられ，象徴派の絵といえる。
イ　戸外に座る女性や自然の描写に見られる特徴に，モネやルノワールと共通する印象派の手法が見出だせる。
ウ　優美な女性像を軽やかなタッチで捉えた作風は，ロココ美術の典型を示している。
エ　女性が心のうちに戦争の悲劇を秘めた描写は，感情を重視したロマン主義の表現となっている。

＜解答解説＞

　悩んで正式収録とはしなかった問題。受験世界史で西洋美術史の作品を用いた出題する場合，《ゲルニカ》のような有名な作品を提示して「この作品の様式は何か」と問うか，逆に「ミケランジェロの作品はどれか」と聞いて4枚の絵から《最後の審判》を選ばせるかというような，作品そのものを覚えているかどうかを問うものが多い。そうではなく，ちゃんとその様式の特徴を覚えているかどうかを問う概念把握の問題も出題されることがある。知識の問題ではなく鑑賞能力の問題になるが，定番なのはゴシック様式やガンダーラ美術の仏像であり，これらは難易度が高くない。
　早稲田大の文化構想学部と文学部では西洋美術史の問題が恒例で，必ず出題される。そして鑑賞の問題も多い。たとえば2023年の早稲田大・文学部では，西洋美術史ではないが，ガンダーラ美術の仏像を選択させる問題が出た（これは容易であった）。しかし，早大の文化構想学部・文学部ではたまに，このような簡単なものではなく，受験生が初見の可能性が高い作品を用いて本格的な鑑賞の能力が問われることがある。たとえば

2022 年の早稲田大・文化構想学部では，ベルト＝モリゾの《自画像》が提示されて，フォーヴィスム・印象派・ロートレック・キュビスムの中から最も近い画風を選ばせる問題が出た。ベルト＝モリゾは印象派の画家であるが，西洋美術史のファンではない一般の受験生は知らないであろう。《自画像》に筆触分割が用いられていることを読み取って，印象派を選ぶ必要があった。受験世界史の範疇としては高度な鑑賞能力が求められたと言える。

　さて本問である。シャヴァンヌという画家は範囲外の知識で，《希望》も当然教科書や資料集には掲載がない。設問３は容易で，年号から普仏戦争しかない。設問４も，年代から言ってロココ美術はなく，ロマン主義も 19 世紀半ば頃には流行が終わっているから違う。２択までは容易に絞れるが，象徴主義と印象派はどちらも 19 世紀後半でおおよそ重なっているから年代で判断できない。しいて言えば，印象派は強いテーマ性の無い作品，あるいは都市住民にとっての尊い日常や安らぎを覚える光景を切り取る作品が多いので，設問３の問題文にある通り「平和を意味する小枝を持」っているとか，戦争の痕跡が見える背景を用いているというのは不自然であると考えれば印象派ではないという判断ができる。また逆に象徴主義は作品に何かしらの象徴が込められていて，しかもロマン主義よりも抽象的であるから，設問３にある説明は完全に当てはまっている。よってアが正解とわかるが，これらの知識は受験世界史範囲外に属するので，この解法は無理筋であろう。とすると一般的な解法は，本問を鑑賞能力の問題と割り切って，作品をよく見る。すると印象派であるなら筆触分割が使われていて，絵に筆のタッチが残り，物体の輪郭が曖昧であるはずだが，そうなっていないことに気づく。よってこの作品は印象派に該当しないという判断になる。正解はアであり，シャヴァンヌは象徴主義の代表的な画家の一人である。

　本問を正式な収録対象とするかどうか悩んだのは，本問の要求する鑑賞能力が高度であるためだ。前述の通り，早稲田大の文化構想学部は西洋美術史の問題が必ず出題され，しかも鑑賞の問題が含まれる。これは過去問を数年分やれば誰でも気づくことであり，対策をとらなかった方が悪いとも言える。しかも前年（2022 年）に印象派の絵画の鑑賞問題が出題されていたのだから，これは伏線だったのだろう。確かに教科書や用語集で

は印象派の技法について大した説明が無いが，主要な資料集には書かれていて，機械的な判断で言えば範囲外の知識や能力が必要だったとは言えない。しかしながら，本問は過去の鑑賞の問題よりも明らかに要求水準が高度で，史上最難の問題であった。しかもモノクロで判断させるのは酷である。ここまで要求されるとは聞いていないというのが受験生の本音だろう。早稲田大の文化構想学部・文学部でしか必要がない能力を鍛えるのは費用対効果が悪すぎるところ，多少の訓練では身につかない水準まで高められては太刀打ちする気が起きまい。

　しかも，**象徴主義は通常の受験勉強で文学潮流としてしか学習しない。**加えて用語集頻度は③と中途半端な高さである。念のため各社の教科書や用語集を調べ直したところ，象徴主義を文学潮流ではなく芸術全体の潮流として紹介しているのは帝国書院の教科書1冊だけであった。とすると多くの受験生は，象徴主義は美術史に存在しない様式と勘違いしていて，消去法で印象派を正解に選ぶことになる。この間違え方はさすがにかわいそうだ。**受験生は鑑賞能力の問題と気づかないまま知識問題として解いてしまった形であり，入り口にすら立っていない。**実際に試験終了直後の受験生のネット上の反応を探すと，このような解法で間違えた人が非常に多い様子であった。もう一つ加えるなら，本問は実質的に消去法でしか解答できない問題である。通常の文章の正誤判定問題ならば消去法は通常の解法であるが，鑑賞の問題で消去法でしか解けないのはいかがなものだろうか。その様式の特徴からぴたっと判断できる問題がふさわしいのではないかと思う。

　印象派＝筆触分割と機械的に覚えることに意味はあるのか，筆触分割の概念を理解しているかどうかが重要ではないのかという問題意識が作問者にはあったのだろう。特に受験世界史における文化史は絵画作品によらず無味乾燥な丸暗記になりがちで，それを回避すべく高校教員や予備校講師はあれこれ工夫を凝らしてはいるものの，根本的な解決にはなり得ない。そこに一石を投じた出題だったと言える。一方で，受験世界史における文化史は丸暗記でも仕方がないという発想もある。人間はいつ何に興味を持つかはわからない存在であるので，とりあえず著名な作者と作品を一通り覚えてもらう。これが，たとえば大学生・社会人になってから国立西洋美術館に行ったとして「へー，これがモネの《睡蓮》か。そういえば中学

の美術とか高校の世界史で特徴を何か覚えた気がするなー」と思う際の，「何か覚えた」になれば十分なのだ。**その「何か」を調べる時に，高校時代に一度覚えたかどうかの経験の差は必ず出る。**この取っ掛かりが人生を豊かにする。受験世界史は政治史や社会経済史だけでも分量が多すぎるので，文化史は概念理解に立ち入れなくても仕方がない。この発想に基づくなら，高度な鑑賞能力を問う問題は美術検定の試験で出題してくれればいいということになる。

　私は比較的後者よりの立場であるが，読者諸氏はどう思われるだろうか。

１５．早稲田大　法学部

悪問

問題４　設問８　下線部ｇに関連して（編註：アメリカ合衆国の動向がラテンアメリカ諸国の政治に強く影響を及ぼす状況が続いた），アメリカ合衆国による対ラテンアメリカ政策について述べた次の文章のうち，明白な誤りを含むものを一つ選びなさい。

イ　アメリカ合衆国はキューバの独立を支援してアメリカ＝スペイン戦争を起こし，勝利したのちに事実上キューバを保護国化した。

ロ　アメリカ合衆国大統領ウィルソンは，セオドア＝ローズヴェルトによる軍事力を背景としたカリブ海政策をあらため，合衆国流の民主主義を広めようとする「宣教師外交」を展開した。

ハ　アメリカ合衆国は 1889 年よりパン＝アメリカ会議を定期的に開催し，ラテンアメリカ諸国への影響力拡大を図った。

ニ　キューバ危機を受けて，アメリカ合衆国はラテンアメリカ諸国における共産主義の伝播を抑えるために米州機構を設立した。

＜解答解説＞

　イとハは正文。ニは米州機構の設立がキューバ危機よりも前なので明白

な誤文であり，これが作問者の想定する正解だろう。審議の対象はロで，一般にアメリカのカリブ海政策はセオドア＝ローズヴェルトの棍棒外交，タフトのドル外交，ウィルソンの宣教師外交と遷移したといわれる。それぞれ前面に打ち出したものが軍事力，経済力，アメリカ流民主主義の価値と区別されるが，これは何を露骨にしたか，何を名目に介入したかの違いであって，**背景はいずれも軍事力である。**確かにドル外交というネーミングはタフト自身が一般教書演説で用いた「弾丸に代えてドルを用いる」という表現からとられている。しかし，これは初手をドル借款やアメリカ民間資本の進出に代えたという意味であって，相手国の対応如何によってはアメリカ軍の派遣・占領に進んだ。宣教師外交も同様で，アメリカ流の民主主義に沿わず，アメリカの指導力を認めない政権に対しては容赦なく派兵している。メキシコ革命への介入がその典型例だが，失敗に終わっている。

　したがって，ロの文は「軍事力を背景とした」の部分を読み落としてあげて，「セオドア＝ローズヴェルトによるカリブ海政策をあらため」の部分だけで正誤判定をし，棍棒外交から宣教師外交に変わっているという読み方をしないと正文と判断できない。人によっては複数正解と主張する悪問だろう。「背景とした」という文言ではなく「軍事力を前面に押し出した」等の文言であればこのようなケチはつかなかった。日本語のセンスがない。

１６．早稲田大　文学部

悪問

問題2　設問4　下線部Dに関連して（編註：儒教・漢訳仏教），次のア〜エの中から誤っているものを一つ選び，マーク解答用紙の所定欄にマークしなさい。

ア　法顕がインドに入り仏跡をめぐり，各種仏典を得て帰国後にそれらの翻訳を行った。

イ　漢の武帝の時代に儒学の主要な経典として五経が定められた。

ウ　鳩摩羅什らの仏典翻訳は，中国での仏教布教に貢献した。

エ　後漢では，董仲舒らによって訓詁学が発展し，経典の注釈が作られた。

＜解答解説＞━━━

　儒学の官学化シリーズ。アとウは正文。エは董仲舒が前漢の儒学者であるので明らかな誤文。作問者の想定する正解はこれだろう。審議の対象はイで，**五経博士が武帝代に設置されたとするのは実証史学においては否定されており**，実態には諸説ある。たとえば早稲田大の渡辺義浩氏は三代後の宣帝時代にそろったとしている。これに沿えばイも誤文で正解になるが，高校世界史ではまだ武帝代の設置が通説になってしまっているので，出題ミスとまでは言えない。よりによって早稲田大の文学部の問題でこれをやっちゃうか。

１７．早稲田大　文学部（２つめ）

　悪問

問題6　設問6　下線部Ｆに関連して（編註：イギリスとインドの通商），イギリスはイギリス東インド会社を中心に，本国とインドを結ぶ交易に重点を置いたが，イギリスの活動について述べた次の文の中で，誤りを含むものはどれか。次のア～エの中から一つ選び，マーク解答用紙の所定欄にマークしなさい。

ア　インドのマドラス（チェンナイ）やカルカッタ（コルカタ）などに商館を置いた。

イ　カーナティック戦争やマイソール戦争でフランスを破り，インド支配の優位を決定づけた。

ウ　インドでのマラーター戦争やシク王国との戦争に勝利した。

エ　イギリス東インド会社は，インド大反乱の責任を問われ，1858 年に活動を停止した。

＜解答解説＞

　ア・ウ・エはどう見ても正文。したがってイを疑うことになり，一般的な高校世界史の知識で判断するなら，カーナティック戦争に敗れたフランスはイギリスの南インドにおける覇権を許して撤退しているから，その後に発生したマイソール戦争には参加していない，よってイが誤文＝正解となる。しかし，ちゃんと史実を掘ると，**フランスはマイソール王国を支援する形で参戦している。**ただし，フランスの参戦は，第二次マイソール戦争とアメリカ独立戦争の時期が重なっていたため，いずれにせよイギリスとは戦っていたという事情が大きく，インドの陸上での活動は小規模であった。しかしインドからの視点で見ると，この戦争はマイソール王国のティプー＝スルタンが第二次英仏百年戦争という国際状況を見据えてフランス本国まで使節を派遣するなどの積極的な外交を行ったという点において画期的であった。フランスにとっても南インドにおけるイギリスへの最後の抵抗である。そのため，小規模ではあれフランスの参戦は歴史的意義が見いだせる。以上の経緯から，本問は出題ミスと言わないまでも不用意な選択肢が含まれていて，高校世界史を超えてインド史に詳しい受験生は困惑する問題になってしまっている。代ゼミから同様の指摘あり。

　なお，マイソール王国の不運は，第三次マイソール戦争がフランス革命と並行して起こったことで，さすがにフランスはインドに派兵をする余裕がなく，マイソール王国の大敗に終わった。続く第四次でマイソール王国はイギリス東インド会社の軍門に降り，藩王国となる。

18．早稲田大　人間科学部

| 悪問 |

問題1　グプタ朝は　B　の進出などを原因として衰退し，7世紀前半には　C　が北インドを支配することになった。

設問X　文中の空欄　A　〜　C　に入る最も適切な語を，a〜dの中から一つ選びなさい。

B　a　エフタル　　b タングート　　c ウイグル　　d ソグド人
（編註：空欄 A は省略，空欄 C の正解はヴァルダナ朝）

＜解答解説＞

　空欄 B は a のエフタルが正解という想定で作問されたと思われるが，グプタ朝に侵入した遊牧民フーナがエフタルと同一の遊牧民かは異論があり，このことは東京書籍の教科書に記載がある。詳しくは本書のコラム1に書いたので，そちらを読んでほしい（p.77）。このため，最新の学説に則るなら正解が無い。代ゼミから同様の指摘あり。

１９．早稲田大　人間科学部（２つめ）

出題ミス（複数正解）

問題3　設問Y　③　可汗が称されるより以前にモンゴル高原の遊牧民が用いた君主の称号に「単于」がある。これに関連する文章として，誤りを含むものはどれか。

a　「単于」は，始皇帝が中国を統一したころ，遊牧民匈奴が初めて称したとされている。

b　冒頓単于は月氏や烏孫，東胡を破ってモンゴル高原を統一して遊牧帝国を建設した。

c　紀元前1世紀ころ，朝鮮半島北部から中国東北地方にかけての地域を支配した高句麗は，建国当初，「単于」の称号を使用した。

d　7世紀中期，唐は征服地に「単于都護府」などの都護府を置いて羈縻政策を行なった。

＜解答解説＞

　a と d は正文。c は高句麗が単于を称した事実が無いので誤文であり，こちらが作問者の想定する正解だろうと思われるが，範囲外の知識が必要。遊牧民ではないから単于は無いだろうという常識的な判断でよいのだ

が，他に紛らわしい選択肢があると推測含みの判断はしづらくなる。その審議の対象がｂで，この文を素直に読むと冒頓単于はモンゴル高原を割拠していた月氏・烏孫・東胡を駆逐したか，滅亡させて高原を統一したということになる。しかし，烏孫はもとからアルタイ山脈の南・天山山脈の東部にいて，東胡も大興安嶺の東，現在でいう中国東北地方にいた遊牧集団であるから，モンゴル高原にいない。実教出版の教科書は「匈奴は，前３世紀末から冒頓単于にひきいられて強大になり，月氏などをうってモンゴル高原を統一し，強大な遊牧国家をきずいた。さらに，漢の高祖をやぶり，月氏を敗走させて烏孫やタリム盆地を支配下におき，東西交易の利益を手に入れて全盛期を迎えた。」，つまり**烏孫（や月氏）を討ったのはモンゴル高原統一後**として記述している。よってｂも誤文になる。受験生としてもｂとｃのどちらが正解か判断できず，非常に困っただろう。烏孫の知識がなく，かえって勉強していない生徒ほど迷わずにｃを選べたという点でも本問は悪質である。代ゼミから同様の指摘あり。**大学当局から謝罪と全員正解とした旨の発表があった。**

２０．早稲田大　人間科学部（３つめ）

出題ミス（複数正解）

問題３　設問Y　④　モンゴル帝国に関する説明として，誤りを含むものはどれか。

a　チンギス＝ハンは，服属した遊牧民を千戸制という軍事・行政組織に再編制した。

b　チンギス＝ハンはナイマン，ホラズム＝シャー朝，西夏などを滅ぼした。

c　オゴタイ＝ハーンは北宋を滅ぼして華北を領有し，中央行政機構を創設するなど，帝国の基礎を整えた。

d　フラグはモンケ＝ハーンの命で西アジアに遠征し，バグダードを占領してアッバース朝を滅ぼした。

＜解答解説＞

　a と d は正文。c はオゴタイが滅ぼしたのは金なの誤文であり，これが作問者の想定する正解だろう。審議の対象は b で，記憶に新しい人もいるだろう，過去にセンター試験で出た悪問と論点は全く同じである（3巻の **2019 その他 1 番**，p.257）。ホラズム＝シャー朝を滅ぼしたのはチンギスかオゴタイかというのは解釈が分かれるところであり，教科書間で記述が一致していない。ただし，センター試験の方は「ホラズム＝シャー朝（ホラズム朝）を倒した。」という表現だったので，「倒した」と「滅ぼした」はニュアンスが異なるという逃げ道があった。しかし，今回の早稲田大の問題は「滅ぼした」と断言してしまっているので逃げ道が無い。「滅ぼした」という表現を使っていない教科書や用語集で勉強してきた受験生には b は正誤の判定がつかない不可思議な表現にしか見えない。悪問のそしりは免れまい。代ゼミから同様の指摘あり。ハンとハーンの使い分けをしているところはポイントが高いのだが，気を使うところを間違えている。**大学当局から謝罪と全員正解とした旨の発表があった。**

２１．早稲田大　人間科学部（4つめ）

出題ミス（複数正解）

問題4　設問 Y　①　「大衆」の出現にともなって，労働者政党の出現やプロレタリア文学の流行など，様々な分野でマルクス主義への関心が高まった。マルクス主義やそれ以後の社会主義に関わる以下の文のうち，誤りを含むものはどれか。

a　1848 年は，貧困層の増大など新たな産業社会における社会問題を背景にヨーロッパ規模で革命が起こった時代の転換点であり，『共産党宣言』もこの年に発表されている。

b　労働者と兵士はソヴィエトを組織してロシア十月革命（十一月革命）を推進し，国会はソヴィエトの支持を受けて臨時政府を発足させた。

c　コミンテルン（共産主義インターナショナル／第3インターナショナ

42

ル）の支援によって，陳独秀らが中国共産党を結成する一方，中国国民党を結成した孫文もソ連との提携を図った。

d ワレサ率いる自主管理労働組合「連帯」がポーランドで改革を推し進めた結果，共産党単独政権が崩壊し，ハンガリーやチェコスロヴァキアもこれに続いて複数政党制に移行した。

＜解答解説＞

　aとcは正文。bはロシア十月革命（十一月革命）がロシア二月革命（三月革命）の誤りで，これが作問者の想定する正解だろう。しかし，dにあるポーランドとハンガリーは**どちらも東欧革命では動きがいち早かった国で，どちらかが決定的に先んじていたということはない。**高校世界史の範囲ではどちらも東欧革命によって民主化したというくくり以上のことはやらないので判断しようがなく，もう少し細かいところを見ていくことになる。

　ハンガリーの複数政党制への移行はいくつか段階があり，1月に結社法を制定してハンガリー社会主義労働者党以外の政党結党を認め，2月に社会主義労働者党の中央委員会が党の指導性を放棄して複数政党制を公的に導入する新憲法の制定を宣言した。その後も政府と民衆の間で緩やかに移行が進み，最も遅くとる場合は10月の新憲法の制定である。一方，ポーランドの共産党（正確にはポーランド統一労働者党）単独政権の崩壊は以下の通り。1989年6月に選挙で「連帯」が圧勝したが，選挙制度が異常に共産党が有利な仕組みであったために大統領選出・首相選出で難航し，7月に共産党のヤルゼルスキが大統領に就任，組閣は9月までずれこんで，「連帯」のマゾヴィエツキが首相に就任した。したがって，こちらも6月から9月まで幅がある。どちらにも数ヶ月単位の幅があって重なってしまっており，解釈と価値判断の領域に入ってくるので，正誤判定にはそぐわない。

　ここで灯台もと暗し，高校世界史の教科書に当たってみると，**実教出版の教科書が「まず2月にハンガリーで複数政党制の導入が決定されたのに続き，6月にポーランドでおこなわれた選挙では「連帯」が圧勝した」とあり，**他の教科書は明確な判断を下していない。よって高校世界史で典拠とすべきはこの実教出版ということになり，鶴の一声，dは誤文になる。

私はｂとｄの複数正解で出題ミスという結論を下すことにした。教科書に依拠しすぎる慶應大学と教科書を見ずに問題を作る早稲田大学，どちらも極端すぎる。代ゼミから同様の指摘あり。**大学当局から謝罪と全員正解とした旨の発表があった。**結果的に人科は逃げるのが難しそうなものは全て出題ミスを認めており，対応は潔かった。

２２．早稲田大　教育学部

出題ミス（複数正解）

問題３　（５）　セルジューク朝と同時代のイスラーム世界について，誤っている説明はどれか。

a　アッバース朝のトルコ系軍人が自立してホラズム＝シャー朝を建国した。

b　ウマル＝ハイヤームが『四行詩集（ルバイヤート）』を著した。

c　サラーフ＝アッディーンのイェルサレム奪回を契機に第３回十字軍がおこされた。

d　モロッコのマラケシュを首都としてムラービト朝が成立した。

＜解答解説＞

　ａはアッバース朝がセルジューク朝の明確な誤りで，作問者の想定する正解はこれだろう。ｂは正文。ｃは事実関係で言えば正文だが，**セルジューク朝は滅亡年に諸説あるのでセルジューク朝と同時代ではなくなる可能性がある。**たとえば山川の教科書や用語集は 1194 年としていて，高校世界史ではこれが一般的だが，東京書籍は 1157 年としている。アイユーブ朝がイェルサレムを奪回したのは 1187 年のこと。東京書籍の年号をとるならｃは誤文＝正解になる。ｄは，**ムラービト朝の建国当初の首都がマラケシュではない。**ムラービト朝は 1056 年に現在の西サハラまたはモーリタニアで建国され，北上してモロッコを征服，1070 年頃からマラケシュを建設した。よって少なくともａ・ｄは誤文，教科書によってはｃも誤文に

なるので複数正解の出題ミスは免れない。河合塾から同様の指摘あり。d
については私も気付いておらず，河合塾のものを見て知った。これは慧眼
である。**大学当局から謝罪と全員正解とした旨の発表があった。**

２３．早稲田大　教育学部（２つめ）

出題ミス

問題３　問２　（ロ）の中で（編註：オスマン帝国と信仰を同じくするイ
スラーム諸国），オスマン帝国の版図に含まれなかった国はどれか。

a　アラブ首長国連邦　　b　オマーン
c　サウジアラビア　　　d　モロッコ

＜解答解説＞

　どう考えても「含まれなかった」が「含まれた」の誤植。明確にオスマ
ン帝国の領土になったことがある地域が現在の国土に含まれているのはサ
ウジアラビアだけである。そのまま問題文を受け取るとa・b・dが全て
正解になってしまう。一応，オスマン帝国はマスカットを一瞬占領したこ
とがあり，アラブ系部族の首長からは宗主権を認められていたようなの
で，これらを版図として認めるならばdのモロッコを正解として問題が
成り立っているが，非常に無理がある擁護になってしまう。河合塾・駿台・
代ゼミから同様の指摘あり。**大学当局から謝罪と全員正解とした旨の発表
があった。**

２４．早稲田大　教育学部（３つめ）

悪問

問題4　（9）　新羅について誤っている説明はどれか。

a　王族から平民までを五等級に分けて社会生活を規制した。
b　唐から楽浪郡と帯方郡を奪った。
c　朝鮮半島東南部の辰韓の地に成立した。
d　仏教が栄え，金城に仏国寺が建てられた。

＜解答解説＞

　ｃとｄは正文。ｂは楽浪郡を滅ぼしたのが高句麗なので誤文であり，作問者の想定した正解はこれだろう。審議の対象はａで，**骨品制は詳細がよくわかっておらず諸説ある。**それもあって曖昧にしか言及していない教科書が多い。やや詳しく説明しているところでは，東京書籍の教科書は「王族と平民までを出身氏族によって５階級に分け，官職，婚姻，社会生活などを規制した」としており，本問のａはここを典拠としていると思われる。一方で実教出版の教科書は「骨品制によって王族・官僚貴族の身分を厳格に定めた。」「王都に居住した人々に適用された身分制度。王族以下いくつかの階層にわかれ，官職・婚姻などの社会的地位や，衣服・家屋などの生活様式全般にわたって統制した。」とある。さらに山川の用語集は「新羅の王族と一般貴族だけを対象とした特権的身分制度。王族である骨階層と一般貴族である頭品階層からなり，階層間の婚姻や就任できる官位・官職に厳しい規制があった。」と記述している。つまり，**実教出版や山川用語集の記述を信用するなら平民は骨品制の枠外だったということになる。**これに沿えばａも誤文になる。また本問とは直接関係無いが，東京書籍と山川用語集の記述には「王都に居住した」という限定が無く，ここも学説が割れている。教科書間で学説が大きく異なるものを出題すべきではない。

　本問の解説はここで終わりにしてもよかったのだが，東京書籍と実教出版のどちらの学説が正しいのかが気になって，ちょっと調べてみることに

した。以下，李成市氏が『岩波講座世界歴史』に書いている論文をベースにしつつ，説明をかみ砕いてみる（李成市「朝鮮史の形成と展開」荒川正晴編『岩波講座世界歴史6巻　中華世界の再編とユーラシア東部　4〜8世紀』岩波書店，2022年，pp.256-267）。かなり長いのでご興味がある方だけお読みいただければ。もっとも，この論文にも「その制度の創設された時期やその具体的な性格についての共通した理解はない」とあるので，この時点でどうしようもないとして打ち切ってもいいのだが……。

　骨品制は新羅が朝鮮半島の大部分を統一した際に初めて形成された。新羅は王都の金城（慶州）周辺の六部族を核として領域を広げていった国家であり，彼らは平民まで含めて新羅における特権的な地位を占めていた。しかし，676年の半島統一により領土が急速に拡大すると，統治上の都合から服属民の上位階層にも高い官位を与えざるを得なくなり，六部人に不満が生じる。ここまでの展開だけで言えば共和政末期のローマ市民権をめぐる展開に近いが，ここからの展開が全く異なる。新羅は7世紀末から8世紀半ばの間に，官僚制における官位とは別に，六部人に特権を与える身分制度を整備したと見られている。これが骨品制である。王族を指す聖骨・真骨，貴族階級を指す六頭品・五頭品・四頭品，平民を指す三頭品，二頭品，一頭品の八段階で，六部人に属さない地方民は骨品制の対象外とされた。骨品制は細部まで生活様式を規制した身分制であるが，ヒンドゥー教のカースト制でもシュードラの下に不可触民が置かれたのと同様に，身分制の外にいる人々を置くことで六部人を宥めた形である。また，各骨品には就任できる最高官位・官職に制限が定められ，これが王都に居住する貴族の権力を保証した（逆に言えば骨品制外の地方民は中央官界への進出が大きく阻害された）。ただし，骨品制研究が大幅に遅れている原因として，残っている史料は9世紀以降のものがほとんどで8世紀以前のものは皆無に近く，中国や日本の記録を参照しても復元が困難という事情があるようだ。成立期の骨品制理解はこれからまだまだ変化する可能性がある。

　統一新羅の長い歴史の中で，このような王都の特権的地位がいつまでも守られるということはなく，住民の移動とともに身分制度が変質した。834年に布告された風俗規定では，骨品制は真骨・六頭品・五頭品・四頭品・平人・百姓となっており，在地の首長は五頭品・四頭品に準ずること等が規定されている。この史料では，まず聖骨が消えている。過去にはこれを

根拠に聖骨非実在説もあったらしいが，現在では骨品制は生活様式を規制するものであるから最上位の王族に規制は不要であると判断されて布告に記載がないとする解釈が一般的なようだ。次に平民を規定する三頭品以下が消滅し，新たに平人と百姓という表現が出現した。平人は官位を保持する平民（おそらく最下級の官吏・胥吏）のことで，百姓は無官位の平民を指すと見られている。そして，この史料では新羅全土の平民までが身分制の対象に含まれている。すなわち骨品制の外に属する平民はいなくなり，ここに至って六部人の特権的身分制度という制度の意味合いは失われている。さらにこの後の時代には，新羅末期の社会混乱の中で官位の上限規定も弛緩していくようである。

　なお，東京書籍の教科書にある「王族と平民までを出身氏族によって5階級に分け」の5階級であるが，実際に史料の上でも骨品制が五段階であるとする言及があるようだ。これは834年の布告の平人と百姓を区別せずに平民として数えて五段階と見なしている史料と，聖骨をカウントして平民をカウントしない，すなわち聖骨・真骨・六頭品・五頭品・四頭品の五段階と見なしている史料があるからで，東京書籍の執筆者は前者の解釈をとる立場なのだろう。結局のところ当時の史料自体が混乱していて，これ自体が新羅後期の社会混乱を表している。

　以上の学説を踏まえて高校世界史の教科書記述に戻ると，東京書籍の教科書の平民を含む説明も，実教出版の教科書や山川の用語集の平民を含まないとする説明も，どちらも学説として存在している。また，骨品制の適用範囲は時代により異なるので，いずれの説明も誤りとは言えない。それにしても骨品制を深く調べたことがなかったので，私自身非常に勉強になった。

25．早稲田大　商学部

出題ミス・悪問・難問

問題1　問E　下線部E フィリップ2世について，最も適当な文章を選べ。

1．第3回十字軍に参加し，サラディンからイェルサレムを奪回した。

2．課税権を巡る教皇との対立をきっかけに，三部会を召集した。

3．教皇の求めに応じてアルビジョワ十字軍を主導し，南フランスのカタリ派を弾圧した。

4．1214年ブーヴィーヌの戦いでジョン王を破り，フランス内イギリス領を大幅に縮小させた。

＜解答解説＞

　1は，フィリップ2世は第3回十字軍の途上でイギリス王リチャード1世と仲違いして途中撤退している。その後，リチャード1世がサラディンと講和したため，イェルサレム奪回はなっていない。2はフィリップ4世の事績。

　3について。実際にフィリップ2世は1209年，教皇インノケンティウス3世からアルビジョワ十字軍への参加を命じられている。しかし，**フィリップ2世はジョン王との争いに忙殺されていたため本人は参加せず**，シモン＝ド＝モンフォール（イギリス議会の創設で有名な方の父親）に遠征を命じた。このシモンが1218年に戦死し，息子のアモリー6世＝ド＝モンフォールが引き継いだ。このアモリー6世は1223年にアルビジョワ十字軍に失敗して撤退し，フランス王家に指揮権を返還した。同1223年にフィリップ2世が亡くなってルイ8世が即位したが，フランス王権はその14年間で急速に強化されていた。勇猛なルイ8世は1226年に出征し優勢を築いたが，遠征中の同年に病没する。すぐに息子のルイ9世が即位したが，幼少のため母后が摂政となって政務を代行。この母后が主導して1229年にアルビジョワ十字軍が完遂した。さて，以上の流れから考えると**フィリップ2世が「主導した」は誤りだろう。**また高校世界史では，アルビジョワ十字軍は完遂させたルイ9世の事績として極めて単純化された形で学習するから，高校世界史レベルのざっくりとした理解で判断しても「主導したのはフィリップ2世ではなく孫のルイ9世だから」という判断で同様に3は誤文である。しかし，作問者は「主導した」を大した意味で使っておらず，教皇からの指示を受諾して遠征軍を派遣しただけでも十分主導したと考えている可能性がある。とすると作問者の脳内では3は正文である。

　4について。まず，ジョン王は1206年までにフランス内イギリス領の大半を失っている。その奪還を図って神聖ローマ皇帝オットー4世と結んだ。ジョン王自身は英領アキテーヌに上陸して北上し，オットー4世と反フランス王派の諸侯らがフランドルに集結して挟撃する計画であったが，彼らの集結が遅れていた。そこでフィリップ2世は勇猛で知られた王太子ルイ（後のルイ8世）をアキテーヌに派遣すると，ジョン王は王太子ルイの軍を追ってアキテーヌに反転してしまう（しかも王太子ルイの軍に惨敗する）。その後にやっと軍が集結したオットー4世とフィリップ2世による決戦がブーヴィーヌの戦いである。結果はフィリップ2世の大勝で，フランス王権はフランス北部での覇権を確立して急速に強化された。逆にオットー4世は失脚して皇帝の座を追われ，代わって即位したのがシュタウフェン朝のフリードリヒ2世である。ジョン王はご存じの通り戦費負担を巡る混乱から翌1215年にマグナ＝カルタを承認する羽目になる。以上の経緯の通り，**ブーヴィーヌの戦いにイギリスのジョン王は参加していないし，フランス内イギリス領の失陥は戦前のことである**から，素直に解釈すれば4は誤文である。しかし，ブーヴィーヌの戦いを広くとって王太子ルイのアキテーヌ派遣からすでに始まっていた長い戦役であると解釈し，さらにブーヴィーヌの戦いがフランス内イギリス領失陥を決定的にしたと解釈すれば，むりくり4を正文とみなせなくはない。

　結果として史実に沿えば1〜4に正文がなく正解の無い出題ミスである。しかし，本問の真に困ったところは作問者が3と4のどちらを正解と想定して作問したのかがわからないことと，ブーヴィーヌの戦いが範囲外の知識である点だ。多くの受験生はブーヴィーヌの戦いは初見だから4は判断を保留し，3を誤文と判断，消去法で4を正文＝正解として選ぶというところだろう。大学当局が公式解答例を発表しており，正解は4であったから，結果的に被害は少なかったかもしれない。代ゼミ・駿台から同様の指摘あり。

　加えて言うと，**同作問者が作成したと思われる別の問いで「ニュルンベルグ」や（ドイツ都市の）「ハノーヴァー」といったドイツ語履修者ブチギレ表記が発生しており**，基礎的なドイツ語発音を理解していない人が中世ヨーロッパ史の問題を作っちゃったのかと思うと残念至極であると同時に納得もしてしまう。高校世界史が正しく使えている表記くらいはそれを

なぞってほしい。

　なお，モンフォール家はフランス王の臣下としてはモンフォール領主，イギリス王の臣下としてはレスター伯爵であり，英仏両王家に仕えていた。しかし，アモリー6世が十字軍として中東に旅立ったため弟のシモン＝ド＝モンフォールがレスター伯を継承，さらに1241年にアモリー6世が十字軍からの帰途に南イタリアで客死したため彼の息子のジャン1世がモンフォール領を継承し，ここで英仏両属をやめたようだ。

２６．早稲田大　商学部（２つめ）

[難問]

問題4　ニューイングランド地方への入植者らにおいて，教会や学校などの特定の場所に集まって共通の問題について話し合う［　6　］という住民による直接民主制に近い仕組みの下で公共的な事柄について決定するということがみられた。

＜解答解説＞━━━━━━━━━━

　直球の難問。正解は「タウン＝ミーティング」。古い課程の用語集なら立項されていた。あるいは現行の教科書では山川の『新世界史』にのみ記載があったので，そのいずれかが典拠だろう。

２７．早稲田大　商学部（３つめ）

[難問]

問題4　1920年には，合衆国憲法修正第19条により，選挙権に関する性差別の禁止が定められ，スタントンらの主導によって1848年に［　7　］州のセネカフォールズで開かれた会議から本格的に始まった女性参政権運動に対する一定の成果が見られるに至った。

＜解答解説＞▶

　流行の女性参政権の歴史からの難問。1848 年に女性参政権獲得運動の嚆矢となる大会が開かれたセネカフォールズがあるのはニューヨーク州である。一応，用語集の「女性参政権（アメリカ）」の項目内に記載があるが，「1848 年のニューヨーク州での集会から始まり」という書き方で，こちらはセネカフォールズの地名を出していない。それもあってこれを覚えている人は極めて少なかろうと思い収録対象とした。女性参政権に関連する用語はどこまで覚えればよいのか，このまま広がると際限が無くなってしまう。あやふやなまま受験世界史の範囲のグレーゾーンを広げられている危機感がある。

　この大問 4 はその他にも「1890 年代のアメリカで，エリートたちに対抗心を抱いた南部や西部の農家を支持基盤として起きた政治運動」「日本においてもしばしば政治に関するコンテクストで用いられる言葉」というヒントから正解「ポピュリズム」，「1996 年に国連総会で採択された」「アメリカが批准を拒否した」がヒントの「包括的核実験禁止条約」，「2003 年のイラク戦争」「国際的な協調の対義語」からの「単独行動主義」，「Facebook 社（現在のメタ社）や Twitter 社が提供する」「社会的分断を助長する」からの「SNS」……という感じで，作問者の関心領域の時事問題かつ微妙にわかりにくいヒントによる出題が散見され，受験生は苦しめられたと思われる。ポピュリズムは私も 1 分くらい考えた。早稲田大・商学部の大問 4 の空欄穴埋め問題はアメリカ史・現代史が頻出で，過去には Black Lives Matter の出題もあるとはいえ，今年のような出題をされると対策が難しい。教授の日記の空欄穴埋めは世界史の試験ではないはずである。

２８．早稲田大　社会科学部

出題ミス（さすがにいい加減にしろ）

問題3　問4　下線部（C）教会大分裂（1378 年〜 1417 年）の間に世界でおこった出来事について述べた次の記述のうち，最も適切なものを 1 つ

選べ。

a. オスマン帝国の攻撃によりコンスタンティノープルが陥落し，ビザンツ帝国が滅亡した。
b. 室町幕府の将軍足利義満の下で，日明間の勘合貿易が始められた。
c. 明の正統帝がオイラト軍の捕虜となる，土木の変が起きた。
d. アルタン＝ハンがチベット仏教黄帽派の指導者にダライ＝ラマの称号をおくった。

＜解答解説＞

　aは1453年，cは1449年，dは1578年なのでそれぞれ教会大分裂の時期から外れている。**bは勘合貿易開始時に足利義満はすでに将軍を退いているため，事実として誤りである。**よって正解が存在しない。足利義満の件は過去に何度も出現している出題ミスであり，何より**去年（2022年）の早稲田大・教育学部がこれで出題ミスを出している（2022早慶19番**，p.111）。一年前の他学部の出題ミスなんぞ関知するところではないということか。そうでなくとも足利義満が退任していたことは出来の良い中学生なら知っている日本史の知識であり，こんな出題ミスが毎年どこかの大学の世界史で見つけられてしまうのは，なんというかもう恥ずかしい。せめて私学の雄ではもう見たくない。河合塾・駿台・代ゼミ・早稲田予備校から同様の指摘あり。**大学当局から謝罪と全員正解にした旨の発表があった。**

　2023年の社学は全体的に誤答の選択肢に範囲外やグレーゾーンの知識が散見されたが，正解の選択肢だけは割とわかりやすいという作りで，惑わされずにピンポイントで選べるかが問われた。このため機械的な判断でいずれも難問とは言えず収録対象外となったが，実際には解きにくかっただろう……と思っていたら，ネット上の受験生の反応では「今年は易しかった」というものが散見された。皆過去問や他学部の入試でそういうものに慣れてしまったのかもしれない。受験生はたくましい。

■■■■ 2023 国公立 ■■■■

1．共通テスト　世界史 B

$\boxed{\text{？？？}}$

問題 3　C　中国における書籍分類の歴史について，大学生と教授が話をしている。

内　藤：18 世紀の中国で編纂された $\boxed{\text{オ}}$ の「四」という数字はどういう意味ですか。高校では用語として覚えただけで，深く考えませんでした。

教　授：$\boxed{\text{オ}}$ に収められた書籍が，四つに分類されているためです。これを四部分類と言い，経部・史部・子部・集部からなります。

内　藤：なるほど，例えば儒学の経典なら経部に，歴史書なら史部に分類されているという具合でしょうか。

教　授：そのとおりです。史部について少し具体的に見てみましょう。資料 1 は，7 世紀に編纂された『隋書』経籍志という書籍目録からの抜粋です。

資料 1　『隋書』経籍志で史部に掲載されている書籍の一部

| 『史記』 | 『漢書』 | 『後漢書』 | 『三国志』 |

内　藤：挙げられたのはいずれも，紀伝体の歴史書ですね。

教　授：よく知っていますね。このうち，『漢書』は 1 世紀にできた歴史書ですが，その中にも芸文志という書籍目録があります。そこから，儒学の経典を主に収める分類である六芸略の書籍を抜粋したのが資料 2 です。

資料 2　『漢書』芸文志で六芸略に掲載されている書籍の一部

| 『易経』 | 『尚書（書経）』 | 『春秋』 | 『太史公』 |

内　藤：高校で習った五経が含まれていますね。最後の太史公は，人名で
　　　　すか。

教　授：これは司馬遷のことで，ここでは彼が編纂した『史記』を指します。

内　藤：『史記』は資料１では史部なのに，資料２では違いますね。分類
　　　　の名前も違います。もしかして１世紀にはまだ四部分類がなかった
　　　　のですか。

教　授：そのとおりです。当時は史部という分類自体，存在しませんでし
　　　　た。この分類が独立し，定着していくのは，歴史書の数が増加した
　　　　３世紀から６世紀にかけてのことです。

内　藤：でも，歴史書の数が増えただけで分類方法まで変わるものでしょ
　　　　うか。『史記』が経典と同じ分類なのも不思議ですし，ちょっと図
　　　　書館で調べてみます。

問７　次の書籍**あ**・**い**が『漢書』芸文志の六芸略に掲載されているかどう
　　　かについて述べた文として最も適当なものを，後の①〜④のうちから
　　　一つ選べ。　19

あ　『詩経』　　　　**い**　『資治通鑑』

①　**あ**のみ掲載されている。　　②　**い**のみ掲載されている。
③　両方とも掲載されている。　　④　両方とも掲載されていない。

＜解答解説＞

　先に書いておくと，本問は知識や考察力を試す問題としては良問であ
る。しかし，全く別の観点から言えば，ちょっとした問題が生じる。まず
は細かいことを気にせずに解いてみよう。即座に判断がつくのは『資治通
鑑』の方で，これは北宋代の著作であるから，後漢代の著作である『漢
書』に掲載されているわけがない。タイムスリップが起きてしまう。『詩
経』の方は少し考察が必要になる。不自然な会話文を参照すると内藤さん
が「高校で習った五経が含まれていますね」と言及していることから，『漢
書』芸文志で六芸略には五経が全て掲載されているのではないかと推測が
つく。常識的に考えても儒学の思想に則って編纂された『漢書』が五経を

書籍目録の儒学分類から外すとは考えにくい。よって『詩経』も掲載されていると考えて，①を選ぶことになる。実際に①が正解である。

　ここで問題になるのが**正解にたどり着くまでに「推測がつく」，「常識的に考えても」というプロセスが生じている**点だ。受験生は『詩経』が『漢書』芸文志の六芸略に掲載されているかどうか，決定的な確信が持てないまま解答を出すことになる。しかも選択肢に「④　両方とも掲載されていない。」があるせいで，消去法によって確信を得ることができないのが悪質性を高めている。確信をもって解答を出すには『漢書』芸文志の六芸略の記載内容を知っているしかなく，これは範囲外の知識が必要な超難問になる。このように書くと，「いや，常識的な判断で正解を出せるのだから，そこまで目くじらを立てなくてもよいのでは」という反論が出てくるだろう。この反論には道理がある。常識的な判断は市民生活の中で有効な思考であり，現代文の解法でも常識的な判断が挟まることはある。また常識的な判断を挟むことで解答が絞れなくなるのは問題であるが，本問の場合は常識的な判断を挟まないと解答が絞れない。他の考慮すべき事項を全て検討して，あとは常識的な判断しか頼れるものがないという場面であれば，常識的な判断に頼るのは特に異常なプロセスとは思われない。一方で，これには「大学とは学問を修める研究・教育機関であり，本問はその入学試験の一つである。少なくとも歴史学において史実と推測は峻別されるべきであり，常識は疑ってかかるものである。本問は歴史学の試験にそぐわない」という再反論がありうる。これもまた十分な説得力を持つ。今回の共通テスト世界史Ｂでは別の問題のリード文で「マラトンの戦いの有名なエピソードは後世の創作である可能性が高い」ことが語られており，まさに歴史学では常識を疑うべきだという内容になっている。かたや常識的な判断を求められ，かたや常識を疑うことの大切さを説かれて，受験生も大変だ。

　本企画で繰り返し述べていることではあるが，本問も「掲載されているかどうか」ではなく「掲載されていると考えられるか」という問い方であれば，このような指摘の入る余地がなかった。この一工夫をしないままに推測を問う問題が多い。作問者は本職である歴史家としての感覚に照らし合わせて問題文を練ってほしい。

２．北海道大

悪問

問題3　問３　（ア）英米資本への従属を進め，この革命（編註：メキシコ革命のこと）で追放されたメキシコ大統領の名前，（イ）この革命を主導し，革命直後に大統領に就任した自由主義者の名前，（ウ）この革命に参加した代表的な農民指導者の名前を，それぞれ答えなさい。

（編註：（ア）の正解はディアス，（ウ）の正解はサパタまたはビリャ。）

＜解答解説＞

　公式解答例による正解はマデロであったが，**マデロが大統領に就任したのは革命の最中であり革命直後ではない。**メキシコ革命は始まったのが1910年で異論がない一方，終結時期は議論がある。最も短いもので憲法制定とカランサ政権成立をもって終結したとする1917年，最も長いものでカルデナス政権が倒れた1940年とする。いずれにせよディアスが打倒されてマデロが大統領に就任した1911年は革命がまだ継続している。ディアスが打倒されたのは革命直後というよりも革命勃発直後と言った方がよい。マデロは自由主義者であったので土地改革に無関心で，これを要求するサパタらの突き上げ，反革命勢力の抵抗もあって政情が安定せず，1913年にマデロが暗殺される。ここからまだまだ革命が続くのである。よって「革命直後に大統領に就任した」ということに重きを置くなら正解はカランサということになるが，カランサは用語集頻度が①しかないので，これが正解というのは北大の出題らしくない。また，**カランサが保守派であり自由主義者とは言えないため，無理矢理カランサと解答するのも難しい。**厳密に考えると正解がない。

3．北海道大（2つめ）

難問

問題3　問5　(ア)1959年に倒された，親米の独裁政権を率いていた大統領の名前，(イ)1961年にキューバとの断交をおこなったアメリカ大統領の名前，(ウ)キューバ革命を率いた指導者のなかで代表的な2人の名前をそれぞれ答えなさい。

（編註：(ウ)の正解はカストロとチェ＝ゲバラ。）

＜解答解説＞

　国公立大が難関私大のような問題を出すなシリーズ。先に(イ)から触れる。正解はアイゼンハワーで，1961年1月，退任の17日前に断交した。あまりに難関私大が出すので教科書に載り，山川の用語集が拾うようになってしまい，とうとう用語集頻度が③になってしまった。その意味で範囲内からの出題だが，実態としては早慶でしか見ない。普通の作問者は17日差のものを問うまいと理性が働くのだろう。それを用語集頻度だけ見て機械的に出題可能と判断してしまったのは，ちょっと思慮が足りていない。そしてこれを見てしまうと同じ作問者と思われる**2番**の正解がカランサである可能性が浮上してしまい，余計に混乱する。

　後回しにした(ア)について。正解と想定されるバティスタが大統領を辞任したのは1958年12月31日なので，厳密に言えば倒されたのは1958年である。年をまたぐ瞬間のキューバの権力は空白状態であり，1959年1月1日にカストロが新政権を樹立した。同様のミスは稀であるが過去に存在する（1巻の**2014 早慶27番**，p.54）。これは指摘としては些事であり正誤判定の問題でもないから出題ミスや悪問には分類しなかったが，危ういポイントではあるので気をつけてほしい。

4．一橋大

（難問）

問題2　次の地図を見て，問いに答えなさい。

問い　1963年，アフリカ統一機構（OAU）が創設された。しかし，地図
中のAとBがOAUに加盟したのは，それぞれ1975年と1980年であっ
た。OAU加盟が10年以上後となった経緯について，AとBの内外の
状況に言及しつつ，説明しなさい。その際，AとBそれぞれの宗主国
と独立後の国名を明記すること。（400字以内）

――――――

＜解答解説＞■■■■■■■■■■■

　一橋のこの問題は，実は評価が難しい。試験日当日からインターネット
上で大きく話題になっていたが，多くは一橋大の世界史の歴史上でも最難

レベルの難問であるとする過剰反応であるか，「『周辺史』を問うた良問である」という斜め上から目線による高評価であったが，いずれも正しい評価とは言いがたい。正確に論評するには一橋大の傾向と現代アフリカ史の教科書上の扱いに触れなければならない。したがって，問題自体の解説よりも，論評に必要な情報についての解説の方が重要だろう。

　まず，一橋大には極めて強い出題傾向があり，過去問が実質的に出題される地域・時代を指定している。大問１は中世・近世ヨーロッパ史，大問２は近代・現代の欧米史，大問３は近世〜現代の東アジア史である。大問３でインド史が３回ほど出たことがあるが例外はそれくらいで，過去30年以上，ここからほとんどぶれたことがない。代わりに過剰な難易度の出題をすることが許されているところがある。すなわち，教科書をまんべんなく読んでくる必要はないから，『詳説世界史研究』や詳しめの参考書のその部分なり，関係のある分野のジュニア向け新書なりを読んできてほしいというメッセージで，これが大学と受験生の暗黙の了解となっていた。

　にもかかわらず，今回は大問２で現代アフリカ史が出たのである（大問１は中世ヨーロッパ，大問３は近代中国史で例年通り）。しかも扱われたのが北アフリカやガーナ，ルワンダ，南アフリカあたりの有名エピソードがある国々ではなく，南部アフリカのモザンビーク（地図中のＡ）とジンバブエ（地図中のＢ）であった。**これは受験生からすれば暗黙の了解の一方的な破棄，裏切りにしか見えない。**現代ヨーロッパ史にかかわりがあるとはいえ，基本的には大学側が勉強してこなくていいと暗に言っていた地域である。要するに「だましうち」である。インターネット上の受験生たちが「一橋大には倫理観がない」と嘆いていたのには理由がある。さすがに彼らはよくわかっている。

　しかし，大学側はこう反論するだろう。「暗黙の了解はあくまで"暗黙の"了解に過ぎず，明示したことは一度もない」「勝手に期待して過去問を解いてきたのは受験生の都合である」「募集要項のどこにも出題範囲を制限するとは書いてない」「脱西欧中心史観は近年の常識であり，アフリカ史も重要という受験生へのメッセージである」。そう言われてしまうと受験生としては何も再反論できない。**暗黙の了解は当然非公式という特徴を大学側は最大限活用した。**また，暗黙の了解を知らず，一橋大こそが欧米と東アジアからしか出題してこなかったことすら知らない外野には脱西欧中

心史観だけが見え，称賛すべき問題ということになってしまう。つまり世間からの擁護を受けやすい。

　次に，本問は難易度が絶妙であった。用語集頻度で言うとサラザールが②，モザンビーク独立が③，南ローデシアが④，ジンバブエ独立が⑤と，**関連する用語は意外と教科書上に記述がある。**マイナー用語と断言できるのはサラザールくらいだ。教科書ごとに記述に濃淡はあるが，教科書知識をかき集めれば200字分くらいにはなるし，山川の用語集にはもう少し情報がある。これを設問要求に合わせて文章を整えたり，やや冗長に引き伸ばしたりすれば300字くらいまではいく。それでも400字には達しないわけだが，過去にあった200字も書けない問題や的外れな答案にしかならない類の問題ではない。**この超難問というのには中途半端である**ということも本問の論点になる。この中途半端な難しさと信義則違反との相性が悪かった。前述の通り，多くの一橋大受験生は二次試験での出題が想定されていない現代アフリカ史を共通テストレベルでしか押さえていない（後述の通り，早慶対策をしていなければ）。結果的に受験生の知識・理解と問題の難易度の乖離は例年の超難問と同等になってしまい，実際には200字も埋まらず，白紙答案や地図中のA・Bをモザンビーク・ジンバブエと特定できていない答案だらけになったものと思われる。作問者は新奇性に鑑みて少し難易度を下げるなり，指定字数を縮めるなりの工夫をとれなかったものか。

　これに関連して，入試問題は満点をとる能力だけを見ているものではなく部分点をとって食い下がれる能力を見ているのだという向きの擁護も見かけた。それは必修科目での出題ならまだ理解できる。しかし，地歴は選択科目であるから，マス目を埋めることすらできない問題の存在は他科目に対する圧倒的な不利として作用する。私大は選択科目間の平均点に差があると得点調整を入れるところが多いが，国公立大はなぜか原則調整しない。そのような著しい不公平を発生させてまでその限定的な能力を測るというのは，果たして入試に求められる倫理にかなうものだろうか。その程度の理不尽はよくあることだからあきらめろと言えるか。

　ついでに，現代アフリカ史（サハラ以南）は意外と教科書に記述がある一方で，大学入試で出題されにくいというギャップがある。そのため高得点ねらいの難関私大対策以外では勉強されにくく，その難関私大でも出題

は少ない。このギャップが，本問が最難レベルの難問という誤解の大元になるだろうか。受験生・指導者・世間のいずれにも現代アフリカ史は教科書に記載が無いという誤った認識が浸透してしまっているようである。なお，こうした事情から早慶対策を真面目にやっていた受験生ほど今回の問題は与しやすかったと思われる。

　というように過剰反応と安直な良問認定の双方を戒めつつ私見を述べるならば，やはり信義則違反である点が重い。来年からは欧米史の過剰な難易度の出題は無いということでよろしいかと大学当局に問い合わせたい気分である。また，本問には手抜きがあり，上述のようにちょっとした工夫でもう少し適正な問題にできたはずということでも大学を責めたい。そういうものを良問として評価するわけにいかない。

　ところで，校正者の一人から，作問者自身は信義則に違反していないと思いこんでいる可能性を指摘された。すなわち，西洋人が入植し西洋の言語による史料が豊富な地域である南部アフリカは，日本独特のカテゴリー分けであるところの西洋史の範疇に入りうること。また受験生や教育産業界隈は一橋大の大問2を「近現代の欧米史」が出題されるものと認識しているが，一橋大の本問の作問者は「近現代の西洋史」を出題するものと捉えていたかもしれないこと。この欧米史と西洋史の差分の一つが南部アフリカであることに注意したい。これらを重ね合わせると，本問の作問者が悪意なく南部アフリカを出題した可能性が浮かび上がってくる。真相は不明であるが，仮にこの可能性が正しいなら，本問は象牙の塔と実社会のすれ違いが生んだ悲劇だったと言えよう。また，この可能性が正しかった場合，来年以降に危ういのは近現代オセアニア史である。ここもまた欧米史と西洋史の差分であるから。

　本問は多様な意見が出て議論に値する問題であるから，正確な知識に則った議論を期待したい。

　なお，今回の悲劇はこれらの要素が重なったゆえのものであるから，条件を変えればモザンビークやジンバブエの論述を適正に出題できる。仮に，どこの時代・地域から論述を出題してもおかしくないと見られている大学，たとえば阪大か東大の第2問あたりで，字数を相当に絞るか，国を片方にする形で出題されていたなら，それでも受験生は大いに苦戦するであろうが，だましうちや度を超えた難問という判定にはならない。特にモ

ザンビークだけで出すなら良問だろう。

　最後に一応，問題の具体的な解説もしておく。まず，OAU（アフリカ統一機構）という組織の設立目的，なぜ1963年という時期に設立されたことについて簡潔に触れる。第三世界運動の盛り上がりや米ソの反植民地主義的態度を背景に，現地の民族運動が高揚し，もはや植民地帝国は時代遅れになっていた。サハラ以南のアフリカはアジアに比べると遅れたが，ガーナとギニアを皮切りに独立が相次ぎ，「アフリカの年」と呼ばれる1960年に一挙に独立が進んだ。しかし現在でもなお問題となっているように，アフリカの国境線は旧宗主国たちが恣意的に引いたものが多いため，紛争の火種となり，貧困国が多いこともあって，独立国には問題が山積していた。そのため1963年にアフリカ諸国の協力と連帯を目的としたアフリカ統一機構が設立され，当時の独立国の多くが原加盟国となった。逆に加盟が遅れて1970年代以降にずれこんだ代表的な国々がアンゴラ・モザンビーク・ナミビア・ジンバブエ・南アフリカである。そう，いずれも南部アフリカの国々なのだ。このうちモザンビークとジンバブエの事情を聞いたのが本問ということになる。

　このうち，アンゴラとモザンビークは事情が同じである。これらの国々の旧宗主国はポルトガルであり，ポルトガルは独裁者のサラザールが権威主義体制維持のため植民地帝国の維持を強行していた。当然にして現地では独立運動が次第に高揚し，ポルトガルが弾圧すると独立戦争に転化する。サラザールが1968年に事実上失脚した後も独裁政権が続いたが，ポルトガル国内でも膨大な軍事費に対する批判が高まり，1974年，軍部の蜂起を契機に民主化が達成された。これをカーネーション革命という。この翌年に植民地が解放されたので，モザンビークとアンゴラのOAU加盟年は1975年である。地図中のAはモザンビークなので，この段落に書いたような経緯を知りうる範囲で書けばよい。

　残った3つは南アフリカの影響力が大きい。南アフリカはご存じの通り，白人少数者が支配を維持するためにアパルトヘイトを実施し，黒人を差別・隔離した。旧宗主国イギリスがこれを非難すると，南アフリカはイギリス連邦を脱退した。これにならったのがBの位置にあった南ローデシアで，現地の白人が1965年にイギリスからの独立を一方的に宣言，ロー

デシアを名乗り黒人差別政策を継続した。これはもちろん国際的な非難を浴び，1968 年以降は国連主導の経済制裁が実施された。だが南部アフリカの地域覇権国である南アフリカと連帯し，隣接するモザンビークは独裁政権下のポルトガル領で友好関係があったから，近隣に限れば国際環境は悪くなかったため，黒人組織との内戦を優位に進めていた。冷戦下であるため西側諸国が南アフリカやローデシアに強い態度を示せなかったという事情もある。しかし，モザンビークの独立で近隣の状況に変化が生じる。モザンビークでは 1975 年の独立直後に社会主義政権が成立したため，すぐに南ア・ローデシアが介入して内戦となった。そのためモザンビークの社会主義政権をソ連が支援し，モザンビーク内戦とローデシア内戦が合流して混沌とした情勢となる（なお同時期はナミビア内戦とアンゴラ内戦も並立している）。これで首が絞まったのは，モザンビークからの物流が滞って国連の経済制裁が有効になったローデシア白人政権の側であった。それゆえに 1970 年代後半，やっと白人政権と黒人の抵抗組織との対話が徐々に進み，1980 年に選挙が実施されてムガベを大統領とする黒人政権が成立した。これを契機にローデシアはジンバブエに改称し，OAU に加盟した。その後，冷戦が終わりに近づくと西側諸国による南アフリカへの制裁に容赦がなくなっていったため，残ったナミビアも 1990 年に南ア軍が撤退して独立，すぐに OAU に加盟し，最後に南アフリカがアパルトヘイトを撤廃して 1994 年に加盟した。解答上は，ローデシアも南アと同様の白人政権であったこと，抵抗運動（内戦）の激化，複雑な国際環境の指摘，モザンビーク独立との関連，黒人政権の成立・改名と加盟という流れで記述していけばよい。

　以上を完璧に書ければ確かに 400 字に達する。しかし，ジンバブエ側の歴史は範囲外やグレーゾーンに当たる知識が多く，特に**肝心の複雑な国際環境とモザンビーク独立との関連の部分は教科書や用語集にほとんど情報が無い**。ジンバブエ側はほとんど何も書けなかった受験生が多かったのではないか。それに対して OAU 自体やモザンビークの歴史はサラザールを除けば書きやすい。やはり受験生の答案としてはもろもろ合わせて 200 字埋まっていたら上出来であろう。

　なお，大問３では引用した『孫文革命文集』を『孫文革命論集』とする

出典名の誤字があった。しかも駿台の指摘によると本文中で孫文を指して
「孫逸山」と表記していたが，これも「孫逸仙」の誤字とのこと（私は『孫
文革命文集』未入手）。

5．名古屋大

> リード文に著しい不備がある

問題1　次の文章をよく読み，下記の問に答えなさい。

　古代の中国人の中に生まれた中華（中夏・華）という観念は，常に夷狄
（夷）と対比されることで発展してきた。この華と夷の区別（「華夷の別」
とも呼ぶ）は，中華王朝の対外政策の一貫した枠組みであり，歴代王朝は
華と夷の違いをめぐって種々の解釈を行ってきた。その場合，一般に華と
夷の区別は次の二つの観点からなされ，華の優位性がたえず強調された。
二つの観点とは次の通り。

① 民族の違い（　　㋐　　）。
② 地域の違い（　　㋑　　）。

ここに新たに第三の観点を加えたい。

③ 文化の違い（礼・義の有無）。

　もともと華夷の別は①が基本であり，当初は文化・習俗や言語の違い
が両者を分かつ指標であった。春秋時代の周を中心とした中原諸国は，自
分たちのことを「華夏族（華）」だと意識して，南方の呉，越，楚や西方
の秦を夷とみなした。もともと中原地帯に限定されていた華の範囲が拡大
し，先の呉・越・楚・秦なども華夏族（華）に加わると，華夏族とその周
辺にいる異民族との民族の違いが，華と夷を区別する基準となる。
　また，①の民族の違いは同時に②の地域の違いとほぼ対応する形となっ

ている。かつて呉・越・楚などの夷は中原の華の辺境に位置していたし，中華の範囲が全土に広がっても，その周縁には決まって異民族の夷が存在した。華とは常に天下の中心に位置し，夷はその周縁に存在するものと観念されていた。

　この①②に対し③の文化の違いは，民族的には漢ではなくても，いわゆる㋑「礼・儀」を体得すれば華になれるとする見方である。華の立場からいえば，中華の天子の徳化で夷を華に変えることであり，それはまた天子の統治する天下が周縁に向かって拡大することでもあった。早い話が，中華帝国の勢力が強大で対外的に領土が拡大したとき，それは中華の天子の徳化で夷狄の地が華になったのだと解釈されたのである。ここに中華思想の㋒膨張主義的な性格を垣間みることもできよう。

（中略）

　呉元年（1367）十月，「駆逐胡虜，恢復中華」のスローガンのもと，征虜大将軍徐達，副将軍常遇春に率いられて 25 万の北伐軍が南京を出発した。それに先立ち，　㋔　は北方の民に向けて次のような檄を発した。

　　昔から帝王が天下を統治するのに，中国は内にあって夷狄を制し，夷狄は外にあって中国を奉じて来た。夷狄（夷）が中国（華）にいて天下を治めたことなど聞いたことがない。ところが宋の命運が傾いてより，　㋕　が北狄でありながら中国に入って主となると，四海（天下）の内外の者で臣服しない者はいなくなった。これがどうして人力であろうか。じつに天授という他ない。かの時は君主も聡明で臣下も優秀であったため，十分に天下を繋ぎとめることができた。しかし道理に通じている者や志のある者の中には，上下の位置が転倒してしまったと嘆くものがいたのも事実である……。これ以後，　㋕　の臣下は相訓に遵わず，人倫に悖る行為を平気で行った。また君主の後継者たちも荒淫に耽溺し，君臣の道を失うにいたった。加えて宰相は権力を専断し，御史台は権力をかさに恨みを晴らし，役人は民衆を虐げた結果，人心は離叛し，天下に反乱の兵が起こり，我が中国の民をして，死者は肝脳を地にまみれさせ，生者は肉親ですら相守れなくしてしまった。人事のなせることに起因するとはいえ，じつは天がその徳に嫌気がさして，それを見捨てる時だとしたのである。

かつて夷であった □ カ □ も、㋖有徳の君主が天命を受けたことで、中国に入って中華の地を統治した。だがすでに徳を喪失して夷に戻った現在、中華の地を去って㋘新たな有徳の君主にその地位を譲るべきである。□ カ □ が異民族だから中国から放逐しようというのではない。徳を失い夷狄に戻ったその王朝が、中華の地＝中国に留まり続けていることが問題なのだ。「中国は内にあって夷狄を制し、夷狄は外にあって中国を奉じ」るものだからである。ここで想起すべきは、華と夷の違いに関する三つの観点である。①民族の違い、②地域の違い、③文化の違い、この三つの観点が歴代王朝の中華統治に際して、時と場合に応じて使い分けられてきた。このたびの革命については、このうち②と③の観点に基づき、たくみな論理操作で王朝交替が正当化された。しかも、宋や南宋が民族的に遼や金を夷狄視したのと異なり、華（□ ケ □）みずから夷（□ カ □）の中華支配を認めて、夷から華への王朝交替を論理整合的にあとづけたのである。

（壇上寛『天下と天朝の中国史』岩波新書 2016 年、一部改）

＜解答解説＞

　今回の名古屋大は珍しくも問題が全体として良質で、ちゃんと解答できる論述問題であった。特にこの大問１の問７は推測を書かせる問題であったが、文末がちゃんと「自分なりに考えて考察しなさい」となっていて、少し感動した。歴史の入試問題なのだから「史実」と「考察・推測・仮説」は分けろと散々文句を言ってきたかいがある。問３も問７も解答に読解力と思考力を要する。言ってしまえば現代文的な問題ではあるが、思考に華夷思想の理解が必要なので、私は世界史の問題の範疇だと思う。

　しかしながら、この大問１は根本的なところで別の問題がある。まず、出典が（壇上寛『天下と天朝の中国史』岩波新書　2016 年、一部改）となっているが、この著者の名前は檀上寛である。**「壇」ではなく「檀」なので、著者名に誤字がある。**なお、檀上寛氏は名古屋大ではなく京都女子大の先生。次に問題文の最初の方に「③ 文化の違い（礼・義の有無）。」とあり、また下線部ウは「礼・儀」に引かれている。このため問２の問題文も「礼・儀」になっている。不自然だと思い、原著に当たってみると**これは変換ミスで、**

原著ではどちらも「礼・義」である。問2は「このような「礼・儀」を重視する思想を何と呼ぶか」であるから，結果として解答が儒教（儒学）で変わらないが，一般論で言えば「義」と「儀」では意味が異なるので，それにかかわる問題であったら出題ミスになっていた。誤植自体は事故のようなもので，何人で校正しても見つからないときは見つからないものだ。仕方が無い面もある。しかし，下線部の誤字を見逃すのはさすがに厳しい。一年前（2022 年）にも記号のミスで大規模な出題ミスを出していたのに（**2022 国公立1番**，p.135），二年連続で致命的な誤植があるのは擁護しかねる。

　原著を入手したのでついでに読んでみると，さらなる驚きが待っていた。**このリード文は（中略）の表示なく大胆に原文をカットしていたり，文章の順序が入れ替えられたりしている。**たとえば，第二段落の最後の「〜華と夷を区別する基準となる。」の後には本来『論語』を引用した一文と「ここでの夷狄は諸夏とは異なる異民族を指している。つまり，華と夷の違いが諸夏＝華＝華夏族＝（後の）漢人と，周辺諸民族との民族的相違としてとらえられていないことが理解できる。」という文が入っていた。原文にして3行分である。大雑把に数えてみたところ，引用されている元の文章は朱元璋の檄文を除くと原文にして約 49 行分あり，このうち約 13 行が削除されていた。文章の入れ替えは6行分で，「ここで想起すべきは，華と夷の違いに関する三つの観点である。」から最後までの文章は本来，檄文の前に置かれている。

　先に一般論の話をしよう。入試問題に引用された文献には，多くの場合出典に「一部改」等の文言が付されている。空欄を作ったり下線を付したりするので，原文そのままというわけにはいかないのだ。また，解答そのままになってしまう文があれば削除するのはやむを得ない事情であるし，また受験生への配慮から問題を解く上でノイズになる情報を除去する改変もある。だから原文を改変すること自体はよくあることで，全く悪いことではない。

　今回のリード文の改変もまさにこうした理由によるもので，丁寧に，かつ親切に切り刻んでいる。そうだとしても，**ここまで多大な改変を施した上に，問題に直接かかわる箇所や著者名に誤植があるのは原文へのリスペクトを欠くだろう。**なぜ自分で文章を書かなかったのか理解に苦しむが，

ひょっとすると上からのお達しで「必ず文献を引用して問題を作りなさい」と義務づけられていたのかもしれない。だとすると少し同情する。なお，では問題文で唯一（中略）と書かれている部分は何が省略されているのかという疑問にも答えておきたい。これは（中略）の前は p.44，後は p.196 であるから約 150 ページが省略されている。なるほど，これが中略なら他の２～３行ずつのカットは中略に当たらない。

　こうした「一部改」の表示で今回のような大改変がされている入試問題はたまに見かける（文章の順序入れ替えはさすがに稀であるが）。確かに入試問題作成は純粋な学術活動に当たらないかもしれないが，入試問題は当該年度の受験生のみならず，過去問として未来の受験生も解く。当然，高校の教員や予備校の講師も解くし，好事家の社会人も見ることがあるから，名古屋大の入試問題ともなると実際には膨大な数の人間が見ている。とりわけ未来の受験生は，こうした過去問のリード文を通して歴史に対する知識や関心を養うことが少なからずある。だから，**入試問題作成は立派な教育活動の一環なのである。**どうせ一回きりでろくに読まれていない等とあきらめていないか。優れた一般書籍の紹介として貴重な機会に，このような杜撰な処理で味噌をつけてしまうのはもったいないことではないだろうか。せっかく問題は良質になったのだから，こうしたところで手抜きをするのは避けてほしい。この願いが入試作成者たちに届くと期待して本問解説の筆を置く。

6. 愛知教育大

難問

問題1　**問5**　下線部⑤について（編註：殷王たちは，都に大規模な宮殿や宗教施設を営み，祭祀儀礼を繰り返し），殷王朝最後の王都の遺跡は「殷墟」と呼ばれる。その位置を下の地図から選び，記号で答えよ。

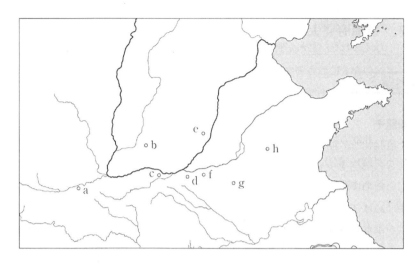

＜解答解説＞

　殷墟の位置は黄河の中下流域，現在でいう河南省というところまで覚えていれば十分で，それ以上は早慶対策でも覚えない。すなわち**本問は早慶レベルを超越した超難問**である。しかも地図中の黄河は殷代当時の推定流路になっているので，学術的には正しいが，受験生は見慣れない流路になっているのも難易度を上げている。a が鎬京（西周の王都），c が洛邑（東周の王都，現在の洛陽），b・g・h は黄河流域というには遠いので誤りと判断するとしても，d・e・f からの選択はまず無理だろう。正解は e で，意外と北の方，かつ下流にある印象になると思う。d と f，それに g と h はいずれも殷の他の王都で，殷は前期に頻繁に遷都していたことが判明している。殷墟とも呼ばれる商は後期（最後）の王都である。それにしても h の位置にも都があったというのは面白い。当時は王の所在地が王都であっただろうから，東方遠征が積極的に行われていたということだろう。b は春秋時代の晋の首都で，新田という。

7．京都府立大・前期

出題ミス

問題1　スラヴ人の民族運動は，オスマン帝国支配下のバルカン半島各地で活発化し，同じスラヴ系でオスマン帝国領土に野心を持つロシアは，これらの動きを支援するようになった。ロシアは，まず1853年オスマン帝国領内のギリシア正教徒保護を名目に（　⑨　）半島に侵攻する。この動きは，イギリスやフランスの参戦によって阻まれたが，1877年にロシアはふたたびスラヴ人の保護を名目にオスマン帝国へ戦争を仕掛け，バルカン半島のスラヴ人国家の独立を支援した。

問15　（　⑨　）に入る地名を記せ。

＜解答解説＞

　普通に考えれば空欄⑨に入る正解は「バルカン」以外に考えられない。しかし，**バルカン半島は問題文中の空欄の前後に登場している**ので，常識的に考えるとバルカンではないものが求められていることになる。他に考えられるのは「クリミア」くらいだが，言うまでもなく**クリミア半島はクリミア戦争前からロシア領であり，クリミア半島に侵攻したのは英仏側**なので，ロシアがギリシア正教徒保護を名目にクリミア半島に侵攻したという事実は無い。無理矢理解答を出すなら常識に反するが「バルカン」を入れるしかないが，受験生は常識に沿って判断し，事実誤認であることを知っていながら仕方なく「クリミア」と解答した人も少なからずいただろう。受験生に誤誘導をかけてしまったことを踏まえると，本問は問題不成立の出題ミスとするのが妥当である。大学当局からの発表はなし。

8．京都府立大・後期

出題ミス・悪問

問題4　明の滅亡から清の建国に至る過程について論述せよ。なお，論述するにあたっては，下の語句をすべて使用し，使用した箇所には下線を引いておくこと。（編註：字数指定なし。制限時間と解答用紙の紙幅の限り論述してよいが，現実的には 400 ～ 500 字程度。）

三藩　　ヌルハチ　　八旗　　ホンタイジ　　李自成

＜解答解説＞

　明の滅亡は 1644 年，清の建国は 1616 年または 1636 年であるから，「明の滅亡から清の建国に至る過程」は時系列が逆転している。論述不可能である。仮に清の建国を中国統一と見なしたとしても，解答の末尾にバリエーションが生まれてしまう。

　もう少し詳しく説明すると，明末に中国北方の国境地帯で家畜・朝鮮人参・毛皮と中国の物産を扱う市場が急速に発展し，明との交易許可証を巡って北方民族の部族間での抗争が激化した。この抗争を収めて女真人を統一したのがヌルハチで，1616 年に明の統制から自立して後金を建国した。これを継承した2代皇帝ホンタイジは内モンゴルを征服し，その際にモンゴル帝国を継承したとして 1636 年，国号を清に改称する。一方，明は後金・清からの圧力に抗して軍事費を増額していたが，増税に耐えきれなくなった農民の反乱が続発し，これらを糾合した李自成が大きな勢力となった。そして 1644 年に李自成の軍隊が明の首都北京を陥落させ，最後の皇帝崇禎帝が自殺，明は滅亡した。これを見た長城の山海関を守る将軍の呉三桂は，李自成に降るよりは清に降った方がマシだと判断して清に降伏，清の中国進出を手引きする。清は李自成勢力と華南の明の残存勢力を滅ぼして中国の主要部を統一したが，呉三桂ら明からの降将はその功績から雲南・広東・福建にそれぞれ藩王国を建てることを認められ，三藩と呼ばれる半自立勢力となった。清は次第に三藩に圧力をかけて廃止に踏み込んだ

ため 1673 年に三藩の乱が起き，実際に反乱が鎮圧されて三藩が除去されたのは 1681 年のこと。また，反清復明を掲げていた鄭氏台湾の降伏は 1683 年のことになる。

　ここからわかる通り，問題文の示す「清の建国」を清による中国統一と見なしたとしても，４つの解釈が生じる。清が李自成勢力を北京から放逐した 1644 年，清が中国の主要部を制覇した 1661 年頃，清が三藩の乱を鎮圧して中国大陸の完全制覇がなった 1681 年，鄭氏台湾を降伏させて台湾を領土に組み込んだ 1683 年である。

　論述問題であるからもちろん解答に多様性があってよいのだが，そもそも矛盾のある問題文を成立させるための深読みをさせられているので，**矛盾する問題文を書いた作問者の採点基準に信用がおけるはずがなく**，独善的な採点基準が用意されているのではないかという疑心暗鬼が生じる。特に指定語句が 1661 年までの展開で全て消化できるので，尚更 1661 年以降の展開を論述しても採点してくれないのではないかと疑ってしまう。字数指定が無いのも本問とは相性が悪い。これで字数が 200 字等であれば，字数から言って 1644 年までしか求められていないのだろうと当てがつくが，実質的に無制限であるがゆえにそれもできない。かなり悪質な部類の悪問である。なお，後に大学当局から公表された出題意図・公式解答例によると，1681 年説が正しかったようだ。1661 年説や 1683 年説をとって解答を作った受験生には著しく不利だった可能性がある。

9. 高知工科大

出題ミス（複数正解）

問題2　魏晋南北朝時代には，五胡と総称される諸民族が華北に建国した。五胡の一つである匈奴は永嘉の乱で西晋の都　②　を陥落させ，西晋を滅ぼした。

問1　文章中の空欄　①　～　⑩　に入れるのに最も適当な語を以下の〔語群〕から選び，記号で答えよ。
　〔語群〕

ア　長安　　イ　建康　　ウ　洛陽
エ　杭州　　オ　開封　　カ　大都
（編註：関係のある選択肢のみ抜粋）

＜解答解説＞

　永嘉の乱では，匈奴が 311 年に洛陽を陥落させた後，313 年に西晋の皇帝を処刑した。これを受けて長安に逃れていた皇族が即位して西晋最後の皇帝となったが，長安も 316 年に陥落して西晋は滅亡した。このような経緯であるため，西晋が滅亡した時点での首都は厳密に言えば長安である。作問者の想定する正解は洛陽であると思われるが，長安も正解になりうるし，なんなら長安が真の正解である。どちらか絞れない以上は複数正解として処理するしかないだろう。大学当局からの発表はない。同様のミスは 2018 年に早稲田大の社会科学部（3 巻の **2018 早慶２２番,** p.391）でもあり，入試問題作成上の要注意ポイントである。

１０．神戸市外国語大

悪問

問題３　問３　建設当初からフランスの影響下にあったスエズ運河が 1870 年代に実質的にイギリスの掌中に落ちた背景には，ナポレオン３世の強引な対外拡張政策による国力の低下があった。ナポレオン３世の即位した 1852 年以後，廃位されるまでの第二帝政期のフランス外交の特徴について，300 字以内でまとめなさい。その際は，次の国際的な事件に必ず触れておくこと。

イタリア統一戦争　　インドシナ出兵　　クリミア戦争　　普仏戦争
メキシコ出兵

＜解答解説＞

　本問は前提条件を気にせず単純に「ナポレオン３世が即位した 1852 年

以後，廃位されるまでの第二帝政期のフランス外交の特徴」に解答すれば
よいなら，普通の問題である。対英協調を基盤としつつ，その範囲で帝国
の威信と権益を求めて積極的な対外遠征を行ったのが特徴であるので，具
体例を挙げながら書いていけばよい。クリミア戦争，アロー戦争，イタリ
ア統一戦争，インドシナ出兵はその大きな成功例である。日本を巡っては
イギリスが薩長，フランスが幕府側についているため英仏で衝突している
が，これは例外的な出来事である。しかし治世の後半，メキシコ出兵が大
きな失策となって対外遠征は止まり，最後に普仏戦争に敗れて退位した。
なお，普仏戦争はビスマルクの挑発で国民の怒りが爆発していたので，ナ
ポレオン３世の意向にかかわらず開戦していた。ナポレオン３世が挑発に
乗って独断で無謀な宣戦布告をしたというのは誤りである。第二帝政後半
のナポレオン３世は議会を権力基盤の一つとしていたことに注意したい。

　しかし，本問は「建設当初からフランスの影響下にあったスエズ運河が
1870 年代に実質的にイギリスの掌中に落ちた背景には，ナポレオン３世
の強引な対外拡張政策による国力の低下があった」という余分な文言がつ
いているために崩壊してしまった。**端的に言えば，そのような事実は無い。**
本問を読むまで全く見たことがない記述だったのだが，作問者には何か典
拠があるのだろうか。あるいはナポレオン３世無能史観の名残で，何かの
勘違いだろうか。

　まず，「スエズ運河が 1870 年代に実質的にイギリスの掌中に落ちた」
のは，1875 年にエジプト財政が破綻した際に，当時のイギリス首相ディ
ズレーリが機敏に動いてスエズ運河会社株を一気に購入したためである。
株購入のための資金を貸し付けたのがロスチャイルド家というところまで
含めてよく知られた事実であろう。また，これによりフランスがエジプト
から閉め出されたわけではなく，むしろ以後のエジプト財政は英仏の共同
管理下に置かれている。1870 年代後半のエジプトは英仏二重管理体制と
呼ばれている。そうしたエジプトの苦境を脱すべく，英仏の排除，また英
仏の傀儡と化しているムハンマド＝アリー朝君主への掣肘，そして近代化
改革を訴えて始まったのがウラービー運動であるが，1882 年にイギリス
がこれを単独で鎮圧し，以後のエジプトはイギリスの軍事占領を受けるこ
とになった。この鎮圧劇はフランスの了承の下で行われている。最終的に
1904 年英仏協商で，イギリスのエジプトにおける優越権と，フランスの

モロッコにおける優越権が相互に認められてイギリスのエジプト支配が確定し，フランスはエジプトから手を引くことになる。こうしたフランスの外交はやや弱腰に見えるが，1870 年代に成立した第三共和政は世紀の変わり目頃まで体制が不安定で，軍部や保守派には君主政復活の動きがあり，国民には無謀な対ドイツ復讐熱がくすぶっていた。にもかかわらず多党乱立を許す選挙制度の下で議会が混乱しており，この頃のフランスは1年おきに首相が替わっている。しかも当時はいわゆるビスマルク外交が敷かれ，フランスは列強として尊重される一方で孤立を強制されていた。この難しい舵取りの中で当時の諸政権はドイツやイギリスと衝突しすぎない中での植民地拡張を目指し，結果としてイギリスに次ぐ世界第二の植民地帝国を築くという形で結果を出している。ゆえに第二帝政期の外交からの連続性を指摘して植民地拡張が上手くいっていたことを強調すべきであって，第二帝政期の負の遺産があってそのためにエジプトで出遅れたというような見方は正しくない。

　また，「強引な対外拡張政策による国力の低下」などという事態は生じていない。対外戦争の連続で第二帝政期のフランス軍は多くの死者を出しているものの，それで国力が傾いたという話は聞いたことがない。フランスでそれが言われるのはフランス革命戦争からのナポレオン戦争と，第一次世界大戦の2回である。1世と3世を取り違えたとするのは流石に邪推だろうが，やはり何かの勘違いがあるように思われる。

コラム1

世界史用語の変化＆
高校世界史に見られる誤謬

　1〜3巻までのコラム1で概ね受験世界史によくある誤謬を指摘できているのと，高校世界史と最新の学説のズレも見つからなくなってきたので，今回のコラム1は短め。

・エフタルがグプタ朝を衰亡させた：疑問が呈されている……の続報

　3巻のコラム1に「エフタルがグプタ朝を衰亡させたという学説は疑問視されていて，記載している教科書もある」ということを書いたが，その続報である。やはりエフタルが北インドに侵入していたという学説は否定される傾向が強まっているようで，『岩波講座世界歴史』の4巻を参照すると，ヒンドゥークシュ山脈を挟んで南側に勢力を広げた集団を「フン系集団」，北側の支配勢力を「別のフン系集団エフタル」とはっきり分けている（古井龍介「南アジア世界の形成と発展」弘末雅士編『岩波講座世界歴史4巻　南アジアと東南アジア　〜15世紀』岩波書店，2022年，pp.19-20）。しかも前者のフン系集団はグプタ朝に臣従していた地方王権によって撃退されており，彼らの自立がグプタ朝衰退の直接的な原因のようである。フン系集団が劫掠したのが衰退の原因のようなニュアンス自体を改めるべきかもしれない。ミケーネ文明のドーリア人破壊説，インダス文明のアーリア人破壊説然り，文明や国家の滅亡を異民族の破壊で説明するいにしえの歴史学の傾向自体が危ういものだったのだろう。

・ホラズム朝　→　ホラズム＝シャー朝

　ホラズム＝シャー朝は1077〜1231年に中央アジアのホラズム地方を中心に栄えた王朝で，シャーは言わずと知れたイラン文化圏の君主号であり，8世紀のイスラーム進出以前からこの地方の君主号は「ホラズム＝シャー」であった。したがって君主がホラズム＝シャーを名乗った王朝は

歴史上複数あるが、そのうちの最後にして最大のものを指して一般にホラズム＝シャー朝と呼んでいる。

高校世界史では 2010 年頃からホラズム朝からホラズム＝シャー朝への切り替わりが進んだが、調べてみるとちょっと面白いことがわかった。まず専門領域ではいつから切り替わったのが気になって手持ちや図書館の古い書籍を引いてみたところ、少なくとも 1980 年頃にはすでにホラズム＝シャー朝であり、そもそもホラズム朝と記しているものはほとんど見当たらなかった。ここから想像できるのは、高校世界史の特殊ルールとして誰かがどこかのタイミングで「＝シャー」を省略してよいとしてしまい、それが連綿と受け継がれて、2010 年頃になって何かしらの事情により正しい表記に戻っていった……という展開である。この想像が正しいかはわからないが、またしても高校世界史特有の表記を見つけてしまい、少し驚いている。

なお、この切り替わりは非常にゆっくりとしていて、10 年以上経過してもまだ混ざっている。教科書は東京書籍を除いて「ホラズム＝シャー朝」、東京書籍のみ「ホラズム朝」の表記、用語集は「ホラズム＝シャー朝」で、これは一つ前の課程まで「ホラズム（＝シャー）朝」の表記であった。まだ併記を意識していたのだろう。入試問題では、本企画に掲載されている問題等から拾うと、

「ホラズム＝シャー朝」：2018 年の中央大（3 巻 2018 私大その他２０番、p.420）、2020 年の明治大（3 巻 2020 私大その他６３番、p.150）

「ホラズム朝」：2014 年の法政大（2 巻 2014 私大その他２７番、p.372）、2016 年の中央大（2 巻 2016 私大その他２７番、p.172）、2022 年の東大（未掲載）

「ホラズム（＝シャー）朝」：2019 年センター試験（3 巻 2019 国公立１番、p.257）

同一入試問題内に両表記が混在：2023 年早稲田大・教育学部（部分的に掲載、4 巻 2023 早慶２２番）

という様相で全くそろっていない。2022 年の東大が「ホラズム朝」表記なのは驚きである。中央大は 2016 年から 2018 年の間に表記を改めているのも判明した。今後もゆっくりとホラズム＝シャー朝が普及するものと思われる。

・互市貿易

　すでに3巻のコラム1で触れているが（p.204），少し舌足らずであったように思うので補足しておきたい。伝統的な中国の貿易体制では，朝貢を伴う朝貢貿易と民間貿易が並立していた。朝貢貿易は国家間貿易に近いが，朝貢する側の貢ぎ物に対して中国側の回賜が多めに渡されて，中国の度量が示される形がとられたため，形式的に中国に臣属する姿勢を示しさえすれば朝貢国の実入りは大きかった。また，朝貢の分量や回数は制限されていたが，朝貢使には商人が随行し，彼らは比較的自由な商品の売買が許されていた。朝貢貿易には民間貿易が含まれていたと言える。それとは全く別に，中国の王朝は「互市」と呼ばれる海岸線上・国境線上の市場を開き，その近隣の国々や諸民族との交易を許可していた。互市そのものは漢代から存在していたから，中国史上で珍しいものではない。たとえば宋代になると日本は国交の無いまま貿易を望み，日本人の商人が中国の互市（港市）に出現するようになった。一方，朝鮮王朝は明や清に朝貢していたが，それとは別に国境線に互市を開いてもらい，そこでも貿易をしていた（朝鮮側は実入りの良い朝貢貿易を望み，民間貿易には消極的だったようである）。

　こうした朝貢貿易と民間貿易の並立は長く続いたが，明は創始者の洪武帝の意向により互市が閉じられ，貿易を朝貢貿易に一元化した。この体制は長く続いたが，明の国力低下に伴って形骸化していき，明代後期には再び朝貢貿易と民間貿易が並立するようになり，この並立は基本的に清代にも続いた。しかし，近世の中国の国際貿易は，欧米船が出現して貿易量が急速に増加した点において以前と決定的に異なっていた。欧米諸国は宋代の日本と同様に朝貢を伴わなかったので，もっぱら互市（港市）にやってきて貿易に従事した。日本も欧米諸国と同様に朝貢を拒否し，中国との貿易を民間貿易に限定した。鎖国体制下の日本は日本人の海外渡航を禁止していたが，中国船が長崎に来港していた。長崎は日本側が設置した「互市」である。中国史上の民間貿易のうち，このように主に明清期に行われていたものだけを指す歴史用語として「互市貿易」が生まれた。互市貿易の語は高校世界史にも定着しつつある。

・アブデュル＝メジト1世，アブデュル＝ハミト2世
　　　→　アブデュルメジト1世，アブデュルハミト2世

　これは最近になって表記が変わったものであるが，変更の理由がよく
わからない。本来はそこで単語を区切らずに続きで書くものだったから
修正されたということだろうか。オスマン語ではないのであまり当てに
ならないが，英語でも Abdulmecid または Abdulmejid と Abdul mecid,
Abdul mejid が混在しており，信頼の置ける百科事典のレベルでも見出し
が Abdulmejid でありつつ説明文に「Also known as Abdul mejid」と書
いてあるものが多かった。読者でトルコ語・オスマン語またはオスマン帝
国史に知見のある方は是非ご教示いただきたい。

・南ア戦争時のケープ植民地の首相：セシル＝ローズではない

　これは新しい学説ではなく，よくある誤解シリーズである。非常に誤解
が多く，これに起因する出題ミスが減らないので注意喚起のため，やや今
更ではあるが記載する。

　まず，19世紀末のイギリスには本国の内閣に設置され，帝国の植民地
を統轄する植民省（Colonial Office）があり，その長として「植民地相
（Secretary of State for the Colonies）」がいた。一方で，各白人系植民
地や自治領にもそれぞれ内閣が置かれ，その長として「○○首相（Prime
Minister of Canada, Australia, etc.)」がいた。その上で，セシル＝ローズ
が1890～96年に在任していたのは「ケープ植民地の首相」であって，本
国の植民地相ではない。この二つの役職が混同されているのか，「ローズ
が植民地相に就任し……」等というような問題文を見かけることがある
が，誤りである。

　次に，またこの在任期間を見ればわかる通り，彼は南ア戦争の勃発（1899
年）よりも前に失脚しており，南ア戦争を勃発させたわけでも戦争指導を
行ったわけでもない。逆にジョゼフ＝チェンバレンは1895～1903年にか
けて本国の植民地相を務め，南ア戦争を指導した。意外にもセシル＝ロー
ズのケープ植民地首相の在任期間との重複が短い。入試の問題文でうっか
り「ローズがチェンバレンの指導下でブール人との南ア戦争の戦端を開き
……」と書いてしまうと大変なことになる。合わせて注意を促しておきた
い。

2022年度

早慶・国公立・私大その他

■■■ 2022 早慶 ■■■

　慶應大・経済学部は収録なしとしたが，際どいものが２問あったので簡潔に記述しておく。１つは江戸幕府のポルトガル船の来航禁止（1639年）とオランダ商館の出島移設（1641年）のどちらが先かを問う問題である。長崎の出島が「鎖国」の完成であることは中学日本史の範囲であって，年号をはっきり覚えていなくてもそこから推測がつくと判断した。もう１つはケンペル（「鎖国」の名付け親）が日本に向かう途上で寄った都市を地図上から選ぶ問題で，ヒントはモスクワとイスファハーンの間に立ち寄ったことと油田があることという２つ，選択肢は実質的にバクーとトビリシの２択。正解はバクーで，バクー自体は範囲外である。しかし，当時のジョージア（サカルトヴェロ）はオスマン帝国領，対してアゼルバイジャンはサファヴィー朝の領土ということは普通に知っているはずの知識で，イスファハーンに行くのにわざわざオスマン帝国の領土を挟まないだろうという推測から，普通の受験生でも正解にたどりつけると判断した。厳しくとる人はこの２つも範囲外と考えるかもしれない。

１．慶應義塾大　商学部

[難問]

問題2　**問8**　下線部 (g) に関連して（編註：<u>19世紀後半のアメリカ合衆国の工業化</u>），この時代を「金ぴか時代」と風刺した，当時のアメリカ合衆国を代表する作家は誰か。解答用紙Ｂの所定の欄に記入しなさい。

＜解答解説＞━━━━━━━━━━━━
　2022年も商学部は全般的に易しい問題であったが，１問だけ満点だけは阻止するとでも言うように難問が置いてあった。正解はマーク＝トウェインで，以前の課程では低頻度ながら用語集に記載があったが，現在では消えている。ただし，用語集が拾っていないだけで東京書籍の教科書と実

教出版の教科書には記載があった。本来であればこれは用語集頻度②で載っていてしかるべきところである。本企画で何度か説明している通り，山川の用語集は実質的に大学入試問題のベースとなっているために，教科書に載っている用語を全て採用・収録してしまうと受験生に細かい用語を問うことになってしまうから，編集している全国歴史教育研究協議会の判断であえて載せずに落としている用語がかなりある。つまり，**全国歴史教育研究協議会の判断基準では，マーク＝トウェインや「金ぴか時代」は入試で問うには細かすぎる**ということなのだ。

　この全国歴史教育研究協議会の方針は理解できるところであるが，近年の慶應大は明らかにこれを悪用して，用語集に載っていなくとも教科書のどこかに載っていれば出題してよいという自主的な判断に則って作問している。全国歴史教育研究協議会という本来何の権限もない一民間団体に入試の「範囲」を決められるのが癪なのだろうが，その作問姿勢は受験生に７冊の検定教科書全てを入手して隅々まで暗記することを強いてしまうのでやめてほしい。なお，商学部はこの他に「BLM と呼ばれるスローガンを英語で書け」という出題があった（正解は Black Lives Matter）が，常識的な時事の範囲として収録しなかった。類題は 2021 年の早稲田大・商学部でも出題されていて，こちらは〔番外編〕としたが，2022 年現在となってはもはや〔番外編〕とする価値も無いだろう。今後もまだまだ類題が出そう。

　文学部は収録なし。用語集頻度①のノックス，②のエドワード６世，②のタバリー，①のヒラーファト運動，①の圏地とやりたい放題だったが，巧妙に範囲外からの出題は避けていた。**圏地が出題されたのは初めて見た。**これだけあまりにもマイナーなので補足しておくと，清朝の八旗が政府から与えられた土地のうち，特に元々は漢民族の所有地だったものを指し，またそのために民間耕作地を強制的に収用した政策のこと。辮髪の強制と並んで漢民族の庶民から不評であったとのこと。

２．慶應義塾大　法学部

難問

問題1 ［設問１］　下線部（ア）に関連して（編註：アフリカ西岸の探検），次の文章の　(9)(10)　に入る最も適切な語句を語群より選び，その番号を解答用紙の所定の欄にマークしなさい。

「航海王子」エンリケはアフリカ西岸航路の開拓を推進した。この探検の目的は，金などの入手の他に，当時存在すると信じられていたキリスト教王 (9)(10) の王国と連絡をとることにもあった。

01　アウィツォトル　　02　アーサー
20　パチャクテク　　29　プレスター＝ジョン
34　ムワタリ
（編註：関係のある選択肢のみ抜粋）

＜解答解説＞

　以降，2022 年も慶應大・法学部の地獄のロードが続く。がんばってついてきてほしい。さて，その１つめは一部の人のテンションが上がりそうな問題。正解はプレスター＝ジョン。モンゴル帝国が到来した時も遊牧民にネストリウス派がいたので，イスラームを倒すためのプレスター＝ジョンの救援が来たと信じたヨーロッパ人が多かったらしい。その後の大航海時代でも動機の一つとして稀に挙げられる。誤答のアウィツォトルはアステカ帝国の，パチャクテクはインカ帝国の皇帝。ムワタリはヒッタイト王。この辺の聞き覚えのないものはまず違うとして消し，アーサーもアーサー王伝説のひっかけ選択肢だろうから誤りとして消し，正解にたどり着いた受験生がいたかもしれない。語群の数は 38 で，例年の 70 ～ 80 から比べるとかなり少なく，まだ消去法が可能そうな範囲。東京書籍の p.204 に記述がある。

3. 慶應義塾大　法学部（2つめ）

難問・出題ミスに近い

問題1　[設問2]　下線部（イ）に関連して（編註：<u>ポルトガルはインド航路を探検した</u>），ポルトガルの海外進出として（a）から（c）の出来事が下に示されている。（a）から（c）の出来事を古い順に正しく並べたものを [01] から [06] より選び，その番号を　(11)(12)　にマークしなさい。

（a）　セイロン島占領　　　（b）　マスカット占領
（c）　マラッカ占領

[01]（a）→（b）→（c）
[02]（a）→（c）→（b）
[03]（b）→（a）→（c）
[04]（b）→（c）→（a）
[05]（c）→（a）→（b）
[06]（c）→（b）→（a）

＜解答解説＞

　慶應大・法学部名物，範囲外からの出題ミス。ゴミである。この中で範囲内の情報で確実にわかるのは（c）のマラッカ占領の 1511 年しかない。（a）のセイロン島占領は用語集に「1505 年に来航して交易所を建設」とあり，この当時の交易所であれば砦と一体であろうし，これは占領開始と言っていいだろう。また一般的な難関私大向けの受験指導や参考書ではこの年号で占領と教えられることが多い。たとえば山川の資料集は「1505 年セイロン島を占領」としていて，『詳説世界史研究』も「1505 年にセイロン島に進出」としているから，山川の教材は 1505 年で統一されている。残った（b）のマスカット占領は用語集に記載がなく，厳しい。そもそもほとんどの受験生からするとマスカットはブドウの品種以外で思いつかず，当然場所も知らないだろう。しかし，ここで慶應大・法学部の悪習「用

語集に載ってないが教科書の片隅には載っている」を想起して，何冊か教科書をさらってみると，帝国書院の p.145 でヒットする。このページの地図中にある年号を拾うと「マスカット　1508 年」とあるから，作問者はこれを見て作ってよしと判断したのだろう。よって正解は（a）1505年→（b）1508 年→（c）1511 年で［01］になる。

　……となるならまだよかったのだが，そうはいかないのが実に慶應大・法学部らしい。この帝国書院の教科書の p.145 をよく見ると，同地図のセイロン島に 1518 年とあり，別記の表でも「1518 年　ポルトガル，セイロン島占領」となっている。つまり，作問者がこの教科書のこのページを見て作ったなら(a)は 1518 年になるので，この場合の正解は(b)→(c)→（a）の［04］になる。このように，**受験世界史として一般的な年号をとるか，例外的な年号を記載しているが明らかに作問のベースになった教科書を採用するかで正解が変わってしまう。**複数正解は原理的に成り立たない問題であるから，正解を絞れない出題ミスである。

　なぜこのようなことが起きたか。まず，大航海時代初期の欧州諸国はまだ力が弱く，一度は占領しても現地勢力に砦を破壊されて追い出され，再び占領するということがあったり，はじめは平和的に交易所を建てつつ徐々に要塞化したりしていたので，占領開始はこの年からという確固たる年号は示しにくい。そのため研究者が画期として最も妥当と思われる年号を選んで教科書に掲載することになる。しかし，研究者間で意見が割れることは当然にあり得るわけで，セイロン島の場合，山川は 1505 年をとり，帝国書院は 1518 年をとったということだ。したがって，こういう**マイナーな年号を出題したい作問者は複数の教科書にあたる，また用語集を確認するということをして，年号に揺れがあるようなら出題しないとするのが常識的判断**であり，とるべき行動である。この作問者はそれを怠って，1518 年しかないと決め込んで出題した。また，少しでもこの分野に詳しい人なら，年号が定まらないことに思いが及んで避けると思われるので，詳しくない人の作問なのだろう。河合塾・代ゼミ・増田塾からも同様の指摘あり。駿台からは無理やり解答を出すならコロンボを占領した 1518 年を優先すべきだろうが，そもそもポルトガルは全島占領できていないのだから「セイロン島占領」という言葉自体が間違っているという別角度からの指摘。

　これだけ予備校からボコボコに叩かれているのに当局発表は無いまま，大学から［04］のみ正答とする正解の発表があった。それは「本学の入試は山川出版社ではなく帝国書院に基づいているので，これからそちらを使って勉強してください」と言っているも同然であるのだが，**さて過去の入試問題で山川の『新世界史』にしか載っていない事項を散々出題していたのはどこの大学のどこの学部の入試だっただろうか。**ダブルスタンダードって言葉を知らないのかな。参考書では，『入試問題正解』は 04 を正解として普通に解説を付していた。『赤本』は 04 を正解としつつ，解説で 01 も正解の可能性があると指摘していた。赤本にしては厳しい。

4．慶應義塾大　法学部（3 つめ）

標準

問題2　18 世紀に入るとサファヴィー朝は衰退し，アフガニスタンから進攻してきたアフガン人によって 1722 年に首都イスファハーンを攻略され，事実上滅亡した。以後イラン高原で，トルコ系遊牧民が　(33)(34)　朝を，アフガン人が　(35)(36)　朝を興した。

04　アフシャール	11　アワド	13　イドリース
23　ザイヤーン	27　ジャディード	39　ティフリス
40　ドゥッラーニー	53　ハフス	66　マリーン

（編註：関係のある選択肢のみ抜粋）

＜解答解説＞

　イラン高原でサファヴィー朝とカージャール朝の間に勃興したトルコ系の王朝といえばアフシャール朝が代表例で，これが正解。しかし用語集に記載がなく範囲外であり，例によって東京書籍の p.321 にのみ記載がある。消去法で選ぼうにも範囲外や頻度①の王朝が多いので難しい。また，ここでは王朝名の選択肢のみを並べたが，実際には王朝の名前ですらない見知らぬ用語も多く，そちらで間違えた受験生も多かろう。アフガニスタ

ンの方は用語集頻度①で項目があるが，この①は同じく東京書籍の p.321 を拾ったものと思われる。正解はドゥッラーニー朝。全国歴史教育研究協議会がドゥッラーニー朝は拾ってアフシャール朝を落とした理由はわからない。どちらも落選でよかったような。

　なお，ドゥッラーニー朝はパシュトゥーン人がアフガニスタンのカンダハールを中心に建てた王朝であるので，「イラン高原で」と言われると違和感があるが，イラン高原を広くとる場合はヒンドゥークシュ山脈の麓までを含めるようなので，これは学術的に正しい用法と思われる。しかし，受験生が混乱するので，問題文で伏せているわけでもないのだから一言「アフガニスタンで」と入れておいてほしかった。

5．慶應義塾大　法学部（4つめ）

| 難問 |

問題2 ［設問1］　下線部（ア）に関連して（編註：<u>トルコ系・モンゴル系のイスラーム王朝</u>），十字軍国家の最北に位置し，セルジューク朝の勢力と対峙したのは (37)(38) 伯領である。 (37)(38) に入る最も適切な語句を語群より選び，その番号を解答用紙の所定の欄にマークしなさい。

02　アッコン　　　　12　アンティオキア　　15　エデッサ
37　ダマスクス　　　39　ティフリス　　　　43　トリポリ
（編註：関係のある選択肢のみ抜粋）

＜解答解説＞■■■■■■■■■■■■■■■■■■■■■■■■■■

　範囲内外のグレーゾーンで迷ったが，収録した。十字軍国家は古い課程なら範囲内だったが，近年の課程ではイェルサレム王国（とラテン帝国）以外は教えない。仮に古い課程で名前を覚えていても位置までは厳しい。十字軍国家は北からエデッサ伯国，アンティオキア公国，トリポリ伯国，イェルサレム王国の並びであるから，最北に位置したのはエデッサ。ローマ帝国とササン朝が戦ってウァレリアヌスが捕らえられたのもエデッサで

あるので，そちらを覚えていて，そちらのための誤答用選択肢と判断して検討から外した受験生もかなりいそう。現在でも資料集の十字軍国家の地図中にならエデッサ伯国の名前も位置も載っているので，これに見覚えがあった受験生なら解答できたか。

〔番外編〕慶應義塾大　法学部

問題2　〔設問2〕　下線部（イ）に関連して（編註：<u>イラン＝イスラーム文化</u>），後に『四行詩集』で知られることとなるウマル＝ハイヤームは，ワズィールであった　(39)(40)　の下で，ジャラーリー暦の制定に参加した。(39)(40)　に入る最も適切な語句を語群より選び，その番号を解答用紙の所定の欄にマークしなさい。

（編註：語群省略）

＜コメント＞

　定説と言えるほど固まっているのかが私に判断できないし，受験世界史に下りてきている情報ということも無いので番外編とした。ウマル＝ハイヤームは詩人と天文学者で別人説がある。次の書籍の序文にあたる「『ノウルーズの書』解説」のⅴページ以降をお読みいただきたい。
守川知子，稲葉穣『伝ウマル・ハイヤーム著　ノウルーズの書（附ペルシア語テキスト）』京都大學人文科學研究所附屬東アジア人文情報學研究センター，2011 年。
http://hdl.handle.net/2433/155281
　別人説をとる場合は正解が無くなる。高校世界史で教えられる通りに同一人物説をとるなら，この時のセルジューク朝のワズィール（宰相）はニザーム＝アルムルク。以降，本企画では別人説が高校世界史に降りてくるまで本件を扱わない。

6．慶應義塾大　法学部（5つめ）

難問

問題2　［設問6］　下線部（カ）に関連して（編註：サファヴィー朝のアッ
バース1世は，港市バンダレ＝アッバースを開いて海上交易に力を注い
だ），こうした国際商業活動を担ったのが　(47)(48)　商人であり，アッバー
ス1世はイスファハーンに彼らの居住区（ジョルファー）を設けて保護を
与えた。　(47)(48)　に入る最も適切な語句を語群より選び，その番号を解
答用紙の所定の欄にマークしなさい。

01　アゼルバイジャン　　03　アナトリア　　　　10　アルメニア
22　グルジア　　　　　　32　セファルディム
50　ハザール　　　　　　69　ユダヤ
（編註：関係のある選択肢のみ抜粋，アゼルバイジャンは別の問題の解答）

＜解答解説＞

　編註に書いた通り，別の問題の正解とわかればアゼルバイジャンは消せ
る。アナトリアはいかにも不自然として，ハザールとグルジアとアルメニ
アとセファルディムは習っていないからわからない。残ったユダヤを選び
たくなるが，彼らの勢力圏はオスマン帝国領であってサファヴィー朝では
ない。答えがない……という経路の思考で絶望した受験生が多かったので
はないだろうか。正解はアルメニア。古来，中東の国際商人を多く輩出し
た民族で，オスマン帝国でもサファヴィー朝でも活躍している。一応，帝
国書院の教科書 p.143 にそのままの記述があり，実教出版の p.222 にも
近い記述はある。やっぱり慶應大・法学部は受験生に主要教科書5冊の本
文・脚注を全て1字1句覚えておいてほしいということなのだろうか。ま
あ，現状の高校世界史でアルメニア商人の影が薄すぎるという作問者の思
いはわからないでもない。

7．慶應義塾大　法学部（6 つめ）

難問

問題2　［設問7］　下線部（キ）に関連して（編註：カフカス），この地方におけるムスリム諸民族の激しい抵抗運動を目の当たりにし，1896 年から 1904 年にかけて『ハジ＝ムラート』を執筆した文学者は　(49)(50)　である。　(49)(50)　に入る最も適切な語句を語群より選び，その番号を解答用紙の所定の欄にマークしなさい。

06　アブデュルレシト＝イブラヒム
18　ガッサーン＝カナファーニー　　　24　サーブリーン
30　ストリンドベリ　　35　タゴール　　41　トゥルゲーネフ
42　ドストエフスキー　　45　トルストイ　　55　バラタ＝ナティヤム
60　ボーディセーナ　　64　マフムード＝ダルウィーシュ
67　ムハンマド＝アフマド　　　70　ラシード＝アッディーン
（編註：関係のある選択肢のみ抜粋）

＜解答解説＞

　2022 年のクソ問オブザイヤー有力候補。本問は誤答が（受験生にとって）見知らぬ人名だらけでひどいので，先に紹介しておく。アブデュルレシト＝イブラヒムはタタール人のウラマーで，東京ジャーミイの創設者にして初代イマーム。ガッサーン＝カナファーニーは 20 世紀半ばのパレスチナの作家。**サーブリーンはパレスチナのバンド。**まさかの作家ではなく音楽集団だった。

　バラタ＝ナティヤムは南インドの伝統舞踊の一種らしい。これが一番意味がわからなかった。他の問題の誤答のつもりで用意したのかもしれないが，人名にも見える以上は本問の誤答としても機能してしまう。**ボーディセーナは菩提僊那のサンスクリット語名**で，唐滞在中に日本に招かれて東大寺大仏の開眼供養を行った。日本史なら習うが世界史では一切習わないし，中学の歴史でも見ない。あまりの脈絡のなさに見た瞬間笑ってしまっ

た。どういう言語センスなのだろう。全く理解できないしする気も起きない。マフムード＝ダルウィーシュは20世紀後半のパレスチナの詩人で，1988年にアラファトが発表したパレスチナ独立宣言の起草者。**パレスチナとインドの誤答用選択肢が多いのは作問者の趣味だろうか。**

　さて，これらを全部落とし，ラシード＝アッディーンは時代が違いすぎる，タゴールはインド人だからカフカスとは無縁そうとして落とすと，ヨーロッパ人の作家が多く残り，中でもロシアの作家が3人残ったのが目立つ。カフカスであるからロシアの作家というのはありうるだろう。このうち1896年時点で生きているのはトルストイしかいないから，正解はトルストイに絞れる……というのは正解ながら，あまりに無理筋な解法で全く現実的ではない。何よりも小説家が旅行中にインスピレーションを得て作品を書き起こすことがある以上，カフカスだからという理由でロシア以外の作家を落とすという推測は危険である。こんなことを載せている教科書は無いだろうと思いつつ調べてみたら実教出版のp.305に載っていて椅子から転げ落ちた。**教科書が高校生の興味を引くためによかれと思って載せた珍しい事象を，ゴミクズみたいな入試問題の種にする行為に良心は痛まないのだろうか。**教科書に対する裏切り行為だと思う。

　なお，**6番**の［設問6］，この［設問7］と来て，次の［設問8］はヒントが「2009年当時のイラン大統領」「保守派」というヒントからのアフマディネジャドだった。用語集頻度①だが受験生にとっては範囲外に近い感覚の人物だろう。地獄の三連問である。

8．慶應義塾大　法学部（7つめ）

難問

問題3　［設問1］　下線部（ア）（編註：冷戦期）の初期に生じた（a）から（d）の出来事を古い順に正しく並べたものを［01］から［18］より選び，その番号を　(61)(62)　にマークしなさい。

（a）経済相互援助会議（コメコン）の結成

(b) コミンフォルムの結成
(c) 大韓民国の成立
(d) 中華人民共和国の成立

[01] (a) → (b) → (c) → (d)　　[10] (b) → (c) → (d) → (a)
[02] (a) → (b) → (d) → (c)　　[11] (b) → (d) → (a) → (c)
[03] (a) → (c) → (b) → (d)　　[12] (b) → (d) → (c) → (a)
[04] (a) → (c) → (d) → (b)　　[13] (c) → (a) → (b) → (d)
[05] (a) → (d) → (b) → (c)　　[14] (c) → (a) → (d) → (b)
[06] (a) → (d) → (c) → (b)　　[15] (c) → (b) → (a) → (d)
[07] (b) → (a) → (c) → (d)　　[16] (c) → (b) → (d) → (a)
[08] (b) → (a) → (d) → (c)　　[17] (c) → (d) → (a) → (b)
[09] (b) → (c) → (a) → (d)　　[18] (c) → (d) → (b) → (a)

＜解答解説＞

　今回収録した慶應大・法学部の中ではまだしも解きやすい問題。コミン
フォルム結成は 1947 年，大韓民国成立は 1948 年，コメコン結成と中
華人民共和国成立がいずれも 1949 年であるから 2 択までは絞れるが，あ
とは月単位の問題なので運ゲーである。ただし，中華人民共和国の成立は
1949 年 10 月 1 日であることに気づけば，極めて単純な確率論で，**コメ
コン結成は 75 ％の確率で中華人民共和国成立よりも前**と推測できる。こ
の推測が正しく，コメコン結成は 1 月のこと。よって[09]が正解。慶應大・
法学部は素でこういうくだらない確率の勝負を受験生に要求しそうで，イ
メージ通りといえばそう。しかもいつかは 25 ％の方が勝つような問題作っ
てきそう。

9．慶應義塾大　法学部（8 つめ）

受験生には出題ミスにしか見えない

問題 4　[設問 3]　下線部（ウ）に関連して（編註：アリストテレスの思

想は後にイスラーム教やキリスト教の神学に取り込まれ），古代ギリシア
の影響を受けたイスラームの学問とその周辺の状況についての記述として
誤っているものを下から選び，その番号を　(89)(90)　にマークしなさい。

[01] 天文学や代数学に関する書物を著したフワーリズミーの名は「アル
　　　ゴリズム」の語源となった。
[02] フィルドゥシーは，シチリアの君主に仕え，世界地図を作成した。
[03] スンナ派のウラマーであったガザーリーは，ギリシア哲学の用語と
　　　方法論を学び，神秘主義を理論化した。
[04] ハールーン＝アッラシードは，ギリシア語の文献をアラビア語に翻
　　　訳する機関をバグダードに創設した。

＜解答解説＞

　深く考えずに正解を出すなら［01］と［03］はどう見ても正文，［02］
はフィルドゥシーがイドリーシーの誤りと明確であるので，これが正解と
なって終わりである。審議の対象は[04]で，**受験生の知識だと[04]はハー
ルーン＝アッラシードがマームーンの誤りで誤文としか判断できない。**複
数正解の出題ミスにしか見えないだろう。これが難関私大の入試問題に詳
しい高校教員や塾・予備校講師なら［04］は「多分，ハールーン＝アッラシー
ドが知恵の館の前身になったような機関を創設したのだろうな」と推測し
て正文と判断することができるだろうが，受験生にそれを求めるのは酷だ
ろう。実際にこの推測が正しく，ハールーン＝アッラシードは「知恵の宝
庫」なる図書館を創設し，「知恵の館」の前身として翻訳作業を始めさせ
ている。例によって，このことは東京書籍の教科書の p.134 にのみ記載
がある。
　というわけで本問は範囲外からの出題でもなく出題ミスではないのだ
が，**慶應大・法学部は 2018・2019・2021 年で出題ミスを出している
のだからこれくらい疑われるのは当然**である。そして今年も出題ミスがあ
る。痛くもない腹を探られるのが嫌なら，自らの作問能力を超えた出題は
しないでほしい。私だって受験生だって常に出題ミスの存在を疑いながら
解くのはもう嫌なのだ。

１０．慶應義塾大　法学部（9つめ）

難問

問題4　[設問4]　下線部（エ）に関連して（編註：<u>イギリス</u>），イギリスでは科学技術の発展を目的として王立協会が設立された。これに関連する記述として誤っているものを下から選び，その番号を　(91)(92)　にマークしなさい。

[01] 王立協会の会長をつとめたニュートンは，トーリー派の庶民院議員であったこともある。
[02] クックは王立協会から要請を受けてオセアニアを探検した。
[03] フランスやプロイセンでも，科学技術の発展を目的として科学アカデミーが設立された。
[04] 王立協会の前身となる組織は 1660 年に結成された。

＜解答解説＞

　[02][03] は正文とわかるが，[01][04] の2択からは無理だろう。[01] が誤りで，ニュートンはホイッグ派であった。[04] の年号は正しい。1662 年に勅許を得て王立協会となる。用語集には 1660 年・62 年の年号が両方とも載っている。また，ニュートンがホイッグ派だったという記述は実教出版の p.217 にある。

１１．慶應義塾大・法学部（10 個め）

難問

問題4　[設問6]　下線部（カ）に関連して（編註：<u>進化論</u>），人類の起源にかかわる学術上の発見についての記述として誤っているものを下から選び，その番号を　(95)(96)　にマークしなさい。

［01］アルジェリアのタッシリ・ナジェールでは牛などが描かれた壁画が見つかっている。

［02］新人の化石としては，イタリアのグリマルディ人や，中国の周口店上洞人が見つかっている。

［03］1992 年に発見されたラミダス猿人の化石には，「トゥーマイ（生命の希望）」という名前が付けられた。

［04］タンザニアのオルドヴァイ渓谷ではアウストラロピテクスの化石骨が見つかっている。

＜解答解説＞

　難問や悪問になりやすい先史からの出題。受験生がまともに判断できたのは［02］が正文ということだけだろう。正解は［03］で，トゥーマイの通称があるのはサヘラントロプス（＝チャデンシス）である。例によってこれらは帝国書院の教科書の p.10 にのみ記述がある。一応, 実教の p.18 にもトゥーマイは紹介されているが，こちらは逆にサヘラントロプスの名前が載っていない。［04］のオルドヴァイ渓谷は東京書籍の p.24 にある。［01］のタッシリ・ナジェールもどこかに載っていると思われるのだが，主要 5 冊を探したところでは見つからなかった。残りの 2 冊か A の教科書に載っているのかもしれない。

　さて，このシリーズを熱心に追ってくれている読者なら気づいたかもしれないが，**前年までの慶應大・法学部の難問は出典が山川の『新世界史』に偏っていたが，2022 年は大きく分散した。**本企画は『新世界史』は発行部数が少なくて受験生には実質的に入手困難だから止めろと散々言ってきていたのだが，**そういう解決は望んでいない。**わざと勘違いした回答をして相手を煽るタイプのネット論者と対話しているようでイライラする。

　グレーゾーンで際どく収録しなかった問題では，インカ帝国最後の皇帝（アタワルパ），イラン東北部の地方名（ホラーサーン），前述のアフマディネジャド, 非同盟諸国首脳会議は冷戦終結後に開催されているかどうか（されている），エリトリアの独立年が 1991 年より前か後か（1993 年なので後），1735 年に出版された『自然の体系』の著者（リンネ，消去法で解答可能）等々，範囲内であれども難問が多い。2022 年もグレーゾーン

まであわせるとやはり 15 問程度になり，ここ数年と同水準である。「**慶應大・法学部は難問と出題ミスを 50 問中 15 問程度出題する**」は傾向として定着したと言ってよさそう。本企画で数少ない実益ある傾向分析を出した気がする。

〔番外編２〕早稲田大　文化構想学部

問題２　設問３　下線部 C（編註：<u>紀元後 14 年</u>）の年に在位していた中国の皇帝の名を記述解答用紙の所定欄に記しなさい。

＜コメント＞━━━━━━━━━━━━━━━

　正解は王莽である。王莽の漢字は，莽の字の真ん中は“大”ではなく“犬”のほうが適切とされる。しかし，常用漢字ではなく通常の PC ではこれを変換できない。そのため DTP 業者に作字してもらうことになるが，それが手間である場合は“大”のまま通してしまう。大学入試問題の場合は問題文をちゃんと“犬”で表示し，受験生に書かせる場合も“犬”で無ければ誤答扱いにする大学が多い。しかし，**早稲田大は問題文で一貫して“大”で通している**ので，本問は受験生が“大”で書いてきても正解扱いになるだろう。これに対する予備校のコメントが少し面白くて，代ゼミは私と同じ見解であるが，**河合塾と駿台は「それでも大学の採点は信用できないから“犬”で書いておけ」ということをオブラートに包んでコメントしていた。**それについては正直同感である。それはそれとして，この問題がいつまでも宙に浮いているのも気持ち悪いので，そろそろ古代中国史家の大家のどなたかが声を上げて高校世界史上の王莽の漢字問題の決着をつけてほしい。個人的には“大”でも OK で統一してほしい。

　ところで，合格発表が 2/20 の文化構想学部から，2/23 になって当局発表があった。「「世界史」において採点の誤りがありました。「世界史」選択者について正しく採点し，再度合否判定を行った結果，次のようになりました。」として，22 名の追加合格者が出て，19 名の追加補欠合格者が出たとのことである。ひょっとしてこの王莽の「大」を誤答扱いにした

採点者がいて後から発覚したという話なのではと疑っている。また，大学
当局から発表されている公式解答例では"犬"になっていた。**解答例で作
字するなら問題文でも作字すればよかったのでは。**力の入れどころを間違
えていると思う。

１２．早稲田大　文化構想学部

限りなく出題ミスに近い

問題3　設問1　下線部 A（編註：「インド化」の影響を受けた国家が多
くの地域で成立するが，紅河デルタ周辺は 10 世紀までは中国の歴代王朝
の支配下にあり，独立後も他の地域と違って，中国に由来する宗教，制度，
文字などが見られる）に関して誤っている記述を次のア～エの中から二つ
選び，マーク解答用紙の所定欄にマークしなさい。

ア　「インド化」が生じた地域ではサンスクリット語やヒンドゥー教，大
　　乗仏教などが受け入れられた。
イ　武帝は南越を滅ぼし，紅河デルタ周辺までを漢の支配下に入れた。
ウ　世界遺産プランバナンに代表されるように，13 世紀までの諸島部で
　　はヒンドゥー教が優越し，仏教は比較的低調であった。
エ　李朝はチャンパーを滅ぼし，メコンデルタ周辺まで版図を拡大した。

＜解答解説＞

　アは正文，ウはボロブドゥールを想起すればわかる通り誤文，エは李朝
が黎朝の誤りで誤文だから，イは検討しなくてもウ・エが正解になる（本
問の要求は二つ選べ）。審議の対象はイで，武帝はベトナム中部まで征服
して日南郡を設置しているから，ベトナム北部にあたる紅河デルタ"まで"
にとどまっていない。ゆえに，非常に広い前漢の領土全体から見ればベト
ナム中部も紅河デルタの周辺みたいなものだと考えるなら正文になるし，
そうは言ってもベトナム北部と中部は別物であって紅河デルタ周辺はあく

までベトナム北部しか指さないと考えるなら，イも誤文になる。イも誤文と見なせば複数正解で出題ミスである。

　私は最初にこの問題を解いた時にはせいぜい悪問止まりで出題ミスとまでは踏み込めないかなと思っていたのだが，下線部に**「紅河デルタ周辺は10 世紀までは中国の歴代王朝の支配下にあり，独立後も他の地域と違って」**とあることに気がついた。**問題文が自分で紅河デルタ周辺とベトナム中部は別の地域と示唆している**という，とんでもなく間抜けな構造になっていて，下線部を素直に受け取るならイは誤文と判断せざるを得ない。これは限りなく出題ミスに近かろう。

　なお，本問は予備校の解答が割れており，代ゼミ・駿台・早稲田予備校は素直にウ・エと出してイについては特に触れていなかったのに対して，河合塾はイ・エを正解と出していた。ウを正文と見なすのは無理があるだろうと思って分析を読むと「13 世紀までの諸島部は直近 13 世紀のことだけを指すと考えれば正文と見なせる」という趣旨のことが書いてあった。いや，その手前に「世界遺産プランバナンに代表されるように」とあるのだが……プランバナンの造営年代は９〜 10 世紀で，ボロブドゥールよりも少し後なだけに過ぎない。また，諸島部の「インド化」においてはヒンドゥー教と大乗仏教は混交する形で伝播したとされていることを考えても，**河合塾の分析は明確な誤り**である。大学当局発表の公式解答例ではウ・エが正解となっていた。『入試問題正解』はイ・ウ・エの複数正解で，日南郡は紅河デルタ周辺には含まれないという解釈をとっていた。『赤本』はウ・エを正解としつつ，解説でイも正解になる可能性があると指摘していた。

１３．早稲田大　文化構想学部（２つめ）

難問

問題4　設問4　下線部 D を前後して（編註：日本政府は 1872 年に琉球王を琉球藩王に冊封し，それまで島津藩が管轄していた琉球を外務省に移管した），琉球民が台湾に漂流し殺害される事件が発端となり，日本は台

湾に出兵した。この台湾出兵について次のイ～ニの中から誤っているもの
を一つ選び，マーク解答用紙の所定欄にマークしなさい。

イ　日本は台湾出兵を清朝内に権益をもつ列強に通達した。
ロ　この事件を契機に，台湾先住民は清朝の支配のもとにあるのかが日清
　　間で問題となった。
ハ　この事件の翌年に，日本政府は琉球に清朝との冊封朝貢関係の廃止を
　　命じた。
ニ　この事件を契機に，琉球民は日本に帰属するか否かが日清間で問題と
　　なった。

＜解答解説＞

　文化構想学部としては珍しいストレートな難問。ロとニは正文とすぐに
わかるが，イとハの判別が難しい。常識的に考えて列強には通達したと
推測できる一方で，1872 年に琉球藩設置で台湾出兵は 1874 年だから，
1872 年と 74 年の間に冊封朝貢関係の廃止は命じられていそう……と考
えて正解を導き出すと大体は合っているものだが，本問はこの推測を裏切
るから受験生にとってはたちが悪い。まず，日本政府が琉球に対して冊封
朝貢関係の廃止を命じたのは，意外と遅い 1875 年，つまり台湾出兵の翌
年で，ハは正文である。その後，琉球藩はなおも清朝への朝貢を続行しよ
うとしたため，明治政府は琉球支配を強めるほかなく，1879 年の沖縄県
設置につながっていく。
　一方，日本政府は台湾出兵についてあらかじめイギリスをはじめとする
列強に「相談」していた。列強の反応は概ね「戦争に発展すると南シナ海
の治安が乱れ，貿易に支障が生じる」として軍事行動を諌止するというも
のであった。これを受けて日本政府は派兵を中止したが，司令官に任命さ
れていた西郷従道が独断で出兵を強行し，日本政府も追認する形となっ
た。日本軍の独断専行体質はすでにこの時に現れている。このような出兵
であったのでイギリスは寝耳に水の展開として日本政府に抗議したが，結
局イギリスが日清間を仲介し，清朝が日本に賠償金を支払う日本優位の決
着となった。この経緯をイギリスの立場で見ると，なるほど無通告の出兵
であろう。したがってイが誤文＝正解で問題は成立しているが，受験世界

史らしい推測——すなわち他の歴史的事例からありそうな展開を推測する
能力——を裏切る展開の事例からこうした難問を作るのは性格が悪い。真
面目に勉強していた生徒が救われるような出題を期待したい。

〔番外編３〕早稲田大　法学部

問題１　設問２　下線部ｂに関連し(編註:現在のラオス、ベトナム、タイ、
ミャンマー（ビルマ))，東南アジア諸国の歴史に関して述べた以下の文の
うち，明白な誤りを含むものはどれか。

① ラオスでは，フランスの植民地支配からの独立後に勃発した内戦に，
　 ラオス愛国戦線（パテト＝ラオ）が勝利し，ラオス人民民主共和国が成
　 立した。
② ベトナム和平協定が成立し，アメリカ軍の撤退が実現されたのち，南
　 ベトナム（ベトナム共和国）軍と南ベトナム民族解放戦線は南北ベトナ
　 ムを統一し，ベトナム社会主義共和国が成立した。
③ タイでは，19世紀後半から20世紀初頭にかけてラタナコーシン朝の
　 チュラロンコン（ラーマ５世）が近代化に努め，またイギリスとフラン
　 スの緩衝地帯という国際環境を利用し，植民地化を回避した。
④ イギリスの植民地支配下におかれていたビルマ（ミャンマー）では，
　 タキン党のアウン＝サンの指導下でイギリスとの交渉がまとめられ独立
　 協定が結ばれた。

＜コメント＞

　正解は②で，ベトナム統一を主導したのは北ベトナムということでよい
のだけど，「南ベトナム**民族解放**戦線」は「南ベトナム**解放民族**戦線」の
誤植と思われる。②が元から誤文でよかった。危うく出題ミスになるとこ
ろだったので，校正はしっかりしてほしい。河合塾から同様の指摘あり。

１４．早稲田大　法学部

悪問（一応）

問題２　設問２　下線部②に関連して（編註：ヴェネツィアは将来の隆盛
の礎となる東地中海の商業特権をビザンツ帝国（東ローマ帝国）から10
世紀末頃に獲得している），東地中海地域について明白な誤りを含む文章
を以下のア～エから一つ選びなさい。

ア　7世紀以降ビザンツ帝国ではラテン語に代わりギリシア語が公用語と
　　して用いられるようになった。
イ　10世紀初めに北アフリカにおこったファーティマ朝は，アッバース
　　朝に対抗してスルタンの称号を用いた。
ウ　11世紀前半におこったセルジューク朝は，アナトリアやシリアの沿
　　岸地帯にも進出した。
エ　11世紀末以降ビザンツ帝国ではプロノイア制がしかれ，軍役の見返
　　りとして貴族に領地が与えられるようになった。

＜解答解説＞

　イのスルタンがカリフの誤りで明白なので正解はイでよい。アとウは正
文で，審議の対象はエ。**厳密に言えばプロノイア制は国有地の徴税権・管
理権を与えたものであって，領地ではない。** プロノイア制は封建制かイク
ター制かで言えば後者に近いとされる。

　ただし，イクター制もプロノイア制も本人一代限り・土着化させないた
めの転封あり等のルールが形骸化していって，多かれ少なかれ王朝の中央
集権的統治が衰退する原因になったのは違いない。また，封建制も含めて
これらの土地制度は，存続した地域・時代が非常に広く実態が多様であっ
たものを，高校世界史のため，市民的教養として供するために専門家が最
大公約数的にまとめたのが上述の説明である。ゆえに，その最大公約数的
な説明を用いた制度の比較にはどれほどの意味があるのか，という話にも
なりそうである。とすると，イクター制と封建制の比較は高校世界史には

不要ではないか。しかも，イクター制は封建制に比べると王朝の解体への悪影響が弱かったという文脈で紹介されることが多いように思われる。私はこれに逆オリエンタリズム的なものを感じなくはない。中央集権化こそが歴史の流れであって，ともかく中世ヨーロッパの制度は遅れていたとでも言うような。

　ここでちゃぶ台をひっくり返すと，実は封建制とプロノイア制の違いをそこまで深く掘り下げなくてよいと考えている教科書もある。その「プロノイア制で与えられたのは領地」とはっきり書いている教科書がシェア１位の山川の『詳説世界史』なのだから（p.134），もう受験世界史全般からここの差異は取っ払ってしまってよいような気がする。**本問のエはその山川の『詳説世界史』からのコピペである**から，これで悪問と言われても早稲田大学も困るかもしれない。しかし，教科書によって書いている「深さ」が違うことはありうるので，厳密を期しても成立するような文にしてほしかった。たとえば，東京書籍の教科書はちゃんと「皇帝は，軍役奉仕とひきかえに国有地の管理権を彼ら（編註：貴族のこと）にゆだねたが，やがてそれらは世襲されるようになり（プロノイア制），皇帝権は弱まり，社会は独自な封建化がすすんでいた。」と書いている（p.141）。実教出版も帝国書院も同様の説明で，多数派はまだ封建制とプロノイア制を別物として説明している。これらの教科書で勉強してきた受験生は，本問がイとエの複数正解に見えたことだろう。この意味でも，特定の教科書のコピペだけで選択肢文を作るのは危ないので避けるのを大学の先生方には勧めたい。

〔**番外編4・5**〕早稲田大　文学部

問題3　**設問4**　下線部 d に関連して（編註：ノルマン人はドニエプル中流域のスラヴ人地域にまで進出し，先住民と同化しながら公国を形成した），この国の王でギリシア正教に改宗し，これを国教とした君主の名を記しなさい。（原文ママ）

問題3 **設問5** 下線部 e に関して（編註：ノルマン人にはシチリアと両シチリアを征服する者も出て，彼らは同地で王国を建国した），最も適切なものを選びなさい。

イ　この王国ではムスリムがキリスト教への改宗を強制され，彼らはモスリコと呼ばれて迫害を受けながら生活した。

ロ　この王国はビザンツ帝国の一部となり，ギリシア正教世界の一員として地中海世界で繁栄した。

ハ　この王国の王都パレルモでは，アラビア語の文献がラテン語に訳され翻訳活動の中心になっていた。とくにイブン＝ルシュドがアリストテレスの翻訳を行ったことで有名である。

ニ　この王国では 13 世紀に「シチリアの晩鐘」事件が起こると，シチリア島に関してはアラゴン王国が支配するようになった。

＜コメント＞

　問4は**下線部に「公国」とあるのに問われているのは「この国の王」**という不思議なねじれがある。君主一般を「王」と呼んでしまうことはあるのでまあいいか，と思って後を読むと「君主の名を記しなさい」とあり，**手前では「王」としていた理由がわからない**ので混乱する。解答上の混乱はないが，言葉があまりに適当すぎる。正解はキエフ公国のウラディミル 1 世。

　問5，**選択肢イのモスリコはモリスコの誤植。**シチリア島について問われていてこのイはスペインのことであるからいずれにせよ誤文なのだが，万が一スペインについての問いだったら正解が消滅していた。なお，ロはよくわからないがクレタ島が何かか。ハはイブン＝ルシュドがシチリアで活動していないので誤り。残ったニが正文＝正解で，問題は難しくない。

１５．早稲田大　文学部

難問

問題9　設問3　下線部(3)の作品を以下から一つ選びなさい（編註：パルテノン神殿の彫刻は，19世紀初頭，イギリスの外交官であったエルギン伯によって大英博物館にもたらされた。）。

ア

イ

ウ

エ

＜解答解説＞

　文化構想学部・文学部名物の美術作品問題。アの「ラオコーン」以外は用語集に項目がなく，資料集にも「ラオコーン」以外の図版が載っていることはめったにない。正解はイ。いわゆるエルギン＝マーブルのことで，その大半は破風彫刻であるから壁面に浮き彫りの形で彫られていた彫刻であることを知っていたらすぐに解けるが，これは範囲外の知識と言っていいだろう。

　消去法で解くのも苦しい。ギリシア彫刻は古典期とヘレニズム・ローマ

期で技術レベルが異なり，当然時代が下る後者の方が高い。その後者の代表例がアのラオコーンであり，パルテノン神殿は古典期の建築物であるから，ラオコーンよりも目立って技術的に稚拙なものが正解……という絞り方でイにたどり着けるものの，**このアプローチで正解できた受験生は是非とも美術史学を専攻してほしい**と思ってしまう程度に受験生にはハードルが高い解法だろう。なお，ウは「カピトリーノのウェヌス」と呼ばれるローマ期の作品。エは一品だけ隔絶して技術水準が高いので時代が全然違うわけだが，バロック期は史上名高いベルニーニの作品「アポロンとダフネ」である。

１６．早稲田大　人間科学部

出題ミス

問題4 **Y** ⑤　以下の文のうち，1972 年までに起こった，ドイツ連邦共和国（西ドイツ）に関わるできごとの説明として誤りを含むものを選びなさい。

a　1949 年 5 月，ボンを暫定的な首都としてドイツ連邦共和国が成立した。
b　1952 年，フランス・西ドイツ・イタリア・ベネルクス 3 国はヨーロッパ石炭鉄鋼共同体を結成した。
c　キリスト教民主同盟のアデナウアー首相の下，経済復興を果たした西ドイツは，1955 年，米・英・仏・ソと国家条約を結んで主権を回復した。
d　1969 年，西ドイツ首相となった社会民主党のブラントは，ソ連や東欧の社会主義国との関係改善をはかる東方外交を始めた。

＜解答解説＞

　b・d は正文。c は「1955 年，米・英・仏・ソと〜〜」の下りはオーストリアのこと。西ドイツの主権回復は経緯が少し複雑だが，最終的に 1954 年のパリ協定で認められた。これは西ドイツの NATO 加盟を条件とした条約であったため，ソ連は参加しておらず，西ドイツとソ連は個別

に 1955 年に国交を回復した。作問者の想定解はこれだろう。審議の対象はａで，**西ドイツの成立は 1949 年 5 月だが，ボンが暫定首都に決まったのは 9 月である**から，ａは誤文とも解釈できる。**大学当局からお詫びと全員正解にした旨の発表があった。**受験生を無駄に惑わせようとして月なんて書くからこういうことになる。早稲田予備校から同様の指摘あり。私も初見では気づかなかった。鋭い指摘。

１７．早稲田大　教育学部

誤植・難問・出題ミス

問題2　**問1**　次の (A) ～ (C) の文中の空欄に当てはまる地名を第 1 群の選択肢ａ～ｅから，また，その地名の説明として適当なものを第 2 群の選択肢ｆ～ｊから，それぞれ 1 つ選べ。

(A)　　　　　　条約により，ドイツ西部国境の現状維持のほか，ラインラントの非武装化が確認された。

(B)　東アジア・太平洋地域をめぐる国際秩序について，合衆国・イギリス・フランス・日本などによる条約が結ばれ，　　　　体制と呼ばれた。

(C)　フランスとアメリカ合衆国が提唱し，　　　　で調印された不戦条約は，戦争違法化の先例となった。

＜第 1 群＞
a　パリ　　　　b　ロカルノ　　　c　ローザンヌ
d　ロンドン　　e　ワシントン

＜第 2 群＞
f　首都とするために新たに建設され，1800 年に政府所在地が移転した。
g　ローマ時代に建設されたロンディニウムを起源とする。
h　スイス南部に位置するイタリア語圏のティチアーノ州の都市である。
i　スイス西部の都市で，国際オリンピック委員会の本部が置かれている。

j　第3回万国博覧会が開催された。

＜解答解説＞

　（B)・(C)は易しい。(B)はワシントンなのでeとf。(C)はパリなのでaとjが正解である。(A)も，ロカルノ条約の内容なので＜第1群＞の正解はbとわかるのだが，その場所についての情報は普通は覚えてこないものなので，＜第2群＞はhとiの2択から絞るのが難しい。なんとなく国際オリンピック委員会の本部がありそうなのはローザンヌかなと当てをつければ正解のhにたどり着ける。しかし，それはそれとして**ロカルノがあるのはティチーノ州であってティチアーノ州ではない**のでhも該当しない。出題ミスである。ティチアーノ州という行政区分は存在しない。ティツィアーノという画家なら存在するので，そういう変換ミスかもしれない。

　なお，ティツィアーノがTizianoとつづり，ティチーノはTicinoなのでつづりは全く違う。イタリア語のzはツァ行で表すのが一般的であって，小さいア行を使いたくない主義の人かイタリア語の表記に慣れていない人でなければティチアーノという表現を用いないはずである。その意味で非常に不可解な誤植で，責任の所在とは別に単純な興味から事故の真相を知りたいところ。代ゼミから同様の指摘あり。河合塾・駿台は誤植に気づかず。早稲田予備校は分析で「「ティッツィアーノ州」に関しては下手に疑わない方がいい。」と書いていたが，問題の表記はティッツィアーノではなくティチアーノである。この違いはすでに説明した通りで元のつづりにかかわってくるので意外と重要なのだが，ティチアーノという表記があまりにも見慣れなさすぎて，手が勝手に「ツィ」と書いてしまった気持ちはわかる。もっとも，早稲田予備校の表記も「ッ」が余分で，これも謎。これだけ明白かつ重篤な誤植で，まともに指摘しているのが代ゼミのみというのはちょっと意外。その代ゼミからの指摘を受けてのものと思われるが，**大学当局から出題ミスを認めて謝罪するが，大勢に影響ないため特別な措置は講じない旨の発表があった。**事実誤認の重みよりも，ローザンヌとロカルノの区別ができた受験生とそうでない受験生を選別する方に重きを置いたということだと思われるので特別な措置を講じなかったこと自体を責める気は無い。

　なお，この他に「1258 年バグダードはモンゴル軍に征服され，以後，イル＝ハン国，セルジューク朝，ティムール朝などの支配を受けた。」という時間の歪みが生じていたり（セルジューク朝がバグダードを支配したのは 1258 年よりも前），「ニハーヴァンド」が「ニハーヴァント」になっていたりという誤字があったが，いずれも解答上問題ないとして特別な措置は講じないという発表があった。いくらなんでも誤植が多すぎるでしょ。

〔**番外編６**〕早稲田大　教育学部

問題4　（4）　李氏朝鮮について誤っている説明はどれか。

a　漢城（現ソウル）を都とした。
b　豊臣秀吉が朝鮮に侵攻した際，明の援軍を受けた。
c　仏教が栄え大蔵経が出版された。
d　李成桂は倭寇を破って名声を得た。

＜コメント＞

　さすがに入試問題で李氏朝鮮はもう厳しい。用語として完全な誤りではないので出題ミスとは言わないが，「オスマン＝トルコ」並に表現として古いので勘弁してほしい。問題自体は易しく，c が高麗の出来事なのでこれが正解。代ゼミと早稲田予備校から同様の指摘あり。河合塾と駿台はおもねって本問の分析で「李氏朝鮮」と表記していた。そういう甘やかしはかえって良くないと思う。

１８．早稲田大　教育学部（２つめ）

難問

問題4　（6）　琉球について正しい説明はどれか。

a　18世紀に薩摩の島津氏に服属した。
b　清代の琉球国王印は満洲語と漢語で刻まれていた。
c　今帰仁城を拠点とした中山王が琉球を統一した。
d　琉球の貢物をのせた船は春に中国に向い秋に帰港した。

＜解答解説＞

　普通にわかるのはaが17世紀の誤りということだけだろう。cは沖縄県民か，高校日本史を勉強しているか，沖縄旅行で観光していたりしたらわかるかもしれない。今帰仁城は中山ではなく北山の城なのでcも誤り。bとdの2択からは日本史で出題されたとしても難問である。清朝は多くの公文書を満洲語と漢語の二通りで作成したという知識があれば金印もそうだろうと推測がつくかもしれないが，その知識自体が範囲外なので，この解法も現実的ではないだろう。あるいは，季節風からなんとか解けないかというアプローチがありうるが，沖縄の季節風が日本本島と変わらないとしても，ご存じの通り夏は南東季節風，冬は北西季節風と特徴があるが春・秋は安定しない。なお，沖縄では秋は北東からの季節風が卓越するとのことだが，それは九州に向かいにくいという理由にしかならず，北西方向が重要な中国への渡航の判断材料にしにくい。

　こういうものは意外なところに記述があるもので，慶應大・法学部の手法を学んだか，山川の『詳説世界史』の「琉球貿易図屏風」のキャプションに小さな文字で「琉球の進貢船は，秋に向かい，春に帰港した」とあるので，dは逆，誤文＝誤文になる。bは上述の推測で正しく，清朝が琉球王国に与えた金印は漢語と満洲語の二言語で刻まれている。よって正解はb。
参考画像：https://shimuchi.lib.u-ryukyu.ac.jp/collection/iha/

ih01802/31
『中山伝信録 二』伊波普猷文庫 IH018-02（琉球大学附属図書館所蔵），
31 画像目（DOI: 10.24564/ih01802）。

　季節風からの推測は，実は正しくなく，翌年の元旦の朝賀に間に合うた
めに逆算して，秋頃に出航するということでこの時期になったらしい。し
かし，実際には天候不順や上陸後の福建から北京までの陸路でのアクシデ
ントにより，けっこう元旦に遅刻していたという。以下の論文が面白い。
道光 12 年（1832 年）になってもまだ 3 日遅刻していて中国側の伴走官
が処罰されているのだが，出発時期を早めるなりの対策はなかったのだろ
うか。
王徴，（翻訳）野村直美「清代琉球使節の入京途中の遅延についての一考察」
『沖縄史料編集紀要』40 号，2017 年，167-177 頁。
http://hdl.handle.net/20.500.12001/22077

１９．早稲田大　教育学部（３つめ）

出題ミス

問題4　（7）　永楽帝から日本国王号を冊封された将軍は誰か。

a　足利尊氏　　　b　足利義教　　　c　足利義満　　　d　足利義持

＜解答解説＞

　頻出の出題ミス。**日本国王号を与えられた時点で足利義満は将軍を退任
している。**したがって正解が無い。河合塾・駿台・代ゼミ・早稲田予備校
と解答速報をやっているほぼ全ての予備校から同様の指摘があった。それ
にしては意外と時間が空いたが，入試日からしばらく経ってから，**大学当
局から謝罪と全員正解とした旨の発表があった。**

２０．早稲田大　教育学部（４つめ）

出題ミス

問題4　（8）　大航海時代の航海者について述べた次の文①と②の正誤の組み合わせとして正しいものはどれか。

①　クックはオーストラリアの領有宣言を行った。
②　バルボアは「太平洋」（静かな海）の命名者である。

a　①－正　②－正　　　b　①－正　②－誤
c　①－誤　②－正　　　d　①－誤　②－誤

＜解答解説＞

　②は「太平洋」の命名者がマゼランなので誤文。バルボアはヨーロッパ人として初めて東太平洋に到達した人物だが，彼はこれを「南の海」と呼んだ。審議の対象は①で，事実だけ考えれば正文になるが，**クックが18世紀の探検家なので大航海時代の探検家ではない**と考えると一転して誤文になる。大航海時代がいつまでかというのは曖昧な部分であるが，たとえば用語集の大航海時代の項目では「15～17世紀」となっている。そのように17世紀前半のタスマンのオセアニア探検あたりまでを大航海時代とするのが一般的であろうと思う。

　困りどころなのは，**作問者がクックも大航海時代の探検家と思い込んでいて正文のつもりで作ったのか，そうでないとして誤文のつもりで作ったのか判断がつかない**ところで，この2022年の教育学部の作問の雑さを考えると前者の可能性が高いかと思う。しかしそうだとするとクックは大航海時代に活動していないと真っ当に判断した受験生は救われない。①が正文なら正解はｂ，誤文なら正解はｄになる。予備校の解答も割れており，代ゼミは出題ミスと指摘してｂ・ｄを併記。早稲田予備校はｄのみを正解とし，「クックは18世紀」と指摘。河合塾・駿台・早稲田予備校はｂのみを正解とし，分析で触れていなかった。ｂのみとした予備校はおそらく

出題不備に気づいていない。これも**大学当局から発表があり，謝罪と全員正解とした旨の発表があった。**

２１．早稲田大　教育学部（５つめ）

[難問]

問題4　中国の史書である　A　には，紀元57年に「倭の奴の国王が　B　に朝貢使節を派遣してきたので，国王の印綬を与えた」という記載がある。これに対応すると思われる金印が18世紀末に福岡県から出土した。この金印のつまみは　C　の形をしていることから中国は奴国を南海諸国の一つとみなしていたのではないかと言われている。

問1　空欄　A　にあてはまるのはどれか。
a 『漢書』　　　b 『後漢書』　　　c 『史記』　　　d 『春秋』

問2　空欄　B　にあてはまるのは誰か。
a 王莽　　　b 光武帝　　　c 武帝　　　d 文帝

問3　空欄　C　にあてはまるのはどれか。
a 魚　　　b 虎　　　c 羊　　　d 蛇

＜解答解説＞

　用語集に記載はあるが，普通は覚えないものとして収録した。問1は後漢の時代についての記述だからb『後漢書』，問2はその初代皇帝だからb 光武帝までは易しい。問3は難問。「南海諸国の一つとみなしていたのではないか」というから魚か蛇だろうと推測して2択が限界だろう。ここで用語集を引くとまさかの展開で記載がある。正解はdの蛇。虎は皇帝の玉璽のつまみ，羊は北方民族や西域諸国に与えられたつまみの形状。なお，こうした法則性は時代を下ると崩れていくようで，**18番**で登場する琉球国王印のつまみはラクダである。

　以上，教育学部はめずらしく激しくやらかしており，特に〔番外編6〕以降は全て同じ大問4であった。この大問4は全13問であり，うち4問が収録されたので，この大問に限れば入試問題として機能していない。もうちょっと丁寧に作問してほしい。

２２．早稲田大　商学部

難問

問題1　問A　下線部Aに関連して（編註：アテネの<u>アクロポリス</u>），アクロポリスの遺跡群は1987年に世界遺産の文化遺産として登録された。この登録を行う国際連合の専門機関の本部はどの都市にあるか選べ。

1．ブリュッセル　　　　　2．ジュネーヴ
3．パリ　　　　　　　　　4．ニューヨーク

＜解答解説＞━━━━━━━━━━━━━━━━━━━━━━━━━
　国際組織の本拠地は国際連盟とILOのジュネーヴ，国際連合のニューヨーク，EUのブリュッセル等が問われることがあるが，ユネスコは通常学習しない。正解は3のパリ。

２３．早稲田大　商学部（2つめ）

難問・奇問

問題1　問F　下線部Fに関連して（編註：<u>パルテノン神殿内部の本尊</u>），パルテノン神殿内部の主室に安置された祭神像の説明として最も適切なものを選べ。

1．アテナ女神像は黄金板や象牙等を用いて制作されたが現存しない。

2．黄金板や象牙等で制作されたアテナ女神像は現存し，黄金板が取り外し可能で，その大部分が軍資金に転用された。

3．パルテノン神殿の装飾部分と同様に現存しない大理石製のアテナ女神像にも彩色が施されなかった。

4．オリンポス12神のうち主神ゼウスと太陽神アポロンの黄金板や象牙製の像が，現存するアテナ女神像の両脇に安置されていた。

＜解答解説＞

　奇問といって差し支えなかろう。アテネ女神像は現存していないことは用語集に記載があるが，１と３から絞るのは厳しい。正解は１で，古代ギリシアの彫刻なので大理石のイメージがあるが，史料によるとアテナ女神像は象牙と黄金で制作されたらしい。嫌らしいのは**各社の世界史資料集に載っているアテナ女神像はローマ時代の模倣品で，大理石製**であるということだ。受験生は当時のものも大理石製だと推測するだろうから，１を誤文と見なすだろう。３は，一般的なイメージと異なり，古典古代の彫刻は彩色されていたものが多い。しかし，後世のヨーロッパ人は「白亜の古典古代」を理想化したため長らくこれを否認してきた。そのため，大英博物館はエルギン＝マーブルにかすかに残っていた彩色の痕跡を1920年代に洗浄してしまい，後に世紀の文化財破壊事件と非難されることになる。文学部でエルギン＝マーブルを出題したのは（**15番**），本問への伏線だったのだろうか（早稲田大は学部縦割りで入試を作っているのでまずありえないと思うが）。

２４．早稲田大　商学部（３つめ）

悪問・難問

問題2　**問G**　下線部Gにつき（編註：モンゴルの支配者たち），チンギス＝ハンの子孫により建てられたウルスのうち，最も早く君主の血統が途絶えたものを次から一つ選べ。

1．キプチャク＝ハン国　　　2．イル＝ハン国
3．大元ウルス（元朝）　　　4．チャガタイ＝ハン国

＜解答解説＞

　「君主の血統」の定義が曖昧なので，どこで区切ればよいのかがわからないが，おそらくハン国の建国者の直系の断絶を指していると思われる。しかし，教科書や用語集にはそれぞれのハン国が滅亡した年号しか記載が無いので解答しようがない。一応それらの年号で判断するとして，キプチャク＝ハン国は1502年，イル＝ハン国は1353年，元朝は1388年，チャガタイ＝ハン国は14世紀後半なので，14世紀後半が曖昧ではあるものの，イル＝ハン国を解答に選ぶことになる。偶然の一致ながらこれが正解と思われる。

　実際にはそれぞれの血統断絶のタイミングはこれらよりも早く，元朝以外は全く違う。建国者の直系の断絶はキプチャク＝ハン国は1359年，イル＝ハン国は1335年のようだ。チャガタイ＝ハン国は君主の血統より先に国家が分裂したり消滅したりしているので難しいが，東チャガタイ＝ハン国を経てモグーリスタン＝ハン国まで追えば，少なくとも16世紀まで続いている。ということで前述の通り偶然の一致となる。

２５．早稲田大　商学部（４つめ）

悪問・難問

問題２　問K　下線部Kについて（編註：北魏におけるいわゆる「漢化政策」の前提は，鮮卑・漢のそれぞれが独自の制度・言語で統治されていたことである），北魏の指導者層を形成した中核集団である拓跋氏が華北に移動してから，その居住地であるシラ＝ムレン流域（現在の中国内モンゴル自治区東部）の草原地帯を占拠し，そののち華北の政治情勢に様々に介入する集団を次から一つ選べ。

1．柔然　　2．契丹　　3．鉄勒　　4．回紇

＜解答解説＞

　北魏の指導者層の拓跋氏を中心とする鮮卑が華北に移動した後，モンゴル高原の覇権を握ったのは柔然である。華北の政治情勢に介入したのも確かだろう。しかし，5世紀頃のシラ＝ムレンを含む遼河流域は北魏・柔然・高句麗の係争地帯であって，柔然が占拠していたとは言いがたい。ここにかすかな違和感を覚えて別の選択肢を見ると，契丹がいる。契丹は遼河流域が根拠地であって，後にここに王朝を建てる。ただし，その王朝を建てる時期は10世紀初頭であるから，北魏の時代から約500年離れていて，「そののち」というにしては遠い。決め手に欠けるものの，柔然を問うなら「シラ＝ムレン流域」とは書くまいというところから，作問者の想定する正解は契丹であると思われる。

　ところで，本問の問題文が史実としてどうか気になったので調べてみたところ，**契丹は元からシラ＝ムレン流域にいた**らしい。そもそも史書でさかのぼれるのが4世紀であるから，契丹のそれ以前の足跡を追うのは難しい。そして**5世紀頃から南下して合流後の遼河流域（現在の遼寧省）に移住した**らしいので，やはり本問の作問者は何かの勘違いをしている可能性がある。その後は北魏や北斉に朝貢して柔然や高句麗に対抗していた。696年に唐に対して反乱を起こしたが，武則天の派遣した遠征軍に討伐された。その後は北上して原住地に近い地域に戻っている。それからさらに約200年後，ここを拠点に耶律阿保機が契丹帝国を建てる。このような歴史であるなら，受験世界史で契丹の移住を追う必要はないだろう。

　本問はよく勉強していてモンゴル高原の覇権交代をちゃんと覚えてきた受験生ほど柔然を選び，鉛筆を転がした受験生は25％の確率で正答することになる。選抜性という入試問題の本旨をかなぐり捨てて，何がやりたかったのだろうか。予備校の解答も割れていて，河合塾・駿台・代ゼミは2（契丹）。早稲田予備校・増田塾は1（柔然）。公式解答は2であった。

２６．早稲田大　商学部（5つめ）

難問

問題2　問L　下線部Lについて（編註：契丹の遼朝も女真の金朝も，支配下の人々を識別・区分して統治した），遼朝と金朝の統治制度について，正しいものを次から一つ選べ。

１．金朝は100戸を1謀克，10謀克を1猛安として編成した。
２．遼朝は支配地域を二分し，北半は北面官，南半は南面官がそれぞれ軍政・民政を掌握する二重統治体制をしいた。
３．金朝においては女真人も科挙を受験した。
４．遼朝がつくった契丹文字は，ウイグル文字の創造に大きな影響を与えた。

＜解答解説＞

　細かい数字が間違っているシリーズ。４は因果関係が逆でウイグル文字が契丹文字の一部の字母となった。２は，遼の二重統治体制は支配領域を遊牧地域と農耕地域に分けたもので，それぞれの担当官を北面官・南面官と呼んだのは確かだが，北半と南半で二分したわけではない。常識的に考えればわかるが，遊牧地域の方が圧倒的に広いので「半」はおかしい。ついでに言えば，北面官は遊牧民の民政と軍政が担当，南面官は農耕民の民政を担ったものなので，南面官が軍政を掌握したという部分も誤りである。

　残った１と３の判別が難しい。１は用語集に記載があり，1謀克は300戸なので誤文である。用語集に細かい数字の記載があるのは辞書的機能ゆえであって覚えさせる意図ではないのだから，こういうものの暗記を未来の受験生に強いるような問題はやめてほしい。商学部はしばしばこういう教科書や用語集に載っている普通は覚えさせないはずの数字を出してくる。最後に残った３が正文。金は漢民族とは分けて，女真文字を用いた女真人のための科挙を実施している。女真人の漢化を避けるための政策だったらしい。

〔番外編7〕早稲田大　商学部

問題3　問H　下線部Hに関連して(編註：<u>15世紀後半</u>)，15世紀後半ヨーロッパについて正しい説明はどれか。

1．カスティラ王子フェルナンドとアラゴン王女イサベルの結婚によりスペイン（イスパニア）王国が成立した。
2．イギリスではヘンリ7世が即位し，バラ戦争が終結した。
3．1498年，フランス国王シャルル8世はイタリアから撤兵しイタリア戦争が終結した。
4．神聖ローマ帝国皇帝カール5世軍により「ローマの劫略」とよばれる略奪が行われた。

＜コメント＞

　難易度は低い。2が正文。3はイタリア戦争が1559年まで続くので誤文，4は1527年なので15世紀後半ではない。1はカスティリャとアラゴンが逆なのだが，**カスティラと誤植**している。これも1が誤文だから助かった事例で，紙一重で出題ミスを避けている。お腹が減っていてカステラを食べたかったのかな。語源だし。自明な誤植だが，どうでもよすぎるためか各社の解答速報で指摘なし。

２７．早稲田大　商学部（6つめ）

出題ミスに近い

問題3　問K　下線部Kに関連して（編註：<u>イギリス</u>），以下のイギリスにおける思想，文芸についての説明で誤っているものはどれか。

1．シェークスピアはしばしば歴史に題材をとり，世界的な劇作家として認められている。

２．チョーサーは14世紀に活躍した詩人であり，代表作『カンタベリ物語』
　　は以後の英詩に非常に大きな影響を与えた。

３．ネーデルラントの思想家エラスムスは『愚神礼賛』を著した。

４．トマス＝モアは『ユートピア』を著し社会批判を行ったが，終生官職
　　には就かなかった。

＜解答解説＞

　　１・２は史実として正しい。４はトマス＝モアは大法官まで上り詰めた
高級官僚であるから誤文＝正解。審議の対象は３で，内容自体は正しいが，
**３はネーデルラントの思想家なので「イギリスにおける思想，文芸」とい
う問題の要件を満たしていない。**調べてみるとエラスムスは長期間にトマ
ス＝モア邸に滞在していて『愚神礼賛』もそこで執筆しているから，イギ
リスに全く関連がない選択肢ではない。しかし，**それを根拠に『愚神礼賛』
をイギリスの思想・文芸史に並べる人はまずいない**ことを考えると，やは
りこれは「イギリスにおける思想，文芸の説明」として誤文だろう。せ
めて著述言語が英語なら話が違うだろうが，『愚神礼賛』はラテン語であ
る。「『愚神礼賛』はイギリス国内で書かれているから実質イギリス文学」
とネットスラングの「実質○○」並のこじつけをしない限りは複数正解の
出題ミスと言わざるを得ない。代ゼミから同様の指摘あり。駿台は言及な
し。河合塾は逆に上述のこじつけの通りの無理な擁護をしていた。この問
題にそんな擁護をするような価値ある？？？　おそらくこの謎擁護の影響
もあって，当局発表なし。『赤本』は４を正解としつつ，解説で３も正解
になると指摘していた。『入試問題正解』は指摘なし。

２８．早稲田大　商学部（７つめ）

奇問

問題4　例えば，2019年5月には安全保障上の懸念がある企業からの調
達を禁止する大統領令の署名がなされた。また商務省は，安全保障や外交
上の利益に反する企業などを列挙したエンティティリスト（Entity List）

に中国の代表的な通信機器企業 [13] とその関連企業を追加した。同年 5月 16 日発効となったこの措置は，同企業に対する事実上の禁輸措置の一環であった。

＜解答解説＞

完全な時事問題。いくらなんでもファーウェイはまだ世界史に名を残してないでしょ。とはいえ若者はスマホに詳しいので（偏見），受験生の正答率はそこまで低くなさそう。去年は Black Lives Matter を出題していたので，商学部は毎年 1 つは時事ネタを入れるという内部の決まりがあるのかもしれない。なお，この大問 4 では他にアメリカの初代財務長官（ハミルトン），イギリス穀物法廃止時の首相（ピール），1964 年に始まったGATT の交渉の名前（ケネディ＝ラウンド）といった範囲内というにはグレーゾーンな経済関連の用語が乱発されていた。戦後史・アメリカ史・経済史ではグレーゾーンないし範囲外から容赦なく出すという早稲田大・商学部の特徴が 2022 年もよく現れている。

２９．早稲田大　商学部（8つめ）

難問

問題4　下線部 14 に関して（編註：<u>1980 年代</u>），1982 年にメキシコで起こった経済的に重要な出来事とその背景について，アメリカとの関係を踏まえて記述解答用紙の所定欄に 100 字以内で説明せよ。なお，句読点・算用数字も 1 字とする。

＜解答解説＞

この事件は用語集頻度①だから範囲内，というには用語集の説明自体が100 字も無いので無理だろう。頻度①だから載っている教科書があるはずだと探すと，山川の『詳説世界史』がそうなのだが，こちらの説明は用語集よりもさらに短い。学習した他の知識を用いて補完するのも難しい。これは完全な範囲外とみなすほかない。

　メキシコは 1979 年の第二次石油危機に乗じて石油輸出を増やして空前の好景気を迎えていたが，当時のメキシコ政府は脱石油依存を目指し，アメリカの要求もあって資本の自由化は進め，外資の導入による工業化を図った。しかし，石油価格は 1980 年代に入ってすぐに戻った上に，過剰な外資が国内に流入した。しかも悪いことに，アメリカがカーター政権末期以降，国内金利をインフレ昂進抑制のために引き上げていったため，ドル建て債務の利払いが急激に増加した。結果的にメキシコの経常収支は大幅な赤字となった。数字で見ると 1979 年から 1981 年の間に経常収支の赤字幅が 3 倍に拡大していて，1981 年の経常収支は GDP 比で -6.5%に達していた。そもそもメキシコはそれ以前から政府も企業も外資に依存していたために累積債務を抱えていた。同年の財政赤字も GDP 比で-14.1% とのことなので確かに厳しい数字が出ている。

　加えて，メキシコとアメリカの金利差が縮小したことでアメリカ資本が引き上げられて悪性のインフレが生じ，1982 年のインフレ率は 98.8%に達し，あわせて外国為替市場における通貨のペソも暴落した。こうして 1982 年 8 月にとうとう利払いすら不可能となり，1982 年にデフォルトを宣言し，あわせて外国為替市場を閉鎖，外国への送金禁止に踏み切った。こうした経済混乱により，翌 1983 年の経済成長率は -4.2% となる等，経済が大きく落ち込んで IMF の管理下で経済再建を図ることになったが，経済混乱は約 10 年続くことになった（そして 1994 年に再び通貨危機が起きている）。これが 1982 年のメキシコ債務危機の内容である。100 字にまとめるなら，石油依存と価格暴落・アメリカの資本流入と流出・累積債務・これらを理由としたデフォルトくらいの要素でアメリカとの関係を踏まえる副題も満たしつつ埋まるのではないだろうか。実際には 1 文字も書けなかったか，累積債務の一言で終わった受験生がほとんどであっただろう。

　例年，早稲田大の商学部は割とひどいのだが，大問 4 つのうちの 1・2つにひどい問題が固まっていて，残りはまずまずまともというパターンが多かった。2022 年は収録総数で言えば例年より少し多いかなという程度だが，全大問に収録対象問題があって，易しさや悪質性の低さに鑑みて収録しなかった問題も含めて日本語が雑であり，解いていてイライラした。

あとまあ，ファーウェイとか BLM とか聞きたいならもう世界史の看板を取り下げて「時事教養」みたいな試験科目名に変えればいいんじゃないですかね。

３０．早稲田大　社会科学部

出題ミスに近い（複数正解）

問題３　問４　下線部 (D) に関連する次の記述のうち（編註：ロシアと日本の対立が深まり，日露戦争が起きた），適切でないものを１つ選べ。

a. 義和団事件の際，ロシア軍は東北三省を占領し，事件後も駐留を続け，日本との対立が深まった。

b. 日露戦争の講和条約として調印されたポーツマス条約で，日本は韓国の指導権・監督権などをロシアに認めさせたが，賠償金を獲得することができなかった。

c. 日露戦争終結後，日本とロシアは日露協約を結び，韓国と中国東北地方の東半分を日本の権益，外モンゴルと中国東北地方の西半分をロシアの権益として相互に承認した。

d. 日本は，日露戦争終結後，大韓帝国との間に１次から３次にわたる日韓協約を結び，韓国の植民地化を進めた。

＜解答解説＞

　ａとｂは正文。ｄは第１次日韓協約が日露戦争中なので誤文＝正解であり，作問者の想定する正解だろう。審議の対象はｃで，山川の用語集の日露協約の説明そのままなので正文に見えるのだが，これは**用語集が誤りで，第１次日露協約は日本の南満洲と韓国の，ロシアの北満洲と外モンゴルの特殊権益を相互に承認したもの**である。この後の第３次日韓協約で改定され，内モンゴルを東西で分割し，東側を日本の，西側をロシアの勢力圏とした。すなわち史実に沿えばｃは誤文＝正解となり，複数正解ということになる。ｃの記述が用語集に沿っている以上，これを出題ミスと断

定するのはかわいそうなところだが，史実に反しているという瑕疵は指摘せざるを得ない。内容がかなり細かく，解答速報で指摘していた予備校がなく，私も2月当時には気づかなかった。『入試問題正解』から同様の指摘あり。『赤本』は指摘なし。

31. 早稲田大　社会科学部

出題ミス・難問・沖縄と小笠原の人に謝った方がいい

問題3　問10　下線部（J）に関連する次の記述のうち（編註：<u>朝鮮戦争が起き，アメリカの対日政策にも影響を与えた</u>），最も適切なものを1つ選べ。

a.　アメリカ軍を中心に，国際連合憲章に則った初めての国連軍が派遣された。
b.　国連軍・北朝鮮人民軍・韓国軍・中国人民義勇軍の間で休戦協定が結ばれた。
c.　日本では，朝鮮戦争中に，マッカーサーの指令で自衛隊が創設された。
d.　サンフランシスコ平和条約で，沖縄と小笠原諸島はアメリカの信託統治領とされた。

＜解答解説＞

　bは，朝鮮戦争休戦協定に韓国軍が参加していないので誤文。cは朝鮮戦争中に創設されたのは警察予備隊なので誤文。これが1952年に保安隊，1954年に自衛隊へと改組されていく。審議の対象はaとdである。
　aは頻出のネタなのでこちらからいこう。朝鮮戦争時の国連軍は，ソ連が安保理欠席中になされた決議を根拠としている。それもあって国連憲章の第7章に定められた正規の手続きを経ないまま組織されたため，正式な国連軍とはみなさない見解が存在する。aの選択肢文中に「国際連合憲章に則った初めての」という言葉があることを考えると，少なくともこの作問者は朝鮮戦争時の国連軍は国連憲章に則っていないと考えていると推測

できよう。なお，用語集の「国連軍出動」の項目にも「国連憲章に照らすと，厳密には多国籍軍出動である」という記述がある。ただし，実際の入試問題での朝鮮戦争での国連軍の扱いはケースバイケースで，これも**14番**と同様に「深さ」の問題になってくる。

　一方でdだが，**沖縄と小笠原諸島は信託統治領になっていない。**サンフランシスコ平和条約では，これらの領域はアメリカが国連に信託統治とするように提案し，国連が改めてアメリカに信託統治を依頼するという手続きを経て統治するという取り決めがなされていた。結局はアメリカが施政権を握ることに違いはないわけだが，アメリカとしては小笠原と沖縄の統治は一方的な占領統治ではなく，国際社会の承認の下で統治しているという名目を立てたかったようである。しかし，信託統治は国連の査察を伴うために冷戦下では面倒なことになると判断し，結局アメリカはその「手続き」を一向に進めず，日本への返還まで施政権の正当性や沖縄・小笠原の法的地位を宙に放り投げたままの占領統治を続けた。なお，この誤解については琉球新報や沖縄タイムスが折に触れてブチ切れ記事を書いている。

参考：https://ryukyushimpo.jp/news/entry-1087089.html

　しかし困ったことに，**山川の用語集がこの誤解をしていて，サンフランシスコ平和条約の説明に「沖縄・小笠原諸島はアメリカの信託統治とされた」と書いてしまっている。**

　まとめると，aかdはいずれかを正文・いずれかを誤文としないと正解が出ない。aは山川の用語集に従えば誤文扱いにできるが，正文扱いにしないと過去の無数の入試問題との齟齬が生じる。dは逆に山川の用語集に従えば正文になるが，完全な事実誤認であるし，これを正文とみなしてしまうのは著しく沖縄県民の心情を害するだろう。**受験世界史でも稀な究極の選択である。**本企画で何度か書いているが，山川の用語集は金科玉条として扱うにはこういうミスが含まれているので危うい。専門外のことならコピペする前に必ず裏を取ってほしい。河合塾・駿台・代ゼミ・増田塾から同様の指摘あり。早稲田予備校のみ指摘なし。当然のこととして，**大学当局から謝罪と全員正解とした旨の発表があった。**しかし，謝罪文が定型で「受験生の皆様にはご迷惑をおかけしましたことを深くお詫び申し上げます。」となっていた。他にお詫びすべき向きがあるのではないか。

３２．早稲田大　社会科学部（２つめ）

[難問]

問題４　問４　下線部（D）について（編註：<u>グローバル化</u>），グローバル化に関する次の記述のうち，最も適切なものを１つ選べ。

a. 1973 年に始まった「関税と貿易に関する一般協定」（GATT）ウルグアイ＝ラウンドでは，農産物やサービス貿易の自由化を巡って先進国間でも利害が対立し，交渉はしばしば暗礁に乗り上げた。

b. 資本市場の自由化により，とくに投機的資金の動きによって金融や株式市場に混乱をきたし，1990 年代に中南米，アジア，ロシアなどで通貨危機が発生した。

c. 1995 年，通商紛争の調停機能を持つ世界貿易機関（WTO）が発足するが，21 世紀に入ると貿易自由化交渉の舞台は二国間ないし地域レベルの関税同盟にシフトしていった。

d. 2017 年に登場した米国オバマ政権下での「アメリカ＝ファースト」の主張に見られるように，先進国においても，グローバル化による格差拡大への反発から反グローバリズムやネオナショナリズムの動きが現れている。

＜解答解説＞━━━━━━━━━━━━━━━━━━━━
　ａはウルグアイ＝ラウンドが始まったのが 1986 年なので誤り。1973 年に始まったのは東京ラウンド。商学部でケネディ・ラウンドが出ていたし，2022 年は GATT の当たり年であった。ウルグアイ＝ラウンドは用語集頻度①でぎりぎり範囲内。ｄはオバマがトランプの誤りで容易。ｂとｃは受験生には判断ができなかっただろう。ｂは東京書籍の教科書の本文からのコピペであり，したがって正文＝正解。なお，**２９番**で触れた通りメキシコは 1994 年に通貨危機を起こしており，また 1997 年にアジア通貨危機，1998 年にロシア通貨危機が起きている。ｃは『詳説世界史研究』からのコピペを一部変えて誤文にしたもので，関税同盟が自由貿易協定の

誤り。言われてみると理解・納得できた人も多かろう。FTA や EPA，地域統合も関税同盟の一種と言えるのではないか？　という疑問を抱いた人は鋭い。私もちらっとそう思ったのだが，調べてみると域外への共通関税を設定していないものは関税同盟とは呼ばないという定義があるらしく，であれば確かに関税同盟と呼べるそれらは少ないから，21 世紀のトレンドとは呼べまい。しかし，そこまで細かい定義を持ってこないと解けないなら本問は世界史ではなく政経の入試問題である。

2022 年の早稲田大は 7 学部の全日程で収録対象を出した。多くの読者にとっては意外かもしれないがこれは 2012 年以来 10 年ぶりの珍事である。

■■■■ 2022 国公立 ■■■■

１．東京学芸大

難問

問題1　問7　下線部 (b) に置かれ（編註：ローマ司教（教皇）は，五世紀以降，市内の<u>サン・ジョヴァンニ・イン・ラテラーノ大聖堂</u>を居所として典礼を司り），教皇の地位と権威を象徴する教皇専用の座を何と呼ぶか。

＜解答解説＞━━━━━━━━━━━━━━━━━

　正解は「聖座」。原義は本問で問われている通りに教皇専用の椅子（玉座）であるが，二次的に教皇の居所，そして教皇が持つ教皇国家の主権実体を指す概念に発展した……と言われてすんなり理解できる人は少なかろう。主権国家を構成する要素は領土・国民・政府の３つであるが，聖座（＝ローマ教皇および教皇庁）はそのいずれも持っていないにもかかわらず，主権を有することになっている。しかし，それでは実際に国家としての運営が成り立たないため，教皇庁の活動に必要な政府機能と領土を提供しているのがヴァチカン市国……ということになっているようだ（教皇庁職員を国民と見なすことで３つがそろう）。非常に複雑で，正直あまり興味もわかなかったので調べていないが，何かしらの理由があってこういう建付になったのだろう。

　おそらく日本人のほぼ全員は聖座とヴァチカン市国を区別していないが，さすがに日本国外務省はヴァチカン市国と聖座を区別しており，聖座を「ローマ教皇及びローマ教皇庁（政府に相当）を総称した概念」「カトリック教会の最高機関であり，国家としての側面も持つ」と説明しつつ，ヴァチカン市国は「「教皇聖座」に居所を提供している領域としての国家を指す」と説明している。また国連もオブザーバー参加しているのは聖座であってヴァチカン市国ではないという立場をとって，主権はあくまで聖座であるという主張を尊重している。さすがに公的機関はこの面倒な概念に付き合ってあげている。

聖座の概念は高校世界史や高校政経の範囲で扱うには複雑すぎ，それが一般の日本国民の教養として必要とも思われない。教科書や用語集・資料集に加えて参考書まで見渡しても解説しているものは管見の限りで存在していない。ましてや原義である椅子の方を入試で問う必要はないだろう。東京学芸大はこうした難関私大並の範囲外からの出題をやらかしがちであるが，この出題はさすがに驚いた。本当に何を考えているのだろうか。正答者がいたのかも気になるところ。

２．東京学芸大（２つめ）

| 難問 |

問題1 **問10** 下線部 (c)（編註：<u>教皇グレゴリウス一世</u>）の事績について 160 字以内で述べよ。

＜解答解説＞

2022 年の受験世界史で最も難易度が高い論述問題。グレゴリウス１世自体は用語集頻度⑤でそれなりによく学習される人物であるが，問題は**本問の指定字数が 160 字もある**点である。グレゴリウス１世の事績を通常の高校世界史の学習だけで解答しようとすると，
・ゲルマン人，特にブリテン島（アングロ＝サクソン人）への布教を強化した
・ランゴバルド王国との講和を図った
・グレゴリオ聖歌を制作した
　くらいまでが限界で，これでは 50 字がせいぜいであろう。あとは実教出版の教科書に「布教にベネディクト修道会を活用し，この修道会を発展させた」ことが，帝国書院の教科書に「教皇の称号を用いるようになった」ことが書かれているが，これらを覚えている受験生は極めて少なかろうし，これらを足してもまだ 100 字強で 160 字には到達しない。なお，グレゴリウス１世がグレゴリオ聖歌を制作したというのは現在の学説では否定されており，グレゴリオ聖歌は９〜10 世紀頃に成立したものと見なさ

れている。また，グレゴリオ聖歌の制作に言及があるのは用語集のみで，教科書で言及しているものはなかったから，グレゴリオ聖歌を解答に入れて加点されるかは確証がない。

　ここで，2021年の東京学芸大の難関私大っぽい作りから，ひょっとして慶應大をまねているのではないかという疑念を持って山川の『新世界史』を読んでみると，残念なことに想像の通りだった。**山川の『新世界史』にグレゴリウス1世について異常に詳しい記述があり**（p.132），確かにこれを用いれば160字埋めるのはたやすい。これまででてきた要素に加えて，

・都市ローマの復興事業を行った
・カトリックの教義・典礼の統一を図った
・聖書の註解書や聖ベネディクストゥスの伝記を著した

　等の事績が挙げられている。東京学芸大としては『新世界史』もマストバイで勉強しておいてほしいということだろうか。

〔番外編〕一橋大

問題1　次の文章は，神聖ローマ帝国の皇帝フリードリヒ1世（バルバロッサ）が1158年にイタリア北部のロンカリアで発した勅法「ハビタ」の全文である。この文章を読んで，問いに答えなさい。

　皇帝フリードリヒは，諸司教，諸修道院長，諸侯，諸裁判官およびわが宮宰達の入念なる助言にもとづき，学問を修めるために旅する学生達，およびとくに神聖なる市民法の教師達に，次の如き慈悲深き恩恵を与える。すなわち，彼等もしくは彼等の使者が，学問を修める場所に安全におもむき，そこに安全に滞在し得るものとする。

　朕が思うには，善を行う者達は，朕の称讃と保護を受けるものであって，学識によって世人を啓発し，神と神の下僕なる朕に恭順せしめ，朕の臣民を教え導く彼等を，特別なる加護によって，すべての不正から保護するものである。彼等は，学問を愛するが故に，異邦人となり，富を失い，困窮

し，あるいは生命の危険にさらされ，全く堪えがたいことだが，しばしば理由もなく貪欲な人々によって，身体に危害を加えられているが，こうした彼等を憐れまぬ者はいないであろう。

このような理由により，朕は永久に有効である法規によって，何人も，学生達に敢えて不正を働き，学生達の同国人の債務のために損害を与えぬことを命ずる。こうした不法は悪い慣習によって生じたと聞いている。

今後，この神聖な法規に違反した者は，その損害を補填しないかぎり，その都市の長官に四倍額の賠償金を支払い，さらに何等の特別な判決なくして当然に，破廉恥の罪によってその身分を失うことになることが知られるべきである。

しかしながら，学生達を法廷に訴え出ようと欲する者は，学生達の選択にしたがい，朕が裁判権を与えた，彼等の師もしくは博士または都市の司教に，訴え出るものとする。このほかの裁判官に学生達を訴え出ることを企てた者は，訴因が正当であっても，敗訴することになる。

（勝田有恒「最古の大学特許状 Authenticum Habita」『一橋論叢』第 69 巻第 1 号より引用。但し，一部改変）

問い この勅法が発せられた文化的・政治的状況を説明しなさい。その際，下記の語句を必ず使用し，その語句に下線を引きなさい。（400 字以内）

ボローニャ大学　　自治都市

＜コメント＞

難易度から言えば，難しいのは確かだが受験生が全く書けないものではないので番外編とした。しかし，いわゆるレジェンドシリーズなので，その観点で記録する意義があろう。本問で挙げられている史料は出典の通り，1973 年に『一橋論叢』に掲載された研究ノート上の翻訳である。著者の勝田有恒氏は一橋大法学部の名誉教授で，西洋法制史が専門，2005 年に亡くなられている。当該の研究ノートはネット上で閲覧可能。
https://doi.org/10.15057/2060

本問は，この研究ノートを読むとより完璧な解答を書けるのは間違いないが，これを読まなくても高校世界史上の知識だけでも何とか 400 字埋

められる……というよりも研究ノートの情報だけだとむしろ問題の要求に
答えきれないところがポイントである。これは私から世の指導者に対する
警句になるが、いつもの無茶ぶりだろうと思って当該資料に依拠しすぎる
と、かえって見当違いの解答例になるだろう。

　その上で一応解法を書いておくと、文化的状況はこの12世紀半ばが西
欧の大学の創設期にあたることと、大学は教員と学生のギルド的自治組織
として成立したこと、それらの背景に12世紀ルネサンスという文化現象
があることを想起できれば書けたも同然で、それぞれの情報を肉付けして
やればよい。ボローニャ大学はローマ法（教会法ではない世俗法）の研究
が盛んであったことは山川の用語集と山川『新世界史』に記載があり、資
料文の3行目にも「市民法」とあるから解答に入れてもよい。ただし、一
橋大当局が公開した出題意図では「ローマ法まで特定させる意図は無かっ
た」となっていた。ここまでの情報でも十分ながら、当時の学生は留学・
遍歴が通常であったので（ラテン語が学術言語として共有されていたため
にそれらが容易だった）、外国出身の教員や学生が多かった。これは史料
から読み取れる内容であるので、わずかであろうが書けた受験生もいただ
ろう。ここにあえて研究ノートからの情報を足すなら、前述の通りボロー
ニャ大学の学生はローマ法の学生が多かったため、必然的に学生は俗人が
多く、教会の保護も無い中で、在地の自治都市の権力と争う必要があった。
これらが自治都市の上位にいる皇帝の庇護を必要とした学生側の事情であ
るが、本問はここまで書くとむしろ400字を超過してしまうし、勅令が
出された「状況」の説明が要求であって勅令が出された「理由」は直接的
には要求されていない。書いてあれば加点はされるだろうが、過剰解答だ
ろう。

　政治的状況は、イタリア自治都市（コムーネ）の成立と、フリードリヒ
1世のイタリア政策が書ければよい。まず東方貿易の隆盛と内陸都市の毛
織物・金属加工業などの産業発展、これを背景にした自治権の獲得を書き、
ゲルフとギベリンの争いで統一的権力が不在であったために自治権が成長
しやすかったことまで言及できればより良い。またフリードリヒ1世はド
イツとイタリアの支配者たる神聖ローマ皇帝の義務としてイタリア政策を
とっていたが、そのため北イタリアに友好的な勢力を築く必要があったこ
とまで書けていれば十分な解答だろう。あとは教科書『新世界史』にのみ

記述がある内容になるが，フリードリヒ1世はローマ法を皇帝権力の正当化に用いることを構想してイタリア政策に活用していたから，ボローニャ大学を優先的に支援する十分な理由があった。この知識は『新世界史』のシェアを考えると範囲内とは言いがたいが，一応史料をよく読むと「法学を修める者は臣民を啓発して皇帝への恭順を説くものである」という主旨が書いてあるので，読み取れないこともない。ここまで要求されているとするなら本問も無理な超難問に足を一歩踏み入れているが，前述の通り，公式の出題意図を読むにこれは要求されていなかった。総じて，「レジェンドシリーズにしては」という留保付ではあれ，高校生が書ける範囲で何とかまとまっている問題と判断しうると思うのだが，読者諸氏としてはいかがだろうか。

3．名古屋大

出題ミス

問題1　中国史上しばしばあらわれた「乱」には，乱徒が身につけたシンボルや反乱首謀者の名をとって命名される場合が多い。（編者により中略）　⑦　の乱（唐），　⑧　の乱（唐末），　⑨　の乱（明末）などは後者である。

（編者により中略）事実，隋末の乱は中国史上で最大規模の乱であり，四川を除く中国のほぼ全域を巻き込んだ。その特徴は極めて土着性の強いことにあり，典型的な群雄割拠の情勢をつくりあげた。この点は，唐末の　⑦　の乱が　⑫　の商業経路を利用して非常に流動的な動きを示したことと対照的である。つまり，隋末と唐末の反乱の動きの違いは，　　⑬　　ことを物語っているのである。

（石見清裕『唐代の国際関係』山川出版社 2009 年，pp.10-12 一部改）

問3　③　～　⑪　について。
a)　③　～　⑪　の「乱」の名を答えなさい。

（編註：⑨の正解は李自成。またbは問題無く成立しているので省略）

問4 ⑫・⑬ について。

a) ⑫ に当てはまる語句を答えなさい。

b) ⑬ に入るべき，隋末と唐末の反乱の動きの違いの背景となった社
会情勢の変化について簡潔に答えなさい。

（編註：20〜30字程度）

◀解答解説▶

　1字の誤植だが，大規模な玉突き事故が起きた。最初に出てく
る ⑦ は（唐）になっているのに，後で出てくる ⑦ は唐末になっ
ている。ここからわかる通り，**二度目の⑦が⑧の誤植である**。二度目の⑦
を⑧に直した上で正解を出すなら，⑦は安史，⑧は黄巣，⑫は塩，⑬は「唐
代の間に中国の商業網が著しく広がっていた」でよいだろう。**大学当局か
ら即日で発表があり，⑦・⑧は当然として，⑫・⑬も正解が出ないとして
4問とも全員正解となった。**お詫びで「公平かつ公正に実施されなければ
ならない入学者選抜において出題ミスが発生しましたことは，誠に遺憾で
あり，受験生の皆様に深くお詫び申し上げます。」とあったが，例年の惨
状を見るに，何を白々しいと思った人も多かろう。

4．名古屋大（2つめ）

難問

問題1　問1　下線部①について（編註：①北周と北斉の東西対峙の形勢
は，577年に東の北斉が滅び，華北は西の北周の統治下にはいった。）。

a)「東西対峙の形勢」とあるが，このような形勢に至る以前，5世紀の前
　半に華北を統一した政権（王朝）の名，この政権を建てた民族の名，創
　建者の氏族名を答えなさい。

（編註：正解はそれぞれ北魏，鮮卑，拓跋氏）

b) 上記の政権が統一した華北地方が「東西対峙の形勢」に至る過程を簡
　潔に説明しなさい。

（編註：70 〜 80 字程度）

＜解答解説＞

　ほとんどの受験生がこれについて知っていることは「北魏が東西に分裂した後，西魏が北周に，東魏が北斉に代わった」までで全てな上に，それらは問題文及び a にあり，そもそも問題の要求は北魏が東西分裂するまでの過程であるから，解答に書けることが無い。詰んでしまった。大問1の問1からこれではやる気がなくなる。一応，一番詳しく書いてある帝国書院の教科書の説明を引用すると，「孝文帝は（中略）平城から洛陽に都を遷すなど，積極的な漢化政策をとった。しかし，鮮卑本来の言語・服装の禁止や洛陽中心の政治は，北方に残った同族の反発を買い，長城地帯での軍隊の反乱をきっかけに北魏は東西に分裂した。」とあって，これで100 字程度になるから，これを完コピして少し削れば解答できる。しかし，ここを覚えていた受験生は極めて少なかろう。北魏の東西分裂は漢化政策を背景とするが，これはこの帝国書院の教科書にしか載っておらず，通常は学習しない。帝国書院の本文で説明されているからセーフという発想は慶應大・法学部と何ら変わらない。論述で配点が大きい分，たちが悪いかもしれない。問題文の引き写しや空想の歴史を採点していて虚無感はなかったのだろうか。なお，河合塾と駿台の解答はいずれもその問題文の引き写しであった。

　もう少し補足すると，帝国書院の教科書の説明にある「長城地帯での軍隊の反乱」を六鎮の乱と呼ぶ。六鎮の乱鎮圧の過程で活躍した将軍と皇族の間で対立が生じ，六鎮の乱後の北魏は実質的な無政府状態に陥った。その混乱の中で有力軍人の高歓が台頭したが，これを嫌った時の皇帝が出奔し，六鎮の乱の残党で長安付近に割拠していた宇文泰に匿われた。そのため高歓は傀儡の新皇帝を擁立し，北魏が東西分裂した。この高歓と宇文泰の死後，それぞれの一族が北魏由来の皇帝から簒奪……形式的な禅譲を受けて東魏から北斉（高氏）が，西魏から北周（宇文氏）が成立した。最終的には北周が北斉を滅ぼし，北周の功臣の楊堅が隋を建て，隋が南朝を滅ぼして南北朝を統一した。

5．名古屋大（3つめ）

悪問

問題1　問5　⑭・⑮について。

a) これらの空欄に当てはまる語句を答えなさい。

（編註：隋の滅亡要因2つが問われている。正解は⑭が高句麗遠征，⑮が大運河の開削。）

b) ⑭が最終的に解決したのはいつのことか。王朝名と支配者（皇帝）の名で答えなさい。

（編註：高句麗を滅亡させたのは唐の高宗。）

c) ⑮との関わりが深い中国歴代王朝の首都を3つあげなさい。またこれの完成がその後の中国史に与えた影響について簡潔に説明しなさい。（編註：70〜80字程度）

＜解答解説＞

　a・bは普通に解けるし，cも論述は難しくない。「大運河の開削」（原文は「大運河の開鑿工事」）が完成したことで，政治・軍事の中心である華北と穀倉地帯の長江流域が結合し，中国の政治・経済の一体性が高まった，というようなことをつらつら書いていけば解答欄が埋まるだろう。問題は「大運河の開削との関わりが深い中国歴代の王朝の首都3つ」である。**本問のポイントは「大運河」ではなく「大運河の開削」であること**だ。歴代の王朝はいずれも大運河の浚渫工事を行っているが，開削と呼べるほどの大規模な土木工事に着手したのは，初代の大運河を完成させた隋，隋代のものが金と南宋の対立で埋没したためにより海側に新設した元，そして元の大運河を改修・拡張した永楽帝以降の明である。とすると**素直な解答は長安（大興城）・大都・北京になるが，大都と北京は同一の都市なので非常に間抜けな解答になってしまう。**いかに名古屋大の中国史担当がひねくれていると言っても，さすがにこの解答は求めていないと思いたい。ハンロンの剃刀で考えて，おそらく**「大運河の開削」で空欄を作ったことを忘れて，「大運河」だと思い込んで問5のcを作ってしまったのではない**

かと思われる。もっとも，それでも問題は発生する。**「大運河」と関わりが薄い統一王朝なんて無いので，どの王朝の首都を３つ並べても概ね正解になってしまう**から，これはこれで易しすぎて問う意味がなく，問題が崩壊する。少なくとも隋・唐の長安，北宋の開封，南宋の杭州（臨安），元・明・清の北京のいずれでも可だろう。後唐の洛陽，洪武帝時代の明の南京がやっと誤答になるかどうかではないか。結局のところ正答がわからない。

　なお，河合塾はそもそも⑮を「大運河の開削」ではなく「大運河」としていたから，この時点で誤答である。それゆえにこのcは「長安・開封・臨安」としていた。ただし，分析で本問について「引用文どおりの文章で答えるのは難しい。」と書いており，暗に「原文が大運河の開鑿工事であることは確認済だが，⑮を大運河にしないとcの解答が出せないから仕方なくこうしました」と言っている様子がある。**河合塾の解答にはお膝元ゆえの真実と忖度の葛藤がある**（河合塾は名古屋発祥）。駿台は同様で「大運河」と「北京・開封・杭州」として分析でのコメントは無し。ついでに駿台は名大の全体的な印象について「今年は出題ミスがあって４問が正解不能となったが，全体的に良問であり，問題Ⅰのようにリード文を読んで考えさせる出題もあった」と目を疑うようなことを書いていた。解答例も本問は70〜80字程度のところ40字で出していて字数が解答欄と一致していないし，上述の通り**４**番の解答もひどかった。**駿台の担当者さん，問題ちゃんと解いた？**　東進も駿台と同じで「大運河」と「開封・臨安・北京」で，分析コメント無し。代ゼミは唯一まともに問題と向き合っていて，折衷案的に「長安・開封・北京」とした上で，分析で「本来の解答は長安（大興城）・大都・北京になるが，大都と北京は同じ都市であるので不自然」とした上で「大学には明瞭に正解を導き出せるような出題をお願いしたい。」とけっこうな勢いで切れていた。

6．京都大

難問

問題2 (23)　1644年，清は中国本土に入ると北京に遷都した。その直前

まで，清が都を置いていた東北地方の都市はどこか。その当時の名称を答えよ。

<解答解説>━━━━━━━━━━━━━━━━

　京大は２・３年に１問程度，難関私大らしさのある語句記述を課す。2022年は本問がそれだった。北京遷都前の清（後金）の首都が瀋陽（後には奉天とも呼ばれる）だったということ自体がすでにやや細かい（用語集頻度③）のだが，さらに当時の名前を聞くという。正解は盛京。なぜ問いを瀋陽でとどめなかったのかが不可解。なお，**駿台は解答を「瀋陽」にしていた**。名古屋大に続いてやる気が感じられない。東大にあらずんば旧帝大にあらずとでもいいたげなやる気のなさである。

７．高崎経済大・前期

難問

問題２　前508年にアテネの指導者となった　C　は改革に着手し，デーモスにもとづく10部族制や　D　人評議会を創設して民主政の基礎を築いた。

問1　　A　～　H　に最も適する語句を語群から選び，その記号を答えなさい。ただし同じ記号の空欄には同じ語句が入るものとする。

（ハ）200　　（ヒ）300　　（フ）400　　（ヘ）500　　（ホ）600
　（編註：関係のある選択肢のみ抜粋，Cの正解はクレイステネスにあたる記号が入る。）

<解答解説>━━━━━━━━━━━━━━━━

　極めて古典的かつ早慶的な難問。もう古代ギリシアの政治史の難問は早慶でも滅びつつあると思っていたのだが，公立大学で出題するところがあるとは。正解は「500」人評議会なので（ヘ）。

■■■ 2022 私大その他 ■■■

8. 宮城学院女子大　2/4 実施

出題ミス

問題3　革命を指導していたロシア社会民主党は，少し前に右派のメンシェヴィキと，□ウ□が率いる左派のボリシェヴィキに分裂していた。メンシェヴィキの□エ□が首相を務めていた臨時政府を（以下は編者により省略）

■ <解答解説> ■

　空欄ウについて。メンシェヴィキとボリシェヴィキの分裂前の政党名はロシア社会民主労働党が一応正確である。実は結成直後は**ロシア社会民主党**という名前を使っていた時期もわずかにあったようで，またロシア史の書籍を読んでいると著者が普通に労働の字句を抜かした社会民主党と書いているのを見かけたりするので（たとえば山川各国史『ロシア史』（※）），専門家の間ではあまり気にされていない違いのようである。しかし，受験生はロシア社会民主労働党で習うし，社会民主党と断りなく出てくれば別物かと迷ってしまうから問題文では避けた方がよい。より致命的なのは**空欄エのミスで，ケレンスキーはエスエルの所属なのでメンシェヴィキではない**。よって正解が存在しない。**大学当局から入試実施から半年以上経過した 8/9 になって謝罪と出題ミスを認める発表があり**，この2問は全員正解として採点をやり直したが，追加の合格者はいなかったとのことであった。

※ 『新版世界各国史 22　ロシア史』和田春樹編，山川出版社，2002 年，pp.256, 272

〔番外編〕獨協大　2/1 実施

問題4　1789 年に国民議会によって発布された「人間および市民の権利の宣言」は女性にも希望を与え，都市の貧民や農民，中産階級の女性が革命推進に大きな役割を果たした。しかし，この権利宣言は「人間」を意味すると同時に「男性」を意味するフランス語 homme を主語として書かれていた。女性劇作家である　③　はこれを批判し，1791 年に(4)「女性および女性市民の権利の宣言」を出版する。しかし，ジャコバン派の台頭により女性の政治参加は妨げられ，1793 年 10 月には女性の結社と政治活動が完全に禁止され，　③　も処刑された。
　（編註：空欄③の解答はオランプ=ド=グージュ。）

設問5　下線部(4)に関連して，問題文と次の資料①〜③を読み，適切な解釈を以下の中から選びなさい。

資料①　人間および市民の権利の宣言（1789 年）

> 13条　公の武力の維持および行政の支出のための，共同の租税は，不可欠である。それはすべての市民のあいだでその能力に応じて平等に配分されなければならない。
> 17条　財産権は，不可侵かつ神聖な権利である。何人も，適法に確認された公の必要が明白にそれを要求する場合で，かつ，正当かつ事前の補償の条件のもとでなければ，その権利を奪われることがない。

　（山本圭一訳, 高木八尺他編『人権宣言集』岩波書店, 1957 年を参考に訳出）

資料②　女性および女性市民の権利の宣言（1791 年）

> 13条　公の武力の維持および行政の支出のための，女性と男性の租税は平等である。女性は，すべての賦役とすべての激務に貢献する。したがって，女性は，〔男性と〕同等に，地位・雇用・負担・位階，産業に参加

しなければならない。

17 条　財産は，結婚していると否とにかかわらず，両性に属する。財産権は，そのいずれにとっても，不可侵かつ神聖な権利である。何人も，適法に確認された公の必要が明白にそれを要求する場合で，かつ，正当かつ事前の補償の条件のもとでなければ，真の自然の資産としてのその権利を奪われない。

（辻村みよ子訳，同著『女性の権利の歴史』岩波書店，1992 年所収。訳文は一部改めた）

資料③　フランス民法典 (1804 年)

213 条　夫は妻を保護する義務を負い，妻は夫に従う義務を負う。

215 条　妻は，商売をするとき，夫と財産を共有していないとき，又は夫と財産を分けたときといえども，夫の許可がなければ訴訟を起こすことはできない。

1428 条　夫は妻のすべての特有財産の管理権を持つ。〔※特有財産とは，夫婦の一方が婚姻前から持つ財産および婚姻中に自己の名で得た財産を指す。〕

（谷口知平『佛蘭西民法Ⅰ　人事法』有斐閣，1956 年。田中周友他『佛蘭西民法Ⅲ　財産取得法 (2)』有斐閣，1956 年を参考に訳出）

（ア）　資料①と比べて資料②は妻の財産権を明示的に認めているが，資料③は妻の財産権を認める一方で，その財産を管理する権限を否定している。

（イ）資料①と資料②はともに明示的に男女の平等な地位を認めているが，資料③は妻に独立した法的地位を認めず，個人で訴訟を起こす権限を剥奪している。

（ウ）　資料①と資料②は税金や賦役の義務を男女に同等に課しているが，資料③は夫婦の間での非対称な地位に基づき，女性には租税が免除されている。

（エ）資料②は妻に固有の財産権を認めているが，資料①と資料③では妻は夫に従属するものとされ，妻は固有の財産を持つことができないとさ

れている。

＜コメント＞━━━━━━━━━━━━━━━━━━━━━━━━━━

　近年の受験世界史では女性史・ジェンダー史からの出題が増えているが，この問題は面白い。純粋な国語の問題ではあるので手放しに褒めることはできない。しかし，現実的に現代文の科目でここまで史料をじっくり読ませることはしないだろうから，現時点では地歴公民で問うしかないのかもしれない。ポイントは『人権宣言』の主語が人間とも男性ともとれる主語で書かれていたことで，この時点では女性の権利は明示されていない。肯定も否定もされていないのである。そこでオランプ＝ド＝グージュが女性の権利を明示し，男性との平等を主張する『女性の権利宣言』を発表した。しかし，フランス革命が進行する中で現実に女性の権利は制限されていき，フランス民法典で明確に規定されてしまう。したがって，（イ）は「資料①と資料②はともに明示的に男女の平等な地位を認めている」が誤り，（ウ）は「資料①と資料②は税金や賦役の義務を男女に同等に課している」が誤り（後半も資料③は租税に言及が無いので誤り），（エ）は「資料①と資料③では妻は夫に従属するものとされ」が誤りで，（ア）が正しい。浅い読み込みや思い込みで解くと（エ）を正解に選びかねないから，正答率は高くなかったと予想される。

---

9. 青山学院大　経済学部

悪問

問題3　13世紀後半，元は東南アジアにも遠征軍を送り，ビルマの（　⑩　）朝はこれにより滅亡した。

問1　空欄に当てはまる語句を入れなさい。

<解答解説> ▰▰▰▰▰▰▰▰▰▰▰▰▰▰

　正解はパガン（朝）が想定されていると思われるが，パガン朝が元の遠征軍によって滅亡したというのは事情の細部を理解していない俗説である。２巻のコラム１を参照のこと（p.75）。

１０．学習院大　法学部

出題ミス（複数正解）

問題4　以下の各文章１〜６にはそれぞれ明白な誤りが一つずつ含まれている。誤りの語句とそれに替わるべき正しい語句を記入しなさい。

３．前１世紀後半には，元首政プリンキパトゥスが開始され，以後200年間に及ぶ「パクス＝ロマーナ（ローマの平和）」の時代が続いた。その後，３世紀には，約50年間の軍人皇帝時代と呼ばれる内乱の時代となり，それを経て，４世紀初頭にはディオクレティアヌス帝によって専制君主政ドミナトゥスと呼ばれる後期帝政が始まった。330年には，コンスタンティヌス帝がギリシア人都市カルケドンに「新しいローマ」として新首都を築いた。この都市は，1000年間にわたって，ローマ帝国，東ローマ帝国の首都として繁栄することになった。

<解答解説> ▰▰▰▰▰▰▰▰▰▰▰▰▰▰

　素直に解答を出すならカルケドンが誤りで，ビザンティウムに直すとよい。しかし，**少なくとも高校世界史では専制君主政が成立したのはディオクレティアヌスが即位した３世紀末と見なされている**ため，４世紀初頭を誤りと見なして３世紀末に直すのも正解と見なされうるだろう。おそらくそのように解答した受験生が多かったと思われ，**大学当局から出題ミスのお詫びとこの箇所の訂正も正解とする発表があった。**なお，『赤本』はカルケドンをビザンティウムに直すのが正解とだけ記載していた。せめて当局発表には気づいてほしい。

〔番外編2〕産業能率大　2/5実施

問題5

史料4　孫文の「大アジア主義」の演説

　我々が大アジア主義を唱え，検討した結果として，つまりはどんな問題を解決すべきなのでしょう。それは，アジアの苦痛を嘗めている民族のために，どうすればヨーロッパの強盛な民族に抵抗できるのかという問題です。圧迫を受けている民族は，アジアだけにいるわけではなく，ヨーロッパ域内にもいるのです。覇道を行う国家は，他大陸や他国の民族を圧迫するだけでなく，自大陸や自国の中でも同様に圧迫します。我々がアジア主義を唱え，王道を基礎とするのは，弱者の味方をするためなのです。あなたがた日本民族は，欧米の覇道文化を取り入れた上に，アジアの王道文化の本質をも持っていますが，今後は世界文化の前途に対して，結局のところ西方覇道の手先となるのか，それとも東方王道の防壁となるのか，それはあなたがた日本国民の，詳細な検討と慎重な選択に懸かっているのです。

史料5　アメリカ合衆国国務長官スティムソンが日本大使に送った覚書

　アメリカ政府は，日本の満州における権利につき争うところはなかったこと。将来，中国と日本の間に結ばれるいかなる取決めの条項についても介入する意図はもたないこと。但しそれはそのような条項が，アメリカ政府自身の中国における権利を損なわず，またケロッグ条約の違反とならない場合に限られるということである。私はこの覚書を明日の朝刊で公表すること，また日本大使がこの覚書の内容を知らされる最初の大使であることを伝えた。

問2　1931年9月に柳条湖事件が起き，満州事変が勃発して翌年には満州国が成立した。図3の柳条湖事件を調べるリットン調査団は，日本が求める満州国の承認は認めなかったものの，満州国における日本の特殊権益を承認していた。さらに1933年には塘沽停戦協定が日中間で締結され事実上満州事変は終結し，日中間の戦闘は止まった。このあと1937年には日中戦争が勃発してしまうが，もし日中戦争が起きなかっ

たと仮定したとき，史料４・史料５なども参考に日米間の状況や中国の国内状況はどうなっていったかを，句読点を含めて80字以内で，あなたの考えを述べなさい。

※日米間の状況か中国の国内状況のどちらか一方だけ解答すればよい。

＜コメント＞

　2021年に続き（p.311），if を書かせる問題。まず日中戦争が半永久的に起きないという状況が想像しづらくはあり，偶発性の高い盧溝橋事件が起きなくても別の事件で開戦していたようには思われる。ともあれ，日本政府側が史実よりも軍部を上手く抑制できて全面戦争に拡大しなかったとして（その意味でこれは二・二六事件が起きなかったという if に近い），日米間の状況がどう違ったかと妄想するのは面白い。アメリカやイギリスが，自国が中国に持つ権益と門戸開放の建前を侵害されない限りは，日中戦争前の中国情勢に深入りするつもりがなかったらしいことは，近現代史が好きな人には比較的知られているところかもしれない。これを受験生に示しているのが史料５で，ほとんどの受験生には驚きの新情報だろう。解答としては史料５を論拠に挙げた上で太平洋戦争が起きなかった可能性があることを指摘しておけばよいだろう。

　中国の国内状況を選んだ場合は解答が難しい。史料４を提示しているところからすると，作問者としては日中が大アジア主義の下で団結したというような可能性を書いてほしいのだろうが，**満洲をとられた状態で中国側が日本との友好を妥協的に望むのか**と言われると，極めてあやしい。日中戦争の開戦前に西安事件が起きていることから第二次国共合作の成立も不可避と思われ，ソ連とも妥協できそうな蔣介石が満洲地方の奪回を考えないだろうか。やがて第二次世界大戦が勃発するヨーロッパ情勢の中で英米が蔣介石を抑制する動きは生じるだろうし，それによって日中戦争が起きずに満洲国が固定化することもありえよう。しかし，この方向で解答を作成すれば当然史料４は無視することになる。2021年の問題もそうだったが，やはり**この作問者は if を書かせる割に誘導が強すぎる**傾向があり，問題の面白さを毀損しているように思われる。

１１．専修大　スカラシップ・全国入試〔2/1実施〕

出題ミス（複数正解）

問題１　〔設問７〕　下線部 (7) に関連して（編註：李鴻章），李鴻章についての記述として誤っているものはどれか。もっとも適するものを次の①〜④の中から一つ選び，解答欄　 7 　にマークしなさい。

① 　下関条約や辛丑和約（北京議定書）などの交渉にたずさわった。
② 　李鴻章がつくりあげた近代的軍隊は，左宗棠が引き継ぎ，拡充した。
③ 　曾国藩の幕僚となり，太平天国や捻軍の鎮圧に当たった。
④ 　清仏戦争の後，軍備強化を目指し，北洋艦隊をつくりあげ，旅順や威海衛の軍港を整備した。

＜解答解説＞

　①と③は正文。②は明確な誤文で，左宗棠が袁世凱の誤り。作問者の想定した正解はこれだろう。審議の対象は④で，**北洋艦隊の正式な成立は 1888 年だが，一般にはそれ以前から存在していたと見なされている。**では北洋艦隊はいつ成立したのかというと議論が分かれるところになる。1871 年に李鴻章が北洋大臣に任じられた際に南洋艦隊から一部の軍艦を移動させたのを北洋艦隊の成立と見なすのが最も古い年代で，江華島事件を受けて李鴻章が艦隊の本格的な整備を開始したことを根拠に 1875 年をとることもできるだろうし，巡洋艦２隻を導入して一定の戦力が整った 1881 年，かの有名な定遠級戦艦を２隻購入して陣容が完成した 1885 年をとることもできよう。北洋艦隊の成立年を一つに定めるのはほとんど意味が無いことである。しかし，以上のような経緯から**清仏戦争（1884 〜85 年）の後になってから「軍備強化を目指し，北洋艦隊をつくりあげ」というのは誤り**と解釈できる。それ以前から軍備強化が目指されていて，北洋艦隊は実働している。おそらくこの作問者は 1888 年に正式に成立した後から北洋艦隊の整備が始まったという根本的な勘違いをしているのではないかと思われる。事実は逆で，1888 年はすでにあった艦隊を追認し

た年に過ぎない。よって本問は②・④の複数正解と言わざるを得ない。

　それにしても北洋艦隊の正式な成立年は早慶対策であっても受験世界史で触れられることは無い。一体，この作問者はどこからこの年号を引いてきてしまったのだろうか……と思って何気なく用語集を眺めていたら，その**山川の用語集が「1888 年，李鴻章が編成した新式海軍」と書いていた。**これは用語集も悪い。大学当局からの発表は無し。『赤本』は②のみ正解として解説。Xam の解答は②・④の複数正解と指摘。

１２．専修大　スカラシップ・全国入試〔2/1 実施〕（2 つめ）

[難問]

問題１　〔設問８〕　下線部 (8) に関連して（編註：<u>琉球の日本編入</u>），琉球の日本編入の過程で行われた措置を時系列的に左から古い順に並べたものとして正しいものはどれか。もっとも適するものを次の①～⑥の中から選び，解答欄　8　にマークしなさい。

①琉球藩の設置　→　沖縄県の設置　→　清との冊封 - 朝貢関係断絶
②琉球藩の設置　→　清との冊封 - 朝貢関係断絶　→　沖縄県の設置
③清との冊封 - 朝貢関係断絶　→　琉球藩の設置　→　沖縄県の設置
④清との冊封 - 朝貢関係断絶　→　沖縄県の設置　→　琉球藩の設置
⑤沖縄県の設置　→　琉球藩の設置　→　清との冊封 - 朝貢関係断絶
⑥沖縄県の設置　→　清との冊封 - 朝貢関係断絶　→　琉球藩の設置

＜解答解説＞

　琉球藩　→　沖縄県は自明なので①・②・③までは絞れるだろう。また沖縄県を設置してから清との関係を絶つということもなかろうから，②・③の二択である。正解は②で，1872 年に琉球藩設置，1875 年に日本政府が清との関係断絶を指示し，1879 年に沖縄県設置となる。類題が 2022 年の早稲田大・文化構想学部で出題されている（**2022 早慶１３番**）。同年であるから偶然類題が出題された形であるが，偶然であるだけにか

えって新たな難問の鉱脈として清と琉球の関係断絶年 1875 年が発掘され
てしまった雰囲気があり，ちょっと怖い。

１３．専修大　2/10 実施

難問

問題2　B　〔設問 27〕　下線部 (27) に関連して（編註：1880 年代末から
世紀転換期にかけて），世紀転換期のヨーロッパにおいて活躍した神秘退
廃的美術の代表的な画家の名はどれか。もっとも適するものを，次の①〜
⑤の中から一つ選び，マークしなさい。

① 　マーラー　　　　　② 　ボッティチェリ
③ 　ベラスケス　　　　④ 　ミレー　　　　　⑤ 　クリムト

＜解答解説＞

　世紀末芸術は近現代ヨーロッパの芸術史において重要な概念であるが，
高校世界史ではほとんど扱わない。範囲内でわかるのは，ボッティチェリ
はルネサンス，ベラスケスはバロック，ミレーは自然主義の画家だから誤
りというところまでで，残った２人に生活の上で聞き覚えがあるかどうか
の問題だろう。正解は⑤のクリムトで，美術史学上の分類はまさに世紀末
芸術に入る。《接吻》が最も有名か。背景を金で塗りつぶすのは，遠近法
を重視する西洋美術において御法度であったが，これを逆に利用して妖艶
な雰囲気を創出した点が新しい。マーラーは 19 世紀後半に活躍したオー
ストリアの音楽家で，ロマン主義に属する。クラシック音楽が好きなら消
去法で解答を出すのは容易だったと思われる。

〔番外編3〕専修大　2/12 実施

問題1　〔**設問4**〕　下線部 (4) に関連して（編註：<u>コーヒーハウス</u>），ロイズというコーヒーハウスに由来する事業はどれか。もっとも適するものを次の①〜⑤の中から一つ選び，解答欄　　4　　にマークしなさい。

① 保険業　　② 農業
③ 小売業　　④ 印刷業　　⑤ 卸売業

＜コメント＞

　②・③・⑤はほぼ人類の有史以来存在する産業であってコーヒーハウスが契機になりそうもなく，④は 15 世紀半ばグーテンベルクが発展させたことは基礎知識であるから，消去法で解答可能だろう。ロイズという保険会社がコーヒーハウスを出自としているのは，2016 年の慶應大・商学部に類題あり（2 巻の **2016 早慶2番**，p.94）。本問は消去法で解けるように工夫してあるが，こうやってじわじわと範囲外の用語が普通に問われるようになっていくのは恐怖である。

14．専修大　2/12 実施

難問

問題1　〔**設問13**〕　下線部 (13) に関連して（編註：<u>美術評論家ラスキン</u>），この人物が高く評価し，印象的な色彩を重視したイギリス人画家の名はどれか。もっとも適するものを次の①〜⑤の中から一つ選び，解答欄　13　にマークしなさい。

① ドラクロワ　　　② ゴヤ　　　③ ターナー

④　ジェリコー　　　　　⑤　シラー

＜解答解説＞━━━━━━━━━━━━━━━━━━━━━━━━━

　ドラクロワはフランス人，ゴヤはスペイン人，シラーはドイツ人までは標準的な知識だが，ターナーとジェリコーが両方とも範囲外またはグレーゾーンであるため難問になってしまった。ジェリコーの語感がいかにもイギリス人っぽくないと気づければよいのだが，それを受験生に要求するのは酷だろう。ジェリコーはフランス人の画家である。よって正解は③。ターナーはイギリス最大のロマン主義の画家で，論壇ではラスキンの擁護を受けていた。

１５．中央大　文学部

出題ミス・難問

問題2　(3)　17世紀にアンコール＝ワットを訪れた日本人参詣者が描いたらしい「最初のアンコール＝ワット図面」とされる絵画が水戸市に残されており，この図面ではアンコール＝ワットはインドの仏教発祥の地「祇園精舎」として表されている。前6世紀頃の北インドに城壁で囲まれた都市国家として栄え，仏教が誕生したとされるこの国を何というか。

＜解答解説＞━━━━━━━━━━━━━━━━━━━━━━━━━

　祇園精舎は仏教発祥の地ではないので，本問は解答不可能である。祇園精舎はブッダが寄進を受けて居住した地であり，仏教教団の最初期の拠点である。何をもって仏教発祥の地とするかという定義自体が難しいものの，少なくとも祇園精舎ではない。一応，これを無視して単純に祇園精舎が存在した国を答えるとコーサラ国であるから，コーサラ国が作問者の想定した解答だったのだろう。なお，コーサラ国自体は用語集頻度⑤であるが，祇園精舎が範囲外の用語なので本問は難問である。ほとんどの受験生はマガダ国とコーサラ国の二択まで絞って悩んだと思われるが，その悩みは無駄であった。ここで時間を空費してしまい，合否に影響が出た人もい

たのではないか。本企画で何度も繰り返しているが，範囲外から出題しておいて出題ミスになるのは通常の出題ミスよりも受験生に迷惑がかかるので，絶対にやめてほしい。**大学当局から本問は全員正解とした旨の発表があった。**

それはそれとして，本問のネタは面白い。17 世紀当時の日本人は多数カンボジアに渡航しているが，彼らはアンコール＝ワットを実物の祇園精舎と誤解していたという説がある。アンコール＝ワットの壁面には当時の日本人による「落書き」が多数残っている。カンボジア帰りの一人がアンコール＝ワットの平面図を記録したのが「祇園精舎図」であるが，現存しているのは 1715 年に制作された模写で，水戸徳川家に伝来し，現在は水戸の徳川ミュージアムが所蔵している（すなわち 17 世紀に描かれた原図自体を徳川ミュージアムが持っているかのように書いている本問はこの点も誤り）。この模写の裏書きで原図の作者と名指しされている長崎通詞（オランダ語通訳）の島野兼了なる人物は，この模写以外の史料で名前が確認できておらず，実在が保証されていない。代わって制作者と目されているのが松浦藩の藩士であった森本一房なる人物である。彼は鎖国政策が厳格化する 1631-32 年頃に渡航・帰国したため，渡航歴を抹消するために帰国後は偽名を使っていたのではないか，またその偽名が島野兼了ではないかという説が提唱されている。偽名説について，詳しくは以下の論文を参照のこと。

・石澤良昭「アンコール・ワットと祇園精舎：世界で唯一の「アンコール・ワット絵図面」の発見とキリシタン弾圧」『法華文化研究』47 号，2021 年，pp.1-9。

http://hdl.handle.net/11266/00009995

16．中央大　商学部 A〈会計／国際マーケティング学科〉

難問

問題 1　問 8　下線部⑧に関して（編註：背後の産地でとれる名産品），チャンパーの名産品として正しいものを 1 つ選びなさい。なお，該当するもの

がない場合は (e) を選びなさい。

(a) タバコ　　　(b) 沈香　　　(c) コーヒー豆　　　(d) トウガラシ

＜解答解説＞

　「(e) を選べ」が全てをぶち壊したシリーズ。これがなければ，タバコ・トウガラシは南北アメリカ大陸原産，コーヒー豆はエチオピアが原産で有名であるから，消去法で (b) の沈香が正解と導き出すのは難しくない問題であった（実際に (b) が正解）。この消去法は思いつくのに少し柔軟な発想を問われるので，工夫のある良問と言ってもいい。なお，沈香は香木の一種である。しかし，「該当するものがない場合は (e)」とあるために，消去法で a・c・d を消したところで b と e で迷うことになってしまい，沈香がチャンパーの名産品かどうかをピンポイントで知っていなければ正解と判断できない，至極単純な知識問題，あるいは 1/2 の運が試されるだけの問題に堕してしまった。非常にもったいない。中央大の商学部は「該当するものがない場合は (e)」という条件を全ての設問に一律入れるのをやめるべきである。

１７．中央大　商学部Ａ〈会計／国際マーケティング学科〉（２つめ）

悪問

問題1　**問9**　下線部⑨（編註：東南アジアのイスラーム化）に関連する記述として**誤っているもの**を**1つ**選びなさい。なお，該当するものがない場合は (e) を選びなさい。

(a) マラッカ王国が東南アジア最初のイスラーム国家である。
(b) フィリピン方面にまでイスラームが広まっていった。
(c) ジャワではヒンドゥーのマジャパヒト王国の滅亡後，イスラームのマタラム王国が成立した。

(d)　スマトラでイスラーム政権のアチェ王国が成立した。

＜解答解説＞

　これも「(e) を選べ」に問題が壊されたシリーズ。長年この企画を追っている人なら (a) を見た瞬間にピンと来たかもしれない。(b)・(c)・(d) はいずれも正文。(a) は扱いが厄介で，マラッカ王国は一般に「東南アジアで最初の本格的なイスラーム国家」と言われる。「本格的な」と入るのは小規模な王国なら先行事例があるためで，13 世紀末にイスラーム教を国教化したとされるスマトラ島北部のサムドラ＝パサイが比較的有名である。しかし近年ではサムドラ＝パサイの存在が強調されなくなって教科書からもほぼ消滅し，もっぱらに「本格的な」をつけつつもマラッカ王国を最初のイスラーム国家としてしまうことが多い。こうした事情のため，本問は「(e) を選べ」が無ければ，消去法により (a) を誤文＝正解と素直に選ぶことができ，作問者はサムドラ＝パサイの存在を念頭に置いているのだろうと推測がつく。しかし，**「(e) を選べ」があるせいで，作問者がサムドラ＝パサイを考慮せずに作問した可能性が浮上し，(a) が正文＝(e) が正解という可能性が残ってしまう。**これは作問者の脳をエスパーする以外に正解を出しようがない。これまでの経験則だけで言っていいなら，おそらく作問者はサムドラ＝パサイを念頭に置いていて，(a) を誤文＝正解のつもりで作問したのではないだろうか。『赤本』と Xam は私と同じ推測で (a) を正解としていた。

１８．中央大　法学部

出題ミス・悪問・難問

問題3　設問 10　下線部 (j) について（編註：古代ギリシアでもローマでも，貧富の格差が民主政治（ローマでは共和政）を脅かすことが懸念された）。古代のギリシアとローマに関する記述として正しいものはどれか。2つ選んでマークしなさい。

① アテネの民会はポリスの防衛について議論したため，武器を自弁できない貧しい市民には参加が認められなかった。

② スパルタは市民団内部の平等を徹底するために，金属貨幣の使用を禁止し，土地を平等に分配した。

③ 共和政期のローマにおいて市民は重装歩兵として国防に重要な役割を果たしたことから，全ての市民が元老院議員の選挙に立候補できた。

④ グラックス兄弟は，貧富の格差の拡大が軍事力低下に結び付くことを恐れ，有力者に集中した土地の再配分を試みた。

⑤ 帝政期のローマにおいては貧困化した市民が債務奴隷として農村に売却されたため，奴隷制農場経営が発達した。

＜解答解説＞

2023年のワースト悪問はこれ。するどい人は①・②を読んだ段階で異変に気づいたと思われる。まずそれ以外から片付けると，③はローマの元老院議員が全市民からの立候補制ではないので誤り。元老院議員になるキャリアパスは複数あるが，主にはパトリキから選出された。全時代を通して問題文に書かれているような選挙になったことはない。④は正文＝1つめの正解。⑤は易しい。帝政ローマでそうした現象は起きておらず，奴隷の数は減少していて奴隷制農場経営は衰退している。代わって小作農を用いた農場経営（コロナトゥス）が増加した。したがって誤り。

残った2つが審議の対象である。まず，**①は時期が指定されていないという大きな不備がある。**この文は民主化途上の時期として考えれば正文だが，財産資格が撤廃されて無産市民でも参政権があったペリクレス以降の時期であれば誤文になる。**選択肢の文で時代が指定されていない場合，その地域において最も特徴的だった時代や全盛期を想定するのが一般的な解釈になる**だろう。とするとこの場合はペリクレス時代であるから，普通に考えれば①は誤文＝誤答と見なすのが自然な解法になる。

では②が正文＝正解かというと，これもまたあやしい。まず，高校世界史では習わないが，**スパルタもヘレニズム時代の前3世紀には銀貨を鋳造している。**この頃になると伝統的な社会法制は崩れてしまっているのである。そして②も①と同様に時代が指定されていないから，どの時代で判断するかによって正誤が変わってしまう。一応，前述のように時代が指定さ

れていない場合は最も特徴的な時代で考えるという一般的な解釈で検討するなら，この銀貨は無視してもいいだろう。というよりも無視しなければ②も誤文となってしまい，本問は「２つ選べ」という指定に反して④しか正解がない出題ミスになってしまう。

　次に，**スパルタの伝統的な社会が禁止していたのは「貴金属貨幣」の使用であり，**代わりに鉄銭を用いていた。この鉄銭がくせ者で，実際には細長い鉄の棒であったらしく，我々が想像するコインからはかけ離れた形態をしている。スパルタが貴金属貨幣を禁止してこのような不便な貨幣の使用を市民に強要したのは，他国との交易を抑制・禁止するためであった。他国の商人を遠ざけてしまうことで，スパルタ人に交易の禁止を守らせやすくした。閑話休題，金属貨幣とは一般に円形のコインの形状をしたものであると定義する立場に立つなら，スパルタの鉄銭は金属貨幣ではないから，②は正文と見なすことができる。一方，形状によらず他国で通用したか否かによらず，金属製の貨幣は全て金属貨幣と見なす素朴な立場に立つなら，②は誤文である。受験生の多くはこの素朴な見方だろう。

　ややこしくなってきたが，まとめるとこうなる。

① \ ②	後代の銀貨を考慮する（②は誤文）	**鉄銭を金属貨幣と**	
		見なす（②は誤文）	見なさない（②は正文）
ペリクレス時代以降のみ（①は誤文）	平仄が合わないので考慮不要	**正解は④のみ（出題ミス）**	正解は②・④で問題成立
民主化途上の時期も含む（①は正文）	正解は①・④で問題成立	平仄が合わないので考慮不要	平仄が合わない上に，①・②・④の複数正解

　①・②ともに多数派の立場に立つなら正解は④のみで２つ選択できない。出題ミスである。一応，鉄銭を金属貨幣と見なさない立場に立つか，スパルタの銀貨を考慮するなら問題が成立するが，それでも解釈が分かれるものを出題している時点で悪問という評価は避けられない。しかも通常の受験勉強では「スパルタは貴金属貨幣の使用を禁止していた」ところまでしか学習せず，鉄銭が実際には鉄の棒であるということは範囲外であるから，普通の受験生には鉄の棒を金属貨幣と見なすかどうかという議論に

156

立ち入ることすらできない。ましてや銀貨は完全な範囲外であるから，難問の誹りも免れない。したがって本問は出題ミスかつ悪問かつ難問という三重苦である。

　なお，『入試問題正解』・『赤本』ともに正解を②・④としていた。しかし，いずれの参考書も②が正文になる理屈を説明しておらず，全く解説になっていない。このような手抜きで恥ずかしくないのか。

〔番外編４〕 中央大　商学部 B 〈経営／金融学科〉

問題2　問3　下線部③（編註：ボストン茶会事件）に関する記述として正しいものを１つ選びなさい。なお，該当するものがない場合は (e) を選びなさい。

(a)　茶の陸あげ反対の決議を無視されたボストン市民が，夜間に先住民の扮装をして東インド会社の船に乗り込み，茶箱を海に投げ捨てた事件である。

(b)　茶の陸あげ反対の決議を無視されたボストン市民が，夜間に東インド会社の船を襲撃し，茶箱に放火して船を炎上させた事件である。

(c)　茶の陸あげ反対の決議を受けた東インド会社が，ボストン市民の目の前で積み荷の茶箱を次々とボストン湾に投げ捨てた事件である。

(d)　茶の陸あげ反対の決議を受けた東インド会社が，船に乗り込んできたボストン市民たちを茶箱に詰め込んで海に放り投げた事件である。

＜コメント＞

　正解は (a) で，正答率は高かったと思われる。しかし，架空の出来事の説明になっている他の選択肢が想像力豊かな内容であり，特に **(d) のインパクトが強すぎて爆笑してしまった。** あまりに笑った記念で番外編として掲載。なお，同じ大問の問７ではマニフェスト＝ディスティニー（manifest destiny）と政権公約を意味するマニフェスト（manifesto）のダジャレでも問題を作っていたから，相当に遊び心のある作問者なのだと思う。

19. 中央大　商学部B〈経営／金融学科〉

[出題ミス？]

問題1　問3　下線部③に関連して（編註：クローヴィスによって統合されたフランク王国(メロヴィング朝)が西ヨーロッパの中心勢力となった），フランク王国が西ヨーロッパの中心勢力になった一因として，クローヴィスがキリスト教のある宗派に改宗したことが挙げられる。クローヴィスが改宗した宗派㋐〜㋒と改宗の意義に関する記述Ⓧ〜Ⓩとの組み合わせとして正しいものを，選択肢 (a) 〜 (i) の中から1つ選びなさい。

㋐　アリウス派　　　　㋑　ネストリウス派　　　㋒　アタナシウス派

Ⓧ　ローマ教会が異端とする宗派に改宗したことで，ローマ教会と対立するビザンツ帝国による干渉が弱まり，西ヨーロッパに一大独立圏が誕生した。

Ⓨ　ローマ教会が正統派とする宗派に改宗したため，ローマ教会との結びつきが強まり，ローマ人貴族を支配層に取り込んで西ヨーロッパ世界の中核となった。

Ⓩ　ゲルマン諸部族の多くが信仰する宗派に改宗したことで，民族意識の高揚が促され，ローマ教会ともビザンツ帝国とも距離を置く一大勢力に成長した。

(a)　㋐−Ⓧ　　(b)　㋐−Ⓨ　　(c)　㋐−Ⓩ　　(d)　㋑−Ⓧ
(e)　㋑−Ⓨ　　(f)　㋑−Ⓩ　　(g)　㋒−Ⓧ　　(h)　㋒−Ⓨ
(i)　㋒−Ⓩ

＜解答解説＞

本問はクローヴィスが改宗した宗派がアタナシウス派なので㋒，改宗の意義はⓎなので正解は (h) として成立している。しかし，大学当局から二次利用の際は (i) を削除せよという指示があった。ということは (i) も正

解になりうるということである。これは比較的容易に理由が想像されるところで，クローヴィスが改宗した当時はまだフランク王国とローマ教会の距離は遠く，つながりは生まれていない。クローヴィスは目先の北フランス等のローマ人貴族の取り込みを図ったのであり（これは⑦にある通り），必ずしもローマ教会とのつながりを強めるために改宗したとは言えないのである。これが，クローヴィスはアタナシウス派に改宗したと書かれて，カトリックに改宗したと書かれることがない所以である。

　そこから考えると⑦は「ローマ教会との結びつきが強まり」の部分が誤りではないにせよ，完全に正しいとは言いがたくなる。一方で②は「ローマ教会ともビザンツ帝国とも距離を置く一大勢力に成長した」という表現はある程度正しいが，残りの「ゲルマン諸部族の多くが信仰する宗派に改宗したことで，民族意識の高揚が促され」は完全な誤りである。つまり⑦と②はいずれも正しい部分と微妙な部分が混在しており，相対的には⑦の方が正しいという，正誤判定としては少し危うい状況になってしまう。確かに，入試本番で出題ミスとするほどではないが，二次利用の際には削除してほしくなる程度の瑕疵と言えよう。

２０．中央大　商学部Ｂ〈経営／金融学科〉（２つめ）

難問

問題3　問4　下線部④（編註：半両銭）に関する記述として誤っているものを１つ選びなさい。なお，該当するものがない場合は(e)を選びなさい。

(a)　硬貨の直径は約５cm である。
(b)　青銅を原料としてつくられた硬貨である。
(c)　戦国時代から秦で使用されていたものである。
(d)　のちの中国・日本などの銅銭の基本形となった。

＜解答解説＞
　(b)・(c)・(d)はすぐに正文とわかるが，(a)の情報は範囲外である。

漢委奴国王の金印の重さを問う伝説の問題を彷彿とさせる。「半両」が重さの意味なのだから，せめて重さを問うべきだろう（それでも範囲外だが）。なお，半両銭の直径は約 3.5-3.6cm のものが多いそうなので，(a)が誤文＝正解である。本問については『赤本』もさすがに「設問の条件から消去法が使えず」「難しい」と文句を言っていた。

２１．中央大　経済学部Ⅰ

悪問・難問

問題 1　**問 10**　下線部⑦に関連して（編註：政治的独立と領土保全の相互保証を与えることを目的とする具体的な盟約の下に），波線部（イ）の「この戦争」（編註：第一次世界大戦のこと）の後から 1930 年代までに独立した国として誤っているものを次から過不足なく選び，マーク解答用紙にマークしなさい。

ア．オマーン　　　　　　イ．エジプト王国
ウ．トランスヨルダン　　エ．アフガニスタン王国
オ．イエメン　　　　　　カ．サウジアラビア王国

＜解答解説＞

　独立年を覚えない国が多く並ぶ難問。常識的な受験勉強でわかるのはイのエジプト王国が 1922 年独立，アフガニスタン王国が 1919 年独立というところまでだろう。この二つは誤答である。困ったのがサウジアラビアで，経緯がかなりややこしい。まず，1902 年にイブン＝サウード（アブド＝アルアジーズ）がリヤドを征服して自立，リヤド首長国を建てる。その後イギリスとの協力関係の下でアラビア半島の征服を進め，1921 年にネジド＝スルタン国（ネジド王国）に改称。さらに 1924 年にヒジャーズ地方をハーシム家から奪って，1926 年に両王国を統合したヒジャーズ＝ネジド王国を建てた。これを 1932 年に改称したのが現在のサウジアラビア王国となる。そう，**サウジアラビアは独立したのではなく成立した**のだ。

この経緯から多様な解釈が生まれる。

①「独立した国」ではないのだから，正解の一つと見なせる。

②成立と独立を同義と見なすが，前身のリヤド首長国の成立が 1902 年で第一次世界大戦終戦より前の出来事である。よって正解の一つと見なせる。

③成立と独立を同義と見なし，かつ 1902 年以外の画期を成立年として採用する場合は，いずれも「第一次世界大戦後から 1930 年代までに独立した国」に当てはまるので，誤答の一つと見なせる。

私としては①を取りたいのだが，作問者の想定は③ではないかと思う。受験生にとって一番見覚えがある年号は 1932 年であるので，成立を独立と同義と見なしてよいものかどうか悩んだのではないか。

　ウのトランスヨルダンは一応用語集に年号があるがマイナーである。イギリスからの独立は 1946 年なので，正解の一つ。トランスヨルダンと同様にイギリスの委任統治領だったイラクの独立は 1932 年であるから，トランスヨルダンは随分と遅い。イラクは石油利権さえ残せればよく，むしろ難治の土地をさっさと手放したかったらしいイギリスの思惑が見える。一方でトランスヨルダンはパレスチナに面していて，イラク・エジプト間の交通路でもあるから容易に手放せなかったのだろう。

　残りのオマーンとイエメンが完全な範囲外である。オマーンの独立は 1971 年で正解の一つ。最後に残ったイエメンがまた複雑な事情を抱えていて，解説を書くのも億劫である。1918 年にオスマン帝国の敗戦を契機に北イエメンがイエメン王国として独立，しかしこの時点で南イエメンはイギリスの保護領であった。北イエメンは 1962 年に革命が起きて王政が崩壊，イエメン・アラブ共和国となる。一方の南イエメンも 1967 年に独立してイエメン人民共和国となり，東側陣営に入って 1970 年にイエメン人民民主共和国に改称する。最終的に 1990 年に南北が合併したが，現在でもイエメンは南北の対立が絶えず，2015 年以降はサウジアラビアが介入しての内戦が続いている。この経緯からイエメンの独立年は 1918 年ともできるし，1967 年ともできよう。改名しただけのサウジアラビアが 1932 年説をとるなら，合併の 1990 年をとっても文句を言われる筋合いはなさそう。しかもイエメンの場合はいずれの年号も範囲外なので，サウジと違って「教科書に載っているのは 1932 年が多いから」というような

説得材料も無い。

　長くなったがまとめると,確実に正解と言えるのはア(オマーン)とウ(トランスヨルダン)だけ。解釈次第で正解になるのがオ(イエメン)とカ(サウジアラビア王国)であるから,想定される正解パターンは4つある。範囲外のものも含めて年号を全て知悉していたとしても正答率が25%というのは博打にしても厳しい。イエメンについては『入試問題正解』からも同様の指摘あり。一方,『赤本』は「難問」とはしているものの,無批判にア・ウを正解としていた。毎度のことではあるが,『赤本』はあまりにも悪問調査能力を欠いている。

２２．中央大　経済学部Ⅰ（２つめ）

[悪問]

問題1　**問18**　本資料に関連して(編註:14か条原則のこと),波線部(イ)の「この戦争」の後に行われた講和会議前後における中国の状況の説明として誤っているものを次から1つ選び,マーク解答用紙にマークしなさい。

ア．中国は戦勝国としてパリ講和会議に参加した。
イ．中国は不平等条約の改正・山東利権や21か条問題の解決を求めたが,ドイツの利権は日本に譲渡することになった。
ウ．北京でヴェルサイユ条約に抗議する運動がおこった。
エ．パリの中国代表団はヴェルサイユ条約に調印した。
オ．中国は国際連盟の原加盟国となり,国際的地位の向上につとめた。
カ．紡績などの軽工業が発展し,民族資本の企業や都市労働者が増加した。

＜解答解説＞
　予言的中。ア・イ・ウ・カは正文。エは調印を拒否したので誤文であり,作問者の想定する正解だろう。審議の対象はオで,これは前出の予言を引用した方が説明が早かろう。『絶対に解けない受験世界史3』のp.406よ

り。

> 「パリ講和会議に出席した中国代表は，ヴェルサイユ条約には調印
> するつもりがなかった。民衆運動の圧力がなくとも，日本の山東省の
> 権益を認めるつもりはさらさらなかったのである。そこで問題になっ
> たのが，中国がパリ講和会議に出席したもう一つの目的である国際連
> 盟への加盟であった。ご存じの通り，ヴェルサイユ条約は国際連盟の
> 発足を規定しており，国際連盟の原加盟国になるには条約への調印が
> 必要になる。しかし，これについては国際連盟発足の規定がサン＝ジェ
> ルマン条約にもあることを利用して，中国はそちらに調印して目的を
> 果たした。そういうわけで，中国は第一次世界大戦中のオーストリア
> とほとんどつながりがないのに，サン＝ジェルマン条約の調印国であ
> るという不思議な現象が起きている。また，その影響を受けてヴェル
> サイユ条約の発効とサン＝ジェルマン条約の発効が半年ずれていたせ
> いで，中華民国を国際連盟の原加盟国と見なす説と，中華民国の加盟
> は発足の約半年後であると見なす説がある。この学説の論争を知らず
> に，国際連盟の原加盟国で正誤を問う悪問がそのうち出現すると私は
> 予想している。意外にも今のところ見ていないが。」

　というわけで，中華民国を国際連盟の原加盟国と見なす説と見なさない
説があるから，本問のオは正誤判定できない。作問者を忖度して中華民国
を原加盟国と見なす立場をとれば，オが正文になるから正解をエに絞るこ
とができる。再三お願いしていることではあるが，入試問題を作問するな
らこれくらいは調べてから作問するか，最初からこのくらい詳しい分野か
ら出題するようにしてほしい。『入試問題正解』・『赤本』ともに言及無し。

２３．中央大　経済学部Ⅰ（３つめ）

出題ミス（複数正解）

問題２　問６　下線部⑥に関連して（編註：<u>デンマーク出身のベーリング</u>），北方戦争においてデンマーク以外にロシアのピョートル大帝の側について戦った国の名前を１つ選び，マーク解答用紙にマークしなさい。

ア　ポーランド　　　　　イ　プロイセン
ウ　イギリス　　　　　　エ　オーストリア　　　オ　スウェーデン

＜解答解説＞

　教科書的に解答するならアのポーランドが正解になるが，実際にはイとウも正解である。プロイセン（ブランデンブルク）とスウェーデンは三十年戦争に参戦し，それぞれ東ポンメルンと西ポンメルンを得ていた。このためプロイセンは東西ポンメルンの統合の野心があり，スウェーデンの敗勢が決定的となったタイミングの1715年に参戦している。軍隊王ことフリードリヒ＝ヴィルヘルム１世の治世である。そして戦争末期の1720年にスウェーデンから西ポンメルンの一部を割譲させて単独講和した。引き際も鮮やかであった。しかし，その後のスウェーデンは慎重な外交をとってプロイセンに開戦の口実を与えなかったため，プロイセンが西ポンメルン全土を獲得するのはウィーン議定書まで待つことになる。イギリスも1714年にハノーファー公国がロシアとの同盟に入るという形で参戦している。スウェーデン領であったブレーメン（の一部）を獲得できれば，ハノーファー公国が内陸国から脱することができるという野心であり，イギリスはこれに引きずられた形になった。結果的にハノーファー公国も1719年に単独講和して望みを達成すると，この後のイギリスは講和を仲介する立場で介入を続け，1721年のニスタット条約に結実した。したがって**本問はア・イ・ウのいずれも正解の複数正解**で，誤答の選択肢の方が少ない。イギリスの参戦はともかく，プロイセン参戦は近世ドイツ史を少し詳しく知っていれば必ず知っている事項であり，作問者の知識が疑われる。現在

のところ大学当局からの発表は無し。『入試問題大正解』からはプロイセンについて同様の指摘あり。『赤本』は指摘無し。プロイセンについての指摘が無いのは参考書の解説として失格ではないか。

〔番外編5〕東京女子大　2/3 実施

問題3　歴史学は史料を重視する学問である。ただし，史料の範囲は多岐にわたっておりその史料が存在する意味とその特性を考えることもまた重要である。教授と学生の鈴木さんと山本さんとの次の会話をよく読み，その内容を理解したうえで以下の設問に答えなさい。

教授：政治を風刺する喜劇は，歴史上で大きな役割を果たしました。たとえば古代ギリシアでは喜劇や悲劇の鑑賞は市民の義務でもありました。そして，20 世紀の社会で人びとの間で交わされたジョークもまた歴史の一部です。次のジョークを見てください。

　　　　ヴァルター＝ウルブリヒトは，ソ連の党大会に参加した。これは（　A　）が，（　B　）を批判した会合だった。しかし，ウルブリヒトは昼休みに公園のベンチで眠り込んでしまった。夢に落ちながら，彼は叫び出した。「（　A　）を打倒しろ，追放しろ……」。隣のベンチに座っていた人が彼を起こして「大丈夫ですか」とたずねた。ウルブリヒト「単に夢を見ていただけです。次の大会に参加した夢をね」

教授：ジョークには，創作の要素が多く含まれていますが，「一片の真実」も混じっていて，これが重要です。たとえば，このジョークの前半には歴史的背景があります。

（中略）

鈴木：秘密警察に聴かれるとどうなったのですか？

教授：東ドイツではジョークを言いふらした罪で3 ほどの禁固刑が課されたという記録も，現在，残されています。

山本：日本だと，政治風刺などで捕まりはしませんが，ただわざわざ言わ

ないし, なんとなく言いにくい雰囲気はありますけども……。

教授：それは東ドイツとは異なり, 監視ではなく「環視」が作り上げたものかもしれませんね。ジョークは,「笑い」という感情的反応によって「ともにいること」を確かめる手段でもありました。とくに政治ジョークはそのときの政府への不満を攻撃的に語れるので, 共同性が確認されたのです。

山本：なるほど。一緒に「悪いこと」をすると, 何だか一体感が湧くこともありますよね。このあいだも……。

教授：そ, それは聴かないでおきましょう。では, もうひとつジョークを読んでみましょう。

　　　　　二人の東ドイツ国境警備兵がベルリンの壁のうえにいる。ひとりが「僕が君をここから西側に蹴飛ばしたらどうする？」もうひとりは「じゃあ, 君に毎月小包を送ってあげるよ」

教授：これは, 壁の上から誰かに押してもらえれば, 自分の意志じゃなく西側に行けることをポジティブに捉えているジョークです。また,「毎月の小包」ですが, 東ドイツの人びとは西ドイツに親戚や知り合いがいると, 西の物品を送ってもらえたから,「西の知り合い」は重要だったのです。ところで,「東」と「西」を意味するドイツ語を知っていますか？

鈴木：確か, 東は「Ost（オスト）」, 西は「West（ヴェスト）」だったとドイツ語の講義で習いました。

教授：そう, つまりこのジョークでは「押すと, ベスト」ってことですね。

鈴木と山本：先生, そのジョーク, 面白くないんですけど……。

問1　空欄（A）と（B）に入る組み合わせとして正しいものを, 次の（あ）〜（え）のなかから1つ選び, 記号で答えなさい。

（あ）A：フルシチョフ　　B：レーニン
（い）A：フルシチョフ　　B：スターリン
（う）A：ゴルバチョフ　　B：レーニン
（え）A：ゴルバチョフ　　B：スターリン

（編註：**問2〜問7**省略）

問8 東ドイツのジョークを史料として用いる場合，その特性を考慮する必要がある。前の会話文をもとに，この特性として最も適当だと考えられるものを次の（あ）～（え）から1つ選び記号で答えなさい。

（あ）ジョークの最初の発話者は，すべて特定可能である。

（い）ジョークは，権力に従順な内容が多く，時代ごとの権力観が分かる。

（う）ジョークの年代特定には，警察文書を参照するのが有効である。

（え）ジョークは，国際関係が反映されない内向きなものである。

＜コメント＞

こういう問題文大好き。笑えるだけでなく含蓄もあり，名文である。問題文の内容がちゃんと小問に落とし込まれているのもよい。『赤本』や『入試問題正解』の営業妨害になるので全文は掲載しなかったが，ぜひとも探して全文読んでほしい。問1は一応載せただけで普通の問題，正解は(い)。問8は国語的な問題であるが，歴史学の手法についての問いなので世界史の範疇に入れてもよいだろう。（あ）は問題文中にこのようなことが言われていないので誤り。現実的に考えても不可能だろう。（い）は問題文の内容から逆とわかる。（え）も，冒頭のウルブリヒトのジョークもベルリンの壁のジョークもどちらも国際関係が濃厚に反映されているから誤り。残った（う）は，秘密警察がジョークを取り締まっていたということが書かれているので正文。なお，この次の第4問も三・一独立運動と創氏改名をあつかった史料問題でなかなか面白かった。

〔番外編6〕東京都市大　一般選抜・前期〔2/1 実施〕

問題3　以下は1989年から4年にわたり『週刊少年ジャンプ』に連載され，大人気を博した『ジョジョの奇妙な冒険』第3部を簡略に紹介したものである。文章をよく読み，下の問い（問1～10）の答えを解答欄にマークせよ。

　荒木飛呂彦『ジョジョの奇妙な冒険』は東日本大震災後にスタートし，10 年間に及ぶ長期連載を昨年 8 月に完結した「ジョジョリオン」を第 8 部と位置付けつつ，コミックスで通算 131 巻を誇る一大ベストセラー漫画である。中でも，荒木によれば，このジョジョ・シリーズのファンは第 3 部「スターダストクルセイダース」(『ジョジョの奇妙な冒険』12 - 28 巻) を高く評価していると云う。その理由について荒木は自著『荒木飛呂彦の漫画術』(集英社新書，2015 年) の中で分析し，2 点を挙げている。先ずは，「双六 (すごろく)」のように各地を旅行しながら，その途上で敵と次々と戦い，勝利していくという当時としては斬新なストーリー展開にあった。次に，他者を「幼くする」「磁石にする」「凍らせる」といった様々な超能力，特殊能力とそれを可視化した像，つまり「スタンド」を初めて登場させた結果，敵との戦闘シーンが多様化し，幅広いストーリー展開が可能になったというのである。そして時を止めることのできる「ザ・ワールド」というスタンドを駆使する悪の宿敵 DIO に対して，主人公の空条承太郎は「スタープラチナ」というスピードとパワー，精密動作性を兼ね備えたスタンドで相対するのであった。

　以上を踏まえ，第 3 部のストーリーを概観したいのであるが，その前提になるのは第 1 部「ファントムブラッド」である。表 1 の家系図が示すように，1888 年，考古学者を目指すイギリス貴族の青年ジョナサン＝ジョースター (略してジョジョ) が研究していた⓪アステカ王国の遺物とされる謎の石仮面を悪人ディオ＝ブランドーが奪い，「おれは人間をやめるぞ！　ジョジョ」と絶叫して石仮面を自ら装着し，不死身の吸血鬼と化した (弱点は太陽光である)。その後，ディオに父を殺されたジョナサンは修行により「波紋」というチベット由来の特殊な技を習得し，これでディオを何とか倒すのであるが，最終的に頭部のみになった不死身のディオは大西洋上でジョナサンを殺し，その遺体を乗っ取ってしまう。そしてディオは DIO として 1984 年にアフリカ西岸，カナリア諸島沖合において引き揚げられた鉄の箱の中から復活を遂げる。そこで，第 3 部においてジョナサンの孫のジョセフ＝ジョースター，ジョセフの孫の空条承太郎 (いずれもジョジョ) がアブドゥルらの仲間と共にエジプトの⓫カイロに潜伏する DIO を倒しに向かうことになるのであった。

　ところが，成田国際空港を 1988 年□月△日 20：30 に離陸したジョジョ

一行のフライトはカイロ空港に翌日の 13:00 に到着するはずであったが，この予定は DIO により差し向けられた敵のスタンド使いにより早々と阻まれ，以後も一行は次々と襲撃された挙げ句，カイロに着くまで船，自動車，セスナ機，潜水艦など陸路，海路，空路を問わず，様々な移動手段の利用を余儀なくされてしまう。DIO 打倒は日本出発から実に 50 日後のことであった。

　さて，これ以上のストーリー紹介は不要であるものの，この間の旅程は示しておくべきであろう（表 2 参照）。そして旅程を地図にもまとめておいた。

表 1. ジョースター家の家系図

［ ＝＝ は婚姻関係，｜は実子関係，…は養子関係，⟺ は敵対関係を意味。］

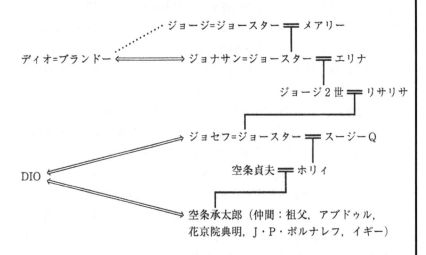

表 2. 第 3 部の旅程

<B は敵のスタンド使いとのバトルを意味。 あ ～ お は地名不明のため，漫画内の地図に従い，大まかな場所を下の地図で示しておいた。>
　カイロに向け成田国際空港を 20:30 に離陸→機内で B → あ ⓒ 香港沖 35km の海上に不時着→香港で B →チャーター船に乗り込むが， い 南シナ海ⓓフィリピン沖で B →船の爆破によりボートで漂流

→　う　幽霊船に乗り組み，船内でB→南シナ海を再びボートで漂流→シンガポール上陸後，B，B→インドの⒠*カルカッタ(現コルカタ)*でB→インド北部の聖地ベナレス（現ヴァーラーナシー）でB→インド北部の⒡*デリー*を経て，　え　パキスタン国境近くでB→　お　⒢*パキスタン西部でB→パキスタン南部のカラチでB→船で*⒣*ペルシア湾を渡り*，アラブ首長国連邦のアブダビに到着→サウジアラビア横断中にB，B→紅海横断中にB，B→エジプト南部に上陸後，B→⒤*アスワン*でB→ナイル川を北上中にB→⒥*ルクソール*でB，B→カイロでB，B，B，B，B，B，B，B（DIOとの最終戦）

[以上は荒木飛呂彦『ジョジョの奇妙な冒険』集英社（ジャンプ・コミックス），12 – 28 巻，1989 – 1992 年に基づき作成されたものである。]

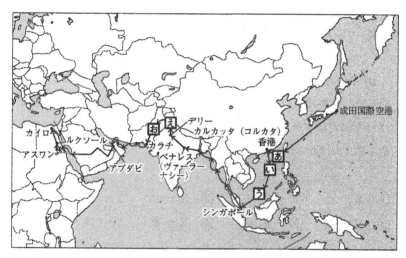

地図：第3部の旅程図

問3　下線部⒞に関して，アヘン戦争に敗れた清はイギリスと 1842 年，南京条約を結び，香港島を割譲した。そして第3部連載中の香港はまだイギリス領であった。さて，次の文章中のX・Yの正誤について正しい組合せを，下の①〜④から一つ選べ。　23

〔南京条約の翌年，清はイギリスにより［X：虎門寨追加条約］の締結

を強いられ，その結果，イギリスに片務的最恵国待遇を認めるところとなった。1844 年に清はフランスとの間で［Y：望厦］条約という同じような不平等条約を結ばねばならなかった。〕

① 　 X － 正 　 Y － 正
② 　 X － 正 　 Y － 誤
③ 　 X － 誤 　 Y － 正
④ 　 X － 誤 　 Y － 誤

（編註：その他の設問は省略）

＜コメント＞

　『ジョジョ』に対する愛が重い。作問者は熱烈なファンなのであろう。地図３と家系図はオリジナルと思われるが，非常に手が込んでいる。家系図は完全に趣味だろう。**リード文の大半が設問と一切関係ないため，**『ジョジョ』に興味が無いのに試験時間中にこれを読まされた受験生の気持ちを考えると褒められない。校正者からは「問題自体に不備がないから番外編なのは理解できますが，自分が受験生でこの文章を読まされたら，設問を解くには無意味だったことに気づいた瞬間にブチギレますね」というコメントをもらった。

　第３部の旅行は大規模で歴史上重要な都市を回っているため，入試問題の素材には使いやすい。地理の方が向いていると思われ，過去に上手く使った出題があった（2016 年の国士舘大の地理）。逆に世界史だと本当にリード文の「素材」にしかならず，そこから空条承太郎一行の旅に絡めて小問を出すのはかなり工夫が必要と思われる。本問の場合，多少なりとも第３部作中の事情と関連していた設問はこの問３くらいで，他の設問は全く関係が無かった。そこが少し残念だ。一応この問３の答えは，Ｘが正しく，Ｙは誤り（黄埔条約なら正しい）なので②。

２４．東洋大 2/9 実施

出題ミス

問題1 **問15** 下線部ｋに関連して（編註：キリスト教布教），中国にお
けるキリスト教について述べた次の文を読み，空欄 E ～ H に入る
ものとして最も適切なものを次の中から一つずつ選べ。ただし，一つの選
択肢は一度しか選べない。

中国とキリスト教の出会いは古く，唐の時代にはネストリウス派が伝来
し E とよばれたが，この一派は9世紀には衰退した。しかし，モン
ゴル帝国下でヨーロッパの東方への関心が復活し，さらに13世紀末に
は F が大都の大司教に任ぜられ，中国で初めてカトリックの教えを布
教した。やがて典礼問題が起き，一時布教は禁止された。しかし，19世
紀後半に再び公認されると勢いを取り戻し，これに反発した G 運動
や，「扶清滅洋」を唱えた H による教会破壊を引き起こした。

① 回教　　　② 仇教　　　③ 義和団　　　④ 景教
⑤ 祆教　　　⑥ 五・四　　　⑦ 東学
⑧ プラノ＝カルピニ　　　⑨ モンテ＝コルヴィノ
⑩ ルブルック

＜解答解説＞

　正解はそれぞれ，Eは④の景教，Fは⑨のモンテ＝コルヴィノ，Gは②
の仇教，Hは③の義和団となり，成り立っているように見える。しかし，
**モンテ＝コルヴィノが大都の大司教の地位をローマ教皇に認められたのは
1307 年であるから，13 世紀末ではない。**問題文に史実誤認があり，F
は正解が無い。**大学当局から出題ミスを認め，全員を正解とした旨の発表
があった。**

２５．東洋英和女学院大　一般前期〔1/31 実施〕

出題ミス（複数正解）

問題１　12　下線部（編註：<u>ドイツ</u>）についての記述として，**誤っているもの**を一つ選びなさい。

a) ベーメンの反乱を機に，三十年戦争が起こった。
b) アウクスブルクの和議で，カルヴァン派が公認された。
c) カール４世が，金印勅書を発布した。
d) ウェストファリア条約によって，神聖ローマ帝国が消滅した。

＜解答解説＞

　易しい出題ミス。ａとｃは正文。ｂは，アウクスブルクの和議ではカルヴァン派が公認されていない。これを再確認したウェストファリア条約の際に追加されている。ｄはウェストファリア条約後も神聖ローマ帝国は継続している。なお，以前は「死亡診断書」と言われていたが，現在の研究ではその後も対オスマン帝国やフランスとの戦争の際に機能した緩やかな連合体，皇帝による戦争税調達の手段として機能していたとされる。最終的に神聖ローマ帝国が消滅したのは1806年，ライン同盟の結成による。よってｂとｄの複数正解で，赤本でも同様の指摘があるが，大学当局からの公式発表は無かった。おそらく作問者はｄを正解と想定して作問し，ｂに「三十年戦争後には」と入れるつもりで忘れていたものと思われる。

〔番外編７〕日本大　文理学部

問題２　まず大前提として，多くの国に別れて暮らしていた彼らは，それぞれ独自の暦（類似性は強かったが）を用いていた。しかしこの状態は，各地でまちまちな形で閏月（うるうづき）が設けられることとなったなど

の理由から，自国において何年も前に生じた出来事を他国の者に伝える，特に，それがいつおこったかを示すのが難しかった。そして，これを解決するために古代ギリシアで広く用いられたのが，各々の暦に基づく表記と併記する形で，「第〇回オリンピック大会期の△年目」という具合の文言をおくというやり方である。つまり例えば，紀元前 220 年夏には第 140 回大会が開催されたのであるが（なお，時代により違いがあったようだが，おおむね，夏至のすぐ後に満月の夜が来ると判断された場合には夏至から数えて 3 度目，そうでなければ 2 度目の満月の時期に大会は開催された），「第 140 回大会期の 1 年目」という文言があることで，誰もが，その後に記されている出来事が現代的に表現すれば〔10〕<u>前 220 年夏から前 219 年の同時期まで</u>に生じたということがすぐ分かるわけである。

〔10〕　下線部〔10〕に関連して，その後の時代に考案された暦のうちでこの時期のギリシア人たちが用いたそれと，月および太陽の運行のとらえ方という点で最も類似性が強いといえるものを，次の①〜④から選びなさい。

①　ユリウス暦　　　②　ヒジュラ暦

③　授時暦　　　　　④　フランス革命暦

＜コメント＞

　面白い問題だと思われたので採り上げた。設問〔10〕の問題文だけ読むと受験世界史としては範囲外の難問だが，リード文をちゃんと読解できれば，受験生でも十分に解ける。**太陽暦にも純粋な太陰暦にも閏月はない**というのが上手い仕掛けで，「各地でまちまちな形で閏月（うるうづき）が設けられることとなった」とあるのだから，古代ギリシアの暦は太陰太陽暦である。これに気づいた上で選択肢を見ると①・④は太陽暦，②は太陰暦，③の授時暦のみが太陰太陽暦であるからこれが正解となる。このように知識的に易しいが思考力が必要な問題は工夫次第で作成可能なのだ。

〔番外編8〕日本大　文理学部（2つめ）

問題2　〔15〕　下線部〔15〕に関連して（編註：<u>古代オリンピックは残存</u><u>する記録を見る限り，393年の大会を最後に断絶することとなる</u>），この時期からのち60年程度のうちにおこった出来事として，次の①〜③の文のうちで誤りを含むものがあればその番号を，すべてが正しい場合は⓪をマークしなさい。

①　ギリシア・ローマの哲学などをも修めた教父アウグスティヌスが，『神の国』を著した。

②　ゴート人たちとのアドリアノープルの戦いで時のローマ皇帝が敗死した。

③　キリスト教指導者間の教義統一の動きの中で，いわゆる単性論派が異端とされた。

＜コメント＞━━━━━━━━━

　①はおおまかに5世紀初頭，③は451年と習うので，ややマイナーな年号ではあれ，受験生に不可能な判断ではない。②のアドリアノープルの戦いは，かなり古い課程なら学習するが現行課程では範囲外である。早慶の受験生なら知っているかもしれない。378年に西ゴート人とローマ帝国が戦い，皇帝ウァレンスが敗死した。393年よりも前なので，これが正解。では難問かというと，**東西ローマの分裂は395年であるからそれ以後の皇帝であれば「東（または西）ローマ皇帝」という表記になるはず**。しかも最後のローマ皇帝テオドシウス帝は392年にキリスト教を国教化，395年に亡くなっている。つまり393年から395年の間にアドリアノープルの戦いが起こったとするとテオドシウスが戦死したことになってしまって矛盾が生じる。これらからアドリアノープルの戦いは392年以前とわかる。よって標準的な知識だけでも②が正解とわかる仕掛けである。一つ前の番外編と同じ作者と思われるが，これも仕掛けがすごい。

〔番外編9〕日本大　文理学部（3つめ）

問題4　〔31〕　下線部〔31〕の諸字のなかで，その始まりにおいて他とは異なるものが一つある。それはどれか，次の①～④から選びなさい。

①　契丹文字　　②　女真文字　　③　仮名文字　　④　西夏文字

＜コメント＞

これも面白い問題。読者諸氏はノーヒントで解けただろうか。教科書や用語集を引くと契丹文字は耶律阿保機（および迭剌），女真文字は完顔阿骨打，西夏文字は李元昊と，それぞれの王朝の初代皇帝が制定者となっている。しかし，仮名文字には制定者がいない。このことに気づけばほぼ正解である。正解は③で，**仮名文字だけ自然発生的な文字であり，残りは勅命による制定である。**征服王朝は漢字を採用した際に自民族が漢民族に同化してしまうことを恐れ，その抵抗のために独自の文字を必要とした。これに対して仮名文字は漢字を使い続けても漢民族に同化してしまう恐れがない環境で，自国語の簡便な筆記の必要に応じて生み出された。このため漢字が捨てられたわけではなく，漢字仮名交じり文が普及した。日本と似た環境の国家で作成され，やはり漢字交じりに使用された事例としてチュノムと訓民正音があるが，これらは国家事業として制定されているので，自然発生的に誕生した仮名文字の特異性が際立つ。

この年の日大文理の作問者，何者だ。入試問題作成の才能にあふれている。

２６．法政大　2/7実施

[難問]

問題1　問7．下線部 (6) について（編註：<u>前秦の衰退</u>），前秦は90万

176

とも称する大軍で東晋を攻めたが大敗し，これが前秦の衰退のきっかけとなった。この前秦と東晋との戦いを「 I の戦い」という。この空欄 I に適する言葉を漢字で記入せよ。

＜解答解説＞

　ストレートかつ古典的な難問。早慶対策なら触れると思われるが，正答率はいかほどであったか。正解は淝水（の戦い）。淝水の戦いは383年，華北を統一した前秦の苻堅が全軍を率いて南下し，東晋を倒しての中華統一を図った遠征の途上で発生した。前秦軍は急速な華北統一で統制がとれておらず，まさかの大敗を喫したためにそのまま前秦が崩壊し，再び乱世に戻っていく。これにより中華統一は約200年も先のこととなった。

２７．法政大　2/7実施（2つめ）

出題ミス・難問

問題2　例えば，メディチ家の 1 はミケランジェロやボッカチオを積極的に支援したことで知られている。

問1. 文中の空欄 1 ～ 10 に最も適した人名を下記の語群の中からそれぞれ一つ選び，その記号をマークせよ。

〔語群〕
　c.　コジモ　　　q.　ロレンツォ
（編註：関係のある選択肢のみ抜粋）

＜解答解説＞

　範囲外からの出題ミスシリーズ。よく勉強してきた受験生か，西洋美術史のファンなら秒で出題ミスと気づくだろう。ボッカチオの生没年は1313～75年，ミケランジェロは1475～1564年であるから，**この二人を一人の人間でパトロネージするのは絶対に不可能である**（寿命が

200 歳くらいあれば可能かもしれない）。なお，コジモ＝デ＝メディチの生没年は 1389 〜 1464 年，その孫ロレンツォは 1449 〜 92 年であるから，いずれにせよボッカチオを支援することはできない。どういう勘違いでボッカチオを文章中に入れてしまったのか，そちらが気になる。しかもコジモもロレンツォも用語集の「メディチ家」の項目内の説明文にしか登場せず，彼らの生没年は示されていないから，真っ当に成り立つ問題であったとしても難問である。**大学当局から出題ミスを認めて，本問は無かったこととして扱う旨の発表があった。** 全員を正解としない処理は珍しいが，配点をわざわざ振り直したということなのだろうか。

28・29．法政大　2/8実施

難問

問題1　狭義の十字軍が起きた直接的契機は，ビザンツ皇帝 あ がローマ教皇に救援を要請したことだった。1071 年，ビザンツ軍はアナトリア東部の ウ の戦いで エ 朝のトルコ軍に歴史的敗北を喫し，1077 年にはコンスタンティノープルに近い オ （現イズニク）の地に カ が開かれた。

問4．文中の空欄 あ 〜 う に入る最も適切な人名を，下記の語群からそれぞれ一つ選び，その記号をマークせよ。

〔語群〕
a．アレクシオス１世　　　c．ヘラクレイオス２世
（編註：関係のある選択肢のみ抜粋）

問5．文中の空欄 ア 〜 キ に入る最も適切な語句を，下記の語群からそれぞれ一つ選び，その記号をマークせよ。

〔語群〕

a. アイン＝ジャールート　　b. アスカロン

d. アドリアノープル　　　　f. アンカラ

j. スミルナ　　　　　　　　k. セルジューク

l. トゥールーン　　　　　　m. ニケーア

q. マラーズギルド　　　　　r. モハーチ

t. ルーム＝セルジューク

（編註：関係のある選択肢のみ抜粋）

＜解答解説＞

　これも古典的な難問。範囲外界の大物が並んだとも言える。いずれも古い課程なら範囲内であった。問４，空欄あの正解はアレクシオス１世。ヘラクレイオス２世は641年に即位してその年の内に簒奪に遭って追放されている。問５，空欄エ・カは範囲内でそれぞれセルジューク朝とルーム＝セルジューク朝。ルーム＝セルジューク朝は用語集頻度が③もある割には入試でほとんど出ることが無く，意外と悩んだ受験生が多かったかもしれない。セルジューク朝からの分派で，他に適当な選択肢も無いことから勘で当ててほしい。空欄オは通常ルーム＝セルジューク朝の首都を学習しないし，用語集にも「コンヤ」としか書かれていないので難しい。コンヤの前の首都が古代の公会議で有名なニケーアであった。空欄ウの正解はマラーズギルド。マンジケルトと習った人が多いかもしれない。マラーズギルドはトルコ語ないしペルシア語の読みらしく，現地語の読みに従ったということなのだろうが，定着する前に教科書から消えて範囲外となった。それぞれ消去法で対応しようにも他に範囲外の用語があり，現実的ではない。

３０．法政大　2/8実施（3つめ）

難問

問題1　1127年にアレッポを占領して　エ　朝から自立した　キ　朝に

よって, エデッサ伯領が征服された。

問5. 文中の空欄 ア 〜 キ に入る最も適切な語句を, 下記の語群からそれぞれ一つ選び, その記号をマークせよ。

〔語群〕
b. アスカロン　　　　　　i. ザンギー
j. スミルナ　　　　　　k. セルジューク　　　　l. トゥールーン
（編註：問題は**28・29番**と同じ。空欄エの正解はセルジューク。関係のある選択肢のみ抜粋）

＜解答解説＞

　これも古典的な難問。2022年の法政大は古典的な難問ブームだったのだろうか。**28番**や**29番**と比べるとまだ消去法が効くかもしれない。空欄キの正解はザンギー朝。その臣下からサラディンが現れてエジプトに遠征し, アイユーブ朝が成立する。

３１．法政大　2/9 実施

出題ミスに近い

問題3 4 は1757年に, 外国交易の行われる港を広州に限定し, 鎖国体制をしいて海外渡航も禁止した。

問1 空欄 1 から 4 にもっとも適した人名を次の選択肢から選び, その記号を解答欄にマークせよ。

b　乾隆帝　　　c　康熙帝　　　l　雍正帝
（編註：関係のある選択肢のみ抜粋）

＜解答解説＞

　問題は易しく，1757年に「広州に限定」等からbの乾隆帝が正解になるが，作問者が根本的な勘違いをしている。**乾隆帝はヨーロッパ船の来航を広州一港に限定したのであって，全ての貿易を広州に限定したわけではない。**まず，清朝の貿易体制は国家主導の朝貢貿易と民間主導の互市貿易の二本立てであり，正式な外交関係を樹立しないことを希望する国家に対して通商のみを認めていたのが互市貿易である。欧米諸国との貿易はほぼ全て互市貿易であった。一方で琉球や朝鮮とは朝貢貿易の形式をとっていたが，当然ながら彼らは遠い遠い広州まで回るようなことをしていない。たとえば琉球の朝貢船（進貢船）は伝統的に福建省の福州に来航していて，朝鮮の場合は陸路である。いずれも朝貢使は北京に向かったが，貿易はそれぞれ福州と中朝国境で行われていた。また，広州に来なかった互市国もある。ロシアと日本である。ロシアは欧米諸国の例外として，キャフタ条約の規定により外モンゴルとロシア帝国の国境に置かれた交易場（この交易場のことをまさに互市と呼ぶ）で貿易をしていた。日本へは例外的に中国人の海外渡航が認められていて，長崎で貿易を行っていた。これは日本が倭寇や壬辰丁酉の倭乱（文禄・慶長の役）の当事国であったために警戒されており，中国の港市への日本船来航が忌避されたという事情がある。

　加えて，問題文の**「鎖国体制をしいて海外渡航も禁止した」**の部分も危**うい説明**である。自国民の海外渡航を禁止したり民間貿易を制限したりする政策を一般に海禁政策と呼び，日本の鎖国は海禁政策の一種であって厳格な事例であると説明される。逆に清朝の海禁政策を鎖国の一種と説明することは，日本史しか知らない人向けの簡易な説明以外ではあり得ない。海禁政策は一般名詞に近い固有名詞だが，鎖国は完全な日本史の固有名詞であるからだ。清朝が鎖国体制をしいたとする説明は，高校生以上を相手にする大学入試の世界史の問題文としてはありえない。本問の作問者の近世東アジア史理解が疑われる。『入試問題正解』・『赤本』は指摘無し。

３２．法政大　2/9 実施（２つめ）

出題ミス（複数正解）

問題3　問5　下線部 (1) の諸条約（編註：アヘン戦争とアロー戦争の敗
北後に締結された諸条約によって，清は，開港と外国貿易の開始に合わせ
て中国人の海外渡航の解禁を認めた）の内容の説明として，**誤っているも
の**を次のア〜オから一つ選び，その記号を解答欄にマークせよ。

ア　1842 年に清とイギリスとのあいだで締結された南京条約では，五港
　　の開港と香港島の割譲が決められた。
イ　アロー戦争の開始前に，清は開港した五港におけるイギリスの領事裁
　　判権を認めた。
ウ　アロー戦争の開始前には，清は開港した場所について外国の土地租借
　　を認めず，租界は形成されなかった。
エ　アロー戦争後，清が 1858 年にイギリス・フランス・ロシア三国と結
　　んだ天津条約は，開港場の増加と，外国人の内地での旅行・布教の自由
　　を認めた。
オ　アロー戦争後，1860 年に清がイギリス・フランスの二国と結んだ北
　　京条約は，天津条約の確認に加えて天津の開港を定めた。

＜解答解説＞

　ア・イ・オは正文。ウがあからさまな誤文で，上海の租界が設置された
のは 1840 年代であるからアロー戦争前である。作問者の想定する正解は
こちらだろう。審議の対象はエで，**天津条約を結んだのはイギリス・フラ
ンス・ロシア・アメリカの四ヵ国である。**戦争していたのは英仏だけだが，
講和交渉にはロシアとアメリカが加わっていた。ロシアは同時期にアイグ
ン条約も締結している。高校世界史では，天津条約の締結国は参戦してい
ない米露を省略して英仏のみとするか，四ヵ国並べるかいずれかとする
のが普通である。この選択肢のようにアメリカだけ書き落とすのは，もちろ
ん事実に反しているし，また慣例でもない。本問はウ・エの複数正解と見

なすほかない。東進と『赤本』からも同様の指摘あり。『入試問題正解』
は指摘無し。

３３．法政大　2/12実施

難問

問題2　フス戦争は　（Ⅰ）　年から　（Ⅱ）　年まで続いた。

問2　空欄　（Ⅰ）　〜　（Ⅳ）　にもっとも適したものを以下の語群から
選び，その記号を解答欄にマークせよ。

a　1414　　　b　1415　　　c　1418
d　1419　　　e　1425　　　f　1435　　　g　1436
（編註：関係のある選択肢のみ抜粋）

<解答解説>

　フス戦争の年号を暗記していた受験生がどれだけいたか疑わしい以上
に，フス戦争の年号を解答させることにどれだけの意味があるのかという
方が問題として重い気がする。正解はdの1419年に始まり，gの1436
年に終結した。aの1414年はコンスタンツ公会議が始まった年，bの
1415年は公会議に招聘されたフスが処刑された年，cの1418年はコン
スタンツ公会議が閉会した年なのでそれぞれフス戦争の開戦に関連があ
る。残りの1425年と1435年は不明。フス戦争は1434年のリパニの
戦いで実質的に終戦しているので，この年号なら関連性を持たせようとし
たとわかるのだが（とはいえ1434年を入れると正解が2つになって悪問
になってしまう）。

３４．法政大　2/12実施（２つめ）

問題３　（編註：カリブ海と中央アメリカの文脈で）[11]では，1979年
の軍事政権崩壊後，1980年代を通して内戦が継続し，国連の仲介による
停戦調停で内戦が終結したのは1992年のことであった。

問1　空欄[1]～[11]にもっとも適したものを以下の語群から選
び，その記号を解答欄にマークせよ。

c　エルサルバドル　　e　キューバ　　　f　グアテマラ　g　グレナダ
h　コスタリカ　　　　j　ジャマイカ　　m　ドミニカ共和国
n　ニカラグア　　　　p　ハイチ　　　　u　ホンジュラス
（編註：関係のある選択肢のみ抜粋。他の空欄の解答が多いので以下に示
す。
「パナマ共和国が[1]から独立」
「アメリカはプラット条項を憲法に挿入して[5]を保護国化」
「1979年に[6]でサンディニスタ民族解放戦線が蜂起」
「イスパニョーラ島にあるフランスからの独立国[7]」「[7]の隣国
の[8]」
「1951年に成立した政権が合衆国資本の所有地を含んだ農地改革を行
い，1954年に合衆国の支援する反政府軍に政権が転覆させられた[9]」
「1983年に人民革命政府内部でクーデタが起こって合衆国の軍事介入を
受けた[10]」。）

＜解答解説＞

　まず他の問題の正解を消していく。1はコロンビア，5はキューバ，7
はハイチまでは楽勝だろう。6のニカラグアは用語集頻度④だが，実質的
なヒントがサンディニスタ民族解放戦線しかないので厳しい。同様に9の
グアテマラ（用語集頻度②）と10のグレナダ（用語集頻度③）もそこそ

こ難しく，現代史対策が問われたところだろう。8のドミニカ共和国は純粋な地理の問題だが，易しくはない。

　最後に残った 11 が範囲外で，他の空欄の正解を全て消してもまだエルサルバドル，コスタリカ，ジャマイカ，ホンジュラスが残る。この中ではジャマイカがイギリス領の植民地だったことで出てくる以外は教科書・用語集上で一度も登場しない国家たちであり，ほとんどの受験生は25％の運が試されたことだろうと思う。正解は e のエルサルバドル。エルサルバドルの独裁政権に対して左派ゲリラが蜂起し，アメリカが独裁政権を支援して 1992 年まで続いた。国連の仲介を受けて講和し，PKO が派遣されている。

３５．法政大　2/12 実施（３つめ）

難問

問題3　その後，パナマでは軍事クーデタにより　い　将軍が独裁政権を樹立し，合衆国に敵対したので，　E　政権は，マルタ会談を終えた直後の 1989 年末に，　い　将軍を排除するためパナマに侵攻した。

問2　空欄　あ　，　い　にもっとも適したものを以下の語群から選び，その記号を解答欄にマークせよ。

e　ソモサ　　　h　トリホス
i　ノリエガ　　j　フランシスコ＝ミランダ
（編註：関係のある選択肢のみ抜粋。空欄 E の正解はブッシュ（父）。）

＜解答解説＞

　ラテンアメリカ史の難問が続く。正解は i のノリエガ。かなり古い課程に遡れば範囲内であるが，現行課程では載っていない。ラテンアメリカの現代史が軽視されているというよりも，ラテンアメリカの政変が多すぎて，いくつかの代表例を残して削ったということなのだろうと思われる。高校

世界史の悪い追加主義が発揮されずにあっさりと整理された印象である。

　パナマ史について解説を加える。ｈのトリホスはパナマの軍人・独裁者で，1968 〜 81 年に政権を握っていた。カーター政権と交渉して 1999 年 12 月 31 日のパナマ運河の返還を取り決める条約の締結に成功している。1981 年に飛行機事故で亡くなった。ノリエガはトリホスの腹心で，1983 年にパナマの最高指導者となった。しかしトリホスに比べると資質に欠け，アメリカへの麻薬の密輸が露見してアメリカの信頼を失い，パナマ国内でも長年の民主化運動弾圧から反ノリエガ運動が高揚し，若手将校によるクーデタ未遂も起きた。これを受けて 1989 年の年末にブッシュ（父）政権がパナマに侵攻し，ノリエガ政権を打倒してパナマの民主化が実行された。ノリエガはその後アメリカに移送されて，アメリカの刑務所に収容された。他の独裁者とは一風変わった末路である。ところで，このような経緯を踏まえると，本問の問題文はやや不正確であるように思える。ノリエガはトリホスから禅譲されているので独裁政権の確立のためにクーデタを起こした様子はない。1989 年のクーデタ未遂鎮圧のことを指しているのかもしれないが，これはもう政権末期の出来事である。

　残ったもののうち，ｅのソモサはニカラグアの独裁者一家で，1979 年の革命で倒された。ｊのフランシスコ＝ミランダは私も知らない人物であったが，ボリバルに先行して蜂起したベネズエラの軍人で，失敗して 1816 年に獄死した。本来は他の問題のための誤答なのだろうが，受験生には完全に見知らぬ人物であるから 20 世紀末の人物の誤答としても機能してしまっただろう。

３６．法政大　2/16 実施

難問

問題１　問３　下線部 (2) に関連して（編註：<u>李自成の反乱</u>），李自成が北京に進軍する前に根拠地としたことのある地（現在の省名）として正しいものを，ア〜エのうちから一つ選び，その記号を解答欄にマークせよ。

　ア　広東省　　　イ　江西省　　　ウ　浙江省　　　エ　陝西省

<解答解説>

　中国の反乱の発生地・根拠地は稀に問われることがあるが，李自成の乱が問われるのを見たのは初めてである。正解はエの陝西省で，李自成反乱は一度南下して西安を落とし，河南省に進出した後に北上して北京を陥落させた。ついでに書き連ねてみると，陳勝・呉広の乱は安徽省，赤眉の乱は山東省，黄巾の乱は計画的な蜂起であるために範囲が広いが張角がいたのは河北省，黄巣の乱は山東省，方臘の乱は浙江省，紅巾の乱は河南省，太平天国の乱は広西省である。

３７．法政大　2/16実施（２つめ）

出題ミス（複数正解）

問題２　問１　下線部(1)に関連して（編註：ブラーフミー文字），ブラーフミー文字はセム系文字との関連性が指摘されているが，セム語族（語派）の言語として正しいものを，ア～オのうちから一つ選び，その記号を解答欄にマークせよ。

ア　エジプト語　　　　イ　エチオピア語
ウ　トルコ語　　　　　エ　フェニキア語　　　　オ　ペルシア語

<解答解説>

　ウのトルコ語はアルタイ諸語，オのペルシア語はインド＝ヨーロッパ語族に属する。アのエジプト語はアフロ＝アジア語族だが，セム語派には入らない。残った言語のうち，受験生はエチオピア語の判断が付かないので無視すると，エのフェニキア語が残るし，これは明確にセム語派と習うから正解として選ぶだろう。**もちろんフェニキア語は正解なのだが，エチオピア語も実はセム語派に入るので複数正解**である。おそらく作問者も受験生と同じで，想定解はフェニキア語だったのではないだろうか。エチオピア語はニジェール＝コンゴ語族（特にバントゥー諸語）に入ると勘違いしていたと推測される。**大学当局から複数正解を認める旨の発表があった。**

なお，そもそもエチオピア語という表記はやや不適切で，アムハラ語と書くべきだろう。

３８．法政大　2/16 実施（３つめ）

誤植

問題2　問 11　下線部 (11) に関連して（編註：<u>トンキン（東京）義塾</u>），トンキン（東京）義塾を設立したベトナムの民族運動の指導者として正しいものを，ア〜オのうちから一つ選び，その記号を解答欄にマークせよ。

ア　チャンドラ＝ボース　　　　イ　バオ＝ダイ
ウ　ファン＝チュー＝チン　　　エ　ファン＝ボイ＝チャウ
オ　ホー＝チ＝ミン

＜解答解説＞

　正解はウのファン＝チュー＝チンで，入試ではほとんど問われないため難問である（彼の用語集頻度は①）。それはそれとして，東京義塾の東京の読みは「ドンキン」である。東を「トン」と読みたくなる気持ちはわかるが，同じく近代ベトナム史の用語の東遊運動も「ドンズー運動」と読むし，ベトナム語では例外なく東をドンと読むはずである。誤植ではないか。なお，『赤本』は問題文では原文通り「トンキン」としつつ，解答解説では「ドンキン」と修正していた。

３９．明治大　全学部統一日程

難問

問題3　問 28　下線部 (2) に関連して（編註：<u>袁世凱</u>），辛亥革命勃発後に袁世凱が清朝によって登用された官職名として，もっとも適切なものを

一つ選びなさい。

A. 直隷総督　　B. 外務大臣　　C. 総理大臣　　D. 軍機大臣

＜解答解説＞

　用語集の袁世凱の項目に説明があるが，普通は覚えないところなので収録対象とした。正解はＣの総理大臣である。Ｄの軍機大臣は，清朝が内閣制度への移行に伴って 1911 年 5 月に軍機処・軍機大臣を廃止しているので誤りだが，これが一番切りにくいだろう。清朝は 1908 年に憲法大綱を発布して 1911 年に内閣制度に移行しており，これらは標準的な知識であるが，同時に「内閣は大半が満洲人で占められていた」と習う。漢人の袁世凱が任命されたとは推測しにくい。しかも，軍機処廃止は教科書・用語集上で言及がなく，末期まで清朝の最高政治機関だったと習うのみである。したがって，多くの受験生は内閣と軍機処が並立していたと認識していた可能性がある。なお，軍機処廃止は旧課程の用語集なら頻度①で載っていたので，これを見てセーフと考えた可能性もある。**もう課程切り替わって 8 年やぞ。**どちらかというと次の課程まであと 3 年やぞ。

　Ａの直隷総督も切りにくい。直隷総督は本来であれば首都北京周辺の直隷（現在の河北省に近い地域）の地方長官に過ぎない役職だが，直隷総督だった李鴻章が 1870 年に華北の貿易と軍事を管轄した北洋大臣を兼任し，総理衙門（総理各国事務衙門）から実質的な外交の権能を奪うと，清朝の最高権力者となった。李鴻章以後も北洋軍閥出身の実力者が直隷総督と北洋大臣を兼任する慣例が続き，袁世凱も 1898 年から 1907 年の間に何度か直隷総督・北洋大臣に就任している。袁世凱は 1908 年に一時失脚するが，北洋軍閥の軍事力を握っていたために辛亥革命の発生で復帰するのである。範囲外の用語であるが，早慶対策として直隷総督・北洋大臣の兼任を学習することがあり，そこまでは知っていてＡが正解にしか見えなかった受験生もいたと思われる。本問は受験生の筋の良い推測が誤りである点で，質の良い難問とは言えない。

　なお，Ｂの外務大臣は内閣制度発足で新設された大臣であるかに見えるが，実は違う。総理衙門が権能を北洋大臣に奪われていたのは前述の通りで，それもあって総理衙門は 1901 年に廃止されている。代わって名目上

の外交機関として外務部が設置され，この時点で外務大臣も新設された。
つまり外務大臣は内閣制度に先行して設置されていたのである。

４０．明治大　情報コミュニケーション学部

難問

問題1　メキシコ高原では，前1世紀にテオティワカン文明がうまれ，その後，テオティワカン文明を継承し，10 ～ 12 世紀に　C　を中心に栄えたトルテカ文明が遠隔地や周辺地との交易を行った。

＜解答解説＞

　2022年も情報コミュニケーション学部はひどかった。そんなに慶應大・法学部の地位が欲しいのだろうか。閑話休題，正解はトゥーラ。私自身詳しくない分野なので，ちょっと解説しようがない。

４１．明治大　情報コミュニケーション学部（２つめ）

難問

問題1　**問3**　下線部 (2) について（編註：アステカ人），アステカ王国を建設したアステカ人は自らを何と呼んでいたか。解答欄に記入しなさい。

＜解答解説＞

　用語集の「アステカ人」の項目の説明文にある。受験生に用語集の1字1句の暗記を強いるこのような出題は本当に迷惑なのでやめてほしい。世界史嫌いを生み，受験の歴史科目は単純な暗記科目であるという世間の認識に正当性を与えるのはこのような出題である。正解はメシーカ（メシカ）。ご存じの方，あるいはお察しの方が多かろう，メキシコの語源とされている。

４２．明治大　情報コミュニケーション学部（３つめ）

悪問

問題３　次の文章 A ～ J をよく読み，下線部 (1) ～ (4) のうち，**適切では
ないもの**を一つ選び，その番号を解答欄にマークしなさい。

F　清朝は中期に領土も拡大し，人口も増えたが，土地不足で農民の貧困
化と開墾による環境破壊が社会不安を生んだ。このなかで (1)18世紀末
には四川を中心とする新開地で白蓮教徒の乱が起こり，鎮圧のために清
朝の財政は不安定になった。また18世紀後半にはヨーロッパ勢力が東
アジアに積極的に進出した。もともと，(2)ロシアと清のあいだには，康
熙帝の時代のネルチンスク条約（1689年）や雍正帝の時代のキャフタ条
約（1727年）に基づく国境での交易がなされていた。(3)ロシアは，エ
カチェリーナ２世の使節ラクスマンを北海道の根室に送り，日本にも通
商を求めた。(4)1792年にイギリスはマカートニーを清朝に派遣して広州
の開港など自由貿易を要求した。乾隆帝はこの要求を認めなかった。

＜解答解説＞

　ぱっと見で全て正文に見えるのだが，しいて誤文とするなら (4) しか
ない。マカートニーの来航時点で広州はすでに欧米船に対して開港してい
たが，通商上の制限が多く，不完全な開港であった。このためイギリスは
他の港市を開港するとともに，広州の貿易制限を解除してほしいと要求し
た。したがってマカートニーは広州の完全な開港を要求していたと解釈す
れば (4) は誤文にできる。もっと正誤のポイントを明確にした出題をして
ほしい。なお，『赤本』は「イギリスは，マカートニーを派遣して広州以
外の港の開放など自由貿易を要求していた。」という解説をつけていたが，
これはマカートニーが広州の貿易条件改善を要求していなかったように読
めてしまうので，まずい解説だろう。

４３．明治大　情報コミュニケーション学部（４つめ）

[難問]

問題４　問４　下線部 (4) について（編註：第二次世界大戦直後から始まった冷戦），以下の文章の中から**適切ではないもの**を一つ選び，解答欄にマークしなさい。

① 　1946 年チャーチルは，アメリカで「鉄のカーテン」演説を行った。
② 　アメリカの外交官ケナンは，「封じ込め政策」を提唱した。
③ 　アメリカのマーシャル国務長官の提唱によって，北大西洋条約機構（NATO）ができた。
④ 　1948 年，ソ連はドイツの西側占領地区と西ベルリンでの通貨改革に対抗してベルリン封鎖を行った。

＜解答解説＞

　①と④は標準的な知識で正文と判断できる。②・③は難問。ジョージ＝ケナンは範囲外の人物で，教科書に記載がなく，『詳説世界史研究』にのみ記載があった。国務省の高級官職を歴任し，冷戦初期のアメリカ外交の思想的指導者となった。したがって②は正文。つまり残った③が誤文になるが，明確に誤文と言える根拠は見つからなかった。NATO は個人の提唱者が存在しているわけではなく歴史の流れで創設されたものであるから誤文なのだろうと思う。より正誤のポイントが明確な誤文にしてほしかった。なお，赤本は「マーシャル国務長官が提唱したのはマーシャル＝プランである。」という解説を付していたが，意味不明である。言うまでもなくマーシャル＝プランの提唱者であったことと NATO 創設の提唱者であったことは矛盾なく両立する。

４４．明治大　情報コミュニケーション学部（５つめ）

難問

問題4　問10　下線部 (10) について（編註：アメリカ合衆国では 2008 年の大統領選挙で，米国史上初めてアフリカ系出身のオバマが当選した），以下の文章の中から**適切ではないもの**を一つ選び，解答欄にマークしなさい。

①　オバマ大統領はプラハで核兵器廃絶演説を行い，やがてノーベル平和賞を授けられた。

②　オバマは，アメリカ合衆国大統領として初めて広島を訪問し，被爆者と会見した。

③　オバマ政権は，同時多発テロの首謀者とされるビン＝ラーディンを殺害した。

④　オバマ政権の下でも対テロ戦争は継続され，イラクやアフガニスタンに駐留していたアメリカ軍の兵力を増強した。

＜解答解説＞

　オバマファンからの出題シリーズ。こんなに個人の事績が問われる大統領は珍しい。**日本のアカデミシャンの一部はオバマのことが好きすぎないか。**さて本問は①だけが範囲内の知識で判別可能な正文であるが，残りは細かい。③は用語集にビン＝ラーディンの生没年が載っているから，照合すれば正文とわかるが，普通の受験勉強でビン＝ラーディンの生没年を暗記しない。②は正文。2016 年の出来事で当時は盛んに報道されていたが，受験生が６年前のことを覚えているだろうか。現役生ならまだ小学校６年生である。残った④が誤文で，オバマ政権は米軍をイラクから撤退させており，兵力を増強していない。アフガニスタンは増強していて，トランプ政権を挟み，2021 年のバイデン政権になってから撤退した。2021 年の夏頃に米軍のアフガニスタン撤退は盛んに報道されていたのでアフガニスタンの方はわかったかもしれないが，イラクの方がわからないので結局正

誤の判断は困難だったと思われる。

４５．明治大　情報コミュニケーション学部（６つめ）

出題ミス（複数正解）・難問

問題5　次の文章 A ～ J をよく読み，下線部 (1) ～ (4) のうち，**適切ではないもの**を一つ選び，その番号を解答欄にマークしなさい。

A　フランク王国ではカール大帝が皇帝に戴冠した 800 年頃，陸上は西のフランク帝国と東のビサンツ帝国がほぼ同じ広さの地域を支配していたが，海上ではビサンツ艦隊が圧倒的であった。814 年にカール大帝が死んだのち，フランク王国では内紛が起こり，(1)843 年のヴェルダン条約と 870 年のメルセン条約により，フランク王国は三つに分裂した。ヴェルダン条約によってルートヴィヒ１世の息子たちの間で領土の境界線が引かれたが，最終的には (2)ロタール１世の死後に締結されたメルセン条約により，彼が治めていた中部フランク王国は分割された。イタリア王国を除いた (3)領地の東側をルートヴィヒ２世が東フランク王国として獲得し皇帝位に就き，領地の西側をシャルル２世が西フランク王国として獲得した。以降，東フランク王国がドイツとして，西フランク王国がフランスとしてそれぞれ発展を遂げたが，(4)いずれも 10 世紀末にはカロリング家の血筋は途絶え，前者においてはザクセン家が，後者においてはカペー家が力を持ち始めた。

＜解答解説＞

　(1)・(2)は正文で判断が難しくない。(3)は範囲外の知識を要する。ルートヴィヒ２世は皇帝に即位したことがないので誤文。ややこしいが，870 年時点のローマ皇帝はロタール１世の息子のルートヴィヒ２世で，初代東フランク王ルートヴィヒ２世とは同名の別人である。したがって (3) は同名の人違いによる誤りがあるので正解である。審議の対象は (4) で，「いずれも 10 世紀末にはカロリング家の血筋は途絶え」の部分は厳密に

言えば誤りである。西フランク王国におけるカロリング家が断絶したのは987年だが，東フランク王国のカロリング家が断絶したのは911年，10世紀初頭であるから“いずれも10世紀末”とは言えない。おそらく**(4)の文は「10世紀末“まで”には」とすべきところ，何らかのミスで“まで”が脱落した**ものと思われる。“まで”を幻視しないと解答が出せない。しかも(3)は完全な範囲外だが，(4)はザクセン朝の東フランク王オットー1世が962年に神聖ローマ皇帝に即位するため，カロリング家はそれ以前に当然断絶していると受験生にも推測がついてしまう。そのため範囲内の知識だけで判断するなら(3)よりも(4)の方が正解に見える。これは(4)も正解にしないと理不尽であろう。大学当局からは特に発表がなかった。“まで”を幻視せよということなのだろう。『赤本』からは指摘無し。

４６．明治大　情報コミュニケーション学部（７つめ）

難問

問題5 （問題文は前問に同じ）

F　(1)プロイセン＝フランス戦争敗北後成立した第三共和政下のフランスは，1880年代から植民地拡大政策を実行し，インドシナ・アフリカに植民地を作り上げた。フランスは，工業力ではドイツ・アメリカに及ばなかったが，富裕層である中産階級に支えられた銀行の資本をもとに，帝国主義政策を追求した。(2)ビスマルク体制下でフランスは国際的に孤立していたが，1890年代以降，露仏同盟や英仏協商を結びドイツに対抗した。国内では，1880年代以降，共和政攻撃の動きが起こった。その中でも(3)ドレフュス事件では，ユダヤ系の軍人ドレフュスが，ドイツに軍事機密を売ったというスパイ容疑で死刑を宣告されるが，のちに誤審と判明した。(4)作家のゾラらが世論に再審を訴え，1898年，新聞に「私は弾劾する」と題する記事を書き，フランス政府・軍部を批判した。1906年，最終的にドレフュスは無罪となった。

<解答解説>

　これも普通は覚えないところに誤りがある。(1)・(2)・(4)は正文。(3)はドレフュスの判決は死刑ではなく終身刑であるので誤文。

　2022 年も情コミュは7個の収録対象を出した。改善する様子が全くない。

４７．明治大　経営学部

難問

問題1　**設問10**　下線部(10)に関する説明として（編註：サ␣サン朝ペル␣シア），最も適切なものを一つ選んでマークしなさい。

A.　東ローマ（ビザンツ）帝国と結んで，エフタルを滅ぼした。
B.　交易では主に金を用いた。
C.　インドから東南アジアにいたる海上交易をおこなった。
D.　マニ教の経典『アヴェスター』が編纂された。

<解答解説>

　1冊の教科書にしか記載がないシリーズ。Aはビザンツ帝国が突厥の誤り，Dはマニ教がゾロアスター教の誤りで容易。BとCは難問である。いずれも経済史というところで想像がついた方もいようが，東京書籍の教科書にのみ記載があり，Bは金が銀の誤り。ササン朝は銀貨を主要な通貨としていた。残ったCが正文＝正解。ササン朝は陸路の交易路の主導権をビザンツ帝国と争っていた一方で，海上交易にも積極的に進出している。お膝元のペルシア湾はもちろん，紅海の支配もうかがってイエメンにも遠征している。それにしても明治大も慶應大・法学部のようなことをやりだすとは。この1冊の教科書に記載があればセーフという身勝手理論の拡大に恐怖を覚える。

４８．明治大　政治経済学部

悪問

問題2　南アフリカには，11 世紀にショナ人が建国しインド洋交易によっ
て繁栄した ウ 王国があった。

＜解答解説＞

　モノモタパ王国と解答したくなるが，モノモタパ王国が 11 〜 19 世紀
まで存続した王国であるというのは非常に古い学説で，現在の通説ではな
い。実際の存続期間は 15 世紀半ば〜 18 世紀初頭で，これが 11 〜 19 世
紀とされていたのは歴史学が非常に大雑把だった時代に他の王国と混同さ
れていた名残である。現行の教科書はこの古い学説とちゃんとした現行の
学説を採用しているもので分かれているが，現行の学説を採用している教
科書がある以上は入試問題ではアップデートしてほしい。詳しくは３巻の
コラム１を参照（p.196）。『赤本』は無批判に「モノモタパ王国（11 〜
19 世紀）」と解説していたので猛省を促したい。

４９．明治大　政治経済学部（２つめ）

難問

問題3　設問2　下線部 (2) ロバート＝オーウェンに関する説明として正
しいものをひとつ選び，その記号を解答欄にマークしなさい。

A．スコットランドのニューハーモニーに紡績工場を設立したが，失敗に
　終わった。
B．経済的相互扶助思想にもとづく『所有とは何か』を著し，労働組合運
　動の発展に尽力した。
C．協同組合の育成に貢献し，その後の国際的な協同組合運動の発展に大

きな影響を与えた。

D.　18 歳未満の夜業を禁止する 1819 年工場法制定に貢献した。

＜解答解説＞

　A はスコットランドのニューラナークに紡績工場を設立していて，経営は成功しているから二重に誤り。どちらかに気づいてほしいということだろう。なお，経営に失敗したのは彼がアメリカで設立したニューハーモニー村の方である。B は『所有とは何か』が無政府主義者プルードンの著作であるから誤り。なお，その解答を「窃盗である」とするのがその著作の主張である。やや細かい内容ながら，ここまでは範囲内の知識で解答可能。残りの２つから絞るのが難しい。イギリス工場法の情報で一般に学習するのは 1833 年工場法であり，内容まで踏み込むことは少ない。一応，用語集の説明文には記載があり，1833 年の一般工場法が 18 歳未満の夜業を禁止したものである。1819 年の工場法には若年層の夜業禁止の規定が無い。児童労働については９歳以下の労働禁止が規定された。したがって消去法で残った C が正文＝正解となるが，受験生はこれを選びにくいだろう。通常の学習で協同組合運動というとフーリエのイメージが強いので，フーリエを指した誤文に見えた受験生が多かろうと思う。簡単に調べてみると，実際にはフーリエの協同組合運動は理想主義的であり，現在の協同組合への影響が大きいのはオーウェンの運動であるようだ。実は用語集のオーウェンの項目にも「生活協同組合運動を指導」と書いてあるのだが，私が本問を契機にそれに気づいたくらいなので，覚えていた受験生は皆無に近いと思われる。

　フーリエはそろそろ教科書・用語集から脱落させてもよいのではないか。一般に学習する初期社会主義者というとオーウェン，サン＝シモン，フーリエ，ルイ＝ブランの４人である。オーウェンは資本家を出自として社会主義運動を実践し，上述のような工場法制定や労働組合・協同組合創設等の多岐に渡って成果を出した人物であり，事績が圧倒的である。サン＝シモンは貴族の出自で，ラ＝ファイエットに従軍したアメリカ独立戦争の義勇兵であり，ナポレオン３世の政治思想に多大な影響を与えて第二帝政の経済政策の思想的根拠となった。ルイ＝ブランは社会主義実現のために第二共和政政府に参画し，国立作業場の設立に貢献している。これらに

比べるとフーリエの思想はわかりにくく，かく言う私も理解していない
し，教科書・用語集の説明も「ファランジュという理想主義的な協同組合
の設立を説いた」という簡潔な説明でお茶を濁している。協同組合運動も
実際にはオーウェンの方が影響が大きいなら，フーリエが載っているのは
かえって邪魔であるので，各教科書会社には見直しを求めたい。

５０. 明治大　文学部

難問

問題1　問5　下線部 (d) に関連して（編註：兵員に好戦的な下層市民が
増える），こうしたローマ軍の変質は大土地経営の拡大と中小農民の没落
が背景にあった。その傾向を止めようと前 133 年護民官となって大土地所
有を制限し，市民軍の再建を試みた人物として，最も適切なものを，次の
中から一つ選びなさい。

A. ティベリウス＝グラックス　　　B. ガイウス＝グラックス

C. リキニウス＝セクスティウス　　D. ホルテンシウス

＜解答解説＞

　今までありそうで無かった難問。**グラックス兄弟のファーストネームの
どちらが兄かを聞いてどうするんだという虚無感がすごい。**正解は A の
ティベリウスで，護民官は身体の神聖不可侵が定められていたにもかかわ
らず，就任翌年に反対派により殺害された。すでに元老院の堕落は始まっ
ており，これが「内乱の一世紀」の始まりを告げる事件となった。B のガ
イウスが弟で，こちらは前 123 年に護民官となって兄の遺志を継いだが，
前 121 年に自殺に追い込まれている。ところで，C のリキニウス＝セク
スティウスはその名前を冠した前 367 年の法からとってきたと思われる
が，これはリキニウスとセクスティウスという 2 人の護民官が共同で提案
した法案であるから「リキニウス＝セクスティウス」という人名ではない。
D も一つだけ家族名のみである。作問者としては「明治大学の受験生のレ

ベルならどうせ A と B でしか悩まないだろうから C と D はお飾りでいい
だろう」という発想だったと思われるし，それには私も同意するのだけれ
ども，さすがに不自然である。

　以下は余談として書いておく。古代ローマ人の名前は 3 つの部分で構成
される。個人名・氏族名・家族名である。たとえばガイウス＝ユリウス＝
カエサルはガイウスが個人名，ユリウスが氏族名，カエサルが家族名であ
る。このうちローマの個人名はバリエーションが非常に少ないため頻繁に
同じ名前が登場する上に，同氏族・家族で繰り返し同じ個人名を使う慣習
もあったから，同姓同名が非常に多く，それゆえにあだ名や（大）（小）
を付けて区別することが多い。特にあだ名は，古代の当時からすでに個人
を特定するための事実上の 4 つめの部分として重宝されていた。そもそも
家族名は先祖のあだ名に由来している。ただし，平民や先祖がラテン人で
ない人は家族名がついていない人が多く，家族名がその層まで普及したの
は共和政末期のこと。たとえばマリウスやポンペイウスは家族名を持って
いない。また，養子に入った人物は，あだ名的に元の氏族名をぶら下げて
いることがある。たとえば小スキピオは，アエミリウス氏族パウルス家に
生まれてプブリウスの個人名を与えられた。コルネリウス氏族のスキピオ
家の養子となり，後に第 3 回ポエニ戦争でアフリカを征服したことから「ア
フリカヌス」の尊称を受けた。これにより，彼のフルネームはプブリウス
＝コルネリウス＝スキピオ＝アフリカヌス＝アエミリアヌスとなる。

　ついでに，高校世界史に登場する共和政期・政治史のローマ人たちのお
およそのフルネームを調べてみた。**予想はしていたが，ガイウスとマルク
スが多すぎる。**また，1 つの部分だけ使ってその人物を表す場合は家族名
が採用されることが多く，次点で氏族名が採用されている。個人名はレア
パターンで，高校世界史の範囲だとアッピア街道で有名なアッピウスしか
いない。

・ガイウス＝**リキニウス**＝ストロ

・ルキウス＝**セクスティウス**＝ラテラヌス

・クイントゥス＝**ホルテンシウス**（家族名無しまたは不詳）

・**アッピウス**＝クラウディウス＝カエクス

・プブリウス＝コルネリウス＝**スキピオ**＝アフリカヌス（大スキピオ）

- プブリウス＝コルネリウス＝**スキピオ**＝アフリカヌス＝アエミリアヌス
  （小スキピオ，上述の通りアフリカヌスはカルタゴ征服者としてつけられたあだ名で，義理の祖父から引き継いだわけではない）
- ティベリウス＝センプロニウス＝**グラックス**
- ガイウス＝センプロニウス＝**グラックス**
- ガイウス＝**マリウス**（家族名無し）
- ルキウス＝コルネリウス＝**スッラ**＝フェリクス（フェリクスはあだ名，「幸運な」）
- グナエウス＝**ポンペイウス**＝マグヌス（マグヌスはあだ名でマーニュスとも読む，「偉大な」）
- マルクス＝リキニウス＝**クラッスス**
- ガイウス＝ユリウス＝**カエサル**
- マルクス＝トゥリウス＝**キケロ**
- マルクス＝ユニウス＝**ブルートゥス**
- マルクス＝**アントニウス**（家族名無しまたは不詳）
- マルクス＝アエミリウス＝**レピドゥス**
- ガイウス＝オクタウィウス　→　ガイウス＝ユリウス＝カエサル＝**オクタウィアヌス**（養子になって改名）

〔番外編10〕明治大　文学部

問題4　問8　下線部(f)について（編註：こうした留学生の派遣は，中国政府の意図，留学生自身の志望，そして留学生受け入れ国の思惑によって実現した），日本陸軍は清国から多くの留学生を受け入れたが，日本側の利点は何か。20字以内で書きなさい。

＜コメント＞

　面白いと思ったので番外編として収録した。短い論述だが，思考力を要する。日本で学んだ軍人は当然に日本流の兵器や戦術を本国でも取り入れるからその後も軍事交流が盛んになるだろうし，仮に戦争になっても手の

内がわかっている。また当人が知日派・親日派となって本国の外交に影響を及ぼす可能性が高く，それは日本に有利な外交となるだろう。解答として出すなら後者の方が受験生には作りやすいと思われる。少しだけ文句をつけるなら，問題文の末尾は「日本側の利点は何と考えられるか。」としておいてほしかった。

５１．明治大　法学部

難問

問題 1　哲学者ソクラテスが「無知の知」を自覚するきっかけとなる「ソクラテス以上の賢者などいない」との神託も，　③　が書いた『オレステイア』三部作の物語で重要な役割を果たす神託も，プルタルコスがその衰退を嘆いて自ら神官になってまで復興させようとした神託も，すべてこのデルフォイの神託であった。

問 1　文中の空欄の①〜⑤のそれぞれに最も適切な語句を解答欄に記入しなさい。

＜解答解説＞

　古代ギリシアの文化史で悲劇作家は３人習う。『アガメムノン』のアイスキュロス，『オイディプス王』のソフォクレス，『メディア』のエウリピデスである。しかし『オレステイア』三部作と言われるとヒントにはならず，実質的に三択の運頼みの解答を書くしかないだろう。正解はアイスキュロス。『アガメムノン』も『オレステイア』三部作の一つである。

５２．明治大　法学部（２つめ）

　　難問

問題３　ポルトガル領のブラジルでは，ポルトガル王　①　の本国帰還後も摂政としてとどまった皇太子（後の　②　）が，1822年，ブラジルを本国から独立させ，自ら帝位について立憲帝国を樹立した。

問１　文中の空欄①〜⑤のそれぞれに最も適切と思われる語を下記の語群から一つずつ選び，その記号を解答欄にマークしなさい。

A　カルロス２世　　　　B　ペドロ２世
D　イサベル２世　　　　L　ジョアン６世
M　ルイス１世　　　　　O　アルフォンソ12世
V　ペドロ１世　　　　　W　カルロス４世
（編註：関係のある選択肢のみ抜粋）

＜解答解説＞

　空欄②も難問だが，用語集の「ブラジル独立」の項目の説明文に「皇太子ペドロ」と書かれていること，一般的に考えて初代は「１世」だと推測できること，早慶対策では見かける名前であることから，正解のペドロ１世はまだしも解答可能であると思う。空欄①は範囲外。スペイン人っぽい名前を排除するという手段はあるが，受験生にそれは無茶ぶりだろう。たとえばアルフォンソはスペイン語読みで，ポルトガル語だとアフォンソになるから外せるわけだが，それを知っている受験生が何人いるだろうか。仮にそれで削ったとしてもペドロ２世とジョアン６世が残るから２択である。正解はＬのジョアン６世。

５３．明治大　法学部（３つめ）

難問

問題３ （エ）　下線部㋱に関して（編註：「世界の工場」），1800 年代におけるイギリスの動きとして正しいものは下記の記述のうちのどれか。

A　「世界の工場」とは，19 世紀中頃のイギリスの国際的地位を表現した言葉で，産業革命により圧倒的な工業力を持ったイギリスがこの時期に工業製品の世界への独占的な供給者となったことを当時首相だったパーマストンが 1838 年の議会演説で話した言葉である。

B　ディズレーリは，1837 年に保守党の下院議員となり，新しい保守主義を唱える青年イングランド派の指導者となり，穀物法撤廃に賛成の立場を示し，保守党内閣で３度蔵相を務めた後に，1867 年には首相になった。

C　パーマストンは，1807 年にトーリ党所属で下院議員となり，陸相を経験した後，ホイッグ党や自由党内閣で外相等を務め，1855 年に首相となった。彼の政策は，自由主義外交の典型とされているが，実情はイギリスの国益至上主義に貫かれ，自由貿易遂行のためであれば砲艦外交も辞さないというものだった。

D　ピールは，1809 年にトーリ党所属の下院議員となり，1828 年〜 1830年に内相として結社禁止法の制定，警察制度の整備など多くの改革をおこなった。その後首相となり，穀物法の制定を断行して，保守党の分裂を招いた。

E　グラッドストンは，1833 年に保守党所属の下院議員となり，穀物法制定でピール内閣を支持した。蔵相時代には，自由貿易を推進し，増税政策によって国家の財政立て直しに尽力した。

＜解答解説＞

選択肢の文が長く，誤りの箇所を探すのに苦労する。Ａは用語集の「世界の工場」の項目に記載があるが，普通は覚えない箇所。パーマストンがディズレーリの誤り。Ｂはディズレーリが穀物法撤廃に反対だったので

誤りだが，これは完全に範囲外である。また，年号の 1867 年が誤りで 1868 年が正しいのだが，これは単なる誤植ではないかと思われる。D・E は，ピール保守党内閣が穀物法を廃止した政権なので誤り。これも用語集の「穀物法廃止」の項目の説明文にある。難関大対策なら比較的覚えるところなので，本問の中では易しい部類であるが，**2つの選択肢の正誤のポイントが同じというのは作りが下手**ではなかろうか。なお，E はグラッドストンの財政政策は減税政策であるので増税政策も誤り。残った C が正文＝正解だが，パーマストンが範囲外の人物なのでピンポイントで答えるのも難しい。また C は文に主観が入っていて，「自由主義外交の典型とは砲艦外交ではない」という謎の思い込みがある。自由主義外交とは自由主義の価値観に沿って外交的態度を決めたり，自由貿易を推進したりするものであるから，場合によっては砲艦外交に容易に転換するだろう。

　さて，いかに杜撰な作問であっても研究者が主観の入った問題文を書くだろうかと不審に思い，コピペを疑っていろいろ当たってみたところ，**やはり全ての選択肢が山川『世界史小辞典』からのコピペで，誤り箇所のみの改変であった。**教科書からのコピペでもどうかと思うのに，山川『詳説世界史研究』ですら論外なのに，ましてや『世界史小辞典』を使うとは。それでは範囲外の知識を問うことになるに決まっておろう。これを許容している明治大学は入試問題部門のガバナンスが機能していない。

５４．明治大　農学部

出題ミスに近い

問題１　問２　下線部(イ)に関連し（編註：エジプト古王国），①と②の文の正誤の組合せとして最も適したものを下から一つ選び，解答番号 (1) にマークしなさい。

① 都は巨大なピラミッドが建造されたギザに置かれた。
② ファラオは太陽神ラーの化身として崇められ，絶大な権力を持っていた。

A ①−正 ②−正　　B ①−正 ②−誤
C ①−誤 ②−正　　D ①−誤 ②−誤

＜解答解説＞

　①は誤文。古王国の都はメンフィス。メンフィスとギザは近いが別の場所である。審議の対象は②で，ファラオは太陽神ラーの息子，天空神ホルスの化身であるから厳密に言えば誤りである。しかし東京書籍の教科書には「ファラオは主神たる太陽神ラーの化身として崇められ，その絶大な権力は巨大なピラミッドに象徴される」とあるから，これを典拠とするなら②は正文，正解はCである。しかし，教科書の誤りを無視して史実に基づくなら，①・②ともに誤りで正解はDである。エジプト神話は興味があって詳しい受験生もいるから，これはC・Dの複数正解とするしかないだろう。当局発表がないので，おそらく大学はこの事態に気づいておらず，CとDいずれを正解にして採点を処理したか不明である。『赤本』の解答はCとなっていた。解説を書く人が史実誤認では困る。

５５．明治大　農学部（２つめ）

出題ミス（複数正解）

問題3　問 10　下線部 (ク) に関連し（編註：地丁銀制），誤りのあるものを下から一つ選び，解答番号 (24) の記号にマークしなさい。

A　丁税は所有する土地に課せられた税であった。
B　貧農の増加や虚偽申告により地税の徴収が困難となったために導入された。
C　人頭税を土地税に繰り込み単一税とした。
D　雍正帝の時代に中国全土で実施された。

＜解答解説＞

　CとDは正文。Aは丁税が地税の誤り。丁税は人頭税である。Bは地

税が丁税の誤り。これは少し事情がややこしいので，少し長くなるが説明しよう。一般に農民に対する人頭税は本籍地からの逃亡や偽籍による脱税が行われやすい。古代日本でも律令制が崩壊する過程でそうした現象が起きている。一方，地税は丁税に比べると脱税が難しい。中国史では唐代にも，人頭税的性格の租調庸制が崩壊した際に，地税・資産税的性格の両税法が制定された歴史がある。その後の中国では長らく両税法が基幹税制として続いたものの，諸王朝が徭役を中心とする細々とした人頭税を付加していったために，再び丁税の脱税問題が浮上した。そこで明末に地税と丁税の諸税を全て銀に換算して一括納入させる一条鞭法が普及し，清代に入ってとうとう丁税を廃止する地丁銀制が施行される流れとなった。本題に戻って，以上の説明から B が誤文であることは理解されると思う。**大学当局からお詫びと複数正解を認める旨の発表があった。**

　2022 年の明治大は国際日本学部と商学部の 2 日程が収録対象無しであった。商学部は 2 年連続，国際日本学部は 3 年連続での収録対象無しで，この 2 日程は安定して良くなっている。昨年まで異常にひどかった全学部統一日程も 2022 年は 1 つだけであった。一方で情コミュは今年も 7 個と突出していて，3 個の法学部，2 個の農学部も毎年多い。つまり引き続き二極化が進んでいて，この点でも早慶並に学部の個性が悪問・難問の量に表れるようになっている。そんなところで早慶に張り合わないでほしいとは心の底から思っている。

５６．立教大　2/6 実施

出題ミス（誤植）

問題1　B　8．これ（編註：諸子百家のこと）に属する学派とそれぞれを代表する著作の組み合わせとして正しいものはどれか。次の a ～ d から 1 つ選び，記号をマークせよ。当てはまるものがない場合は，e をマークせよ。

a. 儒家―『旬子』　　b. 道家―『呉子』
c. 兵家―『韓非子』　　d. 法家―『荘子』

＜解答解説＞

　ぱっと見ですぐに気づいた人も多かろう，『旬子』は『荀子』の誤植。
bは『呉子』が兵家の，cは『韓非子』が法家の，dの『荘子』は道家の
著作であるからそれぞれ誤りで，本来はaが正解の組み合わせであった
が，誤植のためにこれも誤りになってしまった。したがって正解はeに
なるが，後日に**大学当局からお詫びと不本意な誤植による出題ミスを認め
て全員正解とした旨の発表があった。**

５７．立教大　2/8実施

【悪問・難問】

問題1　B　4．この時期（編註：脳の容量の顕著な増加が化石から確か
められる200万年前以降）に活動していた人類はどれか。次のa〜dか
ら1つ選び，その記号をマークせよ。当てはまるものがない場合は，eを
マークせよ。

a. アウストラロピテクス　　b. ホモ＝エレクトゥス
c. ネアンデルタール人　　d. ホモ＝ハビリス

＜解答解説＞

　悪問・難問になりがちな先史シリーズ。aとcが違うのは容易にわかる。
bとdは用語集には記載があるが，通常の学習だと「原人」で括ってしまっ
て区別しないから，ほとんどの受験生は解答が困難であっただろう。その
用語集の説明ではホモ＝エレクトゥスが約180万〜約20万年前，ホモ
＝ハビリスが約240万〜約180万年前が活動時期となっているから，正
解はホモ＝ハビリスが想定されていると思われる。しかし，先史の時間感
覚において約180万年前と約200万年前は近く，出題としては危うい。

加えて，アウストラロピテクスの活動時期についても約420万年前～約200万年前とされているので，これも正解になる可能性がある。『入試問題正解』はアウストラロピテクスについて同様の指摘あり。一方，『赤本』は「脳の容量の顕著な増加が化石から確かめられる」とあることから猿人は外せるとして，出題ミスではないと判定していた。いずれの参考書もホモ＝エレクトゥスについては指摘なし。先史に興味がある受験生ほど困惑した可能性があり，年代で問うならもっとはっきりとしたもので問うべきだろう。

５８．立教大　2/8実施（２つめ）

☐難問

問題１ 　Ｂ　６．このこと（編註：集団の規模拡大）は，人類が地球規模で移動を行うのに好都合であったと考えられる。現生人類がオーストラリア大陸に渡ったのは今からどれくらい前のことと考えられているか。次のａ～ｄから１つ選び，その記号をマークせよ。

a．５千年前以降　　　b．１万～１万５千年前
c．２～３万年前　　　d．４万年以上前

＜解答解説＞━━━━━━━━━━━━━━━━━━━━━━━━━

　慶應大でよく見る，特定の１冊の教科書にしか載っていないシリーズ。前近代のオセアニア史は東京書籍と実教出版の教科書にしか詳しい情報が無く，本問はそのうち東京書籍の教科書にしか記載が無いから，この数字を覚えていた受験生は皆無であろう。当て勘で当てた人は偉い。オーストラリア大陸に現生人類が到達したのは約５万年前と考えられているので，正解はd。

５９．立教大　2/8実施（3つめ）

問題1　B　18.　この事件は「エムス電報事件」と呼ばれる。プロイセン
国王の親族であるレオポルト公が空位となったスペイン王位継承者候補に
なったところ，プロイセンの影響力が強まることを懸念する世論がフラン
スで高まり，結局，レオポルト公は継承を辞退した。その直後，フランス
公使ベネデッティ伯が，エムスで静養中のプロイセン国王に面会し，二度
と本件にかかわらないように求めたが，国王は，枢密院のアベケンを通じ，
プロイセン宰相ビスマルクに，事の次第についてしらせ，その公表の可否
判断を一任したことに端を発している。ビスマルクは対仏戦争開始に向け
た世論が高まることを意図して，アベケンからの書簡に省略をくわえて新
聞各社や自国の各国駐在大使たちに打電した。①はアベケンがビスマルク
に送った書簡，②はビスマルクがそれに省略を施して送った電報の文章で
ある。これらの文章を読み，ビスマルクが上記の意図と関係して行った省
略について説明した次の文の空所を，１行でおぎなえ。

ドイツでの反フランス世論を高める意図から［　　　　　　　　　］と受け取ら
れるような形で原文を省略した。
（編註：空欄には 30 字程度の文字が入る）

①　国王陛下は私に次のように書いてこられました。
　　「ベネデッティ伯は遊歩道で余を呼び止め，非常に執拗に，今後，ホー
　エンツォレルン家が候補に戻った場合，二度と同意しないことを約束
　するという内容の電報をすぐに打つ権限を彼に与えるよう要求した。
　最終的に，余は彼に，そのような約束をするべきではないし，するこ
　ともできないと，やや厳格に拒絶した。むろん，余は彼に，余はまだ
　何も聞いてはいないし，彼は余よりも早くパリ並びにマドリード経由
　で報せを受けているのだから，おそらく，余の政府が関与していない
　ということはわかるであろう，と話した。」

陛下はその後（レオポルト）公の書簡を受けとられました。

陛下がベネデッティ伯に「（レオポルト）公からの知らせを待っている」とおっしゃっていたので，陛下は，上記の強要やオイレンブルク伯と私の進言を考慮して，ベネデッティ伯がすでにパリから得た知らせを陛下が（レオポルト）公から確認されたので，ベネデッティ伯をそれ以上お迎えせず，公使にこれ以上話すことはない，とだけ副官に伝えてもらうことにしました。

陛下は，ベネデッティ伯の新たな要求とその拒否を，我が国の大使たちと報道各社の両方に直ちに伝えるべきか否か閣下に委ねられました。

② ホーエンツォレルン家の世襲公子が辞退したという報せがスペイン王室政府から帝国フランス政府に公式に伝えられた後，フランス公使はエムスにて，国王陛下に，ホーエンツォレルン家が再び候補になることがあっても，国王陛下は将来にわたって二度と同意しないことを約束すると，パリに電報を打つ権限を与えるよう要求した。その後国王陛下は，フランス公使を再び迎えることを拒否し，陛下はこれ以上公使に告げることはない旨，当直の副官に伝えさせた。

＜解答解説＞

意欲的な出題ではあると思うのでそれほど批判したくないのだが，掲載はしておく。エムス電報事件はかなり古い課程では範囲内であったが，現行課程では全く習わない。そのためにかえって受験生が初めて見る史料として使いやすい事件と思われて，本問に採用されたものと思われる。しかし，本問は史料読解問題として過剰な難易度であると思う。事件について概要を知っていれば，①・②の史料を読まずとも「フランス公使がプロイセン王に侮辱的な態度をとった」と埋めることができるが，全く知らなかった場合，①・②の史料のみの情報から解答を作ることができるだろうか。**私もエムス電報事件をこの場で初めて知ったことにして素直に史料①・②を読んでみたのだが，読解が難しくて解答の作成が困難であるように思われた。**最終的にビスマルクの思惑通りに普仏戦争が開戦したという史実から逆算するという補助線を用いても，なお難しい。皆さんもちょっとやってみてほしい。

　改めて読んでみると，原文ではヴィルヘルム１世がそれほど怒っているようには見えないが，ビスマルクの省略によっていきなりぶち切れたように読めるので，国王への忠誠心が篤い当時の国民がより強く国王に感情移入しやすい文章になっている。また，原文ではフランス公使が（不遜な要求にもかかわらず）丁重に扱われ，ヴィルヘルム１世はレオポルト公の直接の返事が届くのを待ってから，侍従長アベケンと内相オイレンブルク伯に諮った上で交渉打ち切りを通達しているので，落ち着いている。しかしビスマルクの省略では不遜な要求に切れて話し合い無くいきなり面会拒絶となったように読めるから，フランス国民の反ドイツ世論も高まるような仕掛けになっている。ビスマルクの改竄はねらい通りに働いた。

　こうした一次史料を当時の背景事情を念頭に置いて読み砕き，市井にその意味を提供するのは歴史家の仕事であって，受験生の仕事ではない。一種の歴史の楽しみ方として易しいものを出題するのはわかるのだが，このレベルの読解を問うのは努力の方向音痴ではないか。

６０．立教大　2/11 実施

悪問

問題１　Ｂ　１．このような崇拝（編註：超越的な存在に対する崇拝）はやがて神への信仰へと発展する。それら信仰のうち唯一の神を信仰する一神教の聖典に関する記述として正しいものを，次のａ〜ｄから１つ選び，その記号をマークせよ。当てはまるものがない場合は，ｅをマークせよ。

a.『旧約聖書』には使徒言行録が収められた

b.『クルアーン』には法学者が解釈した規定が集められた

c.『新約聖書』の原典はギリシア語で記された

d.『新約聖書』はイスラーム教でも聖典とされた

＜解答解説＞

　ａは『旧約聖書』が『新約聖書』の誤り。ｂは『クルアーン』が啓典で

あってウラマーが編纂するような形の法典ではないので誤り。cが明白な正文＝正解。dが審議の対象で，イスラーム教における両聖書は一定の尊重を受けているが，『クルアーン』の権威が比較にならないほど高い。両聖書は神から与えられた啓示をまとめた書物，すなわち啓典であるから尊重するが，神の言葉を忠実に伝えたものではないため，最後の啓典である『クルアーン』によって上書きされている，よって啓典間に内容上の矛盾が生じた場合は『クルアーン』の記述が優先される（たとえば『新約聖書』の主張する三位一体説は『クルアーン』で否定されている）……というのがイスラーム教における両聖書の立ち位置である。また，両聖書とも啓典ではない部分を含んでいると見なされており，たとえば『新約聖書』では福音書以外の部分は啓典と考えられていない。つまり，かなり限定されて尊重されている啓典なのである。このような事情があるので，『新約聖書』がイスラーム教の聖典であるか否かを厳格に定めるような議論は，少なくとも受験世界史の領域では本質的な議論ではない。このため教科書や用語集は啓典と書くにとどめ，聖典という表現を避けている。ともあれ本問はdを誤文と見なさないと複数正解の出題ミスになるので，作問者の「聖典ではない」という意見にのってあげるしかない。『赤本』はcを正解として，dは「『新約聖書』はイスラーム教の聖典とはされていない」と断言していた。恐ろしい解説を付すものだ。

6 1.　立教大　2/11 実施（2 つめ）

悪問

問題1　B　13. このような状況が生じている地域の1つにパレスチナがある。この地域に関する記述として正しくないものを，次のa〜dから1つ選び，その記号をマークせよ。すべて正しい場合は，eをマークせよ。

a. 1917 年，イギリスはバルフォア宣言によってシオニズムに理解を示した

b. 1948 年，イスラエルの建国が宣言された

c. 1964 年，パレスチナ解放機構（PLO）が創設された

d. 1973 年，アラブ石油輸出国機構（OAPEC）は，イスラエルを支持する国に対し原油輸出を制限した

＜解答解説＞

「e を選べ」があるから問題が崩壊したシリーズ。a・b・c は年号を含めて正文。審議の対象は d。OAPEC は第四次中東戦争に際して親イスラエル国への石油の全面禁輸を宣言・実施している。これを制限の一種と見なせば正文になるので正解は e，禁止と制限は別物と考えれば誤文になるので正解は d になる。作問者の真意がどちらだったかは不明。『赤本』の解答は e で解説無し。

６２．立教大　2/11 実施（３つめ）

難問

問題２　B　8．この州（編註：アチェ州）がある地域を中心に成立していたアチェ王国は，イスラーム王国であったが，東南アジアに成立した次の a 〜 d の王国の中からイスラーム王国でないものを１つ選び，その記号をマークせよ。すべてイスラーム王国である場合は，e をマークせよ。

a. ジョホール　b. バンテン　　c. マカッサル　d. マラッカ

＜解答解説＞

b のバンテンと d のマラッカは基礎知識でイスラーム教国とわかる。残りは厳しい。a のジョホールは用語集頻度①で，マカッサルは範囲外だが，いずれもイスラーム教国である。したがって正解は e。一応，マカッサルも資料集や教科書の地図には小さい文字で載っているので，そこまで拾えばスラウェシ島にあるイスラーム教国とわかるか。近年たまに見かけるので，予備校の早慶対策では習うかもしれない。

６３．立教大　2/12実施

[難問]

問題2　Ａ　スーダンのバシル大統領には，同国西部の（　ニ　）地方で
起こった民族対立での虐殺に関して国際刑事裁判所から逮捕状が出された
が，2019年のクーデタで失脚するまで大統領の座に居座り続けた。

＜解答解説＞

　正解はダルフール（紛争）。現代で継続中の紛争をどこまで教えるべき
かは難しいところだが，やはり歴史的評価が固まるまでは時事問題の範疇
になるのではないかと思う。社会人の読者の正答率は高いだろう。

６４．立教大　2/12実施（２つめ）

[難問]

問題2　Ｂ　１．この人物（編註：チャップリン）が主演した，工業化の
進行が人間を機械の一部にしかねないことを風刺した映画の名をしるせ。

＜解答解説＞

　チャップリンが用語集にはいないが資料集には載っているグレーゾーン
である。古い課程なら範囲内であった。正解は『モダンタイムズ』。

６５．立教大　2/12実施（３つめ）

[難問]

問題2　Ｂ　11．冷戦初期における東西両陣営の内部協力強化に関連する

次の出来事ａ〜ｄのうち、もっとも古いものを解答欄ⅰに、次に古いものを解答欄ⅱに、以下同じようにⅳまで年代順にマークせよ。

a. 北大西洋条約機構の創設　　b. 経済相互援助会議の創設
c. 西ヨーロッパ連合条約の締結　　d. ワルシャワ条約機構の発足

＜解答解説＞

　月単位シリーズ。ｃは 1948 年、ｄは 1955 年でこれらが最初と最後、ａとｂが両方とも 1949 年であるから月単位の判断が必要になる。ａが 4 月でｂが 1 月であるから、正解はｃ→ｂ→ａ→ｄとなる。ａ・ｃ・ｄに限ればチェコスロヴァキア＝クーデタの衝撃を受けて西ヨーロッパ連合が結成され、それにアメリカが加わる形で NATO が成立、後に NATO に西ドイツが加入した対抗措置としてワルシャワ条約機構が結成された歴史の流れを考えれば解答可能という良問であった。本問はそこまでわかっていてもｂの位置が定まらないので 50％の運ゲーでしかない低品質な問題である。ｂをチェコスロヴァキア＝クーデタまたは 1947 年の出来事にしてｂ→ｃ→ａ→ｄを正解とする改善案を提案しておく。

６６．立教大　2/13 実施

難問

問題２　B　3．この人物（編註：コルテス）は 1521 年に植民地を建設した。彼が命名した植民地の名をしるせ。

＜解答解説＞

　高校世界史ではスペイン領ラテンアメリカを「スペイン領ラテンアメリカ」としか習わない、歴史用語で呼ばないので解答しようがない。正解はヌエバ＝エスパーニャ（副王領）。スペイン領ラテンアメリカは大雑把に言えばパナマ地峡付近を境に北をヌエバ＝エスパーニャ副王領、南をペルー副王領と分けていて、南側は 18 世紀になってからヌエバ＝グラナダ

副王領（コロンビア・エクアドル・ベネズエラ等）とリオ＝デ＝ラプラタ
副王領（アルゼンチン・パラグアイ・ボリビア等）に分裂して４つの副王
領が並立する体制となった。なお、高校日本史では、安土桃山から江戸初
期にかけて日本とメキシコの間で交易があり、ヌエバ＝エスパーニャのラ
テン語読みのノヴァ＝イスパニアがなまって日本ではメキシコが「ノビス
パン」と呼ばれていた、という説明のために「ノビスパン」が範囲内の用
語だったりする。ちょっとした逆転現象である。

67. 立教大　2/13実施（２つめ）

難問

問題2　B　18.　この人物（編註：ヴィクトリア女王）の治世の1851年
にロンドン万国博覧会が開催された。その主な会場となった当時のイギリ
スの経済力を誇示する巨大建築物は何か。その名をしるせ。

＜解答解説＞

　1851年にロンドンで第１回万国博覧会が開催されたことは頻出である
が、その主な会場の名前は用語集の説明文や、教科書の挿絵のキャプショ
ン等にしか記されていない。グレーゾーンであるし、普通は問わないとこ
ろであろう。正解は水晶宮またはクリスタル＝パレス。全面ガラス張りで
あったためにこのように命名された。

68. 神奈川大　一般A日程〔2/6実施〕

出題ミス（複数正解）

問題2　問15　下線部⑨「南アジア」の国々に関連して述べた文として
誤っているものを次の中から１つ選び、解答用紙にマークしなさい。

a スリランカでは，ヒンドゥー教徒を中心としたタミル人が，仏教徒を中心としたシンハラ人への優遇政策に反発して分離独立運動を起こし，長らく内戦状態にあった。

b インド独立法が制定されると，ヒンドゥー教徒が多数を占めるインド連邦とイスラーム教徒が多数を占めるパキスタンの2国にわかれて独立した。

c インドとパキスタンは核拡散防止条約に未加入であり，包括的核実験防止条約にも署名しないまま核兵器を開発し核実験を行っている。

d パキスタンへの帰属を表明したカシミールをめぐって，パキスタンとインドとの間では2度にわたる戦争が起き，今日でも国境地帯が緊張している。

＜解答解説＞━━━━━━━━━━━━━

　a・bは正文で，cとdはいずれも正誤どちらとも言いづらい。cは，包括的核実験"防止"条約は正確には包括的核実験"禁止"条約が正しく，これを誤りと見なすなら誤文になるが，意味がそこまで大きく間違っているわけではないので，定訳に従っていないだけと見なすなら正文になる。dは印パ戦争に関する解釈の問題で，印パ戦争は3回起きているから機械的に判断すれば誤文である。一方，第3次印パ戦争はバングラデシュの独立が主要な原因であるから，第3次はカシミールをめぐる戦争にはカウントしない歴史観をとるなら正文になる。以上の事情からc・dのいずれかから解答を絞れない悪問であるが，**大学当局からc・dの複数正解を認める発表があった。**

６９．愛知大　全学部〔2/6実施〕

難問

問題2　現在「社会進化論」として知られるこの思想・学説は，19世紀後半から20世紀にかけて多言語に翻訳されて広がり，特定の「人種」や「民族」を対象にした優生思想，ならびにアジア系の人びとが欧米のヨーロッ

218

パ系の人びとに脅威を与えるとする ┌ エ ┐論の台頭，隔離政策や排斥政策の展開につながった。

＜解答解説＞

かなり前の課程なら範囲内だった用語シリーズ。正解は黄禍（論）で，読んで字のごとく黄色人種（現在となってはこの言葉自体も使わない）が白人に対する災いになることを危惧している。いわく，黄色人種の人口が多く，移住先でも増え，労働力として重宝されるが，それがために次第に倫理的に高潔な白人社会が破壊されていき，ひいては国際社会で黄色人種の国家が白人国家の脅威ともなるだろう……というような主張である。アメリカ社会で広く定着していたほか，ドイツのヴィルヘルム２世が主導していたことで知られ，三国干渉の背景にもなった。『赤本』はやや難としていたが，範囲外であるのだから難だろう。感覚が古いのではないか。

７０．愛知大　全学部〔2/7 実施〕

悪問・難問

問題2　問10　下線部①に関連して（編註：清末の文脈で，女子教育），近代的な学校教育を受け，上海などの都市を中心に，自らの収入を流行の服装などの購入にあてて消費文化を享受した「新しい時代の女性」を意味する語をカタカナで答えよ。

＜解答解説＞

高校日本史の用語から推測すれば正解を出せなくもないが，それはやはり完全な範囲外だろう。正解は「モダンガール」。日本史だと略称の「モガ」も出てくるが，本問で正解にしてくれるかはわからない。中国語では「摩登小姐」の字が当てられるようだ（本問はカタカナ指定なので誤答になってしまうが）。この良妻賢母の概念からの脱出，経済的・精神的自立を目指しつつ，最先端のファッションを追う「新しい女性」というモデルの出現は 1910-30 年代の世界的な現象であり，英語圏では「フラッパー

（flapper）」，ドイツ語圏では「ノイエフラウエン（Neue Frauen）」と呼ばれる。モダンガールは和製英語であり，「摩登小姐」は和製英語からの発生だろう。

　ただし，本問は成立しているか自体がやや疑わしい。本問は編註で入れたように清末についてのリード文の中で出てくる女子教育に下線が引かれ，そこから出題されたものである。しかし，高校日本史では大正・昭和初期の社会・文化の項目で登場するように，モダンガールの出現は1910-30年代の現象である。中国に限って特筆して早かったとは思われない。範囲外の用語をわざわざ出題したにしては詰めが甘い。なお，女性史は実教出版の教科書が強いので当てをつけて探したところ，やはりp.352のコラムに「モダンガール」の語が掲載されていた。そして，このコラムでもモダンガールの出現は新文化運動の頃で，モダンガールは五・四運動にも参加していたということが語られているから，清末ではないことが明白である。出題者はこのコラムから何を学んだのだろう。

７１．南山大　外国語・総合政策学部〔2/13実施〕

[難問]

問題１　　[2]　系の女真は長く契丹（遼）の支配下にあったが，1115年に完顔阿骨打が金をたて，都を現在の　[4]　省に位置する上京会寧府においた。

（編註：空欄２の正解はツングース）

(4)　空欄４に入る語を選びなさい。
㋐　河北　　㋑　黒竜江　　㋒　山西　　㋓　吉林

＜解答解説＞▶
　女真人の出身地が中国東北地方（満洲地方）であることは標準的な知識だが，現在の省名で問われると厳しい。中国東北地方と当てがついたところで黒竜江省と吉林省の２択である。また，根本的に吉林省が中国東北地

方の省だということすら知らなかった受験生も多かろう。正解は黒竜江省
で，上京会寧府はハルビン近郊（南東）に位置した。ハルビンは黒竜江省
の省都である。

７２．同志社大　2/5実施

（難問）

問題2　設問7　波線部(6)に関連し（編註：通信使），中近世の日朝関係
に関連して述べた次の文X・Yについて，それぞれの正誤の組合せとし
て正しいものを，次の選択肢1〜4のうちから一つ選び，番号を解答欄Ⅱ
-Aに記入しなさい。

X　朝鮮と国交を結んだ江戸幕府は，朝鮮からの使節を，将軍の代替わり
　　ごとに，計15回迎えた。
Y　江戸幕府の下での朝鮮との交易は，対馬を通じて行われた。

1　X：正　Y：正　　　2　X：正　Y：誤
3　X：誤　Y：正　　　4　X：誤　Y：誤

＜解答解説＞

　Yは簡単で正文。Xは難問と言えるかどうかが微妙なところで，受験生
が中学の歴史でやっているかどうかで変わる。私はここまで深くはやって
いないだろうと考えたために収録対象とした。『赤本』も難問と判定して
いた。日本人として近隣諸国との外交史は知っているべきと言われたらそ
うだが……

　閑話休題，Xは誤文であり，したがって正解は3。朝鮮通信使が原則と
して将軍の代替わりごとだったのは正しいが，幕末には双方の内政混乱か
ら通信使が送られておらず，最後の通信使は第11代の襲職祝賀である。
一方で，初期の通信使は文禄・慶長の役で拉致された朝鮮人の返還を兼ね
ていたため，代替わりとは無関係に往還していて，家光が2回謁見してお

り，家光の２回目が返還を伴わない初めての純粋な通信使とされる。結果的に通信使は合計 12 回派遣された。15 回ではない。

７３．同志社大　2/7 実施

誤植・悪問

問題３　設問７　下線部 (f) に関する次の (i)(ii) の記述について（編註：<u>労働者</u>），(i)(ii) ともに正しい場合は数字１，(i) のみ正しい場合は数字２，(ii) のみ正しい場合は数字３，(i)(ii) ともに正しくない場合は数字４を解答欄Ⅲ－Ｂに記入しなさい。

(i)　解放耕地や共有地を牧羊地にするために囲い込みが行われ，土地を失った多くの農民が都市労働者となった。

(ii)　都市労働者は同職ギルドを形成して工場経営者に対抗した。

＜解答解説＞

本問は時代が限定されていないのが大問題である。(ii) は近世の事象だとすれば同職ギルドの加盟は親方階級に限定されていたから誤り，近代の事象だとすれば同職ギルドが労働組合の誤りなのでいずれにせよ誤文である。一方，(i) は近代の第二次囲い込みのことだとすれば「牧羊地」が農地の誤りなので誤文になるが，近世の第一次囲い込みのことだとすれば正文になってしまう。一応，この下線が出てくる問題文の文脈が近代なので誤文のつもりで作られたのではないかと思う。よって正解は両方誤文で４と想定されるが，はっきりしない。加えて，**解**放耕地は**開**放耕地の誤植。open field の訳語なので，前者はありえない。ゆえにいずれにせよ (i) は誤文という解釈も可能だが，この誤字は作問者の意図ではなく単純な変換ミスだろう。しっかり校正してほしい。『赤本』も文脈が近代であるから (i) を誤文と見なして４を正解としていた。

７４．同志社大　2/7実施（２つめ）

[悪問]

問題３　設問８　下線部 (g)（編註：ヴィクトリア女王のこと）の**統治期の出来事ではないもの**を語群から二つ選んで，番号を解答欄Ⅲ−Ｂに記入しなさい。

【語群】

1　インド統治法制定　　　　　　2　エジプトの保護国化
3　クリミア戦争　　　　　　　　4　ジャガイモ飢饉
5　スエズ運河会社の買収　　　　6　第１インターナショナル結成
7　第２インターナショナル結成　8　日英同盟締結
9　労働組合法の成立　　　　　　10　ロンドン万国博覧会

＜解答解説＞━━━━━━━━━━━━━━━━━━━

　ヴィクトリア女王の在位期間は 1837 〜 1901 年。はっきりと覚えていなくても 19 世紀半ば・後半は全てそうだったという記憶だけあれば本問には対応可能である。3のクリミア戦争は 1853 〜 56 年，4のジャガイモ飢饉は 1840 年代後半，5のスエズ運会社の買収は 1875 年，6の第１インターナショナル結成は 1864 年，7の第２インターナショナル結成は 1889 年，9の労働組合法成立は 1871 年，10のロンドン万博は 1851 年のこと。8の日英同盟は 1902 年なのでこれは正解の一つである。

　残った１・２が審議の対象である。**インド統治法は何度も制定・改正されている。**高校世界史で登場するのは 1919 年と 1935 年のものに限られるので，その意味ではヴィクトリア女王の治世ではない。しかし，たとえば 1858 年の東インド会社解散や 1877 年のインド帝国成立の際にもインド統治法は制定されていて，これらはヴィクトリア女王の治世に当たる。高校世界史ではこれらを全部インド統治法と呼んでしまうとややこしすぎるから，1919 年と 1935 年のものだけをインド統治法を呼ぶことにして，残りは「東インド会社解散」や「インド帝国成立」等のように内容で呼ぶ

というルールで整理しているのだ。

　２の方はもっとまずく，エジプトの"事実上の"保護国化は 1882 年なのでヴィクトリア女王の治世に当たるが，正式な保護国化は 1914 年のこと。これはエジプトの形式上の宗主権をオスマン帝国が保持していることにした方が関税などの都合上で利便性が高かったため残されていたが，第一次世界大戦が勃発してオスマン帝国と敵対することになったためにその関係が切断された。この経緯は高校世界史の範囲内で，難関私大受験者なら覚えるところである。この２の文言だけだとどちらの年号が判定の対象なのかわからない。仮に 1882 年を指すなら誤答になるから正解は 1・8。1914 年を指すなら正答になるので正解は 2・8 になる。

　同志社大は範囲外の知識を聞くことが比較的少ない難関私大であるから，善意で解釈するなら１は 1919 年インド統治法を念頭に置いているものと思われ，自動的に２は 1882 年の"事実上の"保護国化を指したものとなり，正解は 1・8 と想定される。それはそれとして，作問者が 1919 年と 1935 年以外のインド統治法を知らなかったか，最悪の場合として 1914 年のエジプト正式保護国化を知らなかった可能性がある。世界史の知識が不足している人に世界史の入試を作らせないでほしい。『赤本』はやはり善意の解釈で 1・8 を正解としていたが，珍しく解説で 1914 年のエジプト正式保護国化にちゃんと触れていた。

７５．同志社大　2/9 実施

悪問

問題3　1845 年に（　カ　）をメキシコから併合し，さらにそれをきっかけとして起こったアメリカ＝メキシコ戦争に勝利すると，1848 年に（　キ　）を獲得した。

設問1　（　ア　）〜（　コ　）に入る最も適切な語を下の語群から選び，解答欄Ⅲ－Ａに番号で答えなさい。

【語群】

1．アメリカ	3．イギリス	7．オクラホマ
9．カリフォルニア	16．スペイン	18．テキサス
23．フランス	25．フロリダ	32．メキシコ

（編註：関係のある選択肢のみ抜粋）

＜解答解説＞

　「深さ」の調整が必要シリーズ。作問者の想定する正解は（　カ　）が18のテキサス，（　キ　）が9のカリフォルニアだと思われるが，**アメリカはテキサスをメキシコから直接的に割譲させたわけではない。**テキサスは1836年にメキシコから分離独立し，アメリカへの併合を打診。9年後にアメリカがこれに応じてテキサス共和国を併合した。この経緯はやや細かいが，山川の用語集には説明があるし，難関私大や国公立大ではたまに聞かれるので受験生は学習するところである。問題文を読んで「1845年にメキシコから併合した領土は無いよな？？？」となって混乱した受験生は多かろう。

　では出題ミスかというとそうも言えない。流れがやや細かいので，教科書間にも温度差がある。たとえば東京書籍の教科書は正確に説明しているが，山川と帝国書院は適当にぼかした表現になっていて，テキサス共和国の名前は出てこない。**実教出版の教科書は「テキサスを，メキシコから併合した」とすっぱり書いてしまっていて，**同志社大学はこれを典拠にしている可能性がある。何度か書いているが，教科書によって書く「深さ」が異なるのだから，どの教科書の表現からでも成立するように正誤判定を作るのが理想で，最も深い教科書に合わせるのが次善だろう。基本的には教科書を複数冊確認しなかった同志社大の作問者が悪いのだが，そもそも高校世界史にテキサス共和国が必要かどうかも議論されるべきであろう（ある校正者からは2014年のロシアのクリミア併合でアクチュアリティが増したから教える意義があるようになってしまったのではないかという意見が出た）。『入試問題正解』・『赤本』は指摘無し。

７６．立命館大　2/1 実施

【悪問】

問題4　1940 年 11 月の独ソ会談失敗をうけてヒトラーはソ連攻撃を決断
し，翌年 6 月にソ連領に侵攻した。7 月にソ連軍が総崩れになると，ソ連
指導部は，この戦争はファシスト抑圧者に対する祖国防衛の国民戦争であ
るとして，国民に　 K 　闘争を呼びかけた。

＜解答解説＞

　これ「パルチザン」で簡単じゃんと思った方，では**レジスタンスとパル
チザンとゲリラの違いを区別できます？**　私は受験生には無理だと思う。
レジスタンスは占領軍に対する民衆の抵抗運動全般で，サボタージュや非
暴力運動を含む。パルチザンはこのうちの武装抵抗を指し，特に遊撃部隊
を編成したものを指す。ゲリラはレジスタンスやパルチザンが行う非正規
戦を指す。すなわちゲリラ部隊はパルチザンとほぼ同義になる。では読者
諸氏にもう一度聞きます，本問の正解は何でしょうか？　おそらく作問者
の想定する正解はパルチザンだと思われるが，ゲリラやレジスタンスが誤
答になる理由がない。採点でそれらも正解として拾ってくれるなら文句は
無いのだが，採点基準が非公開であるから信用できない。採点基準を公開
しないのであれば，正解が一つに絞れる出題をすべきではないか。

７７．立命館大　2/2 実施

【難問】

問題1　〔3〕(b)　(a)　の王朝（編註：シャイレンドラ朝）がジャワ島
中部に建造した仏教寺院ボロブドゥールの回廊の浮彫には，古代インドの
詩人ヴァールミーキの作品と伝承される叙事詩が描かれている。この作品
は何か。

＜解答解説＞▬▬▬▬▬▬▬▬▬

　『マハーバーラタ』と『ラーマーヤナ』を細かいところで区別させるな問題。ヴァールミーキしか手がかりがないのでは，解答は無理である。一応用語集に記載があるが，この詩人の名前を覚えてきた受験生は皆無だろうと思う。受験生に二分の一の運試しをさせてどうするのか。正解は『ラーマーヤナ』の方。

７８．立命館大　2/2実施（２つめ）

　難問

問題2　〔2〕　この地域において（編註：遼河平原と東北アジア地域），1616年に女真族の国を建てたヌルハチが，1625年に都を置いた都市を何というか。ホンタイジによって改められた後の都市名を答えよ。

＜解答解説＞▬▬▬▬▬▬▬▬▬

　正解は瀋陽……と言いたいところだが，当時の名前なので盛京が正解になる。普通は瀋陽で覚えてくるので，瀋陽が正解にならないことに気づいてパニックになった受験生は多そう。なお，全く同じ問題が同年の京大で出題された（**2022 国公立６番**，p.139）。2022年の京都で盛京がブームになるような何かが起きていたのだろうか，あるいは偶然の一致か。

７９．立命館大　2/3実施

　悪問

問題１　秦代に統制対象であった儒学は，漢代になると武帝の時に　 D 　の提案により漢学として採用され，儒学的素養を持った人物を官僚として採用する制度も整備された。

＜解答解説＞

　董仲舒シリーズ。中国史と言えば立命館大とも言われる大学が，全ての教科書の該当部分をさらわず，最新の研究を追わずに出題するとは残念である。董仲舒の献策は実在が危ぶまれている。詳しくは3巻のコラム1を参照のこと（p.195）。

８０．立命館大　2/4実施

難問

問題1　古代中国において軍事は貴族が担うものだった。春秋時代，諸侯のもとには卿・大夫・　A　・庶人・商工及び隷属民という身分があったが，下級大夫と　A　は特権的に兵役を担っていた。春秋時代の戦争は国人により編成された戦車隊によって行われた。その後，戦国時代にかけて戦闘形態が戦車戦から　B　戦へ転換していったことをうけて，戦国諸国の君主は軍事力増強のため，従来の国人層だけでなく庶民をも戦争に動員するようになった。

＜解答解説＞

　空欄Aの正解は「士」でこちらは簡単。空欄Bは難しい。一般に高校世界史では軍事史が軽視されているので，そもそも殷から春秋時代にかけての戦争の主体が戦車戦だったこと自体が受験生には初めて知る情報だろう。ここでいう戦車は馬に引かせるチャリオットで，戦争技術の進歩とともに方向転換の難しさや馬を二頭も使うにしては突進力に劣ること等の弱点が露見し，廃れていく。古代オリエントと同じである。正解は「歩兵」戦だろうと思う。戦国時代は農業技術が進歩した上に鉄器が普及したので，少数の貴族（豪族）に馬を養わせて戦車による少数精鋭軍を編成するよりも，農民に武器を渡して大軍を編成した方が強いという時代が到来した。それでも貴族層は戦車に乗っていたが，これも戦国時代の末期に匈奴が登場し，「騎馬」という発想が摂取されて，こちらに切り替わっていくことになる。なお，立命館大がこうした問題を裏付けなく作らないだろう

と思って探してみたところ，『詳説世界史研究』に「戦車を中心にしていた貴族の戦いはしだいに歩兵を中心とした総力戦へと変貌し」という文があった（p.91）。これに沿うなら「総力戦」が正解かもしれない。

　　関西大は収録無し。

８１．関西学院大　2/3実施

悪問

問題4　⑥　ワクフに関する記述として，誤りを含むものはどれか。

a.　イスラーム法にのっとった行為である。
b.　モスクやマドラサが寄進された。
c.　支配者や富裕な商人が寄進者となった。
d.　賃貸アパートなどが信託財産とされた。

＜解答解説＞

　一般的な受験勉強を積んできただけだと，ワクフは都市に施設を寄進する寄付行為としか習わないので，ぱっと見で誤文が無く，出題ミスに見える。ここでワクフについて詳しく説明すると，支配者や富裕層は商店や賃貸住宅や農地等の，収益が出る施設や土地の所有権を停止して都市やモスク・マドラサに寄進する（ワクフの直接的な訳語は所有権の「停止」である）。その際に，寄進した物の収益が特定の目的に充てられることを条件に，所有権の停止を宣言するのだ。この特定の目的とはモスク・マドラサ・病院・公共浴場等の公共施設の建設費や維持費が主である。このような説明は細かく見えるが，主要5冊の教科書の全てで取り上げられている。イスラーム世界に特有の興味深い制度だからということだろう。したがって，決して範囲外の知識というわけではない。そこまで深く問われることがめったにないから一般的な受験勉強で触れられないだけである。

しかし，それがわかったとして結局本問は困る。a・c・d は間違いなく正文でしかないので，b を誤文＝正解とするしかないが，**モスクやマドラサは"間接的に"寄進されている**ので，これを誤文と見なすのは，少なくとも私はかなり気持ち悪い。数人の世界史識者に聞いてみたが同様の反応であった。作問者としてはモスクやマドラサが直接寄進されたわけではないから b は誤文と言いたいのだろう。しかし，選択肢を「多くのモスクやマドラサは直接的に寄進された」とすれば瑕疵は無かったのだから，そうすべきであった。『赤本』は間接的な寄付であるという理由で b を正解とし，特に異論をつけていなかった。一方『入試問題正解』は正解を c としていた。特に説明はなく，単純な誤答（誤植）ではないか。

なお，現代でも国家的制度としてワクフを維持している国がある。たとえばエジプトにはワクフ省が，イランにはワクフ慈善庁があり，サウジアラビアにもやはりワクフを管轄する省庁がある。まだ生きている制度であり，教科書がわざわざ深く説明したがる理由もわかる，

８２．関西学院大　2/6 実施

難問

問題３　①　オセアニアに関する記述として，誤りを含むものはどれか。

a. 最終氷期にオーストラロイド系の人々が現在のオーストラリアへ到達した。
b. オーストロネシア系の人々の移住はミクロネシアから拡大していった。
c. 太平洋の島々に定住した人々は，農耕や家畜の飼養を行った。
d. ポリネシアのイースター島では巨石文化が発達した。

＜解答解説＞

2022 年も関西学院大は用語集頻度①や②から巧みに出題して範囲外の問題を避ける工夫がされていたが，わずかな油断で範囲をはみ出たらしき 1 問がこれ。立教大の**５８番**（p.208）と同様に，実教出版と東京書籍の

教科書にしかない情報で作られたオセアニア史の問題。しかもこちらは正誤判定で文の内容がそれぞれ細かいので，この2冊のオセアニアの章を丸暗記でもしていないと解答が困難である。

　aは実教出版から，オーストラロイド系の人々がオーストラリアに到達したのは最終氷期なので正文。bも実教出版から，オーストロネシア系の人々は東南アジア島嶼部から前3000年頃にメラネシアへ移動し，その後の前1500年頃に北上してミクロネシアに，前1300年頃にミクロネシアからポリネシアに移住した。よって順番が違うので誤文＝正解。cは東京書籍の教科書にまんま同じ文がある，つまりコピペ。dもcと同じくコピペであるが，cとdはまあ常識的に正文と判断できると思う。作問者がコピペでしか作問できないような分野からはそもそも出題しないでほしい。

　なお，**赤本ではbの「オーストロネシア」が「アフロ＝アジア」に変わっていた。**この方が誤りが明確になって難易度が急激に下がった標準的な問題になる。Xamも同じように変わっていたから，大学としては出題ミスではない程度の危うい内容，あるいは過剰な難易度であるので過去問として供出する際には出版社に変更を指示したということなのだろう。

〔番外編１１〕神戸学院大　2/1 実施

問題2　次の漫画とそれに関連するリード文を読み，下記の設問に答えよ。(36 点)

©大久保圭／コアミックス『アルテ』第 2 巻, 2014 年

　この漫画の主人公はフィレンツェの貴族の家に生まれた 16 歳の少女アルテです。彼女は絵を描くことが何よりも好きで画家を目指し，女性差別やさまざまな試練にぶつかりそれを克服していきます。作品では親方が「この 2～3 年でラファエロとレオナルドが死んだ」と話す台詞があることから，ラファエロの没年が 1520 年，レオナルドが 1519 年ですので，だいたい　 a 　年頃のイタリアが舞台であると言えます。

　当時のイタリアでは（ア）画家組合があり，組合員は会費を納める親方画家のみで構成されていました。画家志望者は親方の工房で一定期間の修業を積み，組合に親方資格作品（masterpiece）を提出して初めて画家としての活動が認められるという徒弟制度でした。

　歴史上，16 世紀にはアルテのような貴族階級出身のソフォニスバ＝ア

ングイッソラという女性画家も実在しています。彼女は27歳の時に(イ)
フェリペ2世の妃エリザベート＝ドゥ＝ヴァロワに認められ，宮廷画家と
してスペインのマドリードで過ごしました。 b で有名なミケランジェ
ロも彼女の作品を認めたと言いますから，大した実力だったようです。

　さて，この漫画は16世紀の画家という職業を題材にして，性差の見直
しや解消について考えることができるという点で現代に通じるメッセージ
性が明確にあります。高校の教科書にも「(ウ)身分による格差や特権を
否定した近代の社会で，かえって政治や仕事は〔男の世界〕，家庭や育児
は〔女性の領分〕とする性別役割分業が強化されていったのである。こう
した男女の関係に風穴を開けたのが，(エ)第一次世界大戦であった。」（東
京書籍「世界史B」）という記述が見られるようになりました。これまで
の社会では，生物学的性別とは別に，(オ)社会によって作り上げられた「男
性像」「女性像」のような男女の別を示す概念があり，性別による固定的
役割分担，偏見等が社会的に作られてきました。これから求められる男女
共同参画社会の実現には，これまでの男性中心の社会に女性が c を主
張して参加するのみではなく，社会制度や慣行の見直しのために歴史的に
形成されてきた固定観念にとらわれない，柔軟な思考と本質を見極められ
る学識が必要なのではないでしょうか。

問1 14 　空欄 a に入る年号として最も適切なものを次のA～D
の中から1つ選べ。

A　1515　　　　B　1518　　　　C　1520　　　　D　1522

問2 15 　下線部（ア）について，このような組合を何と呼ぶか。
最も適切なものを次のA～Dの中から1つ選べ。

A　カルテル　　B　ギルド　　　C　コムーネ　　D　ミッレト

問3 16 　下線部（イ）について，この国王の治世で起こった出来
事として適切でないものを，次のA～Dの中から1つ選べ。

A　グラナダの占領　　　B　マニラの建設
C　アルマダ海戦　　　　D　ユトレヒト同盟の結成

問4　17　空欄　b　に入る語句として最も適切なものを次のA～
Dの中から1つ選べ。

A　「ヴィーナスの誕生」　　　　B　「最後の審判」
C　「最後の晩餐」　　　　　　　D　「神曲」

問5　18　下線部（ウ）について，身分による格差や特権に対して，
人為的な法よりも上位に位置する生存権や自由権があると説いた考え方を
何と呼ぶか。最も適切なものを次のA～Dの中から1つ選べ。

A　啓蒙思想　　　B　自然法思想　　　C　古典主義　　　D　王権神授説

問6　19　下線部（ウ）について，フランス革命がこのような考え
方を社会で実現した。フランス革命の説明として波線部が適切でないもの
を次のA～Dの中から1つ選べ。

A　三部会は財政難を背景に招集され，平民に対する増税案をめぐって紛
　糾した。
B　ロベスピエールの恐怖政治に反発したテルミドール9日のクーデター
　によって，ブルジョワ共和政府が成立した。
C　ジャコバン派が主導する国民公会では，農民に対する封建的地代の無
　償廃止が決定された。
D　国民公会は法の前の平等を宣言したが，選挙権は女性には認められな
　かった。

問7　20　下線部（エ）について，この戦争が長期戦の様相を呈す
ると，参戦国では膨大な兵員の補充が労働者の不足を招き，軍需物資増産
のために新しい政策が行われた。この政策として適切でないものを，次の
A～Dの中から1つ選べ。

A　工場法の制定　　　　　　B　女性の勤労動員
C　労働組合との協力体制　　　D　占領地住民の強制労働

問8　[21]　下線部（エ）について，戦争の長期化に対して勝敗を分かつものは，前線での軍の勝敗ばかりでなく，物資補給力の確保も重要な要素となる。その妨害のためにドイツが行なった事柄として，最も適切なものを次のA〜Dの中から1つ選べ。

A　無制限潜水艦作戦　　　B　武器貸与法の制定
C　ボスニア・ヘルツェゴヴィナ併合　　　D　ラインラント進駐

問9　[22]　下線部（オ）に関連して，19世紀のクリミア戦争におけるイギリスのナイティンゲールら女性たちの活動によって，女性の専門職が社会で認められ始めた。しかし，その専門職もやはり性別による固定的役割分担のものだった。その専門職の分野として最も適切なものを次のA〜Dの中から1つ選べ。

A　調理　　　　　B　教育　　　　　C　広報　　　　　D　看護

問10　[23]　下線部（オ）について，アメリカでは1920年代に入ると各家庭に家電製品が普及していき，アメリカ的な生活様式が豊かなモデルとされていった。しかし，そのような社会においても，女性に対する固定的役割分担は解消されなかった。女性は当時の社会においてどのような存在であると見なされたのか，最も適切なものを次のA〜Dの中から1つ選べ。

A　消費者　　　B　有権者　　　C　管理者　　　D　開発者

問11　[24]　空欄cに入る語句として最も適切なものを次のA〜Dの中から1つ選べ。

A　解放　　　　　B　権利　　　　　C　代償　　　　　D　義務

問 12　 25 　下線部（オ）について，このような考え方を何と呼ぶか。
最も適切なものを次の A ～ D の中から 1 つ選べ。

A　ジェンダー　　　　　B　新自由主義
C　実存主義　　　　　　D　グローバリゼーション

＜コメント＞

　　毎年恒例の神戸学院大の漫画引用問題は『アルテ』であった。本当に選
択のセンスが良い。リード文にある通り，『アルテ』は明確に女性差別問
題をテーマにした作品になっていて，ルネサンスという時代の都合上，そ
の解決はどうしてもアルテ個人の努力や人格によってしまうものの，問題
提起としてはよく描けているし，解決もさわやかで面白い。私が大好きな
漫画で，こういう形で紹介されるのは大変に嬉しい。

　　例によって問題はかなり易しいが，工夫されている。問 1 は 1522 年な
ので D，もうちょっとヒントが少なくてもよかったかなと思う。問 2 は B
のギルド。問 3 は A のグラナダ占領。問 4 は B の「最後の審判」がミケ
ランジェロの作品。問 5 は B の自然法思想。A の啓蒙思想も当てはまり
そうに見えるが，啓蒙思想はより意味が広いので，問題文の要求にピンポ
イントに当てはまるものとなると自然法思想だろう。問 6 は A。それ以前
に議決方法で紛糾し，実質的に解散している。またその背景になる議論も
特権階級への課税案であった。問 7 は A。それ以外は総力戦体制に典型的
な現象。問 8 は A の無制限潜水艦作戦。問 9 はナイティンゲールの職業
からすぐに D の看護が正解とわかるだろう。問 10 は A の消費者。近代
社会では専業主婦が最大の消費者層とされ，家電やファッション等，そこ
をターゲットとした消費社会が形成された。これは生産の場こそが公的な
場であって男性の領域，消費の場である家庭は女性の領域という切り分け
が背景にあった。易しいながら鋭い設問。問 11 は B の権利。これからの
フェミニズムは権利の運動ではなく解放の運動であるという文脈であるか
ら，A の解放を入れると文意が成り立つように見えておかしくなってしま
う。意外と正答率が低そうである。問 12 は A のジェンダー。

コラム２

話題になった他科目の出題ミス・難問

　直近５年ほどで話題になった日本史・地理の出題ミスについてまとめた。本来であれば『絶対に解けない受験日本史（地理）』が出版されて，そちらで詳細に批評されるのが理想であるが，執筆者に名乗り出てくれる人が見つからない。それでもアーカイブとして批評が残らないのも問題と考え，ひとまず世界史の方で記録を残すことにする。

2018年・センター試験　地理Ｂ

問題5　**問4**　ヨシエさんは，３か国（編註：ノルウェー・スウェーデン・フィンランド）の街を散策して，言語の違いに気づいた。そして，３か国の童話をモチーフにしたアニメーションが日本のテレビで放映されていたことを知り，３か国の文化の共通性と言語の違いを調べた。次の図５中の**タ**と**チ**はノルウェーとフィンランドを舞台にしたアニメーション，ＡとＢはノルウェー語とフィンランド語のいずれかを示したものである。フィンランドに関するアニメーションと言語との正しい組合せを，下の①〜④のうちから一つ選べ。

スウェーデンを舞台にしたアニメーション

「ニルスの
ふしぎな旅」

スウェーデン語

アニメーション

タ 「ムーミン」

チ 「小さな
バイキング
ビッケ」

言　語

A

B

『旅の指さし会話帳㉚ スウェーデン』などにより作成。

図　5

	①	②	③	④
アニメーション	タ	タ	チ	チ
言　語	A	B	A	B

＜解答解説＞

　この問題は一見すると，ヴァイキングの歴史を持つのはノルウェーであってフィンランドではない，ノルウェー語とスウェーデン語は同じゲルマン語派なので近縁だがウラル語族のフィンランド語は全く似ていない，というところからフィンランドに関連しているのはタとBで②と解ける。タとチについてはムーミンの知識が問われているわけではなく，高校地理内の知識と思考で解ける問題として出題された。しかし，すぐに多くの問題点が指摘され，"炎上"することになった。

238

　まず，「ヴァイキングは高校地理で学習しないので，この解法は成立しない」という指摘がなされた。ついでに言えば世界史Ａでも学習しないから，ヴァイキングの居住地について地理Ｂの受験生は知り得ないということになる。センター試験はその性質上，範囲外の知識を問うことが私大の入試や国公立大の二次試験よりも厳しく咎められるべきと考えるなら，これは大きな汚点である。これに対して大学入試センターは「フィンランドは森と湖に覆われた国である。画中に森と湖が描かれているから，こちらがフィンランドと推測できる」「ノルウェーは暖流の北大西洋海流が流れるので，冬でも沿岸部が凍らない。よって，船のある方がノルウェーと推測できる」としてヴァイキングの知識がなくても解答可能であると主張した。このため次に，前者について地理学者から「平地，樹木，湖沼はノルウェーにも存在する」と反論を受けた（※１）。当然である。また，そもそも画像が粗すぎて森と湖を読み取ることが困難であるという意見も見られた。過去のセンター試験ではこの画像の粗さでの自然地理的解法を要求されたことが無いから，大学入試センターの主張はいかにも不自然である。なお，ＡＩによる東大入試攻略プロジェクト（東ロボくんプロジェクト）を率いていた新井紀子氏がTwitter（現Ｘ）で「解像度の低い（ＡＩにとっては）意図不明な画像が多すぎ。地図で指示している箇所がどういうつもりなのか，ＡＩ的にはさっぱりわからん」と発言していたが（※２），この指摘は本人の意図を超えて鋭い指摘になっている。人間だって，この画像で樹木と湖沼の存在を読み取るのはつらい。

　そして後者についてだが，バルト海側にもヴァイキングは進出している。例えば高校世界史で習う通り，スウェーデン系のヴァイキングはロシアに進出してノヴゴロドを建設しているし，もちろんフィンランドにも進出しているから，専門家どころか受験生の目線でも，この推測は全く成り立たないことがわかってしまう。高校世界史と矛盾する推測が必要となると，世界史Ｂ・地理Ｂの組合せの受験生の学習に悪影響を及ぼすことになるが，そこまで考えてこの最悪の反論を発表したのだろうか。さらに言えば高校世界史どうこう以前に，**冬に海が凍る地域であっても，それ以外の季節に船を航行させている可能性があると考えるのが自然である**から，至極常識的に考えるだけでも大学入試センターが推奨する解法には無理がある。

　とはいえ，解法に無理があっても事実関係が正確なら，難問・悪問では
あれ出題ミスではないということになる。しかし，本問はここにも疑問符
がついた。問題となったのは，「ノルウェーとフィンランドを舞台にした
アニメーション」という記述である。試験2日後の1月15日，大阪大学
外国語学部スウェーデン語専攻がホームページ上で批判的見解を公表した
（※3）。その主張をまとめると，「原作『ムーミン』の作者トーベ・ヤン
ソンはムーミン谷を架空の場所としており，現実のフィンランドを舞台と
して設定しているわけではないし，フィンランドとスウェーデンの双方が
モチーフにされている。したがって，日本でアニメ化された際に舞台をフィ
ンランドと固定する設定変更があったかどうかを確認する必要がある」
「『小さなバイキング』も原作のルーネル・ヨンソンは舞台をノルウェー
とスウェーデンの海岸としか示しておらず，またビッケたちが住んでいる
のはスウェーデンの部族の村という記述がある。そもそも『小さなバイキ
ング』は世界中を旅する物語である。これも日本でアニメ化されて『ちい
さなバイキングビッケ』となった際に設定変更があったかどうかを確認す
る必要がある」ということになる。ムーミン，ビッケに対していずれも重
要な指摘である。これに関連して日本のムーミン公式サイトから「残念な
がら権利者の手元にも十分な資料がありません。客観的な事実として，そ
の舞台がフィンランドと設定されているのかどうかは，第三者の検証に委
ねたいと思います」という声明が発表された（※4）。だが，大学入試セン
ターはいずれも黙殺した。**こうした事態を引き起こした根本的な原因
は，「舞台」という言葉を不用意に使ってしまった日本語の選択ミスであ
る。**「関連が深いと考えられている国」とか「国民的な作品として受容さ
れている国」といった文言にしておけば，これほどの大問題にはならなかっ
たはずだ。
　**総合的に判断するに，事実関係に誤りがあり，かつ高校地理として適
切な解法でも解答できないのなら，出題ミスと断定せざるを得ない。**それ
でも批判を黙殺した理由について，後日に大学入試センターから発表され
た冊子『センター試験を振り返る』では「選抜性のある問題は多少の瑕
疵があっても問題不成立とはしない」という最悪の言い訳を公開してい
た。この件についてはコラム3で詳述したので，そちらを参照してほしい
（p.389）。こうして本問は公的な出題ミスとはならなかったのだが，こ

のことは後世に大きな禍いを残すこととなった。その具体的な被害は後述する 2023 年の日本史 B で現れることになる。

参照した URL は全て 2024 年 3 月 9 日閲覧。

※1　たとえば毎日新聞の次の記事。「センター試験ムーミン論争過熱　フィンランドの根拠は…」
　　　https://mainichi.jp/articles/20180121/k00/00m/040/099000c
※2　https://twitter.com/noricoco/status/952448474330546176
※3　https://www.sfs.osaka-u.ac.jp/user/swedish/news2018.html
※4　https://line.love-moomin.jp/20180116/moomin_official01.html

2022 年・大阪大学（前期）　地理

問題 1　**問 1**　下の図 1 は，いくつかの地域の 2018 年における国際観光客到着数と伸び率（前年比）を散布図で表したものであり，図中の円の大きさと円内の数字は国際観光客出発数（単位：100 万人）を示したものである。また，次ページの表 1 は同年における国際観光客の発地と着地との関係を示す資料である。図 1 と表 1 を参考にして，発着地の関係に言及しながら世界の国際観光客流動について説明しなさい（150 字程度）。

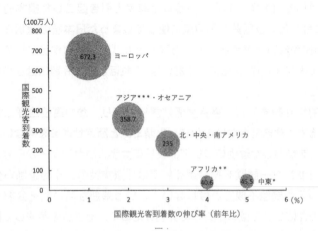

（注）円の中心が縦軸・横軸の値に相当する。＊中東にはエジプト・リビアを含み，イランを含まない。＊＊アフリカにはエジプト・リビアを含まない。 ＊＊＊アジアにはイランを含み，それ以外の西アジアを含まない。
（出典）国連世界観光機関の資料（International Tourism Highlights, 2019 Edition) に基づいて作成。

表1

発着地の関係	国際観光客到着数（100万人）
地域内への国際観光	1058.0
地域外への国際観光	294.2

（注） 「地域」は図1の地域分類による。国連世界観光機関の資料 (*International Tourism Highlights, 2019 Edition*)に基づいて作成。

＜解答解説＞━━━━━━━━━━━━━━━

　本問は阪大当局自身がミスを発見して公表された。このうち，誤りがあったのは図1である。出典がきっちりと書いてあるのでその資料を見に行ってみよう。その資料はすぐに出てくる。

・International Tourism Highlights 2019 日本語版（国連世界観光機関）
　https://unwto-ap.org/wp-content/uploads/2021/05/Tourism-HL2019_JP-1.pdf

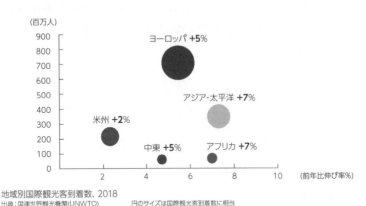

アジア・太平洋は到着数で最大の成長率を記録　アフリカがこれに続いた。

地域別国際観光客到着数、2018
出典：国連世界観光機関（UNWTO）　　円のサイズは国際観光客到着数に相当

　見比べると２点のミスがあるのがわかる。①地域と伸び率の組み合わせが全く違う。国連世界観光機関のグラフと見比べると円の位置が異なるのが一目瞭然である。**おそらく何かの拍子で到着数の大きい方から１・２・３・４・５％になってしまった**のだろう。言われてみると不自然なほどに数字が綺麗である。結果的に実際よりもヨーロッパとアジア・オセアニアの伸び率が低すぎるグラフになってしまった。

　②図１は「国際観光客到着数と伸び率（前年比）を散布図で表したもの」となっているが，グラフ中の円の位置が指しているのは円内の数字と同じ，つまり出発数になっている（国連世界観光機関の示すグラフは円の大きさも到着数であることに注意が必要）。**したがって，本問のグラフ中には正しい到着数のデータが無い。**たとえば実際には中東の到着数は60.5万人，アフリカの到着数は67.1万人であるので，両地域の円はこれよりもわずかに高い位置に来るはずである。また，図１ではアフリカの円が中東の円よりも低い位置に示されているが，実際には高い位置に来るはずである。さて，本問のニュースバリューはいくつかある。

１．入試は 2/25 に実施されているのに，5/30 まで全く発覚しなかったこと

　まず何よりこれだろう。5/30 に翌年度の入試問題の作成のために担当

者が確認するまで，誰も気づかなかったか，気づいてもミスだと判断しなかったということだ。毎日新聞の報道には「学外からも指摘があった」とあるが，産経新聞の報道を読むとこれは内部の指摘の後だったとのこと。偶然 5/30 頃になって外部にも気づいた人が出てきたのか，阪大が外部業者に検討を依頼したためなのかはわからない。

　ともあれ，大手予備校はどこも解答速報で 2/25 から数日のうちに大阪大の地理の解答・分析を発表している。しかし，そのいずれでも図1については指摘が無かった。つまり，**大手予備校の解答作成者は，この誤った図1を所与のものとして受け入れて解答を出している**。並み居る受験地理のプロたちが見て，この図1を特に不思議に思わなかったということだ。高校地理は尋常でなく範囲が広い。本問を見て「旅行客数の動向も高校地理の範囲なのか」と驚かれた方もいると思われるが，これに限らず空港や港湾ごとの出入国者数のデータを用いた入試問題も頻出である。また，受験地理はデータを覚えていくものではなく，与えられたデータを所与のものとして思考し，解答を組み立てる科目である。もちろんデータを活用するために覚えていく必要がある知識はあるし，頻出のデータ（たとえば米の生産量・輸出量の国際ランキング等）も覚えていった方がいい。しかし，今回のような国際観光客到着数はそれに該当しないから，専門家としても今回の入試問題で初見であった人が多かろうと思われる。気づかなかったのはダサいとは，少なくとも私の口からは言えない。

　しかしながら，一方では**このようなデータのミスに気づくのに必要なのは，結局のところ思考力ではなく知識なのではないか**という疑問は提示できる。近年の高校教育では「知識よりも思考力」ということが強く進められているが，思考力では本件のようなミスは防げないし，この種のミスは入試問題でなくとも，データを扱う仕事ならどこでも発生しうる。データリテラシーの基本はやはりその分野についての知識なのではないかという点で，本件は意外な難問を社会に投げかけているように思われた。

2．誤ったデータでも解答は作れてしまうこと

　阪大自身が「回答は不可能ではないが，入試問題としては不適切」と声明を出している通り，また予備校が解答速報の段階で気づかずに解答を発表してしまっている通り，データが誤っていても解答が作れてしまうのは

面白い。地理（というか地歴公民）とはそういう科目なのである。理科ならどこかで破綻するだろう。たとえば，図1が正しいデータで掲載されていたとした場合の本問の解答のポイントは，

A. 表1から域外観光客よりも域内観光客の方が多いことと，図1からヨーロッパの旅行客が多く伸び率も高いことを読み取って，ヨーロッパ内部の移動が活発であることと，その理由として移動の自由や高所得を挙げる。

B. アジア・オセアニアにも近い傾向があることを読み取り，かつ伸び率が最も高いことから中国の経済成長の影響を指摘する（データは2018年なのでコロナの影響は無い）。ちょうど爆買いの時期であることや平昌五輪の年であることを想起・指摘してもよい（実際にInternational Tourism Highlights 2019の別ページにそういったことが書かれている）。

C. 南北米や中東は国際旅行が盛んではない。アフリカは伸び率が高いが，ヨーロッパからの観光客が多いと推測される。150字という字数を考えると，A・Bに比べると重要度が低く，言及は避けた方が無難。

ということになる。一方，データとして誤っている図1で考察すると，Aは（低い伸び率を無視すれば）同じような推論が成り立つが，B・Cは全く違う結論になる。むしろ中東や南北米が高い伸び率であることや，ヨーロッパやアジア・オセアニアが低い伸び率であることに言及しない解答は不自然である。実際に各予備校とも中東の伸び率はオイルマネーによる観光地整備が理由ではないかとか，アジアから南北米大陸への旅行客が増えているのではないかといった感じで，がんばって理由をひねり出している。悲しいことにいずれも図1のデータ自体が誤っているので，これらの分析も間違っているのだが……データが違うので解答上必要な知識が全く違ってくる。

　なお，阪大は出題の意図を公開しているが，地理は全体的に一般論しか書いておらず毒にも薬にもならない。世界史や日本史がちゃんとした採点講評になっているのに比べると貧弱である。採点講評をもう少し具体的に書けば自らで出題ミスに気づけた可能性は高いと思う。**阪大がこのように出題意図を公開するようになったのは2017年に物理で派手な出題ミスを出したからであるが，今回の地理は公開された出題意図が手抜きであった**

ためにその反省が活かされなかった形になってしまった。少し残念である。

3．そもそも 2018 年の単年だけでの分析が適切だったのか疑わしいこと

　国際観光客数のような数値は年ごと変動がかなり激しい。たとえば，この 1 年後の 2019 年のデータを見てみよう。

・International Tourism Highlights 2020 日本語版（国連世界観光機関）
https://unwto-ap.org/wp-content/uploads/2021/05/
Highlights_2020_low.pdf

　この年ではなんと，中東が最もよく伸びている。奇しくも，図 1 の誤ったデータからひねり出された予備校の解答で出されている通り，やはりオイルマネーによる観光地整備の影響はあるのだ。アジア・オセアニアもよく伸びているが，2018 年よりも伸びが緩いのは香港で大規模なデモによる混乱があったためである。平昌五輪や香港の大規模デモのレベルになってくると時事問題に近く，高校地理の分析対象なのかという疑問がちょっとあるし，そうしたノイズ含みのデータを受験生に分析させるのは酷だろうと思う。入試問題として出題するなら，たとえば 5 年平均のデータ等で問うと良かったのかもしれない。入試問題として少々安直だったかもしれないことは，念のため指摘しておきたい。

4．地理の受験生が 12 人しかいないこと

　阪大のうち地理で受験可能な学部は文学部のみである。この文学部の一般選抜の定員は 135 人，受験者数は 350 人であると発表されている。選択科目は数学，世界史，日本史，地理からの 1 つであるが，その内訳は公開されてこなかった。今回ひょんなことから地理の受験人数が判明してしまったわけだが，思われていたよりも圧倒的に少ない。少ないだろうとは予想していたが，さすがにここまでとは。**この数だと，予備校の解答速報に参加した講師の総数の方が多そう。**採算が取れない。本邦の受験地理対策は理系の共通テストと東大受験以外にほぼ需要がないという話はよく聞くが，それが実証されてしまった。この受験人口の少なさも出題ミスが発覚しにくい原因であると思われる。

　さすがに地理の受験生が少なすぎることに危機感を覚えた国による対策として地理総合の必修化が行われたわけだが，それで共通テストレベルの

受験者は増えても，二次試験レベルの受験者が増えるとは思われない。国が本気で地理教育に力を入れたいなら，ここもまた対策が必要だろう。

2023年・共通テスト　日本史B

問題3　**問3**　下線部 b に関連して（編註：室町幕府が京都の経済活動に深くかかわっていた），次の史料1は1500年に室町幕府が京都で発布した撰銭令である。また，後の史料2は1485年に大内氏が山口で発布し，1500年においても有効だった撰銭令である。史料1・2によって分かることに関して述べた後の文a～dについて，最も適当なものの組合せを，後の①～④のうちから一つ選べ。　14

史料1

　商売人等による撰銭の事について

　近年，自分勝手に撰銭を行っていることは，まったくもってけしからんことである。日本で偽造された私鋳銭については厳密にこれを選別して排除しなさい。永楽銭・洪武銭・宣徳銭は取引に使用しなさい。

　（『建武以来追加』大意）

史料2

　利息付きの貸借や売買の際の銭の事について

　永楽銭・宣徳銭については選別して排除してはならない。さかい銭（注1）・洪武銭・うちひらめ（注2）の三種類のみを選んで排除しなさい。

　（『大内氏掟書』大意）

　（注1）さかい銭：私鋳銭の一種。

　（注2）うちひらめ：私鋳銭の一種。

a　使用禁止の対象とされた銭の種類が一致していることから，大内氏は室町幕府の規制に従っていたことが分かる。

b　使用禁止の対象とされた銭の種類が一致していないことから，大内氏は室町幕府の規制に従ってはいなかったことが分かる。

c　永楽通宝は京都と山口でともに好んで受け取ってもらえ，市中での需要が高かったことが分かる。

d　永楽通宝は京都と山口でともに好んで受け取ってもらえず，市中での需要が低かったことが分かる。

①　a・c　　②　a・d　　③　b・c　　④　b・d

＜コメント＞━━━━━━━

　2023年の共通テスト日本史Bで大きく話題になった問題である。**本問の問題点は高校日本史の標準的な知識のみをベースに史料を読むと二通りの解釈が生まれることである。**先に高校日本史における標準的な撰銭令の理解を先に述べておこう。日本の貨幣経済の発達に対して市中の銅銭（主には大陸から輸入されていた宋銭）は不足していた。すでに朝廷は独自の銅銭を鋳造する経済力も意欲も失われていたし，室町幕府も意欲が無い点では同様であったからだ。こうした銅銭を補うために，新たに明から明銭が輸入され，また中国や国内で偽造された私鋳銭が出回ることになった。しかし，私鋳銭は宋銭や明銭に比べると質が悪く，宋銭や明銭にも経年劣化等により割れたりしたものが存在したため，それらは悪銭やびた銭・割銭等と呼ばれて嫌われていた（以降併記を避けて悪銭と総称）。悪銭は受け取り拒否や額面よりも低い価値での取引が多発し，これらの行為を撰銭と呼ぶ。しかし，撰銭は市中で自然発生した現象であるから，どの程度の質の悪さから受け取り拒否が正当化されるか，悪銭何枚で精銭（質の良い宋銭や明銭，良銭）1枚分の価値と見なすかといった基準が人によって異なり，経済混乱の要因となっていた。これに公権力が介入したのが撰銭令であり，悪銭と精銭の交換比率を定めて銭の受け取りを強制する，あるいは悪銭の受け取りを禁止するといった取り決めを定めて，撰銭を制限するのがその骨子であった。

　この知識を前提に史料を読むと，史料1も史料2も悪銭の受け取りを禁止して，逆に使っていい銭を書き並べている点で共通する。確かに撰銭令である。a・bの選択は，史料1と史料2で使用が命じられている明銭に差異があるから，すでに幕府の権威は衰えていた時代でもあるし，大内氏は幕府の法令に沿って指示を出したわけではなく，独自の法令を下してい

たことがわかる。よってｂが正しい。ここは解釈が割れない。

　もう一方のｃ・ｄについて。永楽銭（永楽通宝）が好んで受け取ってもらえたかどうかが論点になっているが，ここに二通りの解釈が生じてしまう。一つは，法令には単に使っていい銭貨の例が書き並べられているにすぎないとする解釈である。永楽通宝は市中で問題無く流通していたことになるから，ｃが正しい。したがって③が正解である。しかし，法令でわざわざ使用が推奨されている，あるいは強制されているということは，永楽通宝が撰銭の対象だった可能性があると読むこともできる。つまり，私鋳銭と同様の悪銭扱いであり，嫌われていたのではないか。こちらの解釈をとるとｄが正しい。したがって④が正解である。このように**史料の読み方により解答が分かれてしまうのである。**

　ここで情報を二つ補足する。一つ目，高校日本史において，明銭は具体例が登場する。共通テストのレベルだと洪武通宝，永楽通宝の二種類で，少しマイナーなのが宣徳通宝になる。一方，宋銭は具体例を大して習わない。つまり，**史料２にある宣徳銭が実はけっこうなノイズで，**このために共通テストで日本史が終わるような少し学習が浅い受験生だと，史料に登場する銭貨の固有名詞が全て明銭の事例であることに気付かない可能性がある。二つ目，明銭は通常の高校世界史の学習で，宋銭と同様に精銭として扱われて日本全土に広く流通したと学習する。山川の用語集には「大量に輸入された」という情報しかないが，山川の教科書『詳説日本史』だと「従来の宋銭とともに，新たに流入した永楽通宝などの明銭が使用されたが，需要の増大とともに粗悪な私鋳銭も流通するようになり，取り引きに当たって悪銭をきらい，良質の銭（精銭）を選ぶ撰銭がおこなわれて，円滑な流通が阻害された」とある（pp.137-138）。**この教科書本文の記述を根拠にすると，明銭の一種である永楽銭が嫌われていたとは考えにくい。**これはｃが正文であると見なす強い補足材料になるから，やはり③が正解でよさそうだ。実際の受験生がここまで検討し尽くしたかはわからないが，ほとんどの受験生は概ねこの筋のどこかまでは考えたはずである。先日ベネッセが発表したデータによると，解答に③を選んだ受験生は約70％であった。

　しかし，大学入試センターが発表した正解は④である。つまりｄが正文で，史料１・２はひねった解釈が正しい。同じくベネッセが発表したデー

タによると正答率は約10%であったから極端に低い。これは受験生の読解力や思考力が低かったから史料の解釈を一意に絞れなかった結果なのだろうか。そうではあるまい。二通りの解釈が成立してしまうところに，明銭についての山川の教科書本文の知識があると，誤った方の解釈に誘導されてしまうのだから。ついでに言えばベネッセは上位層と中下位層の正答率が逆転していて，上位層ほど正答率が低かったと発表していた。**明銭の知識が深いほど間違えやすいから，上位層ほど正答率が下がるのは当然である。**

　ここで史料の正しい解釈について補足説明をしておこう。まず明銭は宋銭に比べて新参者であったため，同じ精銭であるにもかかわらず，早期に貨幣経済が浸透していて宋銭に慣れた西日本では使用を忌避されていた。結果的に明銭は日本全土で広く流通したといっても，西日本を素通りして東日本で主に流通したとされている。しかし，市場の評価に従って明銭を撰銭の対象として追認すると，やはり銭貨不足に陥ってしまう。このため西日本の公権力は明銭の使用を強制することにした。その代表例が史料1・史料2で，史料2の方がわかりやすい。「選別して排除してはならない」は，かなり強めの強制と読むことになる。これらのことは高校の教員や予備校の講師でも知らない人の方が多いだろう。なお，史料2の省略された部分には「大内氏に段銭を納める際には，永楽銭と宣徳銭は100文のうち20文以内にしなさい」という指示がある。この部分も問題に掲載されていれば，大内氏自身が明銭を撰銭してダブルスタンダードになっていることがわかるから，気づきのきっかけになっていた可能性がある。おそらく史料1と平仄を合わせるために削ったと思われるが，悪手である。

　結論に入る。本問は範囲外の知識がないと史料を正しく解釈できない可能性が高い，共通テストにふさわしくない超難問である。正答率10%がそれを物語っている。問題がフェアではないのだから，受験生はできなくていい。何かの間違いで共通テストに慶應大の法学部の問題が出てしまったと思ってほしい。また，高校の教員等から「これを解けるように指導しなければならないのか」という反応が多く見られたが，そのような指導は不要だ。むしろ受験生が何気ない史料でもうがった検討をするようになってしまうと害悪である。

　本問は明確に正解を出せるから出題ミスにはあたらず，成立している。

ただ難しいだけである。しかしここで，上述した 2018 年・センター試験の地理 B を思い出してほしい。大学入試センターはあのムーミン問題を出題ミスにしないために，「選抜性のある問題は多少の瑕疵があっても問題不成立とはしない」と言い訳をした。つまり，この理屈から言えば本問は不成立級の失態と言えるのではないだろうか。選抜性が皆無どころか，逆の方向に機能しているのだから。**まさかムーミンの時に投げたブーメランが 5 年越しに鋭く返ってきて日本史 B の首を搔き切ることになろうとは，誰が予想できたか。**正直に言うとムーミン事件をいまだに納得していない私にとっては痛快である。返す返すもムーミン事件の際に雑な言い訳をしたのが不幸の始まりだった。作問者や大学入試センターがどう頑張っても一定確率で本問のような失敗作が生じるのが共通テストの宿痾であり，我々は今後この宿痾に何度も苦しむことになるという予兆を感じたのが本問であった。

2021年度

早慶・国公立・私大その他

■■■ 2021 早慶■■■

　2021 年は新型コロナウイルス感染症の蔓延により受験生に学習の遅れがあるかもしれないという理由により，文科省から「**発展的な学習内容から出題しないことや，出題する場合は，設問中に補足事項を記載するなど**」をせよというお達しが出ていた。それにおとなしくしたがった形だろうか，慶應大では経済学部・商学部・文学部のいずれも収録対象無し。特に経済学部は例年通りの良問であった。商学部はアラブ首長国連邦の旧宗主国がイギリスというのがグレーゾーンだったのと，フランス革命の複合革命論の4階層（貴族・ブルジョワジー・サンキュロット・農民）を問う問題がやや無理な問い方だったかなと思ったくらい。そんな中，文科省のお達しなど全く気にしなかった学部が1つだけ。それでも2020年よりはかなりマシになったのであるが……

1．慶應義塾大　法学部

悪問・難問・誤植

問題1　さらにペストは，災禍の犯人を仕立て上げて迫害する心理をも生み出した。その代表例がユダヤ人に対するものである。ユダヤ人の一部は東欧に逃れ，　(7)(8)　とよばれる離散ユダヤ人の礎となった。

03　アシュケナジム　　　04　イシューブ　　　16　クリムチャク
20　セファルディム　　　34　ミズヒラム
（編註：関係のある選択肢のみ抜粋，選択肢の文言は原文ママ）

◀解答解説▶

　慶應大・法学部名物，山川『新世界史』には載っているシリーズ。正解は03のアシュケナジムである。かなり手の内が割れてきているので，対策がはまった受験生もいたのでは。16のクリムチャクは私も知らなかっ

たのだが，クリミア半島に居住するトルコ系ユダヤ人のことだそうだ。**34 のミズヒラムはミズラヒムの誤植。**例によって**範囲外から出題して盛大に誤植するというクソダサ行為**が見られるが，もはやわざとなんだろうか。ミズラヒムはアラブ諸国やイラン・中央アジアに住むユダヤ人のことで，セファルディムに含めるかどうかは議論があるとのこと。セファルディムもアシュケナジム同様に山川『新世界史』にしか記述がない。イシューブはイスラエル建国以前から存在するパレスチナのユダヤ人社会のこと。

　ところで，私はクリムチャクについて今回知ったくらいなので全く詳しくないが，問題の要件が「東欧に逃れた離散ユダヤ人」だけであってそれ以外に縛りがないので，**クリミア半島も東欧だからクリムチャクも正解になりかねない**のでは。クリムチャクは起源そのものは古代のようだが，中世に逃れてきた人も合流しているだろうから，危ない気がする。

２．慶應義塾大　法学部（２つめ）

出題ミス

問題１　［設問３］　下線部（エ）に関連して（編註：シチリア島），シチリア島の歴史についての以下の記述のうち誤っているものすべてを選んだ場合，もっとも適切な組み合わせを [01] から [18] より選び，その番号を (15)(16) にマークしなさい。

(a)　第３次ポエニ戦争で将軍ハンニバルが率いるカルタゴに勝利したローマが，その後シチリア島をはじめての属州とした。

(b)　６世紀には，イタリア半島を席巻したランゴバルド王国が，東ゴート王国をしりぞけてシチリア島に進出し，支配を始めた。

(c)　12世紀には，ルッジェーロ２世が，シチリア島と南イタリアとを占拠していたイスラーム勢力を圧倒してノルマン朝のシチリア王国を成立させた。

(d)　13世紀には，シチリア王国からナポリ王国が分離し，以後，シチリア王国はイベリア半島にあるアラゴン王国の王家が支配をするように

なった。

(e) ナポレオン戦争後のウィーン体制のもと，スペイン＝ブルボン家によってシチリア王国とナポリ王国が統合され，両シチリア王国を称した。

(f) サルディーニャ王国の首相カヴールの命を受けたガリバルディは，シチリア島を占領した後，両シチリア王国の首都ナポリを奪取し，これら占領地をサルディーニャ王に献上した。

[01] (a)(b)	[02] (a)(b)(c)	[03] (a)(b)(f)
[04] (a)(c)	[05] (a)(c)(d)	[06] (a)(e)(f)
[07] (a)(f)	[08] (b)(c)	[09] (b)(c)(d)
[10] (b)(d)(e)	[11] (b)(e)(f)	[12] (b)(f)
[13] (c)(d)(e)	[14] (c)(e)	[15] (d)(c)
[16] (d)(e)(f)	[17] (d)(f)	[18] (e)(f)

＜解答解説＞

　(d)(e) は問題なく正文。(a) はハンニバル戦争が第２次ポエニ戦争であり，シチリア島がローマの属州になったのは第１次ポエニ戦争によるので二重に誤文。(b) はランゴバルド王国の勢力がシチリア島に及んでいないので誤文。(c) は，ノルマン朝（両）シチリア王国は，南イタリアからランゴバルド系の諸侯とビザンツ帝国を駆逐し，シチリア島からはイスラーム勢力を駆逐して建国された。したがって「シチリア島と南イタリアとを占拠していたイスラーム勢力」の部分が誤り。またこの文は主語がルッジェーロ２世になっているが，南イタリアへのノルマン人の進出は彼の年の離れた伯父ロベール＝ギスカールに始まる一族総出の征服事業であって，シチリア島のイスラーム勢力はルッジェーロ２世の登場前に駆逐されている。よって (c) の文も二重の誤文である。最後に (f) はガリバルディの征服行がカヴールの命を受けたものではないので誤文。**よって (a)(b)(c)(f) と４つ誤文があるが，これに該当する選択肢がない。**出題ミスとしか言いようがない。おそらくノルマン朝の成立経緯に詳しくない人が作問し，(c) は正文のつもりなのだろう。代ゼミと駿台から同様の指摘があり，おそらくその指摘を受けて**大学当局から謝罪と全員正解とした旨の発表があった。**

3. 慶應義塾大　法学部（3つめ）

悪問

問題1　[設問４]　下線部（オ）に関連して（編註：ペストは<u>またたく間</u><u>にヨーロッパ全土に広がった</u>），ペストの流行を背景として生じた中世末のヨーロッパ社会の変容をあらわした記述として誤っているものを下から選び，その番号を　(17)(18)　にマークしなさい。

[01]　領主は，荘園での労働力を確保するため，賃金を上げたり，農奴的束縛からの解放をするなど，農民の待遇向上を図った。

[02]　イギリスでは，労働者の不足に起因する賃金上昇を抑えるため，国王が賃金をペスト流行以前の水準に固定することなどを勅令で定めたが，奏功しなかった。

[03]　フランスでは，領主が封建的束縛を再び強化する動きを示したのに対し，これに反発した農民がジャックリーの乱をおこして勝利し，身分的自由を獲得した。

[04]　プロイセンでは，領主が自由農民を農奴化し，賦役労働により輸出用穀物を生産する農場領主制がみられるようになった。

[05]　窮乏した中小領主のなかには国王や大諸侯に領地を接収されるものも多く，やがて諸侯の力をおさえた国王は権力を強化させ，中央集権的な体制を整えていった。

<解答解説>

　[01][02][05] は問題なく正文。[03] は，ジャックリーの乱が最終的に鎮圧されているので誤文。[04] は正誤の判断が難しい文になっていて，**プロイセンでグーツヘルシャフトが広がったのは 15 ～ 16 世紀頃で一般に近世の初期と理解されている。**よく言われるように西欧が大航海時代によって商工業を発展させたことを受けて，東欧地域は西欧輸出向け穀物に特化するようになるためだ。つまり，15 世紀が中世か近世かという議論は無関係で，因果関係を踏まえた歴史理解からするとグーツヘルシャフト

の拡大は近世初期ということになるのである。また，プロイセンでのグーツヘルシャフトの拡大とペストの流行は直接の因果関係が薄い。少なくとも他の４つの選択肢と比較したときに「ペストの流行を背景として生じた中世末のヨーロッパ社会の変容」とは言いがたい。[03]の文の誤りが明らかなのに比べると[04]は少し弱いが，瑕疵の無い選択肢とは言えないだろう。代ゼミから同様の指摘あり。

４．慶應義塾大・法学部（４つめ）

難問

問題２ **[設問６]** 下線部（カ）に関連して（編註：ギリシア），ギリシア世界が先進的なエジプト文化を吸収する上で大きな役割を果たしたことで知られる，ナイル川デルタ地帯のギリシア人植民市を語群から選び，その番号を (37)(38) にマークしなさい。

02 ウガリト 04 キュレネ 18 ナウクラティス
19 ニカイア 20 ネアポリス 30 マッサリア
（編註：関係のある選択肢のみ抜粋）

<解答解説>

ニカイアはニースまたは小アジアのニケーア，ネアポリスはナポリ，マッサリアはマルセイユのことであるので削れるが，残り３択からは非常に難しい。キュレネは近代のアフリカ分割のところで出てくる「キレナイカ」と関係がありそうと推測がつけば（かなり危ない推測だが）外せるかもしれない。実際に現在のリビア東部を意味するキレナイカは，古代ギリシアのポリスのキュレネを語源としている。残った２つのうち，ウガリトは現在のシリアにある古代オリエントの都市遺跡で，「海の民」によって破壊されたとされる。ギリシア人の植民市ではない。というわけで正解はナウクラティスである。一応，教科書中や資料集の地図では名前が記載されているが，覚えていた受験生は極めて少なかろうし，消去法も厳しい。せめ

てウガリトはやめてほしかった。

5．慶應義塾大・法学部（5つめ）

難問

問題3 ［設問4］ 下線部（エ）に関連して（編註：奴隷貿易），イギリスの奴隷貿易反対勢力は，18世紀後半に，黒人奴隷のうち自由の身となった者をアフリカに入植させた。その土地の現在の国名を語群から選び，その番号を (65)(66) にマークしなさい。

06 エリトリア	08 カーボベルデ	09 ガボン
13 コンゴ	15 シエラレオネ	17 セネガル
26 ベナン	27 マダガスカル	28 マリ
30 モーリタニア	31 モンロビア	34 リビア

（編註：関係のある選択肢のみ抜粋）

＜解答解説＞

　ぱっと見だと「そんなん知らんわボケ」と吐き捨てて次の問題に行ってしまいそうだが，よく読むと「イギリスの奴隷貿易反対勢力が入植させているのだから，イギリス植民地となった可能性が高い」「黒人の元奴隷を入植させているのだから，リベリアの事例も踏まえると，西アフリカの可能性が高い」として消していくと，かなり良いところまで絞れるのではないかと思う（リベリアの事例があるからイギリス人も同じことを考えるだろうという連想は危ういものがあるが）。壁になるのはカーボベルデ・ガボン・モーリタニアあたりだろうか。カーボベルデはポルトガルの，ガボンとモーリタニアはフランスの旧植民地なので誤答であり，これらを消すともうシエラレオネしか残らないはずで，このシエラレオネが正解。シエラレオネは近い経緯でアメリカからの解放奴隷が建国したリベリアの隣に位置するが，リベリアがアメリカから独立していたのに対し，シエラレオネはイギリスの植民地としての入植が図られた点で異なる。なお，モンロ

ピアはリベリアの首都名であって選択肢で唯一国名ではない。シエラレオネの首都名はフリータウンである。

　慶應大の法学部は5つ。この他に実際には受験生には難問だが範囲内と見なして収録から落としたものが7つあって計12問であった。昨年は9＋5で14問であるからトータルはさして変わらないものの，範囲外が9問から7問という変化から言って少し易しくなったか。

　代わって早稲田大であるが，こちらはお達しの影響がほとんど見られなかった。収録なしは文化構想学部のみ。その文構も2問ほどグレーゾーンがあるので言及しておく。まずギリシア・ローマ神話の問題。オリンポス12神の内容で用語集に一応記載があり，そこまで深いことは聞いていないのでギリギリセーフとした。しかし，これは奇問に近い。もう1問が「四月テーゼ」発表時点での臨時政府の首相はリヴォフ（大公）かケレンスキーか。ケレンスキーの首相就任が7月なのでまだリヴォフであるが，普通は7月とは覚えないし（教科書・用語集に7月の記載はある），リヴォフはそもそも範囲外である。

6. 早稲田大　法学部

出題ミス

問題1　設問1　下線部aに関連し（編註：<u>こうした宗教・思想は，ときに皇帝の権力やその支配体制と密接に結びつき</u>），中国における皇帝権力や支配体制と宗教・思想の関わりについて述べた以下の文のうち，明白な誤りを含むものはどれか。

① 　秦から前漢まで，国家を統治する理念として法家思想が重要であったが，後漢の光武帝の時代に董仲舒が提案して五経博士がおかれると，以後，儒教が国家の正統的教学と位置づけられていった。

② 　五胡十六国のひとつである北魏では，華北を統一した太武帝が，道教

教団を組織した寇謙之を尊信し，道教に帰依した。

③　元のフビライは，チベット仏教サキャ派の高僧で，国師（帝師）として厚遇したパスパを用いて，チベット文字を基にした新しい文字を創案させた。

④　満州という呼称は，女真が信仰していた文殊菩薩（マンジュシリ）に由来するとされ，また清の歴代皇帝は，支配下においたモンゴルやチベットとの共通の信仰として，チベット仏教を保護した。

＜解答解説＞

③は問題なく正文。①は董仲舒の活躍年代が前漢の武帝の頃であるので，後漢の光武帝の部分が誤り。作問者の想定する正解はこれだろう。審議の対象は②で，概ね正しいことを言っている文ではあるが，**北魏は五胡十六国に数えない**ので冒頭の「五胡十六国のひとつである北魏」が誤りと判断されうる。また④は，私は正文でいいと思うのだが，光緒新政の頃の清朝政府はチベットに対して近代化（政教分離）や中国化（漢化）を要求するようになっていて，必ずしも最後まで全員チベット仏教を保護していたわけではないから「歴代」が誤りと増田塾が指摘していた。ここでいう歴代皇帝は末期も末期である光緒新政の時期まで含めるような厳密な言い方ではなかろうから，この指摘は過剰に厳しいと思う。ともあれ，**大学当局から謝罪と全員を正解とした旨の発表があった。**

〔番外編〕早稲田大　法学部

悪問？

問題3　設問4　下線部④に関連して（編註：下線部が極端に長い上に問題とさして関係がないので省略），ヘンリ8世時代からピューリタン革命期について述べた次の1〜4の説明の中から適切なものを一つ選びなさい。

1 ヘンリ8世は，1534年に統一法を初めて制定し，これによりイギリス国王を首長とするイギリス国教会が成立した。

2 メアリ1世は，熱心な国教徒として，カトリックを弾圧した。

3 1603年に，アイルランド出身のスチュアート家が王位を継ぎ，国王ジェームズ1世は王権神授説を主張した。

4 クロムウェルは議会から長老派を追放し，1649年に共和政をうちたて，重商主義的な通商政策を推進するために，1651年に航海法を制定した。

＜解答解説＞

　1は統一法が国王至上法（首長法）の誤り，2はメアリ1世がカトリックなので誤り，3はアイルランドがスコットランドの誤り。消去法で考えても4が正文になるが，航海法はクロムウェル時代に制定されたものの，クロムウェル自身は航海法に反対だったために，クロムウェルが遠征で不在の間に議会が勝手に航海法を議決・制定してしまった。したがって，クロムウェルを主語にして「航海法を制定した」とするのは問題がある表現になる。

　……というのは実は2016年の本企画，しかも当時も早大・法学部の問題で指摘している。以下に当時の解説文を引用する。

> 　ただし，これはかなり瑣末な指摘である。まず，一般的な高校世界史では「クロムウェルが発令」と習うから，そもそもこの文に違和感を覚えた受験生は皆無に近かったと思われる。次に，少なくともクロムウェルが政権を握っていた時代に発布されたのは事実であり，また彼の存命中に航海法が廃止になったということもない。よって，高校世界史のレベルでは「クロムウェルが発令」と「クロムウェル時代に発令」の差異に重要性が無い。

　しかしながら駿台が解答速報で指摘していたため，当時は番外編で収録したという経緯がある。今回も駿台が同じように指摘していたため，本書も番外編として収録することにした。

7．早稲田大　文学部

悪問

問題3　設問1　下線部 a に関して（編註：北イタリア都市の商人が中心になりユーラシア大陸の東との商業交易が活性化した），このような商業活動をとくに担った都市を一つ選びなさい。

イ　フィレンツェ　　ロ　ヴェネツィア
ハ　ピサ　　　　　　ニ　ミラノ

＜解答解説＞

　別に目くじら立てるほど悪い問題でもないが，どうしても気になったので収録とした。レヴァント貿易で活躍した北イタリアの港市国家といえばピサ・ジェノヴァ・ヴェネツィアの３つであるから，普通に考えれば本問は正解が２つあることになる。しかしながら，以下の２つの理屈によって正解はヴェネツィアに絞ることができ，かつ異論もほぼ出ないだろう。まず，ピサはイタリアを南北に二分するなら間違いなく北イタリアに入るが，中部を入れた三分割なら中部に入る位置なので厳密には北イタリアではないから。ピサの立地（トスカナ地方）も範囲内の知識と言っていいだろう。次に，「とくに担った」と問題文にあるので，どうせ答えるなら最大の都市を挙げるべきであって三番手のピサを挙げる積極的な理由がないから。

　しかしながら，２つとも解答者が勝手に忖度して見出した理由にすぎず，逆に言えば「南北中部の三分割で考えろとは問題文に書かれていない」「『とくに担った』を『最大の』と読み替えるのは恣意的な解釈ではないか」という反論はありうると思うし，実際に私は解いていてこれらの反論が思い浮かんでしまって，ヴェネツィアを選ぶのはやや気持ち悪かった。ピサを選択肢から外してナポリやトリノにでもしておけばよかったことであり，あるいはピサとヴェネツィアを判別させたかったのならもっと明示的なヒントがあるべきだった。駿台から同様の指摘あり。

　文学部の他の問題でグレーゾーンだったのは，現在ルーヴル美術館に展示されているハンムラビ法典の石碑が発掘された場所からスサを選ばせる問題と，三藩の乱鎮圧で活躍したイエズス会士としてフェルビーストを選ばせる問題。両方とも用語集に記載があるが，覚えていた生徒は少ないだろう。

8．早稲田大　人間科学部

出題ミス（複数正解）

問題2　設問Y　① その遷都の地（編註：前8世紀前半，<u>周が東方に遷都した</u>）の説明として誤りを含むものはどれか。

（ア）その地は，北魏の孝文帝が都と定め，竜門の奉先寺洞に大仏を建立した。

（イ）その地は，五代十国時代に突厥出身の武将が建国した後唐の都が置かれた。

（ウ）その地は，大運河に近いことから唐代に国際貿易の中心地となった。

（エ）その地は，禅譲によって皇帝に即位した曹丕によって魏の都とされた。

（オ）その地は，新末の混乱を収拾した後漢の光武帝が都とした。

＜解答解説＞

　「遷都の地」は東周の都であるから洛邑，つまり洛陽である。（イ）・（エ）・（オ）は洛陽の説明として正しい。（ウ）は開封の説明であるので誤文で，これが作問者の想定する正解だろう。しかし（ア）は竜門石窟の開削が北魏の孝文帝であるのは正しいのだが，竜門は北魏から唐にかけて長期間に渡って建設された石窟寺院であり，その中でも**奉先寺洞は唐代の高宗と則天武后が建てた**ものである。よって（ア）は誤文になってしまう。奉先寺洞は範囲外の知識ではあるが，帝国書院の教科書の欄外には記載があり，これをよく読まないままに参照したものと思われる。文言がコピペではな

かっただけに，もうちょっとちゃんと読んでいればという惜しさはある。**大学当局から謝罪と全員正解とした旨の発表があった。**全員正解とする処置はよくわからない，普通に（ア）と（ウ）の複数正解で処理すればよいと思うのだが。

9．早稲田大　人間科学部（2つめ）

難問

問題4　設問Y　⑤ ディエンビエンフーの位置は次の地図のa～dのなかのどこか。

＜解答解説＞

　ディエンビエンフーの位置を問うのはやりすぎだろう。せめて消去法で解けるような作りになっているべきだが，本問の場合は受験生的な判断をするとdがサイゴン，cがフエっぽい（実はフエではなくダナンだが）というところまで消せてもbがハノイではないので消せず，2択で止まっ

てしまう。しかもbはおそらくハイフォンを意識して打たれた点だと思われるが，ハイフォンならもっと北東である。というわけで正解はa。ディエンビエンフーは内陸に位置した。攻略には役立たない豆知識だが，漢字で書くと「奠邊府」となるので，正確な意味はとれなくても辺境の府というのが伝わる字面である。実際にaの場所を見ればわかる通りラオスとの国境で，1841年に阮朝政府が建設したらしい。ところで，予備校の解答解説を見ると高い確率で「cはフエ，bはハノイだから消去法でaが選べる」と書いてあるのだが，bがハノイに見えるのは地図読み能力が欠落しているか，作問者への忖度力が高すぎると思う。ハノイはbよりもかなり北西に位置している。

１０．早稲田大　教育学部

難問

問題4 （8）　日本について，誤っている説明をすべて選べ。

a　日本に支持された開化派の大院君は1884年，反乱を起こした。
b　下関条約により，台湾，澎湖諸島は日本へ割譲された。
c　長崎清国水兵事件は日本の海軍力が清を圧倒していることを印象づけた。
d　宮古島島民が台湾先住民に殺害された事件を口実に台湾出兵は行われた。

＜解答解説＞

　これは世界史ではなく日本史の問題だと思う。すぐにわかるのはaが誤文で，大院君ではなく金玉均ら。大院君は甲申政変に無関係である。bは正文。難しいのはここからで，cとdは要求される知識水準が高すぎる。先にdから。台湾出兵自体は基礎知識だが，通常は「琉球漁民が台湾先住民に殺害された」と習うので，この琉球漁民がどこの島の出身者かまではやらない。これはなぜか東京書籍の世界史教科書が細かく書いていて，

宮古島と八重山諸島の住民であるからdは正文。

　最後に残ったcだが，長崎清国水兵事件は高校日本史ですらほとんど扱わない。これもなぜか東京書籍の世界史教科書に記述があるのだが，これをもって範囲内とするのは無理がある。1886年，清朝の北洋艦隊の軍艦4隻が長崎に寄港していた際に起きた出来事。北洋艦隊は艦船の修理・補給を名目としていたが，実態としては甲申政変・天津条約後の威圧であったとされる。この時に入港した定遠等の4隻は北洋艦隊がドイツから輸入した最新鋭の軍艦であり，当時の日本海軍には無いものであった。さらに下船した水兵が集団で遊郭に入ろうとして断られ，これを理由に暴行を起こし，数日間続いて死者も出る大規模な騒乱に発展した。はっきり言ってしまうと北洋艦隊が一方的に悪いのだが，当時の日清の海軍力の差もあって清側が強硬な態度に出て，なぜか日清双方が賠償金を支払って決着となった。しかしながらこの北洋艦隊，このような事件を起こしているところからもわかる通り練度や士気が低く，約8年後の日清戦争では一方的な大敗を喫することになる。仏教説話かよというくらいの因果応報感ある。

　閑話休題，cは「日本の海軍力が清を圧倒していることを印象づけた」とある部分が誤り。よって正解はa・cとなる。「すべて選べ」ではなくcも正文にしてaを選ばせる1択問題なら普通の問題だったのだが。なお，教育学部は本問以外も手強い問題が多く難化傾向であり，グレーゾーンとしては北魏の拓跋珪を道武帝の名前で出す，同じく北魏の三長制施行と洛陽遷都の時系列を問う等があった。

11. 早稲田大　商学部

難問

問題1　問H　下線部Hに関連して（編註：ディオクレティアヌス帝），ディオクレティアヌス帝について最も適当なものを選べ。

1. 皇帝自身をマルス神の体現者として神格化した。
2. テトラルキアのもと自らはローマを都とする帝国西方の正帝となっ

た。

3．小麦などの最高価格を定めた勅令を発布した。

4．カピタティオ＝ユガティオ制を廃止した。

＜解答解説＞

　常識的な受験世界史知識で判断がつくのは2だけ，彼は東方の正帝。1はひょっとしたら推測がつくかもしれない。マルスは軍神であるが，皇帝が自らをなぞらえて化身と見なすのは主神ユピテルだろう。この推測が正しく1は誤文なのだが，そもそもギリシア・ローマ神話の内容自体がグレーゾーンである。一応，ディオクレティアヌスがユピテルの化身を名乗ったということは唯一実教出版の教科書の欄外，ディオクレティアヌスが発行した硬貨の説明に書かれていたが，これをもって範囲内と見なすのは無理がある。4も一応「新たな税制度を実施した」という記述は一部の教科書に記述があるが，新制度の名前がカピタティオ＝ユガティオ制であると書いてあるものは1冊も無いし，当然用語集にも記述がない。カピタティオが人頭税の意味で，カピタは per capita 等で見かけるように「頭」の意味ではあるが，言われなければ気づかないし，そもそも受験生は per capita なんて言い回しを知らないだろう。ユガティオは地税の意味で，ユガは生産力に応じて割り当てられた税の単位だそうなので「石高」と言ってあまり間違ってなさそう。

　というわけで4は「廃止」が「制定」の誤りである。最後に残った3が正文＝正解で，ディオクレティアヌスは1400品目に渡る物・サービスで最高価格令を発布したが，効果が疑問視されている。さすがに品目数が多すぎるように思われる。最高価格令は山川『新世界史』にのみ記載があるが，他の選択肢の難易度とよりによって『新世界史』であるということを考慮して収録対象とした。この他，この大問1は古代ローマ史の細かいところを聞いた問題が多く，西ローマ帝国最初の皇帝ホノリウスや，ウァレリアヌス帝がシャープール1世に敗れたエデッサの戦いを聞いたものもあった。商学部は去年も大問1が古代ローマ史で難問が多く，作問者が同じっぽい。以前は大問1が中国史でやたらと難しかったが，去年に突然分野が変わった。大問1は扱う時代・地域にかかわらず度を超えた難問にするという，引き継がないでほしかった伝統が商学部にあるのだろうか。

１２．早稲田大　商学部（２つめ）

問題4　1776 年に採択された独立宣言の起草に際しては，当初の案には奴隷制度やイギリスによる奴隷貿易を否定する内容が含まれたが，ニューイングランド植民地群の１つであるマサチューーセッツ湾植民地（Massachusetts Bay Colony）の代表である　5　が主導した起草委員会および第二次大陸会議での議論を経たのち，最終的にそうした内容は削除された。

＜解答解説＞

　独立宣言の起草委員会は５人いて，そのうち受験世界史範囲内で学習するのはジェファソンとフランクリンの２人だけである。ジェファソンはヴァージニア出身でその代表であるから違うとして外すとフランクリンしか残らないし，フランクリンはマサチューーセッツ出身だから空欄5の正解はこれだろう……と推測してフランクリンと答えた受験生，もう正解扱いでいいのではないかと思う。実際には誤りで，**フランクリンは出身と異なりペンシルヴェニア代表であった。**マサチューーセッツ代表は後の第２代大統領ジョン＝アダムズであるからこちらが正解。これは範囲内の解答が用意できるのにそうしなかった点，知識が豊富な受験生ほどフランクリンと誤答するようひっかけている点，やろうと思えば「後の第２代大統領」というヒントを出せたのにそれすらやらなかった点，の３点においてあまりにも性格が悪すぎる。ジョン＝アダムズは用語集に記載が無いが，早慶対策で覚えてきた受験生もそれなりに多かったであろうから，前述の３点に工夫があれば難問であるにせよ選抜性のある出題にはなりえた。**選抜性という入試の本分をドブに捨てて何がやりたかったのか。**作った人に聞いてみたい。

１３．早稲田大　商学部（３つめ）

誤植・出題ミス

問題4　1957年には，アーカンソー州で，それまで白人しか入学が許されていなかった州立高校に，９人の黒人学生が入学することに対し，州知事がそれを妨害したことから，当時，共和党選出の大統領であり，1950年に ▢ 11 ▢ 軍の最高指令官にもなった軍人出身のアイゼンハワーが陸軍の空挺師団を派遣し，入学する黒人学生を護衛させるといった事件なども起こった。

＜解答解説＞

　空欄11の正解はNATOで，これ自体が1950年という年号しかヒントがないそれなりの難問なのだが（それも1949年の翌年という意味合いしか持たない），そんなことよりも最高"指"令官は**最高司令官の誤字である。**最高指令官という地位はNATOに存在しないと考えれば出題ミスになる。気づきにくい誤字であるためか，予備校では代ゼミのみが指摘していた。

　本問の最大の急所はこの誤字なので残りは別に指摘しなくてもよいのだが，一応気になったことがあるので書いておく。実は誤字でなくても厳密に言えばNATO軍最高司令官という地位は無い。なぜならNATO軍はかなり複雑な構成をとっている組織で，その全軍のトップに立つ地位は規定されていないからである。ただし，実態としてはNATO軍の中心的な軍隊である欧州連合軍の最高司令官を俗称として「NATO軍最高司令官」と呼ぶことはあるようで，AFPやロイター等の和訳記事は普通にNATO軍最高司令官という語を用いていた。しかし，英語圏で「NATO's Supreme Commander」の用例を探すと数が激減するので（無いわけではない），この俗称は国際的に使われていると見なせるかは微妙なところ。入試問題なのだから気を使ってほしかったとは思う。もう一つ余分な指摘をすると，アイゼンハワーは1950年12月にNATO欧州連合軍の創設を依頼されて初代の最高司令官に指名されたのであって，欧州連合軍

の成立は翌 1951 年 4 月，したがってアイゼンハワーの最高司令官の就任も 1951 年 4 月である。ただし，NATO の公式 HP を見ると 1950 年の時点で就任した扱いになっていたので，指名と就任の年号のズレはさして気にされていなさそうである。それにしても衆目一致の指名であって，しかもそれを短期間でやり遂げて大統領選立候補のためにアメリカに戻っていったアイゼンハワーの人望と組織力は恐ろしい。

参考：https://shape.nato.int/page14612223.aspx

　大学当局から謝罪と特別な措置はとらない旨の発表があった。これはまあ確かに全員正解にするほどのことはないかと思う。

１４．早稲田大　商学部（４つめ）

誤植・出題ミス

問題4　2000 年代に入ってからは，2008 年に|　12　|がアフリカ系アメリカ人初の大統領に就任し，黒人差別の歴史において大きな転換点を迎えたともいわれた。

＜解答解説＞

　素直に解答を出すならオバマが正解になるが，**オバマの大統領就任は2009 年であって，2008 年は大統領選挙に勝利した年である。**誤植であろう。厳しく取るなら 2008 年にアメリカ大統領に就任した人物はいないので，出題ミスである。誤りが自明すぎてかえって見落とすためか，河合塾のみが指摘していた。**大学当局から謝罪と特別な措置はとらない旨の発表があった。**これもまあ，別の箇所の情報からオバマと絞れるので，そういう対応でも仕方ないか。

〔番外編〕早稲田大　商学部

問題4　2012年2月には10代のアフリカ系アメリカ人が自警団員に殺害され，同自警団員が翌年に無罪判決を受けたことに端を発する形で，ソーシャルメディアを通じて広がった，　13　とよばれる黒人差別反対運動が起こった。2020年には，ミネアポリスにおいて警察官による黒人殺害事件が起こったことを受けて，その運動はアメリカ各地で再燃し，同国のみならず世界的にも注目を集めた。

＜コメント＞

　正解はBLM（Black Lives Matter，ブラックライヴズマター）。どこかで出題されそう，出題するならここは確率高そうと思われていたが，その予想通りに恥ずかしげもなく時事ネタを入れてきた早稲田大の商学部は悪びれないというかなんというか。当然範囲外なのだが時事ネタは常識的な範囲であれば収録対象から外しているので番外編とした。実際の正答率もかなり高いだろうと思う。というよりも正答率が高すぎて意味がなかったのではないか。せめて来年の入試まで待つ辛抱とかできなかったんですかね。

15．早稲田大　社会科学部

難問・悪問

問題2　問5　下線部（E）について（編註：<u>新旧両大陸の交流</u>），以下の事件を年代順に正しく並べたものを1つ選べ。

①　バルボアのパナマ地峡横断
②　アメリゴ＝ヴェスプッチの第1回大西洋横断

③　コルテスのアステカ王国侵入

④　カブラルのブラジル漂着

a.　②—④—③—①

b.　②—④—①—③

c.　④—②—①—③

d.　④—②—③—①

＜解答解説＞■■■■■

　近年の難関私大では「年代は用語集に必ず載っているからどれだけ細か
くてもグレーゾーン」ということを利用した悪質な年代並べ替え問題をよ
く見るようになったが，これはさすがにあまりにも悪質なので摘発してお
く。この中で早慶対策として覚えていてもよいかなと思えるのは①のバル
ボアによる太平洋の発見の1513年と，④のカブラルのブラジル漂着の
1500年くらいである。③は「アステカ征服」の1521年なら基礎知識だが，
侵入の1519年はマイナー年号。まあ覚えてなくても1521年の数年前
だろうという推測で並べ替えに支障はないが。一番厳しいのは②のアメリ
ゴ＝ヴェスプッチの初回のアメリカ大陸探検の年号で，用語集に「数度に
わたり南アメリカを探検し，1501 ～ 02年の調査でここをアジアではな
く新大陸と確信」とあるが，**1501 ～ 02年は３回目（または２回目）の
探検**であって初回ではない。つまり，ここで用語集を一言一句覚えてきた
受験生を振り落としている。そこで教科書を参照するとアメリゴ＝ヴェス
プッチの航海経路を示した地図を掲載しているものが何冊かあるが，そこ
の年号を見ると「1499 ～ 1500年」となっていて，これが２回目（また
は初回）の年号である。これが２回目ということは初回はそれよりさらに
早いのだろうから1499年以前になるはずと推測すれば，並び替えは②—
④—①—③，つまりｂが正解になる。これが作問者の想定する正解だろう。

　この時点で収録対象たりうる十分な難問だが，しかし本問はこれで終わ
らない。アメリゴ＝ヴェスプッチは自称４回航海したと主張していて，そ
れぞれ1497 ～ 98年，1499 ～ 1500年，1501 ～ 02年，1503 ～ 14
年である。**このうち１回目と４回目は実在が疑われている。**それゆえに用
語集は「数度にわたり」と数をごまかしていて，教科書も２回目の航海経

路を地図で示しているのだ。これを踏まえて本問を再考すると，２回目が実は初回だったとして，アメリゴ＝ヴェスプッチの２回目の航海期間を細かく示すと1499年５月〜1500年９月である。これに対し，カブラルのブラジル漂着は1500年４月であるので，期間が完全に重なってしまう。つまり，**極めて厳密に考えるなら本問で求められているのはアメリゴ＝ヴェスプッチが確実な記録の上で初めて大西洋の横断に成功した月が，1500年４月より早いか遅いかという月単位の比較**ということになり，受験世界史の範囲を完全に超えている。私もさすがに全く知らない。まあ多分，1499年５月に出発して11ヶ月もかかってまだ大西洋を横断できておらず，しかし５ヶ月で帰国できたとは考えづらいので，それでもアメリゴ＝ヴェスプッチの大西洋横断の方が先だったと思われる。

　おそらく本問を作った人は，１回目と４回目の実在が疑われているのを知らずに安直に作問したか，出発年の1499年で解答を出してほしいと考えたかのいずれかであろう。前者だとすると受験世界史の範囲に２回目と３回目の年号しか示されていない理由を考えてほしかったし，後者だとすると②の文を「第１回大西洋横断に出発」という文言にしなければ厳密さが足りない。難易度はともかく，どう言い繕っても雑な出題には違いないので反省してほしい。駿台・代ゼミからも同様の指摘あり。『赤本』・『入試問題正解』は言及なし。毎回書いているが，後発で解答速報よりも分析・解説が劣るのはどういうことなのか。

１６．早稲田大　社会科学部（２つめ）

悪問

問題２　問７　下線部 (G) について（編註：<u>ハプスブルク家</u>），ハプスブルク家の輩出した次の皇帝と，その血縁関係，関連する事項の組み合わせのうち，最も適切なものを１つ選べ。

a. カール５世──イサベル女王の孫──トルデシリャス条約締結
b. フェリペ２世──フェリペ３世の父──メキシコ征服

c.　フランツ１世──マリア＝テレジアの夫──七年戦争

d.　ヨーゼフ２世──ヨーゼフ１世の息子──第１回ポーランド分割

＜解答解説＞

　aはトルデシリャス条約がカール５世の事績ではないので誤り，bはメキシコ征服がアステカ帝国の滅亡と同義語と考えると，カール５世の時代の出来事なので誤り。dはヨーゼフ２世がフランツ１世の息子なので誤り（ちなみにヨーゼフ１世はスペイン継承戦争中の神聖ローマ皇帝で，カール６世の兄，したがってマリア＝テレジアの伯父）。消去法でcのフランツ１世が残り，血縁関係も関連する事項も誤りがないからこれが正解……と言いたいところだが，**フランツ１世はハプスブルク家の血を引いていないからそもそも「ハプスブルク家の輩出した皇帝」ではない**という大問題がある。彼が皇帝に即位したのは妻がハプスブルク家の当主マリア＝テレジアであり，かつ彼女の父のカール６世に指名されたからであって，帝位を世襲したわけではない。したがって厳密に考えた場合はカール６世をもってハプスブルク家宗家の男系は断絶し，同時にハプスブルク家による帝位の世襲は途切れていることになり，以後の皇統をハプスブルク＝ロートリンゲン家と呼び表す。受験世界史では煩雑であるからハプスブルク家とハプスブルク＝ロートリンゲン家を呼び分けることをしていないが，フランツ１世が世襲ではないがゆえにオーストリア継承戦争が勃発することは必ず学習する事項であるので，気づいてしまって首をひねりつつ，とはいえcしか答えがないのでしぶしぶマークした受験生は多そう。

　私自身も出題ミスとまでは踏み込んで糾弾するつもりがないが，できればフランツ１世を正解にしない出題にしてほしかった。本問は**１５番**を作ったのと同じ人だと思われるが，なるほど納得がいく雑さである。大航海時代，近世ヨーロッパ史・東欧史のいずれの専門でもなさそう。代ゼミからも同様の指摘あり。また，駿台からは「問題の条件から言えばオーストリア皇帝フランツ１世（神聖ローマ皇帝フランツ２世）も該当するので，そちらのフランツ１世と考えればcは完全に誤りとなる」というより厳しい指摘が入っていた。本企画はなるべく正解が出るように性善説（誤用）的に読んであげるという規則を運用しているが，この規則に則らないなら駿台の指摘も正しく，本来ならその区別もつくように選択肢を記述すべき

だろう。

１７．早稲田大　社会科学部（３つめ）

悪問

問題３　問２　下線部（B）について（編註：<u>イスタンブル</u>），イスタンブルに関する次の記述のうち，最も適切なものを１つ選べ。

a．ギリシア人植民市として栄えたビザンティウムが旧名である。

b．15世紀半ば，オスマン帝国のセリム１世がこの地を攻略し，「征服王」と呼ばれた。

c．16世紀半ば，コーヒー飲用の習慣がウィーンからもたらされ，この地にコーヒーハウスが開かれた。

d．20世紀に誕生したトルコ共和国の首都である。

＜解答解説＞━━━━━

　bはセリム１世がメフメト２世の誤り，cはコーヒーの伝播経路が逆，dはトルコ共和国の首都がアンカラ。消去法でやってもａが正文＝正解と絞れるが，一応指摘しておくと**ギリシア人植民市としての旧名はビザンティオン（ビュザンティオン）**である。ビザンティウムはローマの支配下に入ってからのラテン語名。仮にａが一般書籍で出てきた文言ならこんなに細かいことは言わない，この著者は煩雑だから読者のために古代ギリシア語名とラテン語名を使い分けなかったのだなと判断する。しかし，これは正誤判定問題であるから「ビザンティオンをビザンティウムに差し替えた誤文かもしれない」と判定の留保をつけることになるわけで，受験生から正文として扱ってほしいなら「ギリシア人植民市として栄えた」という枕詞からのビザンティウムは不適切である。実際に私は初見時にａを誤文と判断して，下に進んでb・c・dと切っていって答えが無くなって困惑した。ビザンティオンを覚えてきていない受験生への配慮だとしてもビザンティオン（ビザンティウム）と併記すれば済むことであるから，そ

れは言い訳にならない。

　こう書くと「受験世界史でビザンティオンはマイナーでほとんど触れなくないか。範囲外の情報で難癖つけるのは反則では」という反論が返ってきそうなので，先回りして書いておこう。用語集のビザンティウムの項目には「ギリシア人植民市ビザンティオンのラテン語表記」とあり，また教科書や資料集のギリシア人植民市の分布を示した地図でもほとんどの場合ビザンティオンが優先して書かれている。ここまで散々「用語集か教科書の欄外のどこかに載っていればグレーゾーンでセーフ」のルールを恣意的に適用してきた早稲田大が「そんな重箱の隅にしか書かれてない情報を根拠とした出題ミスなんて認めるわけいきません」という反論はできないと思うのだが，どうか。

　しいて擁護するなら，あまりに通りが良いので英語読みのまま定着してしまったコンスタンティノープルがある時点で当該都市の名前の細かな変化に拘泥する意味はなかろうとか，ビザンティオンとビザンティウムは支配者の言語の違いによる差異であって厳密には改名ではないとかか。その辺があるので，私も出題ミスとまでは踏み込まなかった。

■■■ 2021 国公立 ■■■

１．共通テスト第２日程

分類不能（しいて言えば誤植）

問題1　B　オーストリアの貴族クーデンホーフ＝カレルギーは，1923年に『パン＝ヨーロッパ論』を著し，ヨーロッパ統合運動を展開した。彼は世界が五つのブロックに分かれて統合されていくと考え，ヨーロッパも「パン＝ヨーロッパ」として統合されるべきだと主張した。その際，欧米諸国の持つ世界中の植民地も，それぞれのブロックに統合されると考えた。次の図1・図2は，『パン＝ヨーロッパ論』所収の地図を加工したものであり，縦線や横線，斜線，点などで地域がブロック別に示されている。このうち黒く塗りつぶした部分が「パン＝ヨーロッパ」としてまとまるべき領域を指している。

図　1

図　2

問3　上の図1中のある国が「パン＝ヨーロッパ」に含まれていない理由を述べた文として最も適当なものを，次の①～④のうちから一つ選べ。
　3

① コミンテルンを結成し，他のヨーロッパ諸国と対立していたため。

② 革命によって，イスラームを国家の原理とする共和国になったため。

③ ソ連との間にラパロ条約を結んでいたため。

④ 国際的に永世中立国として承認されていたため。

<の解答解説>

　至極単純に正解を出すなら，図1で「パン＝ヨーロッパ」に含まれていない地域はソ連・イギリス・イラン・トルコのいずれかである。選択肢③・④はこのいずれにも該当せず，イランは②が当てはまるが1923年という時期を考えると不適，よってソ連の①が正解になる。

　しかし，**図1をよく見るとサンクト＝ペテルブルク（というかイングリアのほぼ全域）が「パン＝ヨーロッパ」に含まれている。**もちろんソ連全体からするとイングリアなんて僅かな面積を占めるにすぎないが，少し前までの首都があった地域であるから重要性は高い。たとえばイスタンブルがトルコ領になっていなければ作図ミスを疑うだろう。それと同様にイングリアが含まれていないのは作図ミスかもしれないと疑うのは自然な流れだ。とすると原本の『パン＝ヨーロッパ論』の挿絵がどうなっているのかが気になってくるので調べてみた。そこで見つかったのがこれである。

図　3

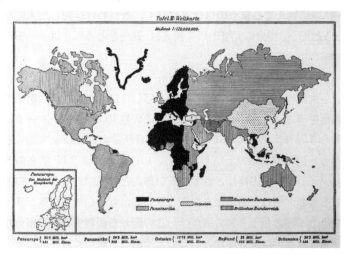

　これを見てもイングリアはパン＝ヨーロッパ領に見える。トルコは本来タイと同じように「？」がついているはずで，これは共通テストの作成者による付け忘れと思われる。ところで，南樺太がいずれの地図でもロシア領になっているのはなぜなのか。彼が日本嫌いということも無かろうが，日本の版図なんて実は全く興味が無くて間違えてしまったのかもしれない……というようなことを考えていて，**ということはイングリアも塗り間違いの可能性があるということに気づいた。**しかし，独力ではイングリアがクーデンホーフ自身の思想なのか塗り間違いなのか，共通テスト作成者による塗り間違いなのか調べが追いつかず，判断がつかなかった。そこで，さる専門家の方に連絡をとって質問をしてみることにした。以下はそのやりとりをQ&Aにまとめ直したもの。また，元のやりとりは「ですます」調だったが，ここでは「である」調に直している。

Q．イングリアをパン＝ヨーロッパに含める思想はクーデンホーフ＝カレルギーにあったか？
A．**イングリアはソ連に入る。**この地図はクーデンホーフの構想を正確に示したものになっていない。
Q．ということは，イングリアは大学入試センターの作図ミス（トレースミス）だろうか？
A．トレースミスというよりも，**元の図が粗いのでイングリアがパン＝ヨーロッパ領に見えてしまうのは仕方がなく，とりわけ作図した人に罪はなかろうと思う。**完全に冗談として言えば，責任をとるべきはクーデンホーフ自身では（笑）

　という大変に貴重な回答を得られた。応じていただいた専門家の方には強い感謝を申し上げたい。ということでこの地図はクーデンホーフの構想から照らすと作図ミスである。ただし，DTP業者のトレースミスと言ってしまうと語弊がある，ということだ。しいて言えばDTP業者のトレースがクーデンホーフの構想とはずれていることに気づかなかった作問者が悪いだろうが，それでも責任をかぶらせるのはかわいそうな気がする。
　とすると本問のもう1つの論点は，**この図から受験生に横線部分がソ連だと推測させるのは是か非か**ということである。厳しく言えば，イングリ

アが含まれていない以上は横線部分をソ連と認定することが難しく，この地図でソ連またはロシア国家は存在しないと見なされるか，ソ連の一部は「パン＝ヨーロッパ」に含まれているので，問3のいうところの「含まれていないある国」とは見なせないと考えうる。とすると①に該当する国は無いので解答が消滅し，出題ミスである。一方で，**これらの図1・2はある思想家が構想した世界地図なのだから，現実の国境線を反映したものとは限らないので，細かい差分は気にするだけ負け**と考えることもできる。この前提に立てば，イングリアがなかろうとも面積的には90％以上が横線で塗られているのだから，横線部分をソ連と見なすのは自然な発想であるという主張も割と説得力があると思う。現実的に受験生がこのイングリアのせいで横線部分をソ連と推測しづらくなって正答率に影響が出たということは考えづらい。後者の発想から言えば，問3は出題ミスとはならず，図1の作図ミスは解答に直接かかわらない部分の文章の誤植と同じような立ち位置になる。

　私個人の考えとしては前者寄りで，やっぱりこの地図でこの出題は不適切であったと思う。これは程度問題ではあり，たとえば同じような設定の架空の世界を描いた東アジアの地図が出題されたとして，その地図で対馬が日本の領土の凡例で塗られていなかったとする。これなら多くの人は「作図ミスか，そういう思想の人の設計した地図なのかな，残念だけど」と思いつつも，特に騒ぎ立てずに問題が成立していると見なして解くと思う。ところがこれが九州全域だったならどうだろうか。さすがに問題不成立レベルの作図ミスか，現実との齟齬が大きすぎて日本と比定できないと判断して試験官に抗議する受験生が出てくると思う。そして今回のイングリアは私の中では「対馬」より「九州」に近いが，「対馬」のレベルでしかないので目くじらを立てるようなことではないと考える人の発想も理解できる。本企画の校正者にもこちらの考えの人がいるし，前出の専門家も「単なる誤植として見なしてよく，問3は成立している」という意見であった。皆さんはどうお考えになるだろうか。

２．北海道大

問題1　問7　下線部 (6) について（編註：地方で党派を組んで中央の政治に積極的に意見を述べるものも現れ），万暦帝の時代に，江蘇省無錫を拠点として，張居正の改革に反対したグループを何と呼ぶか，答えなさい。

＜解答解説＞

　正解は東林派と答えたくなるが，**東林派は反宦官を標榜して結成された党派であって，張居正とは直接敵対していない。**2020 年の関西学院大が全く同じ出題ミスをしていたのだが，こういう勘違いがどこかで定着してしまっているのだろうか（**3巻 2020 私大その他９２番**，p.179）。当該問題の解答解説でも書いたが，張居正の没年が 1582 年で，東林書院の設立が 1604 年である。張居正の改革は大きな成果を上げたものの，中央集権的な性格が地方の有力者である郷紳層の反発を買っていた。だから士大夫を母体とする東林派は張居正の改革に対して批判的であったが，その批判はすでに張居正が亡くなって改革が止まった後になされたものであることに留意する必要がある。だから「改革への批判」ではあれ「反対」という政治運動にはなりえない。あくまで東林派の主要な批判対象は宦官やそれに連なる腐敗した官僚（非東林派）であった。代ゼミと河合塾から同様の指摘あり。**大学当局から全員正解にした旨の発表があった。**公式 HP では簡素な記載だったが，「張居正が東林派の活動時期まで生きているかのように受け取れる問題文で，不適切だった」という釈明が北海道新聞で報道されていた。

3．高崎経済大・前期

難問・出題ミス

問題1　問2　トルコ系諸民族のことを中国の史書では何と呼んでいた
か。漢字二字を解答欄に記入しなさい。

（編註：別の問題で「高車」を出題済，「丁零」「突厥」はリード文に登場
しているのでこれらは正解ではない）

＜解答解説＞

　おそらく正解として想定されているのは「鉄勒」だと思われるのだが，
本問には深刻な問題がある。まず，鉄勒は突厥を除くトルコ系遊牧民に対
する隋・唐時代（6〜7世紀）の中国側からの総称である。つまり**範囲
と時代に条件があり，全時代の全トルコ系諸民族に対する総称ではない。**
したがって，厳密に言えば問われているような名称は存在しない。この鉄
勒の一部族がウイグル（回紇）であり，8世紀に突厥に代わって急速に台
頭する。次に，6世紀以前に限ればトルコ系諸民族の総称は高車であるか
ら，まだしもこの方が問題の要求には適している。この高車が突厥とそれ
以外に分かれ，後者が鉄勒と呼ばれるようになる。しかし，高車は別の問
題で出題されているので本問の正解になりえない。まともな入試問題はこ
ういう衝突を避けて作成されるので，逆説的に本問がまともではない証拠
になっている。最後に，鉄勒は用語集に立項されておらず，用語集の高車
の説明文に「後身は鉄勒」と書かれているに過ぎないから，受験世界史範
囲を守っているとは言いがたい。本問は複数の要因の合わせ技で出題ミス
とするのが妥当であろう。

4. 高崎経済大・前期（2つめ）

悪問

問題1 問4　下線部③について，スレイマン1世の在位中に起きたことととして，**誤っているもの**を次の（ア）〜（オ）のなかから一つ選び，その記号を解答欄に記入しなさい。

（ア）スレイマン1世はフランス王フランソワ1世と結んで，神聖ローマ皇帝カール5世に圧力を加えた。

（イ）オスマン帝国は，モハーチの戦いに勝利してハンガリーを属国とした。

（ウ）オスマン帝国軍は，1529年にウィーンを包囲した。

（エ）オスマン帝国軍は，1538年にはスペイン，ヴェネツィアなどの連合艦隊をレパントの海戦で破った。

（オ）スレイマン1世はイスラーム法の枠内で行政法を整え，官僚制を整備した。

＜解答解説＞

　（ア）・（ウ）・（オ）は正文。エはレパントがプレヴェザの誤りなので明白な誤文＝正解である。審議の対象は（イ）で，1526年のモハーチの戦い後，ハンガリーは混乱が続き，1540年頃に決着して三分割された。このうち西側はハンガリー王位とともにハプスブルク家が継承し，東側はトランシルヴァニア公国としてオスマン帝国の属国となり，中部はオスマン帝国の直轄領となった。通常モハーチの戦い後のハンガリーは中部の直轄領を指すから，ハンガリーを属国化したとは言いがたい。一応，より細かい話をすれば1570年頃まではトランシルヴァニア公国の君主がハンガリーの再統一を図っていたという観点から，トランシルヴァニア公国を東ハンガリー王国とも呼ぶ。よって本問の属国化とは東ハンガリー王国のことを指しているという理由は立てられる。しかし，この説明は中部の直轄領を無視していて不自然である。東京書籍の教科書p.219にそのままの記述があるので，ここからとったのだろう。

5．高崎経済大・中期

悪問

問題1 第7代皇帝・武帝の時代には　H　の提案で儒学が官学とされた。

問1 文章中の空欄　A　～　L　に入れる語として最も適当な語句を答えなさい。ただし，同じ記号には同じ語句が入るものとする。

◆＜解答解説＞━━━━━━━━━━

　正解は董仲舒と言いたいところだが，前漢の武帝の時代に董仲舒の献策によって儒学が官学化されたという説は現在では疑問視されていて，高校世界史にも下りてきている（3巻のコラム1，p.195）。このような出題は避けるべきだろう。

6．高崎経済大・中期（2つめ）

出題ミス・公式解答例のミス

問題2 **問8** 下線部⑦に関して（編註：これら北欧3国は，いずれも立憲君主制の下で議会の力が強く，政治・経済が安定した），20世紀以降のスウェーデン・デンマーク・ノルウェーの外交政策に共通する特徴について，20字以内で答えなさい。ただし，句読点を字数に含む。

◆＜解答解説＞━━━━━━━━━━

　これを20字で解答するのは不可能である。 高崎経済大は公式解答例を発表しているので確認してみたところ，「中立主義の自主的な平和路線がとられた。」となっていたのだが，**この公式解答例は2つの意味で間違っている。** まず，中立主義がとられていたのは20世紀前半のことであって，それはナチス＝ドイツの侵攻によって失敗が明らかになった。戦後，デン

マークとノルウェーは NATO の原加盟国となっており，中立を放棄して西側陣営に属す方針を明確にした。したがって，この公式解答例は 20 世紀前半しか説明しておらず不正確である。次に，戦後の 3 国の外交では，EU・NATO 両方に加盟しているのはデンマークのみで，ノルウェーは NATO 加盟済で EU に未加盟。スウェーデンは冷戦以前は NATO・ヨーロッパ統合にいずれも不参加で，1995 年に EU に加盟，NATO は 2024 年 3 月に加盟した。したがって，ポスト冷戦期はともかく，冷戦期間は共通点を見いだすのが難しい。この意味でも本問は崩壊しており，解答不可能である。成り立たせるためには「1905 年のノルウェー独立以後，第二次世界大戦勃発前までの外交の共通点」と時期を制限するか，字数指定を大幅に増やす必要がある。高崎経済大は公式解答例が間違っている例が多々あり，もう少し慎重に解答を作ってほしい。

7．高崎経済大・中期（3 つめ）

用語が古い

問題3　朝鮮における日本と清との権益争いは，1894 年 N の乱をきっかけに戦争にまで発展した。

問1　文章中の空欄 A ～ T に入れる語として最も適当な用語・人名等を下記の［語群］から選び，その記号を答えなさい。ただし，同じ記号には同じ用語・人名等が入るものとする。

【語群】
（ク）事大党　　（タ）東学党　　（ネ）独立党
（編註：関係のある選択肢のみを抜粋）

＜解答解説＞
　以前から高崎経済大の問題文は用語が古いことで気になっていたのだが，2021 年もそれが露呈した。**東学党はいい加減に勘弁してほしい。**な

お，引用した部分以外でも「李氏朝鮮」になっていたことを付記しておく。ついでに言うと，事大党と独立党は別の空欄の正解になっているので，空欄 N に入りうる自然な日本語はその知識がなくても（タ）以外に存在しない。問題の作りも甘い。

8．東京外国語大

問題文のミス

問題2 （編註：西洋では世紀で時代を区切るのに対して，）1800 年から 1801 年に年が変わったときにも，それは時代を区切るものとはみなされなかった。1796 年 2 月 9 日に 16 年の統治を経て偉大な乾隆帝が死去し，その第五子仁宗が帝位について「嘉慶」が始まったときに，新しい時代は始まっていたのである。

<解答解説>

　この問題文は問題を解く際には全く支障が無いので番外編でもよいかと思ったが，間違え方があまりにもひどいので一応正式収録とした。まず，**乾隆帝の治世は 61 年であって 16 年ではない。**1735 年から 1795 年である。そんなに短いわけがないと違和感を覚えてほしかったところ。しかも乾隆帝の在位年は，彼が「偉大なる祖父の康熙帝より長く在位してはいけない」と考えて到達直前のタイミングで退位したことで有名であり，このエピソードを知っていればまず間違えない。そしてこのエピソードからもう 1 つ誤りがあることに気づいた読者もいるだろう。**乾隆帝は 1795 年に退位し，1799 年に亡くなっているのであって死去と退位は同時ではない。**最後の約 3 年間は院政を敷いている。

　実はこの文章はドイツ語で書かれた文章の翻訳で，東京外大の作問者当人が訳したとおぼしき文章である。出典：Jürgen Osterhammel, Die Verwandlung der Welt. Eine Geschichte des 19. Jahrhunderts, München, C. H. Beck, 2009, pp. 84-102. とのことなので，原書に当たれそうな人にお願いして原文を確認してもらった。

Als epochaler Einschnitt wurde nicht der Jahreswechsel 1800/1801 empfunden, sondern bereits der 9. Februar 1796, als der glorreiche Kaiser Qianlong nach sechzigjähriger Herrschaft den Thron an seinen fünften Sohn Yongyan übergab, der sich den Regierungsnamen «Jiaqing» beilegte.

該当部分がこれで，ざっと翻訳すれば「1800 年から 1801 年の変わり目は画期的な転換点と見なされず，むしろ 1796 年 2 月 9 日，すなわち偉大な乾隆帝が 60 年の治世を経て彼の 5 番目の息子（嘉慶帝）に譲位したときがそう（画期的な転換点）であった。」くらいか。**要するに原著者は間違っておらず，訳者がとんでもなく誤訳している。外語大さんどうしちゃったの？** 西洋中心史観をいましめる文章で，中国史についてのありえない間違いを翻訳者がするというのはひどい自己矛盾を感じる。翻訳者は作問している場合ではなく，本人が高校世界史をやり直した方がよい。文章のこの部分が解答上無関係で本当に良かった。実はこの直後の文から下線が引かれているので，かなり危なかった。なお，**嘉慶帝は第 15 子なので原文にも誤りはある。**明らかに funf と fünfzehn の書き間違い。加えて西暦 1796 年 2 月 9 日と同日の嘉慶元年 1 月 1 日に譲位が行われたかのように読めるが，清朝の改元は踰年改元であるので，乾隆帝はこの日に譲位したわけではない。実際には乾隆帝の譲位は西暦 1795 年 10 月 15 日。つまり原文にも 2 つのミスがある。もうどうしようもない。入試からしばらく経った 4 月末に**大学当局から発表があり，お詫びはするがいずれも問題に直接関係ない部分のため追加措置はしない**とのことであった。妥当な判断だと思う。

9．東京学芸大

難問

問題2 前 350 年代の終わりになると，アテナイの政治家たちも ⎾(1)⏌ が自分たちの自治にとって重大で長期的な脅威であるということに気づき始

めます。アテナイでは，何としても ☐(1)☐ と軍事的に対峙しなければならないと考える ☐(2)☐ 率いるグループと，(a) ☐(1)☐ との平和共存の道を模索するグループ(こちらにはアイスキネスも属していました)との間で，長年にわたって論争が繰り広げられました。前346年にアテナイ—マケドニア間で成立した，いわゆる「フィロクラテスの平和」（これはアテナイ人政治家フィロクラテスの名前をとってそう呼ばれています）が長続きすることはなく，前338年，ボイオティア地方の ☐(3)☐ でギリシア連合軍と対峙した ☐(1)☐ は，息子 ☐(4)☐ の活躍もあり，この一大会戦に勝利を収めます。

問1 文章中の空欄 (1) 〜 (5) に入る適切な語句を解答欄に記せ。
（編註：(5) のみ省略）

問2 下線部 (a) に関連して，平和共存を模索した代表的な弁論家の名前をアイスキネス以外にもう一名挙げよ。

━━━**＜解答解説＞**━━━━━━━━━━━━━━━━━━━━━

　(1) はマケドニアと入れたくなるが，文章中にすでにマケドニアがあるため別の用語が入る。当時のマケドニア王のフィリッポス２世が正解。(3) は前338年の会戦だからカイロネイア，(4) はアレクサンドロスであり，ここまでは易しい。(2) は範囲外であり，高校世界史でこの時代のアテナイの政治家を一人も学習しないので推測も効かない。正解はデモステネス。いきなりこんな早慶でも最近では見ないような範囲外の人物が正解になっていて，解いていて驚いた。同様に問２も範囲外の知識である。苦し紛れにアリストテレスと書いた受験生が多かったのではないか。正解はイソクラテス。ライバルのデモステネスともども，アレクサンドロス大王を扱った創作には登場する印象。なお，アテナイの表記は別の大問では（同じ古代史の文脈であるのに）アテネになっていた。どちらでもよいが，統一はしてほしい。

１０．一橋大

難問・解答不明

問題２ ヨーロッパ文化に関する次の文章を読み，問いに答えなさい。

「シェークスピアのイングランド」，(a)「ゲーテの時代」，このような言葉から，人々はある特色によって内面的に統一された文化現象の全体的印象を受ける。いやそれ以上に，後代の人々が一種の憧憬れの感情を以て見返るようなもの，後代には既に失われた青春の活力，後代が僅かにその余映を仰ぐような新しい指導価値が，突然に国民の中に芽生え，成長し，彼等の月並な伝統的生活，その動脈硬化的生活力を一新する時代，いわば歴史的な最良の時代を想い浮かべる。丁度，それと同じような意味で，(b)「レムブラント［レンブラント］時代」という言葉が，オランダの歴史家達によって使われる。

（村松恒一郎『文化と経済』により引用。ただし一部改変）

問い　下線部 (a)(b) について，「ゲーテの時代」と「レムブラント時代」の文化史的特性の差違を，下の史料１及び史料２を参考にし，当該地域の社会的コンテクストを対比しつつ考察しなさい。（400 字以内）

史料１

（レンブラント作「織物商組合の幹部たち」）

史料２

たしかにわれわれの帝国の体制はあまりほめられたようなものではなく，法律の濫用ばかりで成り立っていることをわれわれも認めたが，フランスの現在の体制よりはすぐれていると考えた。〔中略〕しかし他の何物よりもわれわれをフランス人から遠ざけたのは，フランス文化追従に熱心な王と同じく，ドイツ人全般に趣味が欠けているという，繰り返し述べられる無礼な主張であった。〔中略〕フランス文学自体に，努力する青年を引きつけるよりは反発させずにはおかないような性質があったのである。すなわち，フランス文学は年老い，高貴であった。そしてこの二つは，生の享受と自由を求める青年を喜ばせるようなものではなかった。

（ゲーテ『詩と真実』より引用。但し，一部改変）

◆〈解答解説〉

　村松恒一郎は東京商科大学から一橋大学に切り替わるタイミングにいた教授であり，すなわちこの問題は駿台命名の「一橋大レジェンドシリーズ」である。過去のそれにふさわしい難易度を誇る。さて問題の要求は，問題文のいう「後代の人々が一種の憧憬れを以て見返るようなもの」「後代に失われた青春の活力」「後代が僅かにその余映を仰ぐような新しい指導価値」を，「レンブラント時代」と「ゲーテの時代」からそれぞれ見出し，史料１・２を参考にして，当該地域の社会的コンテクストも考慮しながら，対比的に描き出せということになる。したがって，まずそれを見出せないことには描き出しようがない。まず無駄にカタカナを使うのをやめろ。コンテクストじゃなくて背景って書け。

　片方の「レンブラント時代」はさして難しくない。スペインから独立したばかりのオランダは新興国らしい活力にあふれていた。その活力の源は覇権国家たる経済力，それを支える中継貿易がもたらす国際色豊かな雰囲気，商人集団主体で早々に芽生えた市民社会，独立の経緯と国際貿易の都合から定着した宗教と移民に対する寛容の風潮である。史料１がレンブラントの集団肖像画というのも，いかにも市民社会に言及せよと言っている。レンブラントやフェルメールが主導したバロック絵画は名高く，グロティウスは「国際法の父」となり，スピノザは哲学史に燦然と輝く成果を残し（デカルトも一時期オランダに住んでいたからこれを挙げてもいいだ

ろう），それぞれ後世に対して圧倒的な指導的地位に立った。後世に The Dutch Golden Age，オランダ黄金期と呼ばれたことに鑑みても（まさに「歴史的な最良の時代」である），引用された『文化と経済』に挙げられた「後代の憧れ」「青春の活力」「新たな指導価値」という全ての条件を満たす要素を早期に発見可能である。これと「シェークスピアのイングランド」の比較だったら文化史の良問で丁度いい程度の難問だったのだが。それはそれとして，レンブラント時代とは最近はあまり言わない気が。オランダ黄金期の通りが良いので，わざわざ個人名を冠する必要もなく，レンブラントがシェイクスピアほど別格の代表的文化人だったというわけでもなく。

　逆に極めて厄介なのが「ゲーテの時代」である。まずゲーテの活動年代は恐ろしく長い。1749 年に生まれて 1770 年頃から執筆活動を開始，亡くなった 1832 年まで活動を続けている。この間に時代も近世から近代に移り変わっている。範囲内の知識を想起して解答を作成しようとすると，多くの受験生はもうここで手が止まるだろう。古典主義文学・シュトゥルム＝ウント＝ドラング（疾風怒濤）の用語は覚えていても，中身までは深入りしない。各社教科書の本文には「シュトゥルム＝ウント＝ドラングがロマン主義の先駆になった」というような記述が一応あるが，逆にこれくらいしか書いていない。他の文化は……せいぜい古典派音楽のモーツァルト・ハイドン・ベートーヴェンくらいだろうか。しかもベートーヴェン以外の二人は活動地域がオーストリア中心であるので厳密には外れる。あとはロココ様式のサンスーシ宮殿くらいか，というところでこれを史料2の「フランス文化追従に熱心な王」という言葉と結びつけられたら，加えてフリードリヒ2世が啓蒙専制君主であってフランス人のヴォルテールと交流していたことも想起できていたら，相当に優秀な受験生だろう。ゲーテはフリードリヒ2世に対して批判的だったのではあるまいか。おまけに史料2には「フランス文学は老成していて，ドイツの青年は反発せずにはいられなかった」とあるから，もうほとんど国語的な解き方になるが，ゲーテはフランスの文化は成熟しきっていて先が無く，逆にドイツの文化には未来があると考えていたのではないかと推測が立てられる（なおこれらの推測は実際に正しい）。この推測は『文化と経済』でいう「青春の活力」に該当するから間違いなさそう。とすると「新しい指導価値」は疾風怒濤

の運動やロマン主義のことだろうか。「後代の憧れ」もこれらの後世への影響を考えれば該当しそうである。しかも，オランダ黄金期はバロックの時代と同義語であるように，様々な文化が勃興してから完成に至るまで続き，それを支える社会的背景も含めて変化しなかった。それに対してゲーテ時代はロココ様式や古典主義から，疾風怒濤を先駆としてロマン主義に変化する時代であって，社会史で見ても近世から近代に変化しているから，完成の時代と変化の時代で対比ができる。ちょうどベートーヴェンも古典主義からロマン主義への変化にかかわっているので，これを補強できるだろう。

　ということで，難解ながら史料2を手がかりに問題文の述べる要素を見出すところまでは意外となんとかなる。ここまでたどり着いた人は，対策をしっかり立ててきた一橋大受験生ならそれなりにいたかもしれない……いや，いたかな。試験時間が120分，大問3つあるから各問40分，他の大問2つもまともな問題なだけで普通に難しいからこの大問2に時間を費やすわけにいかず，やはり均等に40分だろう。オランダ部分の200字分の解答を作るだけでかなり時間がかかるから，知識や思考力が十分にある受験生でも，ここまでたどり着くだけでも厳しかっただろうと思う。

　ひとまずここまでの内容だけで解答を作ってみようとする。「ゲーテの時代は近世から近代に移り変わる激動の時代であった。これを背景に，ゲーテはフランスと啓蒙思想を老成していると見なして嫌い，批判した。そこでドイツ古典主義を標榜し，疾風怒濤の運動を起こしてドイツ文化の革新を唱えた。これはロマン主義の先駆となった。」……さらっと読むとまとまっているように見えるが，よくよく読むといろいろと不自然なことに気づく。まず，**そういえば疾風怒濤って激しそうなイメージなのにロマン主義じゃなくて均整美の古典主義なの？　古典主義とロマン主義って逆の文化的潮流なのになんでつながるの？**　という疑問は誰しもが抱くところだろう。はい，この辺はまさに説明が面倒になるから高校世界史では省略している部分であって，ここで高校世界史の範囲を超える教養がないと理解できない。思考力で推測できるようなものでもない。しかも**答案の中核になるべき部分がフランスと啓蒙思想への嫌悪というゲーテの個人的な感情**というとんでもないことになっている。彼が批判した理由が答案上で示せていないためである。そんな世界史の答案ある？？？　国語の小説の解答

文じゃないので，ここに感情ではない根拠を持ってこないといけない。始まりがゲーテの個人的な感情だったとしても，他の文学者が共鳴した理由を持ってこないといけないのである。さらに言えば，この答案は**ドイツ＝ロマン主義の勃興が社会的背景と結びついていない**のを「これ（近世から近代への変化）を背景に」でごまかしている。これでは何の説明にもなっていないことに，読者諸氏は気づかれただろうか。この答案には，オランダでいうところの「貿易による経済力」「国際色豊かな雰囲気」「市民社会」「宗教的寛容の風潮」にあたる具体的な説明が見当たらない。当然，黄金期オランダとの対比にもなっていない。高校世界史でもドイツを含めた東欧地域は英仏に比べて市民階層の成長が遅れていて，だからこそ啓蒙専制君主によるキャッチアップが図られたくらいのことは学習する。では，早く到来したオランダの市民社会と，市民階層未成長のドイツという比較でよいか？　比較そのものはこれで成り立っているとしても，市民階層が未成長であることとロマン主義の勃興を結びつけた説明を高校世界史範囲内の知識や思考力ではできないのである。

　ここからは大人による反則技の解法になる。一つずつ紐解いていこう。**ゲーテの文学者としての態度は二度の変転があり，つまり三期に分かれている。**1770年頃，彼が文壇デビューした頃は疾風怒濤の時代にあたる。この時期の代表作が『若きヴェルター（ウェルテル）の悩み』で1774年の作品。しかし，この時期は実はそれほど長くない。1775年11月に政治家となってヴァイマル公国に就職し，見事に出世して1779年に宰相に上り詰める。この本業が忙しくなりすぎて文学活動をしている場合ではなくなったのが一つ，またこうした政治活動や年上の女性（シュタイン夫人）との恋愛を通じてゲーテ自身が成熟してしまったのが一つあり，これらによってゲーテは疾風怒濤の運動を若気の至りと考えるようになったようだ。疾風怒濤の運動自体も1780年頃に失速している。

　この宰相の仕事や年上の女性との恋愛に息が詰まってしまって，全てを投げ出してイタリアへの旅行にでかけたのが1786年。イタリアで古典古代の文化に触れたことを契機に，一転して均整美や調和を尊ぶ古典主義に転向した。これは盟友シラーとの出会い・意気投合により深まって，シラーの死ぬ1805年まで続く。しかし，ドイツ古典主義文学は基本的にゲーテとシラーの二人だけの運動であって，疾風怒濤やロマン主義のよう

な大きな潮流になっていない。参加した二人があまりにも文学史上の巨人であったから取り上げられるにすぎない。そして 1805 年以降がゲーテの第三期，晩年の時期になる。文学史上の潮流はもうロマン主義になっていたが，ゲーテ自身は今更それにのれず，むしろ「古典的世界は健康的であり，ロマン的世界は病的である」と言って批判的な態度をとっていた。しかし，世間は人間の感情の発露を描いた疾風怒濤期のゲーテの作品にロマン主義の萌芽を見ていたから，ゲーテは時代の先駆者としてロマン主義者たちから尊敬を集めることもあったので，ゲーテ本人の気分は複雑だっただろう。美術史的なことを言えば，ゲーテは当初はロマン主義美術を応援していたが，先鋭化するにつれて手のひらを返している。

　また，ゲーテが生きた時代はフランスの文化・思想がグローバルスタンダードと見なされていた時代であった。フランス語が国際共通語であり，フランス古典主義の演劇やロココ様式の美術を見て，最先端の啓蒙思想ルソーやヴォルテールを読む。それが洗練された貴族趣味であった。この状況はフランス革命が起きても，広がる文化が新古典主義の美術と革命思想・ナショナリズムに変わっただけで，フランスの普遍性は変わらなかった。周辺諸国はフランスに憧れ，嫉妬しつつも受容していたのである。いや音楽はバッハがいたからドイツの方が先進的だったのではないかという疑問を持つ受験生がいるかもしれないが，ドイツが音楽の先進地帯というのは 19 世紀以後の話であって，18 世紀まではイタリア人の専売特許であった。先祖探し的にバッハが後世に「音楽の父」になっていったに過ぎない……というのは映画『アマデウス』や『Fate/Grand Order』のサリエリ沼から知ったという人も多そう。~~一橋大は FGO プレイヤーを求めていた……?~~

　若きゲーテが批判的であったのはまさにこのフランス文化の普遍性という名の押し売りである。ちょうど史料 2 で引用されている『詩と真実』は 1811 年，つまり晩年に書かれた自叙伝であるが，振り返っているのは 1775 年まで。つまり疾風怒涛期のゲーテであり，史料 2 はそれを前提に読むとよい。ゲーテから見ればフランス文化は全人類が受容すべき普遍性を備えているわけではなく，洗練されていて先進的だから，相対的な優位があって他国にも受容されているに過ぎない。そして洗練されているからこそ成長の余地がなく，老成している。ゲーテはこのフランスへの反発

心を思想家ヘルダーから学び，ドイツ固有の文化を尊重した。人類は多様であってよいのである。ドイツ人がドイツ文化を愛でて育て，フランスと対等な地位まで引き上げればよいのだ。ストラスブール大聖堂をドイツ的と称揚してゴシック＝リヴァイヴァルの先鞭をつけたのも，疾風怒涛期のゲーテである。中世への憧憬はロマン主義の特徴の一つだから，やはりゲーテがロマン主義の先鞭をつけている。

　政治思想としても，ゲーテは前述の通り明らかにドイツ文化への愛着を持っていてナショナリズムにつながる動きを見せていたし，ナポレオンの登場の歴史的な意義を認めていた。だから『若きヴェルターの悩み』に感動したナポレオンに表敬訪問されれば喜んで受けた。ゆえにそれらを生み出したフランス革命を全否定していたわけではないが，その病的な熱狂はやはりロマン主義同様に受け入れられなかった。なお，ゲーテは見栄っ張りで過去の自分の発言を後から都合よく創作して自分に先見の明があったかのように見せたがる人でもあった。よく言われるヴァルミーの戦い（1792年）従軍の際の「ここから，そしてこの日から，世界史の新しい時代が始まる」という言葉は，晩年に書かれた日記にあの時私はこう言った的に書かれているに過ぎず，実は当時に言ったという証拠が無い。したがって，この発言からゲーテがフランス革命に肯定的だったと見なすのは実証的に無理がある。

　もっとも，ゲーテをあてこすらなくてもフランス革命とナポレオン戦争に対する葛藤は当時のドイツの知識人・市民階層に共通して見られるものである。封建社会からの解放は喜ばしいが，それがフランスの侵略と占領によってもたらされるのは拒絶したい。政治的・社会的に立ち遅れたドイツ自身を恥に思う気持ちもあるが，フランスの猿真似は屈辱である。こうした葛藤こそが，ゲーテから離陸したロマン主義の原動力の一部となったと言ってもよいだろう。革命と反仏ナショナリズムの高揚感はドイツ＝ロマン主義を燃え上がらせた。ここが「ゲーテの時代」という表現の困ったところであって，ゲーテの晩年は明らかにロマン主義の全盛の時期であるが，ゲーテ自身はロマン主義を嫌っていて，ロマン主義に属さない。とはいえ「ゲーテの時代」の後半はロマン主義者が中心の時代であると断言してしまうのも，死の直前まで執筆活動をしていたゲーテ自身を無視することになる。結局のところゲーテの時代とはそうした矛盾をはらむネーミン

グとしか言いようがない。17 世紀のオランダ社会が持つ若い活力とは新興国らしい溌剌さであったが，「ゲーテの時代」のドイツは『若きヴェルターの悩み』そのもので，内省と葛藤に満ちたものであった。とはいえ，そうした疾風怒濤・ロマン主義（と古典主義）が後世に憧憬の念で見られ，指導価値を持つのは疑いない。また社会との結びつきも，発展途上の市民社会だったからこその葛藤であるとして説明がつく。

　これらの内容を改めて解答としてまとめ直すと，「近世末に活動を開始したゲーテは洗練されすぎたフランス文化と啓蒙思想の普遍性を否定し，これに対抗すべく疾風怒濤の運動を盛り上げた。折しも生じたフランス革命とナポレオン戦争はより強い政治的・文化的圧迫をドイツ社会に与え，発展途上の市民社会に強い葛藤を引き起こした。こうした流れが合流し，ゲーテ自身の思いとは裏腹にナショナリズムとロマン主義の風潮が高まり，ドイツ文化は変革とともに大きく発展する時代となった。」くらいになろうか。これで 201 字なので，綺麗にオランダと半々の解答が作れるだろう。

　というように長々と偉そうに書いたけれども，これが作問者の想定した正解と合致しているかは自信が無い。さらに，この解答で正解だったとしても，18 歳の自分にこの解答が作れたかと問われると，200％無理としか言えない。また，書いておいてなんだけど，本当にここまで要求してるのかもわからない。私がここに書いた解答の水準を要求しているとするなら，本問は無茶振り度において 2014 年度の「歴史なき民」を超えたと思う（1 巻 **2014 国公立 1 番**，p.58）。

　ここで当時の各予備校の解答速報を見ると，駿台の解答はかなり整っていて，最後を「ゲーテはこれに批判的であった」で締めていたのはポイントが高い。それでもフランスの普遍性に対する反発という要素が解答から欠けていて，それどころかフリードリヒ 2 世をやや肯定的に紹介してしまっているのは史料 2 をうまく使えていない。代ゼミの解答は，ちゃんと変革と葛藤に言及できていた。しかし，古典主義に言及するトラップに引っかかっているのがちょっと問題である。河合塾の解答は，フランスでは絶対王政の下で宮廷文化が育っていたが市民文化は未熟だった，それに対してドイツは領邦の分権体制だったから市民文化が育ったということを解答の主軸にしていて，独自性がある。確かに史料 2 の上 2 行からそういう解

釈はできるし，これは事実関係として正しい。近世末のドイツは領邦国家が乱立してそれぞれが絶対王政的な官僚制を整備したために，官僚の母体になる知識人階級の需要が増大して大学の創設が次々に進み，それに伴って識字率はフランスを上回るまでに成長した。これがゲーテたちの文学活動の背景になる（坂井榮八郎『ゲーテとその時代』朝日選書，1996年）。ただし，この解答は次の点で問題がある。17世紀のネーデルラント連邦共和国も分権的で中央政府の権限が弱かったので，当該地域の社会的コンテクストは似通っているということになってしまい，「対比しつつ考察せよ」という問題の要求に反する。通常「比較せよ」と言われたら共通点も挙げるが，「対比せよ」と要求されたら相違点しか挙げない。また，そもそも河合塾の解答はそのオランダの分権的社会には言及がないので片手落ちである。しかも，この解答だと今度は史料2の下4行に触れられておらず，一長一短である。とはいえ下4行に触れるには字数が厳しいのも確かであり，結局のところ**要求に対して400字という字数が少なすぎるのが根本的に悪い**。残った東進は結局3月末までに解答を出さなかった。出せないなら速報を名乗るのをやめてはどうか。

　最後に，私はこの村松恒一郎『文化と経済』を古本屋で売っていたので買って，ぱらぱらと読んでみた。本書は歴史家（経済史家）の村松恒一郎が書いた論文集であり，序文で著者自らが「散漫たるEssay集といった観もなくもない」「本書の一体的姿勢を読者の推察にゆだねることは，おそらく無理な要求というべき」としたためているように，事実として本書は散漫かつ壮大な構成のエッセイと論文の間のような文章の塊である。マックス＝ヴェーバーの思想研究に始まって中世西欧の都市国家に言及してみたり，日本の20世紀前半までの西洋史研究史をまとめてみたり，かと思えば中国史や日本史に言及し，あれこれ話が飛んで最終章で17世紀オランダ史が登場する。その上で言えば，この最終章を読んでも「ゲーテの時代」は史料2の部分以外で一切出てこない。「レンブラント時代」の解説は重厚になされるが，そこで強調されていたのはオランダの商業活動の自由と政治的分権体制であったことである……まさか本当に河合塾が指摘していた17世紀オランダと領邦体制のドイツはどちらも分権的だったから市民が成長したという共通点を指摘するのが正解？　マジで？　対比的にとは何だったの？　しかし『文化と経済』の中にゲーテの時代の説明

があるわけではなく……**もう何もわからん。**

　ついでにゲーテやその周辺情報が教科書でどの程度載っているのか調べてみた。

	ゲーテ	『ファウスト』	『若きヴェルターの悩み』	古典主義
山川『詳説』	古典主義の人	古典主義	－	ゲーテのみ
山川『新』	啓蒙主義からロマン主義への移行期	－	－	－
東京書籍	「疾風怒濤」運動の人	－	－	－
実教出版	若い頃：疾風怒濤，晩年：古典主義	古典主義	ロマン主義	18 世紀末～19 世紀初
帝国書院	古典主義の人	古典主義	－	ゲーテとシラー
山川用語集の説明	疾風怒濤→古典主義	代表作	－	18 世紀後半
山川用語集の頻度	⑦	⑤	ゼロ（※）	④
山川『詳説研究』	ロマン主義のアンビバレントな性格	－	－	－

　※　実教出版に掲載があるのでカウントミス

　一橋大のこの問題にまともに対抗しうるだけの情報があるのは実教出版の教科書だけではないかと思う。次点だと古典主義の説明を省いている東京書籍がかえって都合が良い。しかし，**大多数が使っていると思われる山川の『詳説』と帝国書院の説明だとゲーテは完全に古典主義の人**なので，情報が足りないどころか誤誘導にすらなっている。かろうじて用語集の説明が割とまともなのが救いか。『詩と真実』第三部の引用部分の周辺も読んだが，『ゲーテとその時代』で入手できた知識以上のことは書いていなかった。

　名古屋大は収録なし。というか良い問題だった。担当者が変わったのか，文科省のお達しの効果か，単純に改心したのかはわからないが，ともかく非常に良いことである。

1 1．京都大

悪問

問題4 (4)　アテネはペルシア戦争後に結成した，諸ポリスをとりまと
めた組織によって他のポリスを支配した。その組織の名を記せ。

＜解答解説＞

　過去に何問か類似例がある問題。**ペルシア戦争はプラタイアの戦い（前
479年）をもって終戦と見なすか，カリアスの和約（前449年）をもっ
て終戦と見なすかで見解が割れている。**戦闘はほぼプラタイアの戦いが最
後で，ここでギリシア側の勝利が確定しているためであるが，明確な講和
条約まで約30年間の小競り合い期間がある。その上で，正解となるデロ
ス同盟の結成は前478年頃であるので，前者であれば終戦直後，後者で
あれば戦争中の結成ということになる。高校世界史では，多くの教科書が
「プラタイアの戦いで勝利は決定的となった」としつつも，終戦のタイミ
ングはぼかして明言せず，その上でペルシア戦争に「前500～前449」
と年号を付すことでなんとなくやり過ごしている。執筆者は誰しもが事情
を知っているので，こう処理するしかないと考えるのだろう。その中で**帝
国書院の教科書のみ，例外的にデロス同盟の結成はペルシア戦争の終結前
と明言している。**また山川の用語集も「カリアスの和約」の名前を出して
終戦のタイミングを明言している。つまり，帝国書院の教科書と山川の用
語集だけで学習をしてきた受験生からすると，本問は正解が不在になって
しまう。実際の受験勉強でもほとんどの指導者は（早慶対策として）カリ
アスの和約の名前を出して「前449年終戦」で教えるだろうから，本問
の問題文は受験生の認識と大きく食い違うことになり，混乱を招いたと思
われる。それでも「諸ポリスをとりまとめた組織によって他のポリスを支
配した」という部分からデロス同盟を導いて解答するとは思うが。京都大
学たるもの，もっと迷わない問題文を書いてほしい。

１２．京都大（２つめ）

難問

問題４　(24)　これ（編註：捕鯨）を題材にした小説『白鯨（モビーディック）』の作者は誰か。

＜解答解説＞

　正解はメルヴィル。**2018 年の東京外大でも出題されており**，東京外大はその年のオープンキャンパスで「世間一般の知名度は高い作品・作家であっても，教科書に記述がないからという理由だけで出題しない，という姿勢は，世界史を現実社会と切り離してしまうものです」という声明を発表して一部界隈を仰天させた。東京外大自らが認めている通り純然たる範囲外の難問であるが，京大の入試担当者は東京外大の思想に共鳴してしまったか。

１３．大阪大

難問・奇問・解答不明

問題２　下に掲げる図Ⅰ・図Ⅱは，いずれも，アフリカ大陸原産の大型草食獣・キリンが，15 世紀当時における東西の権力者に献上された様子を描いたものである。左は，①明王朝の皇帝，朱棣（永楽帝，在位 1402-24 年）への，右は②フィレンツェのロレンツォ＝デ＝メディチ（1449-92 年）に対する献納品として，キリンが描きこまれている。異域に生息する巨大な珍獣というプレゼントは，権力者の威光を演出し広く宣示するために，あるいは古典期の博物学的な知識とのつながりを示すうえで，絶好の題材だっただろう。

　グローバル規模での人と人の交流に翻弄される動物をめぐる問題は，現在も形をかえて多くの論議を巻き起こしつつある。

図Ⅰ　瑞応麒麟図〈沈度題〉

（編註：図Ⅱは省略）

問1　図Ⅰは，下線部①の人物に対してベンガルから贈られたキリンを描いたものとされる。キリンが下線部①の人物に献上された背景について，明王朝内外の政治・軍事的状況を踏まえて論述しなさい。なお，絵のタイトルも参考にしつつ，使節の服装やキリンが示す象徴的意味についても，論及すること（200字程度）。

＜解答解説＞

　おそらく良問と見なすか超難問と見なすかで意見が割れる問題。こうい

う時に私は慎重に検討してなるべく収録対象としないようにしている。だから一橋大の，受験生が超難問だと騒いでいる問題も意外と収録していない。しかし，**本問に関しては言い訳の余地なく蛮勇のまずい問題**だと考えている。詳細な理由の説明が必要だと思われるので，以下に示す。

　本問の要求を分解すると，１．明王朝内部の政治・軍事上の状況を踏まえて，キリンが永楽帝に献上された背景を説明する。２．明王朝外部の政治・軍事上の状況を踏まえて，キリンが永楽帝に献上された背景を説明する。３．キリンの示す象徴的意味を，１または２に沿った形で示す。４．同じく使節の服装の象徴的意味について，１または２に沿って示す。

　このうち１・２は問題ない。永楽帝は靖難の役で建文帝から帝位を簒奪したので，正統性が危ぶまれていたというのがまず内部事情。そのため冊封体制の再建を目指し，中国皇帝の威徳が世界中に行き届いた証明として遠方からの朝貢国を求めていた。これに伴って遠方の国々からの朝貢が活性化していたというのが外部事情。これらのために，アフリカという遠方の品が届けられたというのは永楽帝にとって吉報であった。ここまでは標準的な知識で書けるところであるし，「瑞応麒麟図」もいくつかの教科書・資料集には載っていて初見ではないだろうことも含めて，知識・思考力が問われる良い問題であろう。

　３はまあ，際どいラインである。要するにキリンは伝説上の瑞獣である「麒麟」に比定されたため，このような瑞獣が現れたのは徳の高い君主による善政の証明と見なされた。前述の通り，正常な継承がなされなかったために正統性を疑問視されていた永楽帝にとってはその状況を覆す材料であった。善政が天帝に認められた結果として麒麟が現れたのだから，易姓革命が正当化されるのと同じように，靖難の役は許されたのだというロジックが成り立つ。さて，このような解答を書くには受験生が「麒麟」が瑞獣であることを知っているか，あるいは問題文からのヒントを拾って気づかないと，思考力以前の問題になってしまって不可能である。とすると出題側の意図としては，

A．日本人として当年の大河ドラマくらい見ているのが常識であり，『麒麟がくる』で麒麟は「仁のある政治をする為政者が現れる」とか「平和な世に現れる」としばしば言及されていたので，受験生にも当然その知識があるはずである。大河ドラマを見ていない非国民は本問でハンデを

負ってもらってかまわない。

B. 大河ドラマに関係なく，動物のキリンの名前の由来が瑞獣の麒麟にあることくらい一般教養として受験生に求めてよいものである。また，高校教員や予備校講師は鄭和の遠征を扱う授業中にこのことに触れているであろう。

C. 仮に麒麟についての知識が無かろうとも，問題文に「絵のタイトルも参考にしつつ」とあるように，「瑞応麒麟図」というタイトルの「瑞」から瑞獣であることは推測可能である。

という3つのパターンくらいであろうか。A は当然ジョークとして，B が主となる出題意図だと思うが，C を用意してくれた分だけ有情である。これがあるからぎりぎり範囲内で通ると思う。

最悪なのが4。**皆さん，この服装が何か推測できます？** 高校世界史で服飾の歴史にほぼ全く触れず，この服装が現在の日本人の教養として一般的でもない以上，私は無理だと思う。そして服装の図像読解ができなければ本問は麒麟以上に詰みである。思考力を働かせる段階に行かない。あるいは「使節の服装に注目せよ」という指示から「何かしら特殊な服装をしているのだろう」と出題者の意図を読み，上半身が右前の着方になっているのは和服と同じ，ということはおそらく東アジア圏の着方なのだろう……という推測を立てるのが思考力ということだろうか。私はそれは論理的な思考ではなく跳躍的な発想だと思う。

実のところ私も確証のある正解を出せていないのだけど，これは漢服だと思う。私自身が上述のような当たりをつけて画像検索して，大体同じような服装が出てきたからそう思っているというだけなのだが……。こういうときに知恵を借りたい予備校の解答は，私と同じように**漢服という解答を出していたのは代ゼミのみで，河合塾と駿台は解答で全く使節の服装に触れていない**。河合塾が講評コメントで「絵に描かれた使節の服装やキリンが示す象徴的意味についてどれだけ言及できるかがポイント」と書いているのは何かのジョークかな？　それとも「異国からの使者」というフレーズで表現しているつもりなのだろうか。問題文に「ベンガル」と明示されているのだから，それは絵を読み取ったことにはならない。東進は解答を出したのが他3社から遅れること1週間で他社の解答を参照していると思われるから，自力でたどりついたのは代ゼミのみだと思われる。とはいえ，

予備校が自らの看板をかけて，しかも受験生にはないインターネットと専門書というアドバンテージを使って作った解答でさえも，多数派は触れずにごまかすのが精一杯だったということだ。そもそも「瑞応麒麟図」の使者に注目した専門書や論文，私には見つからなかったのだが……おや，例の南蛮屏風の雰囲気が漂ってきましたね？（1巻**2014その他6番**, p.68）

　ともあれ，漢服で正しいなら解答は作れる。冊封体制とは「中国皇帝の威徳を慕って諸国が朝貢に来る」という理念を前提に成り立つ国際関係であり，中華（中国）の文明そのものである「中華」と，中華の文明を受容しているが完全に中華化していない冊封国，皇帝の威徳は届いているが中華の文明を受容していない朝貢国，中華の文明の価値に気づいていない夷狄……とグラデーション的に，放射状に広がる世界観である。その上で，遥か遠方のベンガルから来た使節が中華文明の衣服を着ていたら，永楽帝はベンガルでさえも自らの威徳が通じて中華になろうとしていると感激するだろう。おそらく，そうした意図から中国側の官僚が，やってきたベンガルの使者を謁見前に着替えさせたのだろう。解答上はこの辺を短くまとめて「使者が中国風の衣装であることは，永楽帝の外交政策に正当性を与え，麒麟の意味を強調した」くらいになるだろうか。

　このように書くと「解答が出るならいいのではないか」「そもそも阪大は受験生の発想を見ているのであって，史実に合致していなくても加点されるのではないか」という反論が出てくるだろう。しかしまず，**私自身が漢服に見えるというだけで，これが正解という確証が全く無い**。推測でしかない私のあやふやな説明をもって解答可能な問題とは思わないでほしい。中国史に詳しい知人が多分漢服で正しいと言っていたので大丈夫だとは思うが……。私以外の人々，たとえば解答速報を出している予備校各社も前述の通りであり，その他を見渡してもネット上で確実な解答を書いている人は見当たらなかった。だからこれはまともな「解答を出すことが可能な問題」とは言えない。次に，以前から書いているようにそこまで大学の採点者に信頼が持てるか。こういう無茶な出題をしてくる時点でちょっと怪しい。とはいえここは譲って，これまで良問の山を築いてきた阪大だからこそ内部的に統制がとれていて，「発想がよければ史実として誤っていても加点する」採点をしているだろうと信用することにしよう。

　それでも本問は2つの根本的な欠陥がある。まず，**麒麟を引いている人**

物は飼育係（馬丁）であって，朝貢使ではない可能性が高い。絵に「使節」は映っていないと考えるとその時点で解答不能となり出題ミスになる。それでもまだ朝貢使が連れてきたインド人なりアフリカ人なりの飼育係であるなら，朝貢使の随員・私的な下僕，留学生や朝貢品の人夫なども広義の使節と見なして，まだセーフと言いうる。しかし，問題文の情報および調べてみた範囲の情報で言えば，**この飼育係がキリンを受け取った後に中国側が用意した人物であるという可能性が捨てきれず**，この場合は「使節」の定義をどう拡張したところで当てはまらない。問題文が解答不能な出題をしているということで出題ミスになる。大阪大学は，この使節がベンガル側の連れてきた飼育員であるというはっきりとした史料的根拠を持っているのだろうか。

　次に，おそらく日本全国の美術史学研究室に入って真っ先に言われることの一つに「**画家は描きたい作品の理想像に従って（あるいは考証の不備から）図像を変えてしまうので，描かれた図像がその時代・地域のものだと信用してはいけない**」というものがあり，本問はそれに抵触している。極めて単純な事例を出すなら，たとえばレオナルド＝ダ＝ヴィンチの《受胎告知》。あの背景は本来であればパレスチナの荒涼たる風景であるはずだが，実際に描かれているのはトスカナ地方の田園風景である。なるほどこれは伝説上の出来事だろうし，15世紀末では考証の材料も少なかっただろう。では，たとえば《サン＝ベルナール峠を越えるボナパルト》ではどうか。ダヴィドはナポレオン本人含めて一次史料に触れる機会がいくらでもあったが，実際のナポレオンはロバ（またはラバ）に乗っていたと伝わるし，ナポレオンも随分美化されて描かれていて，服装も防寒着を着ていない点で嘘がある。

　「瑞応麒麟図」も真実を描いているとは限らない。**実際の使者はベンガルの服装を着ていたところ，画家が永楽帝の歓心を得るために漢服で描いた**，あるいは**実は現場に画家がおらず，使者の服装は想像で描いた，かつその画家が漢服以外の知識を持ってなかったので漢服で描かざるを得なかった**という可能性は捨てきれない。本問もせめて「このように描かれた意図は何であったか」ならまだ言い訳がついただろうが，この問題文はどう読んでも「瑞応麒麟図」に描かれたものを事実として扱っている。この違いは美術史学上で重要で，大した違いではないと棄却されたら多分全世

界の美術史家が鼻血吹いて憤死すると思う。なお，中国史に詳しい知人からは「美術史に詳しくなくても中国史をやっていればこれらの可能性は当然想起されるべき」とのコメントをもらった。要するに**史料批判の無い状態で発想を組み立てることを素人に要求しているの**だが，史学科として，文学部としてそれでよいのか。私はこれを市民的教養として持つべき思考力とも，歴史学的な思考力とも全く思わない。

　一点だけ本問を擁護するなら，遊びの部分が小さく，冒頭で立てた整理の通り４点の論点のうち２つの部分は良問であり，しかも配点の大半もここにあると思われる。３つめの麒麟もまあセーフとするなら配点の８〜９割はセーフということになり，受験生が答えられないし答えてもいけない部分はほぼ合否に関係が無い。大河ドラマにひっかけたジョークも含めれば多重の小さな「遊び」のある問題ということだ。実際の被害は少なかろう。

■■■ 2021 私大その他■■■

１４．宮城学院女子大　2/4 実施

出題ミス？

問題3　設問3　下線部①について（編註：地中海を囲む三大陸にまたがる大帝国を築いたオスマン帝国），この３つの大陸名を答えなさい。

<解答解説>

　普通にアジア・アフリカ・ヨーロッパで解答できると思うのだが，**大学当局から「現在の教科書等の表記と一致しない内容であったため，全員正解としました」という発表があった**のを見つけてしまったので，記録として収録しておく。確かに「大陸」と聞かれると「ユーラシアとアフリカ……あと１つは何かな」と混乱する受験生も現れたかもしれないが，出題ミスになるほどの瑕疵とも思われず，過剰反応のようにも思う。なお，最近の高校世界史ではイブン＝バットゥータの『三大陸周遊記』も単に『（大）旅行記』と表記してしまうことが多い。個人的には風流さに欠けて面白みが無いから『三大陸周遊記』を通してほしいのだが。

１５．青山学院大　全学部

出題ミス

問題1　問4　同じく (c) に関連し（編註：漢），前漢の都は長安（西安）である。ここに都を置かなかった王朝として，もっとも適切なものを一つ選び，その番号をマークしなさい。

①　宋（南朝）　②　隋　　③　唐　　④　明

　隋と唐は首都が長安だが，南朝宋は首都が建康（現在の南京），明も初期が南京で多くの期間は北京であり，両王朝とも首都を長安に置いたことは無い。よって複数正解である。**大学当局から全員を正解とした旨の発表があった。**

１６．青山学院大・文学部・史学科

悪問

問題1　**問 11**　ローマ帝国分裂後ヨーロッパは西方と東方とで独自の道を歩み，10 世紀末までにはかなり異質な社会を築くこととなった。以下の項目中，主としてこの時代の西方に係るものには①を，東方に係るものには②を，双方に共通するものには③を，<u>いずれにもあてはまらないもの</u>には④をマークしなさい。

A．南ロシアがモンゴル人の攻撃を受けると，ロシア人と協力してモンゴル人を撃退した。11

B．皇帝は教会の首長として，専制支配を続けた。12

C．ゲルマン人の侵入により，貨幣経済の衰退を経験した。13

D．新たに流入してきたクロアティア人やセルビア人などのスラブ系諸民族をキリスト教に改宗させた。14

　Cは西欧のことなので①，Dはカトリック布教が西方，正教布教が東方に係る事象と見なせば③だろう。Aは，ロシア人自体が東ヨーロッパの民族なので「ロシア人と協力して」の部分は意味をなしていない。日本語として崩壊しているものの，モンゴル人の攻撃が 13 世紀のことなので 10世紀末までという問題の要求に当てはまらず，当然西欧の出来事でもないから機械的に④を正解と判断していいだろう。残ったBは皇帝教皇主義に則った説明になっている。深く考えなければ②が正解になるが，学説が

すでに否定されていると考えると④になり，出題者の脳内をエスパーする以外に正解を絞れない。まあ十中八九，作問者は古い学説に捕らわれていて出題していると思われ，正解は②なのだろう。仮にも文学部・史学科に限定された入試の問題で皇帝教皇主義を出題するのは恥ではないか。

　少し補足すると，青山学院大は2021年度に入試制度を抜本的に改革しており，文学部は史学科のみ全く別の入試日程・入試問題になった。共通テストの国語・英語・その他適当な1科目の3科目合計300点分（英語と国語は200点満点を100点に圧縮）と，二次試験は世界史または日本史のみ1科目150点の450点分で争われる。通常の私大の入試であれば国公立大と違って共通テストは必須ではないところ，これを必須にしつつ，二次試験からは英語と国語をパージしたのは勇気ある決断といえる。共通テストの300点分ではあまり差がつかないと思われるので実質的に1科目勝負の，歴史好きな受験生にはこれしかないというような科目設定になっている。

　その世界史の入試問題は本問のような形の記号選択問題が45問，用語の語句記述問題が15問，最後に350字の論述問題が2問で，制限時間が90分である。300字超の論述問題を課す大学は国公立大でも少なく，私大だとさらに少ない。難関私大らしい細かめの知識を問う記号選択問題の後に，国公立型の論述問題が来る構成は重く，全く傾向が異なる問題2種類を相手取らなければならないという点で対策が難しい。もちろん私大型の入試だけなら早慶など，国公立型の論述問題だけなら東大や一橋大など，他にもっと難しい入試問題はいくらでもあるのだが，合体して襲ってこられるのは意外とこれまでに無かったパターンである（近いのは慶應大の経済学部と津田塾大の入試）。90分の制限時間も，350字を1問解くのには慣れていても25〜30分程度はかかり，記号選択・語句記述も1問40秒程度はかかるから，ぎりぎり足りるかどうかの絶妙な設定になっている。配点は前半60問が1問1点，論述問題が20点×2で合計100点を1.5倍しているか，前半60問のいくつかが2点になっていて90点分，論述問題が30点×2で150点満点のいずれかだろうと予想される。

　この入試日程が対策の面倒さから敬遠されるのか，それとも「世界史（または日本史）1科目特化型受験生が集中することになるのか，来年度

以降の入試状況に期待が高まる。一人の世界史好きとしてはぜひとも後者であってほしい。本書を読んでいる受験生か，受験生がいる保護者の方への紹介として入試制度を長めに説明しておいた。

１７．学習院大　経済学部

難問

問題1　五代十国の地方政権の一つで現在の湖北省あたりに割拠した (9)〔①荊南　②南漢　③呉越　④後蜀〕は商業で発展していたが，この繁栄は後の時代にも引き継がれ，漢口は北京条約の中で最も内陸にある開港場とされた。それは漢口が長江と漢水との合流点に位置し，長江中流域の流通の拠点として繁栄したことによる。

＜解答解説＞

五代十国における十国は普通問われない。その中ではまだしも江南に割拠した呉越と南唐が，宋代の江南の発展の基礎を築いた王朝として名前を見ることがあるが，それ以外となると私もここ 10 年の単位で出題されているのを見たことが無かった。**本問は限りなく史上初に近い**と思われる。そういうわけで，範囲外までよく勉強してきた受験生でも③の呉越を外し，名前からして④後蜀は場所が四川だろうと外して，①と②から２択が限界だろう。正解は①の荊南であるが，これは**名称が自然なひっかけになっているという稀なパターン**であるから注意が必要だ。中国史（というか三国志）に少し詳しい人だと「荊州は漢代に現在の湖北省と湖南省をあわせた領域を指した行政区分であるはずだから，荊南は名前からして湖南省にあったのではないか」と推測してしまいがちである。私もそう思っていたので初見では②が正解にしか見えなかった。しかし，実際には前述の通り，荊南はほぼ現在の湖北省と重なる領土を有していた。

なぜこんな名前になったのか気になったので調べてみた。まず，後漢代には州―郡―県の三段階を基本とする地方行政制度であったのが，五胡十六国から南北朝時代にかけて州が細分化される形で三段階制が崩壊し，

州と郡を分ける意味が無くなってしまった。そのため，隋・唐は（細かな変遷はありつつも大筋で言えば）郡を廃止して州─県の二段階とする形で地方行政単位を再整備した。それとは別に，古代中国には州都を州と同じ名前で呼ぶことがあって，漢代に荊州の州都があった江陵も荊州とも呼ばれるようになっていた。これらの事情があわさったことで，荊州は，後漢代には現在の湖北省と湖南省を合わせた巨大な領域を指していたが，唐代には江陵を旧称とする都市，またはその都市の周辺数県のみを含んだ小規模な領域のみを指すようになった。後者の流れから後漢代の江陵の遺跡がある地区は，現在では湖北省荊州市の荊州区と呼ばれている。その後，安史の乱の際に荊州と周辺を領する節度使が設置され，これが荊南節度使と呼ばれた。その約150年後，この荊南節度使が唐の滅亡を契機に自立して王朝となり，荊南という王朝名となった。

　という流れを知ってある程度は納得したのだが，日本人は三国志にだけ詳しい人が多いので，どうしても荊南が湖南省ではなく湖北省に存在した国と言われても違和感がある人が多かろうと思う。かく言う私もそうで，こういう複雑怪奇な現象こそ歴史の醍醐味であるという感情と混ざって困惑している。

　この日程では，消去法で解けるために収録対象としなかったが，ウランバートルの旧名「イヘ＝フレー」や，1915年にロシア・中華民国・外モンゴルの間で結ばれて外モンゴルにおける中華民国の宗主権とボグド＝ハーン政権の自治権を認めたキャフタ協定等が問われていて，全体的に難易度が高かった。

18. 学習院大　文学部

難問

問題2　Ｂ　第一次世界大戦後のパリ講和会議にて締結されたヴェルサイユ条約の結果，戦争で疲弊したドイツには返済が著しく困難な巨額の賠償金（1320億金マルク）が課された。また，同条約により，陸軍兵力は10

万人に制限され，(1) 〔①戦艦　②軍用機　③ミサイル　④生物兵器〕の保有が禁止され，徴兵制も禁止されるなど，屈辱的な制限がドイツに課された。

＜解答解説＞▶

　重度のミリオタ問題。 通常の学習の範囲では，４択から全く選べないだろう。まだしもとりかかれそうなところから消していくと，ミサイルの発達は主に第二次世界大戦期であるということは知っているかもしれない。また，第一次世界大戦では化学兵器である毒ガスは大規模に使用されたが，生物兵器は使われていない。なお，ドイツはヴェルサイユ条約で化学兵器の保有が禁止された。

　残った２択は当時に存在した兵器なので，もう条約の細かな部分を知っている以外に対処しようがない。正解は②の軍用機で，ヴェルサイユ条約ではドイツ軍は軍用機の保有をほぼ全面的に禁止された。一方，海軍の艦艇は潜水艦（と空母）の保有こそ全面禁止されたが，残りは保有トン数や隻数の制限付きで保有が認められている。戦艦は６隻かつ第一次世界大戦開戦の時点ですでに旧式になっていた型の前弩級戦艦に限定されての保有となった。巡洋艦や駆逐艦も隻数や保有トン数で制限があり，やはりイギリス海軍に全く立ち向かえない規模や質になっている。

〔**番外編**〕**産業能率大　2/5 実施**

問題5

史料４　北朝鮮軍全面攻撃に関する大韓民国国防部の談話（1950 年 6 月25 日）

「今 25 日早朝 5 時から 8 時の間，38 度線全域にわたり，北朝鮮軍が大挙して侵攻した。北朝鮮軍は，ほとんど同一の時刻に行動を開始し，東海岸では船舶を利用して上陸を企図した。目下各地のわが国軍部隊はこれを迎え撃って至急適切な行動を展開した。」

史料5　金日成首相の放送演説（1950年6月26日）

　「朝鮮民主主義人民共和国政府は，現在の情勢を検討した結果，わが人民軍に決定的な反撃戦を開始し，敵の武装力を掃討せよ，と命令した。人民軍は，共和国政府の命令にしたがって，38度線以南地域に10キロから15キロ前進した。」

史料6　ポツダム政令260号（警察予備隊令）（1950年8月10日）

　「第1条　この政令は，わが国の平和と秩序を維持し，公共の福祉を保障するのに必要な限度内で，国家地方警察及び自治体警察の警察力を補うため警察予備隊を設け，その組織等に関し規定することを目的とする。
第3条　警察予備隊は，治安維持のため特別の必要がある場合において，内閣総理大臣の命を受け行動するものとする。」

史料7　サンフランシスコ平和条約（1951年9月8日）

　「第6条　連合国のすべての占領軍は，この条約の効力発生の後なるべくすみやかに日本国から撤退しなければならない。ただし，この規定は協定に基く，外国軍隊の日本における駐留を妨げるものではない。」

史料8　日本国とアメリカ合衆国との間の安全保障条約（1951年9月8日）

　「第1条　日本は国内へのアメリカ軍駐留の権利を与える。駐留アメリカ軍は，極東アジアの安全に寄与するほか，直接の武力侵攻や外国からの教唆などによる日本国内の内乱などに対しても援助を与えることができる。
第2条　アメリカ合衆国の同意を得ない，第三国軍隊の駐留・配備・基地提供・通過などの禁止。」

問2　史料4・史料5の戦争が起きなかった場合，朝鮮半島や日本は現在どのようになっていたと考えられるか。朝鮮半島・日本のどちらについて説明するかを選んだ上で，図2〜4・史料6〜8なども参考にして，戦争の名を書き，考えられる現在の状況を，オリジナルな言葉で句読点を含めて80字以内で説明しなさい。

　（編注：図2は東西ドイツ分断の地図，図3はベルリン封鎖の写真，図4

はベルリンの壁開放の写真）

＜コメント＞

if を書かせる非常に珍しい問題で，しかも題材がセンシティブである。朝鮮半島か日本のいずれかを選ぶことになるが，日本を選んだ方が無難でわかりやすい。史料6〜8からすると，朝鮮戦争が無ければ自衛隊の創設やアメリカ軍の駐留がなくなるか，あるいは弱まっていたということを書いてほしいのだろう。ただし，北朝鮮や中華人民共和国の存在そのものや，ベトナム戦争の勃発等の事象を考慮すると，日本の再軍備や東アジアにおける米軍の駐留が無いまま冷戦が終結していたかは疑わしく，それほど現実と変わりがなかったのではないかと思われる。それよりも朝鮮特需がなくなると日本の高度経済成長が確実に遅くなったので，その影響の方が大きい。また，再軍備にもかかわる話になるが，朝鮮戦争は日本の再独立を急がせた要因であるので，朝鮮戦争が開戦していなかったらサンフランシスコ平和会議の開催が1951年よりも遅くなっていた可能性が高い。

　朝鮮半島を選んだ場合は図2〜4からすると，朝鮮半島が再統一していた可能性について言及してほしそうな雰囲気がする。しかし，朝鮮戦争の有無は半島の分断・再統一には影響を与えないだろう。東ドイツが西ドイツに吸収されたのはソ連の後ろ盾が消滅したためであり，南ベトナムが滅亡したのはアメリカの後ろ盾が消滅したためである。北朝鮮の崩壊には中国の後ろ盾がなくなることが必須であるから朝鮮戦争は無関係である。しいて言えば，国境の画定が休戦協定という宙に浮かせた条約ではなくなり，東西ドイツのように南北の相互承認が行われて，日本が北朝鮮と国交を樹立していた可能性は指摘できるかもしれない。

　以上のように，if を書かせるのは面白い試みであり，無理な試みでもない。しかし，本問は少し「してほしい解答」への誘導が強く，その誘導がやや恣意的であるのが気になるところである。if を書かせるならもっと自由に書かせてもよいのでは（採点が大変になるけど）。

１９．成城大　社会イノベーション学部〔2/4実施〕

出題ミス

問題２　問３　下線部(B)について，漢代には匈奴が強大となり，漢王朝を圧迫した。このことに関連して以下の設問に答えよ。

(1)　匈奴は紀元前２世紀末から紀元前１世紀にかけて最盛期を迎え，前漢の高祖と戦って勝利し，屈辱的な講和を結ばせた。匈奴の指導者を「単于」と呼ぶが，この時の単于は誰か。

＜解答解説＞

　正解は冒頓単于……と言いたくなるが，**世紀が１世紀ずれている痛恨のミス。**冒頓単于の活躍時期は紀元前３世紀末から紀元前２世紀初頭である。これは完全にタイポであろう。**大学当局から全員を正解にした旨の発表があった。**

２０．成城大　経済学部〔2/6実施〕

奇問・難問

問題１　問５．下線部(D)について（編註：モルッカ諸島に産地が限定される香辛料），つぎのうちモルッカ諸島に産地が限定される香辛料を２つ選んで，記号で答えよ。

(イ)　ナツメグ　　　(ロ)　クローヴ
(ハ)　シナモン　　　(ニ)　カルダモン

＜解答解説＞

　用語集に載ってはいるが普通は聞かないシリーズ。正解はナツメグとク

ローヴで，いずれもモルッカ（マルク）諸島が原産地であり，17 世紀以前は産地がモルッカ諸島に限定されていた。シナモンの原産地はインドシナ半島，カルダモンの原産地はインドとされているようだ。なお，いずれも 21 世紀現在は熱帯で広く栽培されているので，問題文は「17 世紀当時は産地が限定されていた」としておかないと不正確である。

２１．専修大　2/9 実施

<u>難問</u>

問題1　〔設問 16〕下線部 (16) に関連して（編註：<u>鄧小平</u>），この人物の記述として誤っているものはどれか。もっとも適するものを次の①〜④の中から一つ選び，解答欄 [16] にマークしなさい。

① 　文化大革命の最中，「資本主義の道を歩む実権派」と攻撃され失脚した。

② 　文化大革命後，経済改革をすすめる一方，民主化連動に対しては弾圧の方針をとった。

③ 　第二次天安門事件で抑制されていた改革開放政策を「南巡講話」によって再び推進する号令をかけた。

④ 　イギリスからの香港返還，ポルトガルからのマカオ返還を見届けたのち，死去した。

＜解答解説＞

　①・②は基本的な内容で正文。③は範囲外，④は範囲内だが鄧小平の没年は早慶対策でさえも覚えないので無理な要求である。鄧小平が亡くなったのは 1997 年 2 月で，香港返還の 1997 年 7 月のわずかに前である。当然 1999 年のマカオ返還も含めて見届けていない。よって④が誤文＝正解（③は正文）。

２２．専修大　2/9 実施（２つめ）

難問・悪問

問題２　［設問 21］下線部 (21) に関連して，この時期のイギリス産業革命
における生活や社会の構造の大きな変化に関する記述として誤っているも
のはどれか。もっとも適するものを次の①〜④の中から一つ選び，マーク
しなさい。

① 　工業用燃料が木炭から石炭に大きく転換していった。
② 　機械の使用において女性や子どもが大量に雇用された。
③ 　綿織物業の創業には株式会社制度が大いに利用された。
④ 　第二次囲い込みにより土地を失った農民の多くが工場労働者となっ
　　た。

＜解答解説＞

　①・②はすぐに正文とわかる。④はやや不正確な説明で，近年の学説で
は失地農民が直接都市に流れ込んだというわけではないと考えられている
（２巻のコラム１の p.76，または３巻のコラム３の p.474）。だが，学説
の切り替わっていない教科書もあり明確な誤文とは言えない。③は範囲外
の知識になり，ほとんどの受験生には判断がつかなかっただろう。常識的
に考えれば正文に見える。とすると一転して④があやしくなり，④を誤文
＝正解に選んだ受験生も少なくなかったのではないだろうか。

　しかし，実はイギリスでは南海泡沫事件により（バブルの語源になった
事件である），事件が起きた 1720 年に国が発行した特許状または議会の
承認の無い株式の発行が禁止された。この泡沫会社禁止法が解除されたの
は 1825 年のことである。そこから 1844 年に株式会社設立に国家の許可
を不要とする登記法，1855 年に出資者の責任を有限とする株式会社法が
制定されて，近代的な株式会社の制度が整備された。世界史上の株式会社
の発祥は 1602 年のオランダ東インド会社とされているが，その近代化に
は意外と時間がかかっているのだ。こうした事情から，18 世紀後半のイ

ギリスでは株式発行による資金調達が一般的ではなかった。また，18世紀後半の当時では，株式発行を必要とするような大事業は海外貿易業・保険業・鉱業・インフラ事業に限られていた。産業革命初期の綿織物産業の工場規模だと個人で十分な資金調達ができたという事情もあって，株式発行はあまり利用されなかった。

　以上のような理由から③が誤文＝正解である。おそらく作問者としては消去法で解かせるつもりだったのだろうが，④が旧説をとっているために見込みが崩れて大惨事が起きたというのが真相だと思われる。範囲外からどうしても出題したいなら，消去法で対応可能にするため，不正解の選択肢の正誤が明確であるか否かを厳密に確認して作問してほしい。

２３．専修大　2/10 実施

難問

問題1　〔設問2〕下線部 (2) に関連して（編註：最古の王朝は殷である），現在，殷よりも前に夏を最古の王朝とする学説が広まっている。その学説の根拠は河南省洛陽近郊で発掘された二里頭遺跡の考古学成果である。二里頭遺跡についての記述として正しいものはどれか。もっとも適するものを次の①〜④の中から一つ選び，マークしなさい。

①　鋳造された青銅器が発掘された。
②　甲骨文字の先駆と考えられる夏の文字を刻んだ陶製の板が発掘された。
③　中国最古の大規模な稲作の跡が発掘された。
④　1辺が1000メートルを超える四角形をした大邑の城郭が発掘された。

＜解答解説＞

　二里頭遺跡（二里頭文化）については，用語集の夏王朝の項目に名前が登場するのみで，その他の教材を読んでも青銅器文明であること以外，世界史範囲内にほぼ情報が無い。名前以外を問うのは反則だろう。したがっ

て①が正文。②は，実は文字っぽいものは見つかっているらしく，2024年現在では誤文だが，将来的に正文になる可能性はある。③は河南省という位置で考えればわかる通り誤文。黄河流域は畑作地帯である。④は二里頭遺跡に城郭があったのかどうか自体に議論があるらしく，あまり触れたくないところ。作問者の意見としては存在していなかったか，数百メートルの規模だったというものなのだろう。ただでさえ範囲外なのに議論のあるものを選択肢に入れないでほしい。

２４．中央大　統一入試

悪問

問題１　グプタ朝は，中央アジアの遊牧民族である（　D　）の侵入を受けて衰退し，紀元後６世紀半ばに滅亡した。

問４　（　D　）にあてはまるものを一つ選びなさい。
a　エフタル　　　b　ウイグル　　　c　ドーリア　　　d　スキタイ

＜解答解説＞
　素直に正解を出すならエフタルになるが，グプタ朝を襲撃した遊牧民とエフタルを同一視してよいものかどうかは異論があり，高校世界史の教科書でも指摘されている（コラム１，p.77を参照）。この種の出題は避けるか，工夫が必要だろう。

２５．中央大　文学部

難問？

問題３　【設問】　(2)　トゥルファン盆地の石窟寺院の壁画に描かれたウイグル貴族の肖像として正しいものを，次の①〜③の中から一つ選び，そ

の番号をマークしなさい。

①

②

③

＜解答解説＞

　難問ではあるが，収録対象のレベルかと言われると判断に困る。いずれにせよちょっと面白い問題なので解説は付しておこうと思う。ウイグルはモンゴル高原から離散した後，中央アジアに入って原住のイラン系を同化し，この地域をトルコ化していった。とりわけ西トルキスタンのトルコ系遊牧民はイスラーム化し，さらにアナトリアへの移住を進めた。ここまでは高校世界史でメジャーな説明だが，ひるがえって東トルキスタンは高校世界史でほとんど扱われない。

　早々にイスラーム化した西トルキスタンの人々に対して，東トルキスタンのウイグル人は，高原時代に信仰していたマニ教から，原住のイラン系住民の間で篤く信仰されていた大乗仏教に転向し，さらに数百年かけて徐々にイスラーム化が進んだ。西トルキスタン同様にすぐさまイスラーム化したわけではないのだ。以上の説明の通り，イスラームっぽい絵画の③は誤りである。③はどう見ても商売の場面であって，石窟寺院に描くものではあるまい。なお，この③はイベリア半島アンダルシア東部の港市アルメリアの，ナスル朝時代のムスリム商人を描いたものと思われるが，はっきりした元画像を入手できなかった。残るは①か②だが，②はあまりにも中国人に見えるし，資料集などに載っている唐代の貴族に似ている。一方で①は画像が不鮮明で見づらいが，野外にテントを張っているように見えるから遊牧民の風習であり，定住するオアシス都市民には見えない。どちらも決め手に欠けるが，正解は②である。実はウイグルは安史の乱の際に唐を支援して華北に侵入して以降，生活風俗がかなり中国化しており，マニ教もその際に帰依したものである。①は1206年のチンギスがカンに推戴されたクリルタイを描いた『集史』の挿絵。正解の②はトゥルファンのベゼクリク千仏洞に描かれた寄進者の貴族と見られる人々の肖像画である。

２６．中央大　文学部（2つめ）

難問

問題4【設問】

(4)　スペインが西半球の植民地支配から完全に撤退したのは19世紀末だった。地図2に示された国または地域の記号A，G，H，Fをスペイン支配の終わりが早い順に正しく並べ替えたものを，次の①〜⑥の中から一つ選び，その番号をマークしなさい。

① 　F→H→A→G
② 　A→H→G→F

③ H → G → F → A

④ H → F → G → A

⑤ G → A → H → F

⑥ A → G → F → H

(5) 代表的な輸出産物の中には，冷凍技術の発達によって輸出可能になった牛肉，火薬の重要な原料であった硝石などがある。それぞれ南米諸国のどこの国の主要産物か。地図2に示された国または地域の記号と輸出産物の組み合わせが正しいものを，次の①〜⑥の中から一つ選び，その番号をマークしなさい。

① 牛肉 – A；硝石 – C

② 牛肉 – C；硝石 – B

③ 牛肉 – B；硝石 – A

④ 牛肉 – B；硝石 – C

⑤ 牛肉 – A；硝石 – B

⑥ 牛肉 – C；硝石 – A

地図 2

322

<解答解説>▶

まず (4) はラテンアメリカの独立年シリーズ。A がアルゼンチン，F が
プエルトリコ，G がメキシコ，H がフロリダである。このうちプエルトリ
コが米西戦争の敗戦によるものなので 1898 年で圧倒的に一番遅いのはす
ぐにわかり，②と⑤の２択まで絞れる。しかし，フロリダの売却は 1819
年，ラテンアメリカ諸国の独立ラッシュは 1810 〜 30 年の間なので，結
局この３つの並べ替えは困難である。アルゼンチンの独立が最も早くて
1816 年，次がフロリダ売却の 1819 年，最後がメキシコ独立の 1821 年
であるので②が正解。なお，メキシコの独立運動は複雑な経緯をたどって
いて，イダルゴが独立運動を開始した 1810 年の方がまだ覚えている受験
生が多かったかもしれない。しかし，今回は問題の要求が「スペイン支配
の終わりが早い順に」であるので失敗した蜂起であるこの年号は無意味で
あり，むしろこの 1810 年の方の年号をもとに⑤を正解に選びがちであ
るから，よく勉強してきた受験生ほど引っかかる嫌らしい引っかけ問題に
なっている。

　(5) の方は，牛肉はグレーゾーン，硝石は範囲外である。牛肉について
は同じ 2021 年の京大でも出題があり，こちらは「南米から牛肉の輸出
量が増えた理由」が問われていて正解が「冷凍技術の発達」であった。ラ
テンアメリカのうち特にアルゼンチンが牛肉の一大輸出国であったので，
正解は A。硝石は肥料の原料として世界中で需要が高まっていた。主要産
出国はペルーまたはチリの沿岸部で，ペルーは選択肢にいないので正解は
B。あわせて正解は⑤になる。

２７．中央大　商学部〈会計／商業・貿易学科〉

難問

問題2　**問8**　下線部⑧に関連して（編註：マーストリヒト条約），マー
ストリヒト条約に関する記述として**誤っているものを１つ**選びなさい。な
お，該当するものがない場合は (e) を選びなさい。

(a) この条約によって，欧州市民権が創設された。

(b) この条約ではヨーロッパ共通通貨の導入がうたわれている。

(c) この条約ではヨーロッパの安全保障政策や司法・内務分野の協力がうたわれている。

(d) デンマークは国民投票によってこの条約に反対した。

<解答解説>━━━━━━━━━━━━━━━━━━━━━━━━

　(a)・(b)・(c) は細かいが用語集のマーストリヒト条約の項目の説明にある。そこからのほぼそのままのコピペであり，いずれも正文。(d) は難問である。該当するものがない場合の (e) があるせいで消去法も使えず，(d) の明確な正誤判断が求められている。

　(d) は正文であり，本問の正解は (e) である。マーストリヒト条約は1992 年 2 月に調印された後，各国で批准可否の国民投票が行われていたが，デンマークは 6 月の国民投票で反対票が賛成票を上回ってしまい，批准できなくなってしまった。それどころか，EU は EC 加盟国全ての批准を発効要件にしていたため，EU が発足できなくなってしまったのである。そこで，デンマーク政府は国民に反対の声が強かった通貨統合などについて適用を除外される項目を取りまとめて提出し，これを受け取った当年下半期の EC 議長国のイギリスがエディンバラで理事会を招集，デンマークは当該項目の適用除外を認められた。これをエディンバラ議定書（またはエディンバラ合意）と呼ぶ。デンマーク政府はエディンバラ議定書をもって 1993 年 5 月に二度目の国民投票に臨み，今度は賛成多数となって無事に批准にこぎつけた。結果としてマーストリヒト条約は調印から大きく遅れて 1993 年 11 月に発効し，EU が発足することとなった。この 1 年ずれ込んだのは受験生泣かせで，調印 1992 年，発効 1993 年で覚える年号が 1 つ増えてしまった形である。実際に問われるのは発効の 1993 年の方が多い印象。

〔番外編２〕中央大　商学部〈会計／商業・貿易学科〉

問題2　問10　下線部⑩に関連して，EU 内の足並みの乱れや EU が抱え
ている問題点に関する記述として**誤っているものを１つ**選びなさい。な
お，該当するものがない場合は (e) を選びなさい。

(a)　2004 年に調印されたヨーロッパ憲法条約（EU 新憲法）を批准する国
　　民投票で，フランスなどが反対の意思表示を行った。
(b)　通貨が統合されても財政は各国の主権のもとにあり，2010 年以降，
　　ギリシアの財政問題をきっかけにユーロ危機が生じた。
(c)　イラク戦争をめぐっては，アメリカを支持して開戦に賛成する国と反
　　対する国とがあり，EU として意思統一をはかることができなかった。
(d)　旧東ヨーロッパ諸国から新たに EU 加盟を実現した国々と，西ヨー
　　ロッパの EU 加盟国との経済的格差が問題となっている。

＜コメント＞

　(a)・(c)・(d) は正文。審議の対象は (b) で，私はさして悩まず (b) を
正文と判断して正解を (e) として解いたのだが，珍しくも『赤本』が本問
を悪問認定していたので紹介しておこう。その理屈は，ギリシアの財政
危機は 2009 年 10 月に発覚したのでユーロ危機の発生は 2009 年と解釈
しうる。したがって (b) は年号が誤っている誤文と判断できるというこ
とだ。一方で，私がそうであったように，ユーロ危機が本格化したのは
2010 年に入ってからであるから，(b) は正文とも判断できる。私の感覚
では (b) の文における「2010 年以降」はユーロ危機にかかっていてギリ
シアの財政問題にはかかっていないから，(b) は正文と判断する方が妥当
性が高いように思われた。ゆえに正式収録はためらわれて〔番外編〕とし
た。読者に判断を委ねたい。

２８．中央大　法学部

出題ミス

問題1　設問1　下線部 (a) について（編註：人類もまた，現生人類に進化する以前より）。下記の文は化石人類について述べたものである。正しいものには①を，誤っているものには②をマークしなさい。

（あ）　今日，最古の化石人類とされているのは，アフリカで発見されたグリマルディ人である。

（い）　北京原人は，火を使用していた。

（う）　ネアンデルタール人は，骨角器を用いて漁撈 (ぎょろう) を行っていた。

＜解答解説＞

　（あ）は，最古の化石人類は一般にサヘラントロプス＝チャデンシスとされるので誤文。グリマルディ人は新人段階の化石人類。（い）は正文。審議の対象は（う）。骨角器は，以前は新人段階になってから使われるようになった道具とされていたが，近年の研究ではネアンデルタール人（旧人段階）が使用していたことを示すものが発見されている。したがって，（う）は作問者がどちらが正解のつもりで作ったのかわからないので正誤を判断できない。同様の出題は 2016 年の獨協大（２巻 **2016 私大その他8番**, p.152），2017 年の専修大（３巻 **2017 私大その他１6番**, p.494）でもあり，前者は大学当局が出題ミスを認めている。本問も（う）は全員正解とすべきだっただろうが，大学当局からの発表は無かった。

２９．中央大　法学部（２つめ）

悪問

問題２　小アジアの西部に建国された（　１　）王国によって鋳造され
た硬貨は，金と銀の合金で加工されたもので，政治権力によって品質と重
量を保証された最初の貨幣とされる。

設問１　空欄（１〜６）に入るもっとも適切な語を語群より選び，マーク
解答用紙にマークしなさい。

【語群】
① アッカド　　　⑮ ヒッタイト　　　⑯ フェニキア
㉔ メディア　　　㉖ リディア
（編註：関係のある選択肢のみ抜粋）

＜解答解説＞
　**リディア王国が世界で初めて発行したエレクトロン貨（金と銀の合金）
は，鋳造貨幣ではなく打刻貨幣である**（１巻コラム１，p.79）。これに伴い，
高校世界史の教科書は鋳造貨幣ではなく金属貨幣と表現するようになっ
た。切り替わったのは１０年くらい前のことになるので，さすがに近年は
ほとんどこのミスが見られなかったのだが，まだ生き残っていたとは。厳
しくとれば出題ミスだが，「小アジアの西部に建国された」等からリディ
アと特定でき，また史実誤認としては比較的軽微であるため種別を悪問に
とどめた。

３０．中央大　法学部（３つめ）

悪問

問題３　**設問６**　下線部 (e) について（編註：<u>国際貿易の中心地が地中海</u>

から大西洋に移った）。貿易の中心が大西洋岸に移ったことの背景や影響
に関する記述として正しいものはどれか。2つ選んでマーク解答用紙に
マークしなさい。

① 15世紀にビザンツ帝国を滅ぼしたオスマン帝国が，後に地中海の制
海権を握ったこともあり，地中海貿易の最も大きな利益はイスラーム商
人たちが得ることとなった。

② いわゆる「レコンキスタ」を完成させたスペイン王家は，大西洋貿易
の拡大を目指して，ヴァスコ＝ダ＝ガマらの航海を支援した。

③ 大西洋岸の都市では，中世よりイギリスからの羊毛の集積地として栄
えたアントウェルペン（アントワープ）が，オランダ共和国の主要な港
として，17世紀以降も繁栄した。

④ 貿易で繁栄したヨーロッパ大陸北西部の都市部では様々な文化が開花
し，低地地方（ネーデルラント）では，ブリューゲルやレンブラントな
どの画家が，写実的な技法を活用して活躍した。

⑤ 国際貿易拠点としての地位が低下したイタリアに対して，従来のよう
には周辺諸国が介入しなくなったため，全土で外国王室による支配が排
除された。

＜解答解説＞

②はヴァスコ＝ダ＝ガマを支援したのはポルトガルなので誤り。③はア
ントウェルペンがオランダ独立戦争中に破壊されていて繁栄を失い，また
スペイン領にとどまっているから誤り。⑤はイタリア諸国の多くが16世
紀以降もハプスブルク家やブルボン家の支配を受けていたから誤り。とす
ると正解＝正文は2つあるはずだから，消去法からいって①と④が正文に
なるはずである。④は確実な正文と思われるが，①は疑問点が残る。

オスマン帝国の東地中海制覇と貿易管理がイタリア商人に圧迫を与え，
新たなインド航路開拓の気運が高まったということはよく言われることで
あるが，**オスマン帝国が意図したのは貿易利権の国家管理であってムスリ
ム（イスラーム）商人への便宜供与ではない。**オスマン帝国からすると，
貿易の利益を政府が吸収できればよいのであって，その担い手がムスリム
商人である必要はなかった。ムスリム商人もオスマン帝国の管理下で活発

に活動していたことであろうが，だからといってギリシア商人やイタリア商人が排除され，衰退したということではない。イタリア商人が嫌ったのはこのオスマン帝国の貿易管理であって，それが大航海時代の背景になった。なお，実際には商業革命後も地中海貿易は盛んであった。にもかかわらずイタリア都市が衰退したのは，商業革命後に強い海運力を整備した英仏蘭の商人が地中海に参入し，オスマン帝国とも有利なカピチュレーションを結んでイタリア商人を駆逐したためである。いずれにせよ本問の①の記述が正文であるかは疑わしく，作問者には典拠の提出を要求したい。

３１．中央大　法学部（4つめ）

| 難問 |

問題4　設問7　下線部 (g) について（編註：イランの急進的な革命派の学生らが起こした事件により，イランとアメリカ合衆国は国交を断絶した）。イランとアメリカ合衆国の国交が断絶するきっかけとなった，イランの急進的な革命派の学生らが起こした事件はどのようなものであったか。その内容を 15 字以上 20 字以内で説明しなさい。

＜解答解説＞━━━━━━━━━━━━━━━━━━━━━━━━

　意外な盲点。高校世界史上では「イラン革命によって断交」として処理してしまうことが多く，山川の用語集もそうなっている。本問の正解であるイランによるアメリカ大使館占拠事件は学習してこなかった受験生が多いだろう。作問者が思っていたよりは正答率が低かったのではないだろうか。意図して難問のつもりで出したのならよいが，そうでないなら悲しいすれ違いである。だからこそ，自分の専門分野や常識的と思われた知識であっても，高校世界史の教科書や用語集は確認してから出題してほしい。また，本問の正答率をもって「最近の学生は常識を知らんな」と責めるのもご勘弁願いたい。

３２．中央大　商学部〈経営／金融学科〉

問題2　問3　下線部③について（編註：ジェノヴァのような都市は，11〜12世紀にかけて遠隔地商業（貿易）を手がけて発展した），遠隔地商業（貿易）が成立した背景に関する記述として**誤っているものを1つ**選びなさい。なお，該当するものがない場合は (e) を選びなさい。

(a)　十字軍の遠征により交通が発達し，物資の交流が盛んになっていた。
(b)　モンゴル帝国の統治により，ユーラシア全域の交易が活性化していた。
(c)　商人ギルドが結成されて自由競争が進み，経済が活性化した。
(d)　農業生産が増大して余剰生産物の交換が活発になり，都市と商業が発達した。

＜解答解説＞
　(a) と (d) は正文。(c) は明確な誤文で，商人ギルドは自由競争を抑制した。これが作問者の想定する正解だろう。審議の対象は (b) で，内容自体は正しい文だが，**モンゴル帝国の成立は 13 世紀の出来事であって 11〜12 世紀ではない**。リード文にもあるように，ヨーロッパにおける遠隔地商業の成立は 11〜12 世紀の出来事であるから，モンゴル帝国の成立とは無関係である。「後にモンゴル帝国の成立の影響でヨーロッパの遠隔地商業が一層盛んになった」という文であれば正文であったのだが。以上の理由から本問は (b)・(c) の複数正解であるが，大学当局からの発表はなかった。おそらく作問者は成立と発展を区別しておらず，本問を出題ミスとは考えていないと思われる。

３３．中央大　商学部〈経営／金融学科〉（２つめ）

悪問

問題3　問7　下線部⑦について（編註：クロムウェルは，王党派の拠点とみなしていたスコットランドとアイルランドを征服した），クロムウェルに征服されたスコットランドとアイルランドのその後に関連する記述として**誤っているものを１つ**選びなさい。なお，該当するものがない場合は(e) を選びなさい。

(a)　イングランドの北部を占めるスコットランドはアン女王の時代，1707年にイングランドと合同して大ブリテン王国となった。

(b)　スコットランドの国旗は，大ブリテン王国の新しい国旗を作成する際にイングランドの国旗と重ね合わせられた。

(c)　アイルランドはイングランドの西に隣接する島で，クロムウェルの征服後は土地を強制的に没収され，イングランドによる植民地化が進んだ。

(d)　イギリスから圧迫を受けていたアイルランドは，1801年に併合され「連合王国」に組み込まれることとなった。

＜解答解説＞━━━━━━━━━━━━━━━━━━━━━━

　該当するものがない場合は(e) を選べシリーズ。(b)・(c)・(d) は問題無く正文であるが，審議の対象は(a)。通常の日本語では「北部」はその領域の内側における北方を指し，領域外を指さない。「北海道の北部のロシア」という用法があるだろうかということを考えると，**「イングランドの北部を占めるスコットランド」はスコットランドをイングランドの一部分として扱っているので誤りだろう**。もっとも，文の後半に「1707年にイングランドと合同して」とあるから作問者はイングランドとスコットランドを別の地域として扱っていることが自明であり，北部は北方の誤字である可能性が高い。以上の理由から，素直に考えれば(a) が誤文＝正解になるのだが，作問者に忖度するなら(a) は正文で正解が(e) ということになる。出題ミスよりも悪質な悪問である。

３４．中央大　経済学部Ⅰ

悪問

問題2　問5　下線部⑤に関連して（編註：<u>前漢</u>），この王朝が存在した時代の出来事について述べた文として，誤っているものを次から１つ選び，マークしなさい。

ア．班固の著した『漢書』は後世の紀伝体の歴史書の基本形となった。
イ．衛氏朝鮮を滅ぼして朝鮮半島に楽浪郡など４つの郡を置いた。
ウ．王朝の末期には皇帝の外戚である王莽が勢力をのばした。
エ．武帝の時代に董仲舒の提案によって儒学が官学とされた。
オ．南越を滅ぼしてベトナム北部を支配下に置いた。

＜解答解説＞

　董仲舒シリーズ。イ・ウ・オは明確な正文。アは後漢代の出来事なので誤文で，作問者の想定する正解はこれだろう。審議の対象はエで，前漢の武帝代に董仲舒の献策で儒学が官学化したという学説はすでに疑われており，定説とは言えない。高校世界史の教科書にも下りてきている（３巻のコラム１，p.195）。エを誤文と見なした場合は複数正解となるが，まだ多くの教科書では董仲舒の献策説が根強いので，そこまでは踏み込めない。

３５．中央大　経済学部Ⅱ

出題ミスに近い（複数正解）

問題1　問9　下線部⑨に関連して（編註：<u>ニクソン大統領</u>），ニクソン大統領に関して誤っているものを次から１つ選び，マーク解答用紙にマークしなさい。

ア．訪中して毛沢東と会談し，米中和解を実現した。

イ．ドル危機から，ドルと金の兌換を停止した。

ウ．ウォーターゲート事件で失脚した。

エ．パリ和平協定の締結後も北ベトナムへの爆撃を継続した。

オ．アメリカ大統領として初めてソ連を訪問し，米ソ両国の緊張緩和政策
に着手した。

＜解答解説＞

　ア・イ・ウは正文。エは，パリ和平協定が結ばれた 1973 年 1 月より
は前に北爆を停止しているから誤文。作問者の想定する正解はこちらだろ
う。審議の対象はオで，一応**フランクリン＝ローズヴェルトがヤルタ会談
を行ったヤルタがソ連領**であるから，これをカウントするならニクソンが
史上初ではない。珍しいことに『赤本』がエ・オの複数正解の出題ミスと
断定していた。しかし，一般にヤルタに訪れたことを指して訪ソと言いう
るかというのは判断が分かれるところではないかと思う。ここでは「出題
ミスに近い」としておく。

３６．中央大　経済学部Ⅱ（２つめ）

出題ミスに近い

問題2　問3　下線部③に関連して（サハラ砂漠をはさむ<u>マグリブ地方と
の交易</u>），このときのマグリブ地方の主要商品として最も適切なものを1
つ選び，マーク解答用紙にマークしなさい。

ア．馬　　　イ．塩　　　ウ．砂糖　　　エ．綿花　　　オ．胡椒

＜解答解説＞

　イが正解に見えるが，ここには誤解がある。サハラ縦断交易とは別名「塩
金貿易」であり，岩塩と黄金がニジェール川流域で交換されたからである
が，**この時に持ち運ばれた塩とはサハラ砂漠で産出された岩塩であってマ**

グリブ地方から持ち込まれたものではない。ムスリム商人はサハラ砂漠に点在するオアシスや塩湖に，地中海やイスラーム圏の物産を持ち込んで岩塩を獲得し，そのままさらに南下して岩塩と金（や奴隷・象牙）を交換，その後一気に北上して金を地中海に持ち帰った。考え方によっては三角貿易である。よってイの塩は正解になりえない……と言いたいところなのだが，山川の『新世界史』が「サハラ砂漠をこえて地中海沿岸地域から運ばれた塩と金を交換する交易」と書いてしまっていて，これを論拠にされると苦しい。もちろん，帝国書院や東京書籍の教科書は岩塩がサハラ砂漠産であることをはっきり書いていて，山川の『新世界史』の誤記である。

　残りの選択肢もウ・エ・オは検討するに値せず，アは一瞬迷うものの，サハラ交易の主力はラクダであるように，西アフリカでは暑さに弱い馬が上手く機能しない（ダジャレではない）ので考えにくい。これは正解が無い出題ミスに近い。『赤本』は指摘無し。

３７．東洋大　2/10 実施

出題ミス（複数正解）

問題1　問6　下線部 (e) の王朝（編註：バビロン第 1 王朝）について述べた文として適切なものを，次の中から一つ選べ。　8

① この王朝の時にユダヤ人の多くがバビロンに連行された。
② 全メソポタミアを支配し，運河の大工事をおこない，治水，灌漑をすすめた。
③ 一時，エジプトにも侵攻して混乱をさせたが，最終的に駆逐された。
④ この王朝が使用した楔形文字は，さまざまな言語に使われるようになった。

◀解答解説▶━━━━━━━━━━━━━
　①は新バビロニアのこと，③はヒクソスのことを指していると思われる。②・④は正文なので正解が 2 つある。④を「この王朝が作った楔形文

字」という誤文にするつもりで直しそびれたのではないかと推測する。**大学当局から複数正解を認め，いずれも正解としたという発表があった。**

３８．日本大　文理学部

（悪問）

問題1　〔5〕　下線部〔5〕に関連して（イスラーム暦），次のa，bの文の正誤を判断し，下の正誤記入例にしたがって正しい番号を①〜④から選びなさい。

a　イスラーム暦は閏月を設けない完全な太陰暦で，その結果イスラーム暦9月（ラマダーン月）の断食の時期は，毎回太陽の年周期とは少しずつずれていく。
b　中国元代に，郭守敬はイスラーム暦法の影響を強く受けた授時暦をつくり，さらにこの暦は江戸時代の渋川春海作成の貞享暦の基礎となった。

正誤記入例
aのみが正しい場合 ……………………………………………… ①
bのみが正しい場合 ……………………………………………… ②
a，bともに正しい場合 ………………………………………… ③
a，bともに誤りの場合 ………………………………………… ④

＜解答解説＞

　授時暦シリーズ。aは正文。bは正文のつもりで作られていると思われるが，**郭守敬はイスラーム暦を参照したわけではない**のでbは誤文ともとれる（3巻のコラム1，p.198）。一部の参考書などで「イスラーム暦法」の語が使われているので出題ミスとまでは踏み込めないが，悪問には違いない。

３９．フェリス女学院大　文学部 A 日程

出題ミス？，悪問

問題4　問4　下線部 (2) のエジプトに関連して，次の (a) 〜 (c) のなかから誤っているものを一つ選び，その記号を解答欄に記入しなさい。誤っている答えがない場合は，(d) を記入しなさい。

(a)　オスマン帝国のエジプト総督として派遣されたムハンマド＝アリーは，独立を目指し，中央集権化と近代化を行った。

(b)　２度にわたるエジプト＝トルコ戦争後，エジプトはヨーロッパ列強に治外法権を認め，国内市場を開放した。

(c)　軍人ウラービーが「エジプト人のためのエジプト」を掲げて反乱をおこしたが，イギリスに鎮圧された。

(d)　誤りなし。

＜解答解説＞

　本問は大学当局からの発表は無いが，『赤本』からは削除されていた。おそらく大学の内部的には出題ミスとして処理されたのであろう。実際に本問は選択肢の内容が曖昧で答えが出しづらい。(a) は，ムハンマド＝アリーは総督として派遣されたわけではなく，傭兵として派遣されて頭角を現し，現地で総督に就任した。したがって「総督として派遣された」をエジプトに赴任した時点ですでに総督であったという意味と捉えると誤文になるが，そこまで厳密に解釈しないなら正文と読めなくもない。私の第一印象では誤文である。(b) も判断に困る。オスマン帝国が 1838 年にイギリスと不平等条約を結ぶと，当時のエジプトは国際法上オスマン帝国内の自立勢力に過ぎなかったために，条約がエジプトにも適用された。ムハンマド＝アリーがこれに反発してエジプトの完全独立を目指したのが第二次エジプト＝トルコ戦争勃発の経緯である。しかし，エジプトが敗戦したために，戦後に不平等条約がそのまま適用され続けた。したがって (b) の文も大雑把に取れば正文だが，細かく言えば不平等条約の適用は第二次エジ

プト＝トルコ戦争前である。(c) は正文。

　しかも「(d)　誤りなし」があるために，余計に正解が確定できなくなっている。おそらく，近代中東史に詳しくない人が (d) を正解と想定して作問したが，試験実施後に (a) や (b) を誤文と読む筋があることを外部から指摘されたのではないか。こっそり『赤本』に問題削除の指示をするくらいなら，ちゃんと当局発表をしてミスを公表してほしい。

４０．フェリス女学院大　国際交流学部Ａ日程

出題ミスに近い（複数正解）

問題４　アメリカ植民地側は本国に自治の尊重を要求したが，1775年イギリス軍が [　う　] の武器庫にあったアメリカ側の武器の接収に向かったことから武力衝突に発展し，独立戦争がはじまった。

問２　空欄 [あ]～[う] に入る適切な語句を一つ，次の (a)～(d) のなかから選び，その記号を解答欄に記入しなさい。
[う]
(a) サラトガ　　　　(b) コンコード
(c) フィラデルフィア　(d) マサチューセッツ

＜解答解説＞━━━━━━━━━━━━━━━━━━━━

　(b) のコンコードが正解として想定されていると思われるが，**コンコードがあるのはマサチューセッツ州である**ので，(d) を不正解とする根拠が無い。そもそも選択肢の中で (d) だけが州名なので平仄があっていない。(d) はヨークタウンにでもしておくべきであった。まあ [う] にマサチューセッツを入れるとちょっと不自然ではあるので，(b) だけが正解と言い張れなくもないが，複数正解を認める方がすっきりするかなと思う。大学当局からの発表はなし。『赤本』に同様の指摘あり。この種の都市名と地方名を並列に並べてしまう出題ミスは，３巻収録の **2019 早慶１２番**（p.236），**2019 早慶２２番**（p.246）等，たまに見かける。

41. 法政大　2/7 実施

悪問

問題1　問8　[A]には前漢の儒学者で，五経博士の設置などを武帝に建言した人物が入る。その人物の姓名を漢字で記入せよ。

━**＜解答解説＞**━━━━━━━━━━━━━━━━

　董仲舒シリーズ。五経博士の設置が武帝代であるかは疑義が呈されているため，空欄Aに当てはまる人物がいないと見なされる可能性がある（3巻のコラム1，p.195）。

　この他に範囲外の用語として衛青が問われていたが，消去法で解答可能であるので収録しなかった。

42. 法政大　2/7 実施（2つめ）

限りなく出題ミスに近い（複数正解）

問題2　問2　下線部(1)（編註：インド大反乱）に関する記述として誤っているものを以下のa～dのうちから一つ選び，その記号をマークせよ。

a. イギリス東インド会社のインド人傭兵であるシパーヒー（セポイ）の反乱が始まった。
b. かつて北インドの小国の王妃だったラクシュミー＝バーイーが兵を率いて戦うも，戦死した。
c. 南インドを中心に広汎な地域に拡大した。
d. 大反乱の後，イギリスは東インド会社を解散させ，インドの直接統治に乗り出した。

<解答解説>▶━━━━━━━━━━━━━━

　aとbは正文。cはインド大反乱が北インド中心で，南インドはほとんど波及していないので誤文であり，作問者の想定する正解はこれだろう。審議の対象はdで，イギリス東インド会社の解散は1858年8月，これに対してインド大反乱の終結時期は諸説ある。一つはイギリス政府による終結宣言が出た1858年7月，もう一つが実際に最後の反乱が鎮圧された1859年7月である。高校世界史では後者の説がとられていて，たとえば用語集でもインド大反乱の期間は1857〜59年となっている。よって**イギリス東インド会社が解散したのは「大反乱の最中」であるから**dも誤文であり，本問は出題ミスと見なされうる。反論は難しかろう。大学当局からは特に発表なし。『入試問題正解』でも指摘無し。

４３．法政大　2/7実施（3つめ）

難問

問題3　この最中，オスマン帝国では，戦勝国側による帝国の分割に抵抗して，結社が設立された。この結社は，1923年には　4　と改称することとなる。

問1　空欄　1　〜　6　に最も適した用語を下記の語群の中からそれぞれ一つ選び，その記号をマークせよ。

〔語群〕
a．アナトリア＝ルーメリア権利擁護委員会　　　i．トルコ大国民議会
j．トルコ共和人民党　　　　　　k．トルコ人民党
（編註：関係のある選択肢のみ抜粋。iのトルコ大国民議会は別の問題の正解になっている。）

<解答解説>▶━━━━━━━━━━━━━━

　思わずiのトルコ大国民議会を選びそうになるが，これは別の問題の正

解になっているし，加えて結社ではなく，特に改称したという歴史もない。よって選択肢から消せるのだが，残った３つがいずれも範囲外の用語で詰んでいる。正解はｋのトルコ人民党。ムスタファ＝ケマルが組織した秘密結社アナトリア＝ルーメリア権利擁護委員会が，ケマルの初代大統領就任にあわせて1923年に政党に組織改編し，トルコ人民党を名乗って与党となった。ただし，翌1924年に早くもトルコ共和人民党に改称していて，1980〜92年の解党期間を経つつも，現在までこの名称である。2024年現在はトルコの最大野党。

４４．法政大　2/8実施

難問

問題１　問4　文中の下線部 (3) について（編註：<u>バビロン</u>），この都市の守護神は神々の長として同市を越えて広く崇拝されるようになった。その神の名前を以下のａ〜ｄから一つ選び，その記号をマークせよ。

a. エンリル　　b. オシリス　　c. ギルガメシュ　　d. マルドゥク

＜解答解説＞

オシリスはエジプトの神，ギルガメシュは叙事詩に登場する英雄なので誤りと消しても，多くの受験生はエンリルとマルドゥクからの二択からは絞れないだろう。正解はマルドゥク。マルドゥクは用語集で単独で立項しておらず，バビロンの項目の説明文には登場するというグレーゾーンである。それゆえに収録するか否かで迷ったが，受験生の体感として難問であることと，2013年以前に使用されていた旧課程の用語集には頻度①で立項されていたという課程による差異が興味深かったために収録した。

４５．法政大　2/8実施（２つめ）

出題ミス

問題１　問７　文中の下線部(ウ)について，ミタンニ王国の説明として正しいものを以下のa～dから一つ選び，その記号をマークせよ。

a．セム系遊牧民がメソポタミア北部に建てた王国である。
b．前12世紀にイラン高原南西部の　2　人に滅ぼされた。
（編註：　2　はエラムが入る）
c．住民の大部分は前２千年紀前半にメソポタミア北部に移動してきたインド＝ヨーロッパ系のミタンニ人であった。
d．住民の大部分は前３千年紀末からメソポタミア北部に定住していた民族系統不明のフルリ人であった。

＜解答解説＞

　ミタンニ王国を建てた民族・住民は学説自体が２つある。１つめの説が，建国したのは印欧語系のミタンニ人だが，住民の大半はフルリ人であったとする説。２つめの説が，建国したのも住民もフルリ人であったとする説である。高校世界史ではぼかした表現の教科書・参考書等が多いものの，その中で帝国書院の教科書はフルリ人建国説を，山川の『新世界史』と用語集はミタンニ人建国説をとっている。さらに**フルリ人の民族系統も２つの説があり**，民族系統不明説とコーカサス諸語系説がある。フルリ人の民族系統に言及している教科書は無く，山川の用語集のみコーカサス諸語系を採用していた。これを元に本問を解くと，aはセム系が誤り。bはミタンニ王国を滅ぼしたのはアッシリアなので誤り。cは「住民の大部分はミタンニ人」という部分が誤り。ということで作問者の想定する正文＝正解は残ったdと思われるのだが，用語集の採用しているコーカサス諸語系説をとるならこれも誤文になる。よって正解が存在せず，出題ミスである。こんなに学説が分かれているところから出題しないでほしい。大学当局から特に発表なし。『入試問題正解』からの指摘無し。

実は高校世界史でも一つ前の課程の用語集ではミタンニ人建国説とフルリ人建国説を並記した上で，フルリ人は民族系統不明としていた。マルドゥクの件とあわせて考えるに，**法政大学の当局は作問者にいまだもって 10 年近く前の旧課程の教科書・用語集への準拠を許している**という確度の高い推測が成り立つ。経費節減かな？

４６．法政大　2/12 実施

悪問

問題２　問３　下線部 (1)（編註：「タタールの軛」）について述べた文章として**誤っているもの**を次のア〜エから一つ選び，その記号を解答欄にマークせよ。

ア　タタールは明朝が用いたモンゴル系諸部族をさす呼称で，中国の文献において韃靼と称される。
イ　この「軛」は 1236 年にモンゴル人が南ロシアに侵入，支配下に置いたことを発端とする。
ウ　この言葉はロシア諸侯がカザン＝ハン国への臣従を強いられてきたことを例えている。
エ　モンゴル人国家に支配されていたロシアにおいて，諸侯は長く貢納と軍役を強制され，サライへの訪問が求められていた。

＜解答解説＞

イとエが正文。ウがカザン＝ハン国がキプチャク＝ハン国の誤りなので明確な誤文＝正解。残ったアもそれ単体で見れば正文として成り立っているので，深く考えなければ問題は成立している。しかし，タタールは歴史上で多様な民族を指してきた言葉であって，**アのいうタタールと「タタールの軛」のタタールは別物である**から，「タタールの軛」について述べた文として考えればアも誤文と見なしうる。アの文の指すタタールはそこで述べられているようにモンゴル高原にいたモンゴル系部族の一つであり，

16世紀に強盛となって高原を統一した。中国側の文献では「韃靼」と表記されている。一方で「タタールの軛」が指すタタールはキプチャク＝ハン国を支配した遊牧民集団を指していて，その中の一部族を指しているわけではない。

４７．法政大　2/12実施（２つめ）

難問

問題2　問10　下線部(8)（編註：プガチョフの農民反乱）に関連する文章として**誤っているもの**を次のア〜エから一つ選び，その記号を解答欄にマークせよ。

ア　コサック出身のプガチョフは皇帝ピョートル3世を僭称し，農奴解放を宣言した。
イ　プガチョフの農民反乱は1770年からはじまった。
ウ　主に農奴を糾合したプガチョフの農民反乱は南ロシア一帯で広がった。
エ　1775年のプガチョフの処刑によって反乱は鎮圧された。

＜解答解説＞

異様に細かい年号シリーズ。アとウは正文なので，イとエのいずれかの年号が誤っていることになる。これは普通の学習で覚えるべきとされる年号ではないので，純粋な二択の運ゲーに近い。正解はイで，プガチョフの反乱勃発は1773年。この他に消去法で解けるから収録対象としなかったが，同大問にはステンカ＝ラージンの反乱終結年を問う正誤判定もあった（1673年が1671年の誤り）。この作問者はロシアの農民・コサック反乱の年号に強いこだわりがあるようだ。

４８．法政大　2/16 実施

難問

問題1　問7　下線部 (7) に関連して，以下のア～エのうち，タミル語お
よびタミル人についての記述として正しいものはいくつあるか。正しいも
のの合計数を解答欄にマークせよ。

ア　タミル語はドラヴィダ語族に属する言語である。
イ　チェーラ朝はタミル人によって建てられた王朝である。
ウ　タミル人の建てたチョーラ朝はシュリーヴィジャヤに遠征した。
エ　タミル語はインド・スリランカ・シンガポール・マレーシアの公用語
　である。

＜解答解説＞━━━━━
　範囲外の用語が飛び交って難問・悪問が生まれやすい南インド史と，悪
問製造機「正しいものはいくつあるか」の悪夢のタッグが結成された問題。
こんなコンビ見とうなかった。閑話休題，アとウは正文とすぐにわかるが，
イとエは判断が困難である。イはチェーラ朝が範囲外であるが，これも南
インドの王朝で主要民族がタミル人だったとされているから正文。最後に
残ったエ。マレー半島にはインド系が多くいるから公用語でもおかしくな
さそうだが，マレーシアはマレー人優遇政策がとられてるしなぁと知識が
ある受験生ほど悩む構造なのも悪さに拍車を掛けている。実際にはマレー
シアの公用語は英語とマレーシア語のみなのでエのみ誤文。スリランカ・
シンガポールでは公用語である。なお，インドでは連邦全体の公用語では
なく，タミル・ナードゥ州のみの公用語であるから，実はエの文はインド
の部分も誤りである。よって正解は「３つ」。

４９．法政大　2/16実施（２つめ）

悪問

問題3　問2　下線部 (2) に関連して（編註：<u>共和党員</u>），共和党選出の大統領についての記述として正しいものをア～エのうちから一つ選び，その記号を解答欄にマークせよ。

ア　第５代大統領モンローはアメリカ外交の基本となる孤立主義の方針を出した。

イ　第７代大統領ジャクソンは，独立13州以外から出たはじめての大統領である。

ウ　第32代大統領フランクリン＝ローズヴェルトは，大恐慌への対応のためのニューディールを実施した。

エ　第34代大統領アイゼンハワーは，NATO軍最高司令官を経て大統領に就任した。

＜解答解説＞

　ア・イ・ウはいずれも共和党選出の大統領ではないから，事績を吟味するまでもなく誤文である。エは同2021年の早稲田大・商学部の問題と同じで（**2021 早慶１３番**，p.271），**厳密に言えばNATO軍最高司令官という地位は存在しない**。よってエも誤文と見なされる可能性がある。

５０．法政大　2/16実施（３つめ）

難問

問題3　問10 下線部 (b) に関連して（編註：<u>大富豪</u>），スコットランドからの移民の子として，一代で US スティールの前身にあたる鉄鋼会社を起こし，チャイコフスキーがこけら落としでオーケストラの指揮をしたホー

ルにその名が冠されている人物は誰か。その名前を解答欄に記入せよ。

<解答解説>
定番の問題。正解のカーネギーは用語集が掲載しなくなって久しい。本書でも機械的に範囲外の用語として収録しておく。

５１．武蔵野大　Ａ日程〔2/5 実施〕

出題ミス（複数正解）？

問題２　B　北ヨーロッパでは 14 世紀末に（　オ　）女王マルグレーテがカルマル同盟にもとづく同君連合の王国を成立させた。

問８　空欄（オ）に入る国名として最も適当なものを，次の①から④の中から一つ選び，番号で答えなさい。　18

①　スウェーデン　　②　デンマーク
③　ノルウェー　　　④　フィンランド

<解答解説>
素直に解答するなら②のデンマークが正解になるが，**厳密に言えばマルグレーテ自身は女王として即位していない。**カルマル同盟で三国の君主となったのはマルグレーテの姪の子エーリクであって，マルグレーテの正式な立場はデンマークの摂政であった。ただし，マルグレーテが実権を握っていたので便宜上デンマーク女王と言ってしまうことは多く，事実上の女王という表現もよく見る。2024 年１月まで在位していたデンマーク女王がマルグレーテ２世であるのだが，これは 14 世紀末の摂政マルグレーテを「１世」と数えての「２世」である。ここからもわかる通り，デンマーク王国自身がマルグレーテをほぼ正式な女王として扱っており，ここに拘泥する意味はさして無いのかもしれない。
各教科書を参照すると，山川の『詳説世界史』と東京書籍は簡潔に「デ

ンマーク女王」のみ，山川の『新世界史』は「デンマークの王母」，実教
出版は「摂政」である。帝国書院の教科書はマルグレーテに言及せず，「デ
ンマーク王のもとでカルマル同盟を結成」となっていた。山川の用語集の
表現は「事実上の女王」で，『詳説世界史研究』は「デンマークの王母」
である。前述の通り，カルマル同盟で三国の君主となったのは姪の子エー
リクであるから，血縁関係から言えば「王母」が誤りに見えるが，実は以
下のような事情がある。エーリクの前のデンマーク王は実際にマルグレー
テの息子のオーロフであり，幼年の王であったためマルグレーテが摂政と
なった。オーロフの夭折後に王位継承権争いを避けるべく，デンマーク参
事会が摂政であったマルグレーテを「デンマーク王国全体の主婦にして主
人かつ後見人」に指名し，次の正式な国王を指名する絶対的な権限を与え
ている。この彼女の立場を指して「デンマークの王母」と表現するようだ
から，これは正式な称号と見なすべきだろう。

　以上を踏まえて本問に戻ると，問題文でマルグレーテを女王と言い切っ
てしまっているのは確かにやや不適切であるのだが，問題不成立であると
までは言えない。これが正誤判定の選択肢文中であればまだしも，問題文
で断言している分には解答への影響が薄い。これに対して，**大学当局から
は謝罪と「②デンマーク」と「③ノルウェー」の複数正解とする旨の発表
があった。**当局発表は非常に丁寧で好感は持てるものだったのだが，内容
は不思議である。発表するなら問題不成立として全員に得点を与えるか，
問題無いと見なして特別な措置をとらないかのいずれかであると思われた
のだが，そのいずれでも無かったのだ。かなりややこしくなるが，以下に
説明を追加しよう。

　マルグレーテはデンマーク王女として生まれて，まずノルウェー王に嫁
いだ。そこで政治家として頭角を現し，実父のデンマーク王が没すると，
自らの息子のノルウェー王子オーロフをデンマーク王に即位させる。つ
いでノルウェー王も亡くなったため，オーロフをノルウェー王にも即位
させ，この時点でデンマーク＝ノルウェーの同君連合が成立する。しか
し 1387 年にオーロフが夭折したため，前述の通り，マルグレーテが次
のデンマーク王を指名する権利を得る。そこで彼女は 1388 年に姪の子
エーリクを養子としてノルウェー王に即位させた。デンマークより先にノ
ルウェー王となったのは，ノルウェーは世襲であったのに対してデンマー

クは選挙王制であったためで，まさにこの選挙にスウェーデン王が介入し
たので揉めることになる。スウェーデンでは中央集権化を目指す国王アル
ブレクトと，これに反発する貴族の参事会が対立しており，スウェーデン
参事会がマルグレーテに対し，アルブレクトの打倒と，血縁上スウェー
デンの王位継承を請求できるエーリクの即位を要請した。アルブレクトの父
方の祖父とエーリクの母方の祖父は同一人物であった。結果的にスウェー
デンの内戦がデンマーク王選挙に波及した形になり，翌 1389 年に決戦
があってアルブレクトが追放されたが，その後もしばらく混乱が続き，
1396 年にやっとエーリクがデンマークとスウェーデンの王に選出され
た。そして翌 1397 年にエーリクの死後も同君連合を固定化させる目的で
デンマークが提唱し，カルマル同盟が成立，デンマークによるノルウェー・
スウェーデン支配が確立する。

　以上の歴史の流れを踏まえつつ大学当局発表を読むと，次のような解釈
をとっていると思われる。マルグレーテはデンマーク王母かつノルウェー
王母ではあって両国の摂政ではあるが，（少なくともカルマル同盟の成立
前には）スウェーデンの王母・摂政ではない。したがって，デンマーク・
ノルウェーの実質的な女王であったとは言えるが，スウェーデン女王で
あったとは言えない。したがって②・③は正解であるが，「①スウェーデン」
は正解ではない。解釈自体は妥当性があって理解できなくはないが，ここ
までややこしい事情に配慮してスウェーデンを誤答扱いするのであれば，
そもそもマルグレーテが正式な女王ではなかったことの方を気にするべき
ではないかという気はする。

５２．明治大　全学部

悪問

問題1　問4　下線部 (4) の政策（編註：<u>前漢の武帝</u>）として誤っている
ものを一つ選びなさい。　4

A. 董仲舒の献言を容れて五経博士と太学を設置し，儒学を官学化した。

348

B. 財政難を打開するため，均輸・平準などの経済統制策を取った。
C. 匈奴を挟撃するため西域に張騫を派遣し，大月氏と同盟を結んだ。
D. 衛氏朝鮮を滅ぼし，臨屯・楽浪・玄菟・真番の４郡を設置した。

<解答解説>

　B・Dは正文。Cは大月氏国との同盟に失敗しているので明白な誤文であり，作問者の想定する正解はこれだろう。審議の対象はＡで，董仲舒の献言によって五経博士が設置され，儒学が官学化されたというのは現在では疑われている（３巻コラム１，p.195）。これは教科書のレベルで指摘されている事項なので，受験生が勉強してきた教科書によってはＡも誤文扱いされかねないだろう。Ｃがあまりにも明らかな誤文であるので出題ミスとまでは踏み込まなかった。

５３．明治大　全学部（２つめ）

難問

問題３　その香港島は，中華人民共和国における　（ア）　としての香港の一部を占めているにすぎない。

問27　空欄(ア)に入るもっとも適切な語句を一つ選びなさい。　　27

A. 特別行政区　　B. 特別自治区　　C. 開放特区　　D. 民族自治区

<解答解説>

　用語集の「一国二制度」の説明文内に記載があるが，普通は覚えないところ。Ｃは経済の用語っぽい，Ｄは明らかに違うが，ＡとＢの二択からは絞れまい。正解はＡの特別行政区。特別自治区という用語は，少なくとも現在の中国の行政区域には存在しない。ただし，ググってみるとけっこう硬そうな文書でも誤って「香港特別自治区」と書いてしまっているものが見つかるので，よくある間違いなのだろう。その意味では良い問題な

のかもしれない。ひょっとするとＣの開放特区も，正式かつ一般的には「経済特区」と呼ばれるが，誤って「開放特区」と書かれることがあるようなので，そういう注意喚起の意図があるのかも。

５４．明治大　情報コミュニケーション学部

出題ミス（複数正解）

問題1　問1　（あ）　下線部（ア）のポエニ戦争について，以下の文章の中から**不適切なもの**を一つ選び，解答欄にマークしなさい。

Ⓐ　第一次ポエニ戦争でローマはシチリア島征服に乗り出し，同島を獲得すると属州とした。

Ⓑ　第二次ポエニ戦争でカルタゴの将軍ハンニバルはイタリア半島西部に上陸し，直接首都ローマを脅かした。

Ⓒ　第二次ポエニ戦争でローマの将軍スキピオは，カルタゴ本国を攻撃し，前202年ザマの戦いでハンニバルを破った。

Ⓓ　第三次ポエニ戦争で前146年，カルタゴは完全に敗北し破壊された。その後ローマはマケドニアやギリシア諸ポリスを支配した。

＜解答解説＞

　情コミュはここから古代ローマ史関連での収録が3問続く。ＡとＣは正文。一方，ＢとＤはいずれも誤文である。Ｂは，よく知られるようにハンニバルはアルプス山脈を越える陸伝いにイタリア半島に進入したので，「西部に上陸し」たわけではない。Ｄは，ローマのマケドニア征服は前168年，ギリシア征服は前146年であるから「その後」が間違っている。ギリシア征服と第三次ポエニ戦争の終結年が同じというのは難関私大対策として出てくるから，Ｂ・Ｄの複数正解に気付いた受験生は少なくなかったと思われる。やはり**大学当局からＢとＤの複数正解である旨の発表があった。**

５５．明治大　情報コミュニケーション学部（２つめ）

出題ミス

問題1　問1　（い）　下線部(イ)の「内乱の１世紀」について，以下の文章の中から**適切なもの**を一つ選び，解答欄にマークしなさい。

A　グラックス兄弟は，大土地所有者の土地所有を保護しようとしたため，無産市民の反発を受けた。

B　前１世紀に入ると，軍隊は有力者が無産市民を集めてつくる私兵となった。しかし中小農民が武具自弁によって編成する市民軍は依然として有力な軍事力であった。

C　前48年，カエサルはガリア遠征から帰り，ルビコン川を渡ってイタリアに入り，ポンペイウスと決戦して勝利した。

D　アントニウスはプトレマイオス朝エジプトの女王クレオパトラと結んだが，前31年，アクティウムの海戦でカエサルに敗れた。翌年，アントニウスとクレオパトラは自殺した。

＜解答解説＞

　Aはグラックス兄弟の改革が逆方向で，そのために大土地所有者の猛反発を受けた。Bは「武具自弁によって編成する市民群が依然として有力な軍事力であった」とは言いがたいので，やや曖昧なところだが誤文と見なすべきだろう。Cは「前48年」が「前49年」の誤り。Dは「カエサルに敗れた」が「オクタウィアヌスに敗れた」の誤り。以上のように正文が存在しない。**大学当局からCが正解の想定であったが年号にミスがあったため，全員を正解とした旨の発表があった。**確かにA・B・Dは内容や固有名詞の誤りなのにCだけ年号のミスであり，しかも普通は覚えない年号なので不自然であった。

５６．明治大　情報コミュニケーション学部（３つめ）

難問

問題１　問１　下線部（ウ）について（編註：<u>四帝分治制</u>），四帝の支配地域の首都の名前として**正しい組み合わせ**はどれか。一つ選んで解答欄にマークしなさい。

A　シルミウム　－　アウグスタ＝トレヴェロルム　－　メディオラヌム
　　－　ニコメディア

B　ローマ　　　－　アウグスタ＝トレヴェロルム　－　ウィンドボナ
　　－　ペルガモン

C　ルテティア　－　アウグスタ＝トレヴェロルム　－　ビザンティウム
　　－　ニコメディア

D　シルミウム　－　アウグスタ＝トレヴェロルム　－　ビザンティウム
　　－　ニコメディア

＜解答解説＞

　主要な資料集には記載があるが普通は覚えないところであり，推測も難しいので収録対象とした。難関私大向け対策を極限までやっていた受験生ならディオクレティアヌス帝の宮廷がニコメディアにあったことと，四帝分治制の時点ではビザンティウムが４皇帝の宮廷所在地に含まれていないことを知っていて，正解を絞れたかもしれない。そういうわけで正解はAであるが，実際にはローマやビザンティウムが含まれていないとは推測しづらく，他の選択肢を選んでしまう受験生が多かったのではないか。

　なお，選択肢の都市名をそれぞれの現在の都市名で示すと，ビザンティウムはイスタンブル，アウグスタ＝トレヴェロルムはトリーア，メディオラヌムはミラノ，ニコメディアはイズミト（イスタンブル対岸の都市），ペルガモンはベルガマ（これは古代名の方が有名だろう），ウィンドボナはウィーン，ルテティアはパリである。唯一，シルミウムだけは古代・現在ともに都市名が著名ではなく，現在のセルビア領のスレムスカ＝ミトロ

ヴィツァとのこと。このうちビザンティウムのみ標準的なレベルの用語，ウィンドボナ・ルテティアは少しマイナー，メディオラヌムとニコメディアは難関私大対策で出てこなくはないというレベルの用語だが，アウグスタ＝トレヴェロルムとシルミウムはまず覚えない（シルミウムは私も覚えていない）。アウグスタ＝トレヴェロルムは全選択肢に入っていて，実質的に正誤を判定しなくてよいようになっているのは一応の配慮か。

　地図で4皇帝の宮廷所在地（ミラノ，トリーア，イズミト，スレムスカ＝ミトロヴィツァ）を見ると，トリーアとスレムスカ＝ミトロヴィツァはライン川・ドナウ川沿い，つまりはローマ帝国国境にあたり，ミラノはイタリア本国の北端と，それぞれゲルマン人対策のシフトになっている。この頃のローマ皇帝の軍事行動の多忙さが忍ばれる。

５７．明治大　情報コミュニケーション学部（４つめ）

出題ミス（複数正解）

問題3　次の文章 A 〜 J をよく読み，下線部 (1) 〜 (4) のうち適切ではないものを一つ選び，その番号を解答欄にマークしなさい。

B　(1)秦が前221年に中国を統一し，わずか15年で滅びると，劉邦と項羽が力をつけ，激闘の末，劉邦が中国を統一して皇帝となり（高祖），漢王朝をたてた。(2)赤眉の乱の後，劉秀が漢を復興して皇帝となった（光武帝）。この頃になると世界との関り（原文ママ）も始まるようになり，(3)光武帝が倭人の使者に「漢委奴国王」の金印を授けたのは有名である。2世紀中ごろには，「大秦王安敦」すなわちローマ皇帝から中国に使節が派遣された。(4)このローマ皇帝は，マルクス＝アウレリウス＝アントニヌスのことだとされている。中国からも班固がローマに向けて派遣された。

＜解答解説＞
　(1)と(3)は正文。(4)は班固が甘英の誤りだが，そもそも「大秦王安

敦」はローマ皇帝の使節を騙った別の国の使節または商人であり，ローマ帝国の使節ではない。下線部 (3) と (4) の間の下線部ではない文も誤っている。この勘違いはアカデミーに蔓延している気がするのだが，ロマンを感じてしまうのだろうか。審議の対象は (2) で，**赤眉の乱の終焉が 27 年，後漢の成立が 25 年だから厳密に言えば「赤眉の乱の後」ではない。**乱の最中に成立したと言うべきだろう。**大学当局から出題ミスを認めて (2) と (4) の複数正解とした旨の発表があった。**

５８．明治大　情報コミュニケーション学部（５つめ）

出題ミス（複数正解，誤植）

問題3（問題文は前問に同じ）

Ⅰ　19 世紀に欧米の帝国主義の攻勢下におかれた地域の一つである中国にも分割の危機が訪れた。日清戦争での清の敗北をきっかけに，欧米の列強は清朝領土内での鉄道敷設・鉱山採掘などの利権獲得競争に乗り出す。それに対し，(1)清で，日本の明治維新にならった根本的な制度改革を主張する意見を中心として台頭させたのは，孔子の説を実践的な政治理念とする公羊学派である。(2)公羊学派の康有為が断行したのは，光緒帝を説得して行った立憲君主制にむけての改革を推進する洋務運動である。(3)改革に反対する保守派は，西大后と結んで戊戌の政変をおこした。その結果，(4)康有為と彼に師事した梁啓超らは失脚，日本に亡命し，改革は失敗に終わった。

＜解答解説＞

　(1) と (4) は正文。(2) は洋務運動が変法運動の誤りで，これが作問者の想定する正解だろう。しかし，**(3) にある「西大后」は「西太后」の誤りで，**(3) も正解になりうる。**大学当局から (2) と (3) の複数正解である旨の発表があった。**なお，「台頭させた」はいかにも不自然な日本語だが，ここも原文ママ。

５９．明治大　情報コミュニケーション学部（６つめ）

悪問

問題４　問６　下線部(6)「聖像崇拝論争」に関する記述として**適切でないもの**を次の①〜④の中から一つ選び，その番号を解答欄にマークしなさい。

① ローマ教会は西ヨーロッパに勢力を拡大し，使徒パウロの後継者を自任したローマ司教は教皇（法王）として権威を高めた。
② ビザンツ皇帝レオン３世は聖像禁止令を発布し，イエスや聖母などの聖像の厳禁と破壊を命じた。ゲルマン人への布教に聖像を必要としたローマ教会はこれに反発した。
③ 聖像崇拝をめぐる対立から，ローマ教会はビザンツ皇帝に対抗しうる政治勢力の保護を求め，フランク王国に接近した。
④ 単性論や聖像崇拝をめぐる問題で対立を深めたギリシャ正教会とローマ＝カトリック教会は，1054年に相互に破門して分裂した。

＜解答解説＞

　不可解な問題。まず，①はパウロがペテロの明確な誤りだが，聖像崇拝論争に関する記述ではないので問題の要件にあっていない。その意味でも適切でない。②・③は正文。④は正文のつもりで作られたつもりの文だと思うのだが，聖像崇拝論争は東西教会分裂の端緒になった問題であるものの，**ビザンツ帝国が843年に聖像禁止令の最終的な撤回を行ったために解消しており，1054年の相互破門にはかかわりがない。**「対立を深めた」が数百年スパンの対立の深化を指していると解釈すれば一応理屈は通るものの，それにしたって最終的に解決しなかった首位権の問題やフィリオクェ問題より聖像崇拝論争を優先して挙げるのは不自然である。また，聖像崇拝を無視してもなお不適切な箇所がある。「単性論」はおそらくフィリオクェ問題のことを指して高校世界史上の用語に置き換えたものだと思われるが，**フィリオクェ問題を「単性論をめぐる問題」と言い換える事例**

は過去に見たことがなく，かなり無理がある言い換えだろう。もちろん単性論をめぐる問題そのものが東西教会の分裂に影響を与えたという説も聞いたことがない。以上の２つの理由から④を正文とは見なせない。

　どうしてこのような文言が？　と不審に思って調べてみたら灯台もと暗し，なんと**用語集の「教会の東西分裂」の項目の説明文がこうなっていて**④**は単なるコピペ**という事実が判明した。これは山川出版社も悪い。もちろん，無批判にコピペした人が最も悪いが。総合的な判断として，出題ミスとまでは踏み込まないが，悪問のそしりは免れないだろう。『赤本』は特に言及なし。『赤本』の解説執筆者は東西教会の分裂の原因が単性論をめぐる論争だと思っているのだろうか。

６０．明治大　情報コミュニケーション学部（7つめ）

難問

問題5　次の文章 A ～ J をよく読み，下線部 (1) ～ (4) のうち適切ではないものを一つ選び，その番号を解答欄にマークしなさい。

A　近世ヨーロッパで凶作・不況・疫病・人口の停滞といった存亡の危機を経験することになった「17 世紀の危機」を経た後，(1) フランスの重商主義政策は，1660 年代に財務総監となったコルベールのもとで 17 世紀の後半に新たに展開された。1604 年に創設したものの十分な成果を出せなかったフランスの東インド会社を，コルベールは 1664 年に再建し，国王，有力な商人が多額の出資を行い，アジア貿易に再度注力した。(2) 同年，コルベールは西インド会社を設立した。同社は 19 世紀まで続くアフリカ西岸とアメリカとの貿易の中心的役割となった。(3) コルベールは国内の商品移動の活発化，ゴブラン織など輸出向け商品製造の特権をもった王立マニュファクチュアを創設するなど，国内の商工業を育成した。(4) 貿易振興と商工業育成を目標とする政策であるコルベール主義は，近世ヨーロッパの重商政策の代表例とみなされたが，自国製品のための国外の市場が必要とされ，フランスも植民地を求め，ヨーロッパ，

アメリカ，アジアで激しく争うこととなった。

＜解答解説＞━━━━━━━━━━━━━━━━

　(1) と (4) は正文。残った下線部のうち，(2) の西インド会社と (3) の
ゴブラン織は受験生には見慣れぬ用語だろう。このうち誤っているのは
(2) の西インド会社で，西インド会社は 1664 年に設立されたものの，大
して活躍のないまま 1719 年に東インド会社に吸収されている。よって
「19 世紀まで続くアフリカ西岸とアメリカとの貿易の中心的役割となっ
た」とは言えない。ゴブラン織は現存するフランスのタペストリーのブラ
ンドで，コルベールが重商主義政策の一環として保護・育成したことで知
られている。用語集の王立マニュファクチュアの説明文には登場するが，
普通は覚えない用語である。西インド会社もオランダ西インド会社は用語
集で立項されていて頻度も⑤あるが，フランスの方は範囲外である。一応，
フランス東インド会社は 18 世紀末までに解散しているから，西インド会
社がそれより後に解散したとは考えづらいと推測できれば正解にたどり着
けるが，難易度の高い推測だろうと思う。

　明治大の情コミュは毎年ひどいが，2021 年も収録 7 つと膨大な数と
なった。改善が見られない。

６１．明治大　経営学部

出題ミスに近い（複数正解）

問題３　**設問 10**　下線部 (10) に関連して（編註：19 世紀後半以降，西ア
ジア諸地域へのヨーロッパ列強の進出は本格化した），19 世紀末から 20
世紀初頭にかけての西アジア諸国に関する説明として，最も適切なものを
一つ選んでマークしなさい。

A.　ベルリン会議でバルカン半島の領土を大きく失ったオスマン帝国で
　　は，ミドハト＝パシャによる改革がおこなわれた。
B.　青年トルコ革命でオスマン帝国に成立した新政権は，オスマン主義を

かかげた。

C. イランでは，シーア派のウラマーを中心にタバコ＝ボイコット運動が
組織された。

D. 18 世紀にイランから自立したアフガニスタンは第 1 次および第 2 次ア
フガン戦争に勝利して完全に独立した。

＜解答解説＞

　A はこの時期にミドハト＝パシャがおらず，D はアフガニスタンは第 2
次アフガン戦争後にイギリスの保護国となっているのでそれぞれ明確な誤
り。C は正文で，作問者の想定する正解はこれだろう。残った B が審議
の対象で，作問者はオスマン主義とトルコ民族主義を入れ替えた誤文とし
て作ったつもりだと思うのだが，**青年トルコ革命で成立した新政権は当初
オスマン主義を掲げてミドハト憲法を復活させ，後にトルコ民族主義に転
換している。**特に 1913 年のクーデタの後にトルコ民族主義の色彩が強
まった。したがって B は正文として読むことが可能であり，複数正解の
疑惑がある。ただし，この経緯はちょっと細かいためか，正確に説明して
いる教科書もあれば（帝国書院），説明を端折って当初からトルコ民族主
義を掲げた政権だったかのように読める教科書もあり（東京書籍），史実
よりも東京書籍の記述を優先するなら本問は出題ミスにならない。本企画
で何度も書いているが，出題したい事項の複数の教科書の該当箇所を確認
するくらいの努力は怠らないでほしい。

　なお，『赤本』は東京書籍側の説明を採用してスルーし，「難」とだけ書
いていたのだが，これはこれで不自然な話である。**本問に難問要素がある
とすれば B の青年トルコ政府の掲げたイデオロギーの部分にしかないか
ら，本問を難問認定するなら悪問にも認定しなければならない。**にもかか
わらず，悪問であることをスルーして難問とだけ指摘するのは解説として
不誠実ではないか。

６２．明治大　経営学部（２つめ）

出題ミス（複数正解）

問題４　設問９　下線部 (9) に関連して（編註：<u>1980 年代以降 EC 諸国はさらに統合を強化し</u>），1980 年代以降のヨーロッパ統合に関する説明として，適切でないものを一つ選んでマークしなさい。

A．1985 年に単一欧州議定書が調印され，EC 域内の人間の移動や金融取引の自由化にふみこんだ。
B．1993 年にマーストリヒト条約が発効し，共通通貨ユーロの使用が開始された。
C．2004 年以降 EU 加盟国は東欧にも拡大した。
D．ギリシアなどの財政危機により，ユーロ危機がおこった。

＜解答解説＞

　ＣとＤは正文。Ｂはユーロの使用開始が EU の発足の誤りで，これが作問者の想定する正解だろう。しかし，**単一欧州議定書の調印は 1986 年2 月**であるので，Ａも明白な誤文である。なお，山川の教科書『詳説世界史』は 1985 年 12 月としているが，これは文書の最終決定がなされた月であって調印ではない。思わぬところで教科書本文の記述の誤りを見つけてしまい，今これを書きながらやや動揺している。とすると山川の教科書を典拠として逃げることも可能ではあったが，**大学当局から潔く出題ミスを認めてＡ・Ｂの複数正解とする旨の発表があった。**

６３．明治大　文学部

難問

問題１　問 10　下線部 (g) に関連して，ブール人が 1854 年に建てた，現

在の南アフリカ共和国に位置する国を答えなさい。

＜解答解説＞

　オレンジ自由国かトランスヴァール共和国かまでは絞れるが，そこから先は建国年しかヒントが無い。こうした設問は受験生に重要性の低い年号の丸暗記を強いることになるのでやめてほしい。この２国なら位置関係を問うのはまだ意味があると思うのだが（北にあるのがトランスヴァール，南がオレンジ）。正解はオレンジ自由国。トランスヴァール共和国の建国年は 1852 年。

６４．明治大　文学部（２つめ）

出題ミス（複数正解）

問題4　問 10　下線部 (j) の法律（編註：1935 年にワグナー法が成立した）で保障された労働者の権利の組み合わせとして，最も適切なものを一つ選びなさい。

A．生存権：団体行動権
B．生存権：団体交渉権
C．団結権：団体行動権
D．団結権：団体交渉権

＜解答解説＞

　ワグナー法を用語集で調べると確かに「団結権・団体交渉権を保障」となるから，これを見て問題を作ったものと思われる。しかし，団体交渉権を保障して団体行動権を保障しない等という片手落ちな法律を当時のアメリカ民主党政権が制定するわけはなく，**ワグナー法は団体行動権も保障している。**ＣとＤの複数正解である。あまりに安直な作問であり手抜きが過ぎる。これだけ明白な出題ミスではあるが，大学当局からの発表はない。おそらく指摘が入っていないはずがないので，用語集を盾に抵抗している

のではないか。『赤本』・『入試問題正解』は指摘無し。仕事が杜撰である。

６５．明治大　法学部

難問

問題３　詩の分野では，18世紀前半に，ポープが典雅な詩形と簡潔明瞭な表現の古典主義の詩を完成させ，グレイが古典主義に反発して個性的な感情表現と自然美を称賛するロマン主義の道をひらいた。18世紀後半に活躍したギボンが著した『　①　』は，雄大な構想と流麗な筆致で描いた，近代における歴史叙述の傑作として知られている。

問１　文中の空欄①〜⑤のそれぞれに最も適切と思われる語を下記の語群から一つずつ選び，その記号を解答欄にマークしなさい

B　戦争と平和の法　　　E　世界史序説　　　I　ローマ建国史
O　ローマ帝国衰亡史
（編註：関係のある選択肢のみ抜粋）

＜解答解説＞━━━━━━━━━━━━━━━━━━━━
　2021年の明治大・法学部の大問３は近世・近代のヨーロッパの文学・演劇史からの出題で，稀に見る高い難易度であった。文化史からの出題が多い文学部でもここまでは出題しない。全ての設問が難しかったが，精査して４問を範囲外の知識が必要な難問とし，収録対象とした。
　本問は大人の歴史好きならかなり知名度が高い人物と著作であるが，だからこそかえって衒学的な臭いがきつい。エドワード＝ギボンの主著といえば『ローマ帝国衰亡史』である。一応，Bはグロティウス，Eはイブン＝ハルドゥーン，Iはリウィウスの著作であってそれぞれ標準的な知識の範囲であり，残りの選択肢は歴史書に見えない書名または人名であるので消去法で正解できなくはない。しかし，現実的にこの消去法をとれた受験生は多くなかろうと思う。

６６．明治大　法学部（２つめ）

$\boxed{\text{難問}}$

問題3　18世紀のフランスでは，小説が文学の独自のジャンルを確立した。啓蒙思想家やルソーの小説に先行して，ルサージュ，アベ＝プレヴォー，マリヴォーらの作品が，ルイ15世の時代に発表された。また，18世紀後半にはボーマルシェが登場し，『セビリアの理髪師』や『　④　』などで大反響を呼び起こした。

問1　（問題文は前問に同じ）

F　レ＝ミゼラブル　　　　G　フィガロの結婚　　　J　魔笛

K　ウェイクフィールドの牧師　　　L　ロデリック＝ランダムの冒険

N　ドン＝ジョバンニ　　　P　チャイルド＝ハロルドの遍歴

X　人間喜劇　　　　　　　Z　居酒屋

（編註：関係のある選択肢のみ抜粋）

＜解答解説＞

　ルサージュ，アベ＝プレヴォー，マリヴォー，ボーマルシェと範囲外の作家名を並べての，そのボーマルシェの著作を問うもの。私も知らなかったので調べたが，正解はGの『フィガロの結婚』らしい。それならまだこの小説をオペラ化したモーツァルトの文脈で聞いてほしい。いずれにせよ範囲外で収録対象だが，クラシック好きならわかるのでまだしも救いがある。そう思って選択肢を見ると『魔笛』も『ドン＝ジョバンニ』もモーツァルトの作品なので，ヒントのつもりだったのかもしれない。本当にそうなら受験生の教養に期待をかけすぎているというか，高校世界史ではない音楽史からの出題であって道を外れている。その他の範囲外の書名では，『ウェイクフィールドの牧師』は18世紀後半のイギリスの小説，『ロデリック＝ランダムの冒険』も18世紀半ばのイギリスの小説。

６７．明治大　法学部（３つめ）

難問

問題3　**問2**　（ウ）　下線部㋒（編註：『セビリアの理髪師』）に関連して，「セビリアの理髪師」はオペラとしても有名であるが，このオペラを作曲した人物として正しいのは次の語群のうち誰か。

〔語群〕
A　ジュゼッペ＝ヴェルディ　　　B　ジャコモ＝プッチーニ
C　ヴォルフガング＝アマデウス＝モーツァルト
D　ジョルジュ＝ビゼー　　　　E　ジョアキーノ＝ロッシーニ

＜解答解説＞

　この大問を作った人は単なるクラシック好きなのではという疑惑を深めることになる問題。正解はロッシーニ。消去法で普通に削れるのはモーツァルトだけ，ヴェルディも「アイーダ」や「椿姫」で問わないのは不自然だろうと考えて削ってもまだ３択残り，ここからロッシーニを特定できるのはクラシック好きだけだろう。プッチーニは用語集頻度①で用語集に記載があり，代表作に「トスカ」「蝶々夫人」「ラ＝ボエーム」が挙げられているが，早慶対策でも普通はそこまで押さえない。プッチーニの代表作を覚えるくらいなら他の頻度①か範囲外の用語を覚えるだろうと思う。仮に用語集を丸暗記していたとしても結局ビゼーとロッシーニは完全な範囲外なので２択である。厳しすぎる。

６８．明治大　法学部（４つめ）

難問・悪問

問題3　**問2**　（エ）　下線部㋓に関して（編註：ゲーテ），ゲーテについ

ての次の記述のうち最も適切なものはどれか。

〔選択肢〕

A 『群盗』により作家デビューするが，後に歴史とカント哲学の研究により古典的調和を求めるようになった。

B 啓蒙期の合理主義に反対して，宗教感情や民族性，風土性を強調した。詩は人間の持つ創造性の端的な所産であるとした。

C シュトラスブルク遊学中にヘルダーの影響を受けて，郷里で弁護士を開業しながら作家活動をするが，後にヴァイマル公に招かれ政治にもかかわる。その間，自然科学，特に植物学を研究し，文学でも自由奔放な作品を排し，法則の支配する詩型を持つ作品を高く評価するようになった。

D フランス古典主義の批判に立つ新しいドイツ演劇を開拓し，また敬虔主義やライプニッツ哲学の影響のもとに正統主義神学と闘った。

E 人間が確実に認識することができるのは神の作った自然ではなく，人間が自ら作った歴史だけであるとして，歴史的な考察を通して人間存在の本質を探究しようとした。

＜解答解説＞

一橋大の問題といい（**2021 国公立１０番**，p.290），2021 年はゲーテに何かあったかというような当たり年になっている。標準的な知識で誤答とわかるのは A だけで，『群盗』はシラーの作品。残りは無理だろう。D はいやらしいことに，リード文はこの下線部の後に「ドイツの啓蒙思想は，「単子論」を説いたライプニッツと，その合理主義を徹底化し，無神論を唱えたヴォルフに始まるとされる。」と続き，いかにも正解を誘導しているように読めるが，ゲーテが傾倒した哲学者はスピノザであるから誤文である。敬虔主義は 17 世紀後半から 18 世紀半ばに流行したプロテスタントの信仰運動で，若い頃のゲーテに影響を与えており，こちらは正しい。D 全体はレッシングについての説明。E は説明があまりに哲学的すぎるので，文学者ゲーテの説明にはそぐわないと推測できそう。これはヴィーコについての説明。B はヘルダーの説明であるが，疾風怒濤期のゲーテはヘルダーの影響が大きいため判別が難しい。私も B が誤文になる理由が今

ひとつ確定できなかったので，専門家の友人に尋ねたが「Ｂはあまりにもヘルダーの説明であるということ以外にゲーテではないとみなす根拠がなく，非常に危うい選択肢」とのことであった。厳しく取るならＢも正文＝正解になりうる。

　残ったＣは，これだけ長い文の割に明確な誤りの箇所が見つからず，正文である。しかし，シュトラスブルク遊学やヘルダーへの師事，「郷里で弁護士を開業し」や（ゲーテは大学では法学部生であった），「自然科学，特に植物学を研究し」等の情報は全て範囲外で，ピンポイントでＣを正文と判断するのは不可能に近い。なお，ゲーテは自然科学にはかなり入れ込んでいて，ヴァイマル公国領内の鉱山開発や農業開発のために冶金学や農学に手を出し，光学を研究して『色彩論』を著している。

　なお，調べてみたら選択肢は５つ全て山川出版社の『世界史小辞典（改訂版）』（2011年）のそれぞれの人物の説明文からのコピペであった。**６５番から６８番**にかけてこれだけ教養主義をひけらかしておいて，実は選択肢が辞典からのコピペ，かつ表層的な理解のために出題ミス疑惑がかかるとは，情けなくないか。

６９．明治大　農学部

出題ミス

問題３　１　 (1) 　の乱で後漢が滅亡すると，中国は分裂と戦争の時代に突入した。各地に軍事集団があらわれ，戦争が繰り返され，３世紀以降魏晋南北朝が続いた。

＜解答解説＞

　ありがちなやつ。**後漢は黄巾の乱によって実質的に解体したが，滅亡していない。** 184年に黄巾の乱が起きると鎮圧に地方豪族が活躍し，鎮圧後の政治混乱もあって，彼らがそのまま自立したために中央政府の権力が首都周辺にしか行き届かなくなった。これを群雄割拠の時代と呼ぶ。その中で最後の皇帝献帝の身柄を保護して形式上は尊重した曹操が，後漢の権

威の下に勢力を拡大し，群雄たちはやがて曹操・孫権・劉備の三大勢力にまとまっていく。そして曹操の没後，220 年に曹丕が献帝に禅譲を強要して後漢が滅亡，正式に魏王朝が成立する。**大学当局から出題ミスと認めて全員正解とした旨の発表があった。**同様に「黄巣の乱によって唐は滅亡した」や「紅巾の乱によって元は滅亡した」もかなり危うい要約になるので，入試問題の作成者は注意されたい。「明は清によって滅亡した」は完全な誤りであるが，これもありがちなミスである。

　2021 年の明治大は 9 日程中の国際日本・政経・商学部の 3 日程で収録対象無しとなった。2020 年も 4 日程（国際日本・政経・文・農）で収録対象無しであったから，2019 年以前はグランドスラム達成か 1 日程だけ無傷という状況が当たり前だったことを考えると，この 2 年で随分と「まともな入試」と「悪い入試」の二極化が進んだように思われる。国際日本学部・政経学部は良い。一方で，2020 年に 4 個，2021 年に 2 個の計 6 個を出した全学部日程，同様に 3 個と 7 個で計 10 個を出した情報コミュニケーション学部は改善の兆しが見られない。特に情コミュは 2016 年以降の 6 カ年で合計 31 個，年平均 5 個を超えている。これは同期間の慶應大・法学部の合計 27 個を超えていると書けばその深刻さが伝わるだろう。

70．立教大　2/6 実施

難問

問題2　3．この年（編註：1830 年）の前後に起こった次の出来事 a 〜 d のうち，もっとも古いものを解答欄の i に，次に古いものを ii に，同じように iv まで年代順にマークせよ。

a．オランダとジャワ島のイスラーム諸侯との間でジャワ戦争が始まった
b．スペインがマニラを自由港にした
c．フランスがシャルル 10 世の治世でアルジェリア出兵を開始した
d．ロシアがカージャール朝イランとの間でトルコマンチャーイ条約を結

366

んだ

<解答解説>

この中で必ず覚える年号はｃのフランスによるアルジェリア出兵で，七月革命の同年の1830年。ｄのトルコマンチャーイ条約の1828年もよくできる受験生は覚えているかもしれない。ａは1825年という年号を覚えている受験生は少ないだろうが，1830年から政府栽培制度が始まり，この時までに鎮圧されていることと，鎮圧に時間がかかって軍事費が財政を圧迫したことは覚えるので，そこから1828年よりは前だろうと当てをつけられる人は多そうだ。残ったｂは非常に厳しく，結論から言えば1834年であるからこの中だと最後になるのだが，近代マニラ港の開港自体が用語集頻度④ながら，ここ数年になって急速に教科書に掲載されるようになった事項であって，入試問題で問われる知識としてはマイナーな部類に入るため難易度が高い。年号となると知っている人は極めて少なく，推測も不可能だろう。用語集頻度が高いから大丈夫だろうと思って出題したとすると，これはちょっと不幸な事故かもしれない。正答率の低さに驚いたのではないか。

７１．立教大　2/8実施

難問または出題ミス

問題1　Ｂ　４．獅子狩りの図像で有名なアッシュル＝バニパルはアッシリアの王であったが，この国の説明として正しいものはどれか。次のａ～ｄから１つ選び，その記号をマークせよ。あてはまるものがない場合は，ｅをマークせよ。

a．征服地を属州に分けて監察官を派遣し，間接統治をおこなった
b．その最大版図は西はエジプトから東はイラン東部にまで及んだ
c．その民族は古くから商人としてアナトリアとの隊商交易に従事していた

d. 滅亡後，帝国はエジプト・リディア・新バビロニア・メディアに分裂
　した

＜解答解説＞

　aはアッシリアの地方統治は直接統治なので誤文，bはイラン東部が西
部の誤りで誤文。cは正文だが，用語集に少し記述があるだけで範囲外に
近い。アッシリアは古い民族で実際には前2千年紀の初頭からメソポタミ
ア北部に居住した。アラム人などのような商業民族であり，アナトリアと
の交易に従事していた。多くの受験生にはミタンニ滅亡後に強大化し，オ
リエントを統一した世界帝国のイメージしか無いと思われるので，誤文と
判断された可能性が高い。dが審議の対象で，一般的な高校世界史の学習
ではそう覚えてしまいがちなのだが，**実際にはリディアはアッシリアから
分裂して成立した国ではない。**そのため教科書はいずれも「アッシリアの
崩壊後に，4王国が分立した」というように分裂という語を使わない言い
回しになっていて，アッシリア崩壊過程への言及は深入りを避けている。
　本問の困ったところは，作問者の意図と真の正解が不明瞭な点にある。
全て史実に沿った判断をするならcが正解の問題として，難問ではあれ
不備無く成立している。しかし，**逆に作問者も受験生同様の勘違いをして
いて，dが正解として採点処理されている可能性もある。**この場合はdを
誤文と判断してcを選んだ正確な知識を持っていた受験生が救われない。
なお，『入試問題正解』は私と同様の危惧からc・dの複数正解の出題ミ
スであると指摘していた。大学当局からの発表は無い。真相が気になると
ころ。

７２．立教大　2/8実施（２つめ）

難問

問題１　Ｂ　８．琉球王国の明朝への朝貢に際して中国との仲介役となっ
たのは主にどの地域の人々であったか。次のa〜dから１つ選び，その
記号をマークせよ。あてはまるものがない場合は，eをマークせよ。

a. 広東　　　b. 山西　　　c. 寧波（浙江）　　　d. 福建

＜解答解説＞━━━━━━━━━━━━━━━━━━━━━━━━

　琉球王国の朝貢を仲介していたのは d の福建の人々である。明朝は朝貢する各国に来港していい港市を指定していて，琉球王国の場合は福州であった（日本は寧波）。福建の人々は那覇に滞在したほか，中には明朝政府に命じられて沖縄本島に永住した人々もいる（久米三十六姓または閩人三十六姓という）。逆に琉球王国から福州に滞在していた留学生や画家も多い。実は琉球王国と福建の結びつきは一つ前の課程の用語集までは記載があったのだが，現行課程では無くなった。また現行課程でも帝国書院の『新詳世界史』と東京書籍の『世界史 B』には記載があるので，完全な範囲外というわけではない。一応収録したが，人によっては難問とみなさないかもしれないということを付記しておく。

７３．立教大　2/8 実施（3 つめ）

難問・奇問

問題 1　B　13. 毛織物工業・金融業が発達したこの都市（編註：フィレンツェのこと）では遠隔地商業の発展に伴い，リヌッチ家の帳簿に見られるような取引を貸方と借方に分ける帳簿記載法が発達した。その記載法の名をしるせ。

＜解答解説＞━━━━━━━━━━━━━━━━━━━━━━━━

　高校世界史範囲外であるが，大人ならなんとなくは知っている，しかしどこで覚えたのかの記憶がない用語の一つ。正解は複式簿記。複式簿記の起源はかなり大きな議論があって，13 〜 14 世紀の北イタリアという比較的広い範囲までしか絞れないが，フィレンツェは有力な候補である。リヌッチ家について調べてみたところ，14 世紀前半のフィレンツェで繁栄した商家であり，1322 〜 25 年の帳簿が残っていて，これは最初期の複式簿記の一つであるとのこと。フィレンツェ説の他にはジェノヴァ説・ロ

ンバルディア説・ヴェネツィア説・同時期発生説等がある模様。

７４．立教大　2/8実施（４つめ）

|難問|

問題2　３．この年（編註：<u>1964年</u>），ソ連で首相を兼ねていた第一書記が解任された。その後，1980年までソ連の首相を務めたのは誰か。次のa～dから１つ選び，その記号をマークせよ。あてはまるものがない場合は，eをマークせよ。

a．コスイギン　　　　b．スターリン
c．フルシチョフ　　　d．ブレジネフ

＜解答解説＞━━━━━━━━━
　古い課程なら範囲内であるから，読者の中には現在範囲外であることに驚いた人も多かろう。一応，スターリンはとっくの昔に死んでいて，フルシチョフはその1964年に失脚した当人であるから，ブレジネフとコスイギンまでは絞れる。ここでブレジネフは書記長（就任当初はまだ第一書記で1966年に役職改称）に就任しているから，首相を兼任していることはないだろうと推測を立てると正解のコスイギンにたどり着ける。しかし，たとえばフルシチョフは第一書記と首相を兼任していたことからわかるように，書記長と首相が必ず別の人物であるということを前提にした推測はかなり危うい。

75. 立教大　文学部〔2/11 実施〕

問題1　5．トラヤヌス帝治世下で版図の一部とされた，以下の説明 i)・ii) に対応する属州の位置を，地図Ⅱの a 〜 f からそれぞれ 1 つ選び，その記号をマークせよ。

i) この属州が存在していた地域の一部に，中世末期にモルダヴィア公国が成立した。

ii) この属州が設置された地域にはすでにある王国が存在していた。その王国はのちにローマ帝国に先駆けてキリスト教を国教とした。

<解答解説>

　ii) は特に問題なく，アルメニア属州のことを指しているので d。審議の対象は i)。作問者の意図する正解は c であると思われるが，c の**ダキア属州は現在のルーマニアの起源と言われるものの，機械的に現代の地図に**

重ねるなら大部分はトランシルヴァニアに重なっている。モルダヴィアと
呼ばれる地域や中世のモルダヴィア公国の版図と見比べると，重なってい
ないかわずかに重なっているかというくらいで，確実なのはダキア属州の
東隣のモエシア属州の方がモルダヴィア公国が成立した場所としてふさわ
しいということだ。「ダキア属州はルーマニアの起源とよく言われている
から，モルダヴィア公国の版図とも重なっているだろう」と地図をよく確
認せずに作問したものと思われ，作成・チェック体制が疑われる低レベル
な出題とは言わざるを得ない。人によっては出題ミス認定するだろう。

７６．立教大　文学部〔2/11 実施〕（２つめ）

難問

問題２　４．これを定めた人物（編註：ローマ帝国のキリスト教国教化）
の即位前にアドリアノープルの戦いで敗死した皇帝は誰か。次のａ〜ｄか
ら１つ選び，その記号をマークせよ。あてはまるものがない場合は，ｅを
マークせよ。

a. ウァレンス　　b. オドアケル　　c. スティリコ　　d. ユリアヌス

＜解答解説＞

　以前の課程なら範囲内だったと思われる用語シリーズ。2021 年の立教
大は 2/8 実施の日程でもそういう問題があったが，そういうコンセプト
だったのか，単に作問者が新しい教材を買うのをしぶったのか。オドア
ケルとユリアヌスは違うとわかるが，ａとｃはいずれも範囲外の用語であ
るので絞るのは困難だろうし，ｅもある。正解はａのウァレンスで，378
年のアドリアノープル（ハドリアノポリス）の戦いで東西ゴート族に敗れ
て戦死した。代わって即位したのがローマ帝国のキリスト教国教化を決定
したテオドシウスである。スティリコは「最後のローマ人」と称されるこ
とがある西ローマ帝国の名将。

７７．立教大　文学部〔2/11 実施〕（3 つめ）

| 難問 |

問題2　8．これ（編註：イタリア＝ルネサンスのこと）を庇護したコジ
モ＝デ＝メディチが組織した学芸サークルは何と呼ばれるか。その名をし
るせ。

＜解答解説＞ ━━━━━

　以前の課程なら（以下略）シリーズ。正解はプラトン＝アカデミー（ア
カデミア＝プラトニカ）。ビザンツ帝国の滅亡前後にコンスタンティノー
プルから大量のギリシア語文献が流入し，古代ギリシア哲学ブームが到来
したことを受けてコジモ＝デ＝メディチがフィレンツェに設置して，人文
主義者たちのサロンとした。現行課程ではコジモ＝デ＝メディチ自体が用
語集に収録されていない。

７８．立教大　2/13 実施

| 難問 |

問題1　4．i．ケネディ大統領の在任中，ソ連がキューバにミサイル基
地を建設したことで，一時は米ソ間の緊張が核戦争の危機にまで高まっ
た。この危機と同じ年に起こった出来事として正しいものはどれか。次
のa～dから1つ選び，その記号をマークせよ。あてはまるものがない
場合は，eをマークせよ。

a．インドネシアで九・三〇事件が起きた

b．韓国で朴正熙がクーデタを起こした

c．シンガポールがマレーシアから分離・独立した

d．中国が最初の核実験を実施した

<解答解説>▶

やたらと細かい年号問題。2/6実施にも年号の難問があり，収録しなかった問題にも年号がやや難しいものが多かったから，「年号責め」は「古い課程では範囲内だったシリーズ」と並んで 2021 年の立教大のコンセプトだった可能性がある。さて，キューバ危機が 1962 年ということと a が 1965 年というのは標準的な知識。c が 1965 年，d が 1964 年というのは細かいが，難関私大志望なら覚えていてもおかしくない。残った b がやたらと難しい。李承晩が退任したのが 1960 年，朴正煕の大統領就任が 1963 年ということを覚えていたとしても，彼のクーデタが 1960 ～ 63 年のいずれであったかまで覚えていた受験生は皆無に近かろう。私もぱっとは思い出せなかった。朴正煕のクーデタは 1961 年であるのでキューバ危機の前年である。よって a ～ d のいずれも 1962 年ではなく，正解は e。朴正煕のクーデタとキューバ危機のどちらが先だったかを問う出題意図がわからない。

７９．立教大　2/13 実施（2つめ）

難問・奇問

問題2　14. この国（編註：フランス）の首都パリで 1686 年に開店し，ヴォルテールやロベスピエールらも常連客であったカフェの名をしるせ。

<解答解説>▶

パリに誕生した世界最初の百貨店の名前を聞く問題（正解はボン＝マルシェ）も奇問であるが，これも度肝を抜かれる奇問である。正解は（ル＝）プロコープ。現在でも営業している非常に息の長い店である。
https://www.procope.com/ja/

80. 南山大　外国語（英米）・総合政策学部〔2/13実施〕

悪問

問題3 (27)　印象派の画家に含まれない人物を選びなさい。すべて含まれる場合は㋐を選びなさい。

㋐　マネ　　　　㋑　ミレー　　　　㋒　ルノワール　　　　㋓　モネ

＜解答解説＞

　素直に解答するならイのミレーが自然主義（バルビゾン派）の画家なのでこれが正解。しかし，マネは印象派に含む説と含まない説があり，出題には慎重を要する。詳細なことは3巻でも触れているが（**2017 私大その他，p.540**），マネは晩年の一部の作品を除くと筆触分割などの印象派の特徴を備えておらず，印象派展に出品したことが無く，年齢から言っても印象派の主要メンバーよりも一世代年上である。一方で，マネには「印象派の父」という呼び名があり，印象派の主要メンバーとの人的つながりも深い。したがって，1860〜70年代に出現した前衛的な画家集団を，密接な人間関係込みで「印象派集団」と括るのであれば，マネを印象派の創始者としてもあながち間違いではない。一方で，「印象派とは，印象派展に出品したことがある人物である」という厳格な定義をとった場合や，筆触分割や戸外制作などの技術的・画風上の特徴を重視する場合は，マネは創始者であるどころか，印象派に含まれないということになる（この場合の創始者はモネになるだろう）。ここは意見の分かれるところであり，定説がないというよりは「定義が固まらないのが定説」と言っていい。

　同様の指摘は『入試問題正解』でもあったが，『入試問題正解』は完全に出題ミスと断定していて，かつ「（マネを印象派に入れたままの）教科書会社に対して改訂（訂正）を強く要望する」としていたが，私はそれはやりすぎであると思う。上述のようにマネを印象派に入れる考え方もあるのだから。また，教科書間で記述に多様性があるべきところだと思う。全ての教科書がマネを印象派から外していたら，それはそれで偏りがある。

何か指摘がずれているというか，『入試問題正解』は『エドゥアール・マネ　西洋絵画史の革命』（三浦篤，角川選書，2018 年）を参考文献に挙げていたが，当該書の記述に引きずられすぎているのではないか。この書籍は専門家や西洋美術史ファンに向けて書かれたものであるから当たり前すぎる前提は省略しているのであって，そのまま入試問題の解答の根拠に用いるのは妥当ではない。

８１．同志社大　2/8 実施

難問

問題３　いち早く民主化が進んだアメリカ合衆国では（中略）また，ヨーロッパの特権的な官吏制度と違い，（ウ）選挙での大統領の支持者が官僚に任命される新たな政治システムが導入された。

設問２　（ウ）　この新しい政治システムは何と呼ばれているか。

＜解答解説＞

　いつの間にか範囲外になっていた用語でちょっと驚いた。現在でも東京書籍と実教出版の教科書では欄外にこっそり載っているが，欄外であるがゆえか用語集が拾っていない。正解はスポイルズ・システム（猟官制）。絶対王政下のヨーロッパでは官僚制が発達したが，任官は売位売官を伴い，しかも政府に官職を買い戻す財政的余裕が無かったためにしばしば世襲化した。これを防ぐための発想として，大統領に公職の人事権を集中させ，その党派から公職を就任させ，大統領の交代に伴って主立った公職も入れ替えるという制度がアメリカで発達し，ジャクソン大統領就任時の大規模な入れ替えで完成した。これをスポイルズ・システムと呼ぶ。しかし，短期間で行政府の人員のほとんどが入れ替わってしまうということは，必要な知識・技術が高度化するにつれて弊害が大きくなり，現在のアメリカでは一定以上の上級公務員にのみ適用される制度となっている。これに対して，能力や実績に基づく任用をメリット・システムという。能力主義を

メリトクラシーと呼ぶのはここから来ている。

８２．立命館大　2/2 実施

悪問

問題3　〔9〕　イスラーム化以前の6世紀の中央ユーラシアでは，騎馬遊牧民エフタルが強い勢力を誇った。エフタルの侵入によって弱体化し，6世紀半ばに滅亡した，北インドの王朝は何か。

＜解答解説＞

　素直に答えるならグプタ朝が正解だが，エフタルがインドに侵入してグプタ朝を攻撃したかどうかは異論があり，この異論を採用している教科書もある（コラム1，p.77を参照）。この異論をとるなら本問は正解が無くなってしまう。なお，この立命館大の日程は他にグレーゾーンとして三皇五帝の「堯」が問われ，範囲内の用語でも「隷書」や「王羲之」が問われるなど漢字が難しい用語・細かい用語が見られ，中国史に難問が多い立命館大らしい問題であった。

８３．立命館大　2/7 実施

難問？

問題1　顔之推のいう「遊牧民族の影響」は唐代まで及んでおり，この後，唐の宮廷ではファッションとして男装を楽しみ，馬上球技である　　F　　競技に興じて槌をふりまわす女官たちの姿がみられ，長安の町では馬に跨がって闊歩する貴婦人たちが人目を引いたのである。

＜解答解説＞

　収録するかどうか迷った問題。用語集にはないが，意外にも山川の教科

書の『詳説』には記載がある。また，世界史上のユニークな現象でありスポーツ史上の重要なトピックでもあるので比較的有名であり，高校や予備校の授業で紹介される頻度はそれなりに高いと思われる。『赤本』も難問と判定していない。しかしながら，私的な感覚ではやはり難問であろうと思われるのと，単純に面白い問題であるので半ば番外編的に収録とした。正解は「ポロ」。馬に騎乗しながら木製のスティックでボールを打ち合う競技で，イランが発祥である。ササン朝が滅亡した際に，ササン朝の貴族が唐に亡命すると長安で大流行した。問題文にある通り女性も参加していたことや，多くの絵画・陶芸作品にも残っていることからその流行がうかがえる。イランからインドにも伝わり，インドを植民地化したイギリスがルールを整備して近代的なポロが成立した。

８４．関西大　2/1 実施

悪問

問題4　前漢の武帝の時 (10)｛(ア) 董其昌｝の献策によって官学となり，中国の皇帝制度を支える政治思想となっていく。

〔語群〕
(イ) 韓非子　　　(サ) 墨子　　　(ツ) 荀子　　　(ニ) 董仲舒
　（編註：｛(ア)｝内の語が正しいときは（ア）を，そうでないときは〔語群〕から正しいものを選ぶという形式の問題。〔語群〕は関係のある選択肢のみ抜粋）

＜解答解説＞

　董仲舒シリーズ。前漢の武帝代に董仲舒の献策で儒学が官学化したという学説はすでに疑われており，定説とは言えない。高校世界史の教科書にも下りてきている（3巻のコラム1，p.195）。そういうわけで，素直に（ニ）を選ぶのは高校世界史上で問題が生じる。

８５．近畿大　1/31 実施

出題ミス

問題2　B　サファヴィー朝は 16 世紀末から 17 世紀はじめに最盛期をむ
かえた。都を　j　からイスファハーンに遷都し，華麗な建造物と庭園で
飾った。

問 18　j　に最も適する語を次の①～④から一つ選んで，マークせよ。
　39
　　①　サマルカンド　　　②　タブリーズ
　　③　バグダード　　　　④　テヘラン

＜解答解説＞

　これを出題ミスとするのはちょっと酷な気もするが，史実が完全に間
違っているのでどうしようもない。サファヴィー朝の首都は初期のタブ
リーズと最盛期のイスファハーンが有名であるが，実は間にガズヴィーン
を挟んでいる。**タブリーズから直接イスファハーンに遷都したわけではな
い。**したがって正解が存在せず，出題ミスである。『入試問題正解』に同
様の指摘あり。大学当局からの発表は無し。

８６．関西学院大　2/1 実施

難問

問題5　⑦　イギリスの植民地に含まれない地域はどれか。

　a．ナイジェリア　　　　b．ウガンダ　　　c．ケニア　　　　d．ガボン

＜解答解説＞

　ナイジェリア以外はイギリスの植民地としてはっきりと習わないので，４択から全く絞れなかった受験生もいるだろう。ｃのケニアが旧イギリス領というのは比較的有名であるのでｂとｄの２択までは絞りたい。正解はｄのガボンで，ここは旧フランス植民地だが，そもそもガボンという国名をこの問題で初めて見た受験生もいそう。

８７．関西学院大　2/4 実施

難問

問題5　⑤　ソ連を中心としたコミンフォルム（共産党情報局）の本部が置かれた都市はどこか。

a. プラハ　　　b. ワルシャワ　　　c. モスクワ　　　d. ブカレスト

＜解答解説＞

　関西学院大名物，用語集の説明文にはある（がそれは普通覚えない）シリーズ。問題文で「ソ連を中心とした」という振りをしているのが罠で，素直にモスクワと答えると誤りである。正解はｄのブカレスト。極初期にはベオグラードに置かれていたが，ユーゴスラヴィアの除名によりブカレストに移転した。一応，用語集のコミンフォルムの項目の説明文に記載があるが，これを暗記すべき項目と認識していた受験生はおろか，指導者も極めて少ないだろう。なお，関西学院大当局発行の公式の問題・解答集によると，本問の正答率は 11.6% とのこと。思っていたよりも高いが，４択で 25% を割ってしまっている意味を当局と作問者はよくよく考えた方がよい。

380

８８．関西学院大　2/6 実施

悪問

問題3　②　武帝時代に儒学の官学化を提言した人物は誰か。

a. 鄭玄　　　b. 孔穎達　　　c. 董仲舒　　　d. 馬融

＜解答解説＞

　董仲舒シリーズ。前漢の武帝代に董仲舒の献策で儒学が官学化したという説は疑問視されている（3巻のコラム1，p.195）。武帝が儒学の官学化を提言されていないのだから，問題自体が成り立たないと見なされる可能性がある。

８９．関西学院大　2/6 実施（2つめ）

出題ミスに近い

問題5　②　スーダンに関する記述として，誤りを含むものはどれか。

a. ムハンマド＝アリーが，この地の領有権を主張して征服した。
b. マフディー国家がこの地に樹立された。
c. ファショダ事件の結果，フランスはこの地を確保した。
d. ダルフール紛争が続いていたが，住民投票を経て，南部が分離して独立した。

＜解答解説＞

　aとbは明確な正文。cは誤文で，ファショダ事件後にスーダンを確保したのはイギリスである。審議の対象はdで，これは時事ネタに詳しいひとならすぐに気づいたところだろう。**ダルフール紛争が行われているの**

はスーダン西部であって，**南スーダンの独立戦争とは別の現象である。**確
かに南スーダンの独立運動とダルフールの反政府武装組織は，同じアラブ
人中心のスーダン政府に抵抗していたため協力関係にあったが，南スーダ
ンの住民はディンカ人やヌエル人といった民族であるのに対し，ダルフー
ル地方の住民はフール人である。ディンカ人やヌエル人はキリスト教徒や
民族固有の自然信仰が多いが，フール人はイスラーム教徒が多いといった
違いがあり，同一視できるものではない。その上でｄの文に戻ると，こ
の文はダルフール紛争が南スーダン独立戦争と同一視されているようにし
か読めず，とすると誤文である。ｃとｄの複数正解で出題ミスとすべきだ
が，大学当局からの発表は無かった。

〔**番外編３**〕**神戸学院大　2/1 実施**

問題２　次の漫画は百年戦争についてのものである。この漫画と解説を読
み，下記の設問に答えよ。

この漫画は，百年戦争でイギリス王にやとわれたフランス人の白鴉隊（ホークウッド）と
称する傭兵隊の話である。（以下略）

問１　　13　　空欄　ａ　に入る最も適切なものを，次のＡ～Ｄの中か
ら１つ選べ。

A. ゲルマン　　　B. ラテン　　　C. フランス　　　D. ケルト

（トミイ大塚『ホークウッド』第3巻，株式会社KADOKAWA，2013年，62・63頁）

<コメント>

　恒例の神戸学院大の漫画問題，2021年は『ホークウッド』であった。これはある程度予想できていた人もいたのではないか。しかしながら，適したコマがなかったのか問題にほとんど活かされていないのが残念である。問1（正解はC）くらいしか漫画と関係が無かった。

８９．西南学院大　外国語・神・法学部〔2/4実施〕

悪問

問題1　問B　ア．下線部ア）について（編註：武帝は儒学を官学化），この時代における儒学の官学化の説明として誤っているものはどれか。

1．儒学の官学化は董仲舒によって提言された
2．五経博士が設置された
3．『易経』『書経』『詩経』『礼記』『春秋』が主要な経典として五経に定められた
4．鄭玄などの学者により，経典の語句解釈を重んじる考証学が発展した

＜解答解説＞

　素直に解答するなら，4は考証学が訓詁学の誤り，かつ鄭玄は後漢の人物なので誤りであるからこれが正解である。しかし，現在の学説では儒学の官学化を武帝代とするには根拠が薄く，董仲舒の献策は史実と考えられておらず，五経博士の設置はより後代とされている（3巻のコラム1，p.195）。したがって，1・2も誤文と見なされる可能性がある。

９０．西南学院大　経済・国際文化学部〔2/5 実施〕

難問

問題1　問Ｂ　オ　下線部オ）について（編註：属州），ローマの属州のうち北アフリカの属州はどれか。

1　ダキア　　　2　トラキア　　　3　ヌミディア　　　4　イリリクム

＜解答解説＞

　ローマの属州でまともに覚えるのは，この中だとダキア（現在のルーマニアに位置）だけである。トラキア（バルカン半島南東部）はスパルタクスの出身地として，正解のヌミディア（現在のアルジェリアに位置）は第2回ポエニ戦争の文脈で用語集でわずかに説明があるものの，これを覚えている受験生は極わずかであろう。イリリクム（バルカン半島西部）は完全な範囲外であるので消去法も困難である。ダキアを削っての3択，約33%の確率で当たる運試しか。

９１．西南学院大　経済・国際文化学部〔2/5実施〕（２つめ）

悪問

問題4　問 B　イ　下線部イ）について（編註：<u>ベトナム</u>），1802 年にタイソン党をやぶって全ベトナムを統一し王朝を開いた人物は誰か。

＜解答解説＞

　細かいことを考えずに答えるなら正解は阮福暎だが，「タイソン党」という組織は存在しないと指摘されてすでに久しく，教科書や用語集から消えつつある中で問題文にタイソン党を採用したのはどういう了見か。さらに言えば，旧来の西山（タイソン）党とは西山地方で阮氏三兄弟という指導者に従って 1771 年に蜂起した農民反乱軍を指していたが，それを採用したとしても，阮氏三兄弟は 1778 年に長兄を即位させて西山朝を樹立しているから，もはや農民反乱軍とは言いがたい。1802 年に阮福暎が滅ぼしたのはこの西山朝であるから，この意味でもタイソン党と呼ぶべきではない。なお，別日程では党のつかない「西山の乱」という表記で出題されていたので，学内ですりあわせができていないと思われる。

コラム3

『「センター試験」を振り返る』を振り返る

『「センター試験」を振り返る』（大学入試センター，2020年）
https://www.dnc.ac.jp/albums/abm.php?d=125&f=abm00000173.pdf

　令和2年（2020年）12月，翌月に最初の共通テスト本試験を控えたタイミングで，大学入試センターが『センター試験を振り返る』という本を発行している。インターネット上で公開されているので，誰でも閲覧可能である。これがけっこう面白かったので，ここで感想・批評を述べておく。

・論考1　荒井 克弘「ボーダレス化する高大接続」

　高大接続の難しさは高校教育と大学教育の大きな違いに起因し，欧米諸国ではその接続期間として予備教育期間がとられる（ただし欧州では進学予備課程として中等教育の末期に，アメリカでは大学学部教育に置かれていてタイミングが異なる）。日本の場合はアメリカの制度に近いものの，実際には学部学科がおおよそ決まった状態で入学するために学部教育が予備教育として機能していない（進学振り分けがある東大はまだしもアメリカ型に近い）。そのために高大接続改革がより困難になっている……という指摘は的を射たものだろう。そういう事情から入試が実質的な高大接続を一身に背負うことになってしまった。そう言われると，**本来数年かけるべき高大接続の重荷を，極めて短期間で終わる入試に背負わせようとしたこと自体が無理筋であった**という筆者の主張には同意する。

　そのような情勢の中で1970年代に共通一次が構想され，高校教育課程の達成度を図るのが一次試験，学部教育の適性を図るのが二次試験と切り離された。このために一次試験に対する大学側の関心が薄まり，一次試験は高校が実施主体であって大学ではないという意識が醸成された。筆者の「『共通一次試験』は高校の試験だと誤解する人々がいるが，共通一次は

高大接続を意識した‘大学の試験’である」（p.58）という指摘は重い。このために，2010年代に始まった改革において，センター試験に代わる共通試験では，高校教育課程の達成度を測る基礎と，大学入学者を選抜する目的の発展の二段階に変えようという構想があった。にもかかわらず，基礎レベルのものは実質的に実装されなかった。受験生に二種類の一次試験を課すのは負担が大きすぎたためである。結果的に発展段階のものだけが残り，これが現在の大学入学共通テスト，いわゆる共通テストである。

　私は共通試験の二段階構想が当初にあって，早々に企画倒れになったことまでは知っていたが，その背景にこのような問題意識があったことは知らなかったので勉強になった。であれば確かに，共通テストの構想段階において「共通テストの発展レベルに大学入学者選抜機能を持たせるのであるから，国公立大の二次試験は小論文や面接のみでよい」という暴論がまかり通っていたのも多少は理解できる（この共通テスト導入に関する諸問題は3巻でもコラム2で詳述しているので，ご興味ある方は参照してほしい）。実際に共通テストがセンター試験よりも少し難しいことも，この頃の議論を引きずっているところがあるだろう。もっとも，そのために共通テストはすでに基礎的な学力を測るものとは見なされておらず，私大専願組や低偏差値帯の受験生から見放されつつある。

　高校教育課程の達成度を図るのが一次試験，学部教育の適性を図るのが二次試験という切り分け自体は私には誤った発想と思われず，便宜的ではあれども，結果的によく棲み分けていると思う。一方で，切り分けたことで共通一次試験に対する大学側の関心が失われ，結果的に「高校教育」自体に対する大学側の無関心が強まってしまったことが問題の中核にあるのではないかとも思われる。これは，日頃に世界史の私大や国公立二次試験を解いているからこそ実感する。大学側が高校教育への無関心を改めない限り，高大接続は上手くいくはずがないのである。

・論考2　大塚雄作「センター試験問題の作成と課題」

　p.100からの4節では，センター試験の過去問からピックアップして，寄せられたクレームとそれへの対処・反論が述べられている。ここで注目すべきはやはりpp.107-108の「ムーミン事件」（2018年・本試験・地理B）である。ムーミン事件そのものの概要はコラム2に譲るが，当該事件か

ら2年後のこの『「センター試験」を振り返る』では本問が出題ミスと認められなかった理由が述べられていて，事件当時同様の無理のある擁護になっている。「舞台ということで，『関わりが深い』といった意味を表したかったのであろうが，それをマスコミなどが杓子定規にとって」(p.108)等と述べているが，「舞台」を「関わりが深い」という意味で解釈する方が読解力に問題があるとは思わなかったのだろうか。また「問題文の文言が『舞台』では，杓子定規にとられる可能性がある」(p.108)という指摘が検討段階で出ていなかったのであれば検討部会が機能していないと言わざるを得ない。何よりまずいのは「なお，この問題は，五分位図を見るとかなり適正と言える形と正答率を示しており，特に問題を外すといった措置を取ることはなかった」という部分である。**選抜機能があれば事実誤認があっても出題ミスではないという独自の論理が大学入試センターにはあることが露見している。**選抜機能が事実の正確性よりも優先されるなどということが学問を用いた試験にありえてもよいのだろうか。

　p.117 からは問題の難易度の安定性について考察されている。注目すべきは p.118 の図表 15・16 や p.119 の図表 17 で，浪人生は少数精鋭化していると言われているが，それが長期的な傾向としてデータで示されている。00 年代前半に受験生だった筆者としては，90 年代には浪人生と現役生の間にそこまで差がなかったことに驚いた。ただし，後述するように現役生には分厚い記念受験者層が含まれていて，彼らの得点が低いために，現役生全体の平均点が低く押し下げられている。本論考ではできれば記念受験者層を除いた現役生のデータを出して，浪人生と比較したデータの分析までやってほしかった。

　p.129 からの論考 3「センター試験志願者の受験行動と学力特性」では，共通一次からセンター試験への切り替わりでアラカルト方式が採用された結果，私大専願層や未出願層（完全には一致しないがほぼ記念受験者層）が急激に増加したことが述べられ，また国公立大受験者層も含めた分析が示されている。p.147 の表が面白い。男女比で見ると，国立専願で男性が突出して多いのは理系が多いためだろう。女性の方が多いのは未出願層のみで，こんなところでも社会的性差が垣間見えてしまう。地域で見ると，私立専願は都市圏で突出して多く，逆に未出願は地方に多い。未出願層が約 13 万人，全体の 20％を超えているというのは予想以上に多くて驚いた。

本論考での，高校はセンター試験を高校教育達成度テストとして使いが
ち，あるいは記念受験させがちという推測は正しかろう。確かにセンター
試験（・後身の共通テスト）は論考１の通りに高校教育の達成度を図るも
のであるが，これまた論考１の末尾に書かれている通り，センター試験は
あくまで大学入学者のための試験であって，高校３年生全般の達成度を測
る試験ではないから，そのような使われ方は想定されていない。

・第三部　各年度の実施概要に見る世界史Ａ・Ｂの出題ミス

　以下に各年度の実施概要から世界史Ａ・Ｂの出題ミスを抜き出して列挙
した。出題ミスのみで，単に問い合わせがあったもの等は取り上げて考察
すべきものが少なかったため省略している。こうして並べてみると 1980
年代前半の最初期の共通一次は私大のようなミスが頻発しており，ノウハ
ウが蓄積するまでの苦労が忍ばれる。また，共通一次が創設された理由の
一つが「難問・奇問のあふれる大学入試に対する模範を示すこと」であっ
たのだが，当時は理想とすべき良問像そのものが固まっておらず，最初期
の共通一次は現在で言うところの私大っぽい問題も多く，それも含めての
試行錯誤期間だったと振り返ることができよう。

○ 1980 年の世界史

問題5　下線部①～⑤から誤っている箇所を一つ選べ。【64】

①7世紀後半に朝鮮半島の統一に成功した新羅は，②唐の諸制度を受容
し，中国風の③郡県支配による中央集権国家をめざした。この国では④骨
品制と呼ばれる独自の身分制度が行われ，その都があった⑤慶州には，仏
寺・王陵・古墳など新羅文化をしのばせる多くの遺跡が今に残っている。

＜解答解説＞

　①～⑤が全部正しいので，正解が無い。大学入試センターは即日で「誤
りがない場合は⓪をマークせよ」という問題訂正を出したが，訂正が全試
験室に到達した時刻が試験時間終了間際だったため，解答番号［64］に

ついては全員に点を与えることとした，とのことである。**気になるのは新羅が郡県制であったかどうかはおそらく当時であっても範囲外**ということである。なお，調べてみると，当初は州郡県制が採用されていたが，統一後に州が形骸化して実質的な郡県制となった。しかし，州郡県制時代の州は州府のある郡を州直轄地としていたため，形骸化後もその旧直轄地の郡だけは州と呼ばれていたらしい。非常にややこしい。これも踏まえて考えると，この出題ミスの要因は，

- とりあえず全部正しい文章を作って後から1箇所を誤りにするつもりが作業を忘れ，検討チームが「③が正解なんだろう」と思い込んでそのまま校了した。
- 共通一次の最初期なので範囲外を出してはダメと言う鉄則が守られておらず，かつ作問者が中途半端な知識で「新羅は統一後も州郡県制」と誤解したまま③を誤りとして作成し，検討チームも同様の思い込みでスルーしたまま，校了してしまった。

のいずれかであろうと思う。性善説（誤用）で考えるなら前者の方が可能性が高いだろうか。

○ 1983 年の世界史

問題2　問8　次の文①～④のうちから，誤りを含むものを一つ選べ。

① 　宋が中国を統一したのち，遼は始めて華北の一部を領有した。
② 　宋の西北方を支配していた西夏は，チンギス＝ハンの軍に滅ぼされた。
③ 　遼の支配下にあった女真（女直）族は，金を建てて遼を滅ぼした。
④ 　フビライ＝ハンは，国号を元と定めた後に南宋を滅ぼした。

＜解答解説＞

　②・③・④は正文で，①が誤文＝正解だが，それ以前の問題として「始めて」は「初めて」の誤植である。試験時間中に受験生から指摘があり，即座に訂正となった。いずれにせよ誤文だから正解が変わらずに済んだのではないか。それにしてもインターネットの無い当時で，よく訂正が間に

合ったものだ。試験時間の序盤で指摘された上に，よほど手際が良かったのだろう。

○ 1985 年の世界史

問題3　問 10　下線部⑩（編註：ビルマ，マラヤ連邦）について述べた次の文①〜④のうちから，誤りを含むものを一つ選べ。

① 　第二次世界大戦の時，ビルマは日本の軍政下におかれた。
② 　第二次世界大戦の時，マライは日本の軍政下におかれた。
③ 　ビルマとマラヤ連邦は，同じ年に独立した。
④ 　マラヤ連邦は，のちにマレーシアとシンガポールに分離した。

＜解答解説＞━━━━━━━━━━━━━━━━━━━━━━━━━━

　①・②は正文，③はビルマ独立が 1948 年，マラヤ連邦独立が 1957 年なので誤文＝正解。④も，マラヤ連邦にシンガポールが含まれないので誤文＝正解。マラヤ連邦にシンガポールとボルネオ北部が合体してマレーシアとなり，その後シンガポールが分離した。マラヤ連邦にシンガポールが含まれていないというのは早慶レベルの知識であるが範囲内ではあるので，よくできる受験生ほど困ったのではないかと想像される。約 35 年前の早慶受験生の心情やいかに。大学入試センター当局から③・④の複数正解を認める旨の発表があったとのこと。

○ 1986 年の世界史，点字の問題文

問題3　問8　下線部⑧に関連して，（ハ）の地域（編註：地図中の山東省の位置に（ハ）と印字されている）にある膠州湾について述べた次の文①〜④のうちから，正しいものを一つ選べ。
　（選択肢は省略）

＜解答解説＞

　本問について，点字では漢字が表現できず，地図を表示できないため，「膠州湾」と「広州湾」が区別できないという指摘が入ったらしく，**点字版は「コウシュウ」から「ニカワのコウシュウ」に変更するという訂正**があった。点字に限定した問題の訂正であり，極めて珍しい。厳密に言えば出題ミスではないが，記録の意味で記載しておく。

○ 1992 年の世界史

問題2　1368 年に建国した明では，永楽帝が① 1402 年に遷都を行い，また使節を南海に派遣するなど対外的な積極策をとった。

問1　下線部①の説明として正しいものを，次の①〜④のうちから一つ選べ。

① 長安から洛陽への遷都であり，これによって黄河中・下流域を制圧した。
② 洛陽から南京への遷都であり，漢民族の建てた王朝として初めて長江以南に都を置いた。
③ 開封から臨安への遷都であり，これによって経済的に発展していた江南をおさえることができた。
④ 南京から北京への遷都であり，漢民族の中国統一王朝として初めて北京に都を置いた。

＜解答解説＞

　素直に考えれば④が正解だが，**永楽帝の遷都は 1402 年ではなく 1421年である。**受験生がよくやる勘違いで，1402 年は靖難の役が終わって永楽帝が南京政府を滅ぼした年であるが，実際にはその後すぐに北京に遷都したわけではなく，しばらくは南京にいた。確かにほとんどの教科書は大体この約 20 年をひとまとめに説明してしまうので，いかにも 1402 年に遷都したかのような印象を持ってしまう。だが，世界史の専門家がしてい

い勘違いではないだろう。大学入試センター当局から全員正解にした旨の発表があったとのこと。

◯ 1998 年の世界史 B

問題4　問8　下線部⑧に関連して，ヴェトナムの独立運動について述べた文として誤っているものを，次の①〜④のうちから一つ選べ。

① 独立運動を支える人材育成のため，19 世紀末から東遊（ドンズー）運動が盛んになった。

② ファン＝ボイ＝チャウらは，維新会を結成し，反仏闘争を推進した。

③ 陳独秀らが結成したインドシナ共産党は，独立運動の主体となった。

④ 第二次世界大戦後，ヴェトナムの民族解放闘争は，インドシナ戦争へと展開していった。

＜解答解説＞

　①は「19 世紀末から」が「20 世紀初頭から」の誤り＝正解。②は正文。③は陳独秀が誤り＝正解。④は正文。というわけで①・③の複数正解である。大学入試センターから①は正文の想定であったが設定ミスであった旨の発表があり，複数正解となった。東遊運動はファン＝ボイ＝チャウが 1904 年に維新会を結成し，翌年に本人が来日し，同時期に日露戦争で日本が勝利したことで活発になった。そのため 1905 年に始まったとするのが通説である。出題ミスという判断は妥当であり，こういう私大のような出題ミスをセンター試験が出していたのは，全く知らなかったので驚きであった。私は本問を受験生時代に過去問として解いているはずだが，全く記憶にない。赤本等は収録時に問題文を勝手に修正する癖があるので，20 世紀初頭に直っていたのかもしれない。

○ 2003 年の世界史 B

問題2 A 古代ギリシア・ローマではできる限り正確な世界地図を作ろうとする試みがなされた。下図は、2世紀ごろ活躍したアレクサンドリア出身の ① に由来するとされる地図である。中世に入ると ① の地図は忘れられ、キリスト教の世界観を投影した「世界図」が作られるようになった。しかし、13世紀になるとイタリアでは、商業の発達に伴い、実用的な地図が作製されるようになる。その後②ルネサンス期に ① の地図が再発見され、それが印刷術によって普及したこと、そして③大航海時代が到来したことなどによって、ヨーロッパにおいて正確な地図を作る本格的な試みが始まった。

問1 ① の人物は、天動説を体系化して、後のヨーロッパの天文学に大きな影響を与えたことで知られている。この人物の名として正しいものを、次の①〜④のうちから一つ選べ。

① プルタルコス
② プトレマイオス
③ エウクレイデス
④ ピタゴラス

＜解答解説＞

　素直に解答するなら②のプトレマイオスが正解だが、**プトレマイオスはアレクサンドリアで活躍したが出身地は不詳**である。「アレクサンドリア出身」という表現はあやういのではないかという指摘が当時にあったらしく、「プトレマイオスをアレクサンドリア出身とする教科書があったのでこれによったが、学術的には確認できなかった」として、「出身」の部分を事後的に削除とする措置がとられた。アレクサンドリア出身という事実が完全に否定されたわけではないので、問1を出題ミスとせず残したのは問題のない判断だったと思われる。本問も厳密には出題ミスではないが、事例として面白いので紹介しておく。

○ 2008 年の世界史 A

問題2　問9　下線部⑨に関連して，原子力発電や核実験について述べた文として正しいものを，次の①〜④のうちから一つ選べ。

① 原子力発電は，19 世紀に実用化された。
② アメリカ合衆国のスリーマイル島で，原子力発電所の事故が起こった。
③ 日本とアメリカ合衆国は，1963 年に部分的核実験停止（禁止）条約に調印した。
④ 中国は，1980 年代に初めて核実験に成功した。

＜解答解説＞

　①は 20 世紀半ばの誤り。④は 1960 年代の誤り。②が正文＝正解。③が審議の対象で，部分的核実験禁止条約は一般にアメリカ・イギリス・ソ連の締結によって成立したとされるが，**調印したかどうかで言えば，成立直後に多くの国が調印している**。当然に日本も 1963 年の当年のうちに調印しているから，③もまた正文＝正解になってしまう。ここは③の文は「に調印した」を「を成立させた」と変えるか，日本の部分を 2008 年当時のPTBT 未調印国に変えるべきであった。大学入試センターから②・③いずれも正解とした旨の発表があった。

○ 2015 年の世界史 B，第 4 問の問 8

　本問は 2 巻の **2015 国公立 1 番**，p.278 で詳細に解説しているので，そちらを参照してほしい。端的に説明すると「貞享暦は，中国の　ア　の時代に，　イ　によって作られた授時暦を改訂して，日本の実情に合うようにしたものである。」という問題文の　ア　の選択肢が元と清であった。しかし，「中国の　ア　の時代に」の部分が，「　イ　によって作られた」にかかると考えれば元が正解となり，「貞享暦は」や「改訂して」にかかると考えれば清が正解になる。よって正解が絞れないとして出題ミスと

なった。

　2004 年から 2014 年まで世界史 B はノーミスだったことから，2015 年の出題ミスは「まさかセンター試験が」というような取り上げられ方だった覚えがある。しかしこうして振り返ると実はこの期間以外は 5 年に 1 回くらい何かしらあったということがわかった。

○ 2020 年の世界史 B，第 1 問の問 5

　こちらも 3 巻の **2020 国公立 1 番**，p.73 で取り上げているので，詳しくはそちらを参照してほしい。端的に説明すると「魏で，屯田制が実施された。」という選択肢に「三国時代の」とつけ忘れたことで，戦国時代の魏と区別がつかないために受験生が混乱する可能性があるとして，出題ミスとなった。しかし，この出題ミスの指摘は早急であったように思われる。

　その他の事件簿も相当に面白い。長くなるのでここに全て書き連ねるのは避けるが，1983 年のココア缶破裂事件，1985 年の数学「昭和の米騒動」事件，2005 年の偶然の的中事件と英語のありえない天気予報事件，2019 年英語リスニング「羽根ニンジン」事件（これは同冊子の p.42 でも作成秘話が語られている）辺りは好きなエピソードである。ココア缶破裂事件はなんというか牧歌的である。大学入試センターがこれだけ細かく話題を拾っているのには驚いたが，ここまでネタを拾っているのに 2000 年と 2003 年に英語の長文で登場し，状況を複雑にして受験生の顰蹙を買ったことで伝説になった「Pat 事件」（説明できる紙幅がないので知らない人はググってほしい）には触れていないのは不思議といえば不思議である。現代文や古文で話題になったものには触れていないので，そういう拾い方なのかもしれない。

■■■コラム4■■■

コロナ禍における2021年度大学入学
共通テスト騒動の記録

　通常のセンター試験や大学入学共通テスト（以降は共通テスト）は，年間に本試験と追試験の2回実施される。本試験の日程は最初期こそ規定が固まっていなかったが，1997年以降は1月の第3週の土日，2009年以降は1月13日以降の最初の土日で実施された。追試験は試験当日に病欠や事故，試験会場内でのトラブル等で受験できなかった受験生に対して実施されるものであるが，本試験の翌週の土日で実施された。

　しかし，共通テストの初年度であった2021年度は本試験が2回実施され，第1日程こそ規定通りに1月16・17日に実施されたものの，第2日程は二週間後の1月30・31日に実施された。さらに特例追加試験なるものが2月13・14日に実施された。すなわち，**2021年度は年間に3回実施されたことに加えて，それぞれの試験の間隔が2週間に伸ばされた**のである。いずれも異例の出来事である。このようなことになった理由について，2024年3月現在であればインターネット上でそれを説明したページが簡単に見つかるが，紙媒体では見かけない。アーカイブとして本書に簡潔に記しておきたい。

　このような特殊な日程が組まれた根本的な理由は2020年初頭から世界的に大流行した新型コロナウイルス感染症（COVID-19）である。日本では2020年2月28日に高校に対して休校要請が出され，加えて4月には初の緊急事態宣言が発表された。休校は5月末まで続いた。その後も分散登校や授業のオンライン化等の対策がとられ，通常の登校再開は大幅に遅れることとなった。そこで問題視されたのが高校生の学習の遅れである。休校期間が長かったことや通常の形態ではない授業になったことで受験勉強にも遅れが生じるとすると，学習の進んでいる浪人生や中高一貫の生徒が過剰に有利になり，その他の現役生が不利になるのではないかという指摘

が一部の教育関係者からなされるようになった。これに対する文科省の対応は迅速であった。6月19日には早くも上述の日程が発表されたのである（※1）。

第1日程と第2日程の間隔が一週間ではなく二週間空けられたのには二つの理由があった。まず、**少しでも学習の遅れを取り戻すため、試験実施日を可能な限り後ろ倒しにするというのが第一の理由**であった。それゆえに第1日程と第2日程のいずれを本試験として受験するかという選択権は現役生のみに与えられ、浪人生は第1日程での受験を強制された。また現役生が第2日程を本試験として受験する場合、「学習の遅れ」が本当に生じたことを高校の校長が保証する許可制となった。**第二の理由として、隔離期間への対処があった。**2020年当時、新型コロナウイルスの感染者に対して感染日から10日間の外出禁止の隔離期間が設けられていたから、日程間が1週間だと、感染日によっては両方受験できない人が出てきかねないためである。特例追試験が設置されたのは、第2日程を本試験に選択した受験生や、第1日程を通常の事由（COVID-19以外の疾病や公共交通機関の事故）によって欠席した人が、第2日程にかかわる期間で新型コロナウイルスに感染してしまった場合に、救済方法が無いことが問題視されたからである。また、通常の追試験は原則として会場が全国で2箇所にしか設置されなかったが、第2日程は少なくとも47都道府県全てで設置するということも決められた。

さて、当時の記憶がある方も多かろう、そうでなくとも一読してお気づきの方も多いだろうが、この措置は複数の問題点があった。まず、休校が4・5月の2ヶ月にわたり、その後も半年以上特殊な形態の授業が続いたところ、**2週間だけ試験日程が後ろ倒しになったところで学習の遅れが取り戻せるわけがない**という点で、「焼け石に水」とはこのことである。端的に言って第一の理由は無意味であるのが一目瞭然で、だからこそ現役生にしか選択権が無いのは不公平であった。次に**2週間空けたことで私大の一般入試との衝突が避けられない事態になった**ことが挙げられよう。1月の下旬には早々に一部の私大で一般入試の日程が始まるので、第2日程に回ってしまった場合、少なくとも1月30・31日が入試日の私大とは完全にバッティングする。たとえば共立女子大、京都産業大、龍谷大は1月

30日より前に入試日程があり，名古屋学院大，東洋英和女学院大，聖心女子大等は1月31日が入試日である。そうでなくとも，1月下旬～2月上旬実施の私大のための受験勉強が圧迫されることになる。2月1日～5日の辺りはいわゆる関関同立の入試日程が集中している。さらに最悪なことに，**特例追試験の2月13・14日は多くの私大の入試日程である。**たとえば2月13日は早稲田大・国際教養学部，慶應義塾大・経済学部，中央大・商学部，明治大・文学部で入試があり，2月14日は慶應義塾大・商学部，中央大・経済学部，明治大・法学部，青山学院大・文学部等で入試があった。いずれもこれを第一志望とする受験生が多い日程であり，かつ私大の一般入試の方の救済措置はその私大に委ねられた。これらの私大の側からすると突如として共通テストの尻拭いを求められた形になった。実際にこれらの大学は後日に救済措置の有無や，措置がある場合の内容を発表した。たとえば早稲田大は共通テスト特例追試験の成績をもって合否を判定するとしていた。なお，慶應義塾大は「共通テストの特例追試験と本学入試の重複は考慮しない」，すなわち救済措置は一切無く，特例追試験を受験することになった段階で経済学部と商学部は自動的に失格と見なすという発表をした。多くの有名私大が何かしらの救済措置を発表する中でのこの発表であったから業界に衝撃が走った。ところで，高大接続システム改革会議の座長を務められ，このたびの大学入試改革に多大な影響を及ぼした方ってどこの大学の元塾長でしたっけ，というネタは当人が懺悔するまでは擦り続けていきたい。

　では日程が重なっていない私大は迷惑を被らなかったかというと，そうではない。国公立大も含めて**大学当局は入試成績の突貫処理を強いられることになった。**全ての国公立大は一次試験（共通テスト）を選抜に用いているし，難関国公立大は二次試験の受験者数を絞るために共通テストの成績で足切りを定めている。また多くの私大は通常の一般入試以外に「共通テスト利用」という入試形式を採用しており，共通テストの点数のみで合否を判定するものである。国公立大の受験生は共通テスト利用で私大の滑り止めに合格できればそこの一般入試に行かなくて済むので楽であるし，私大側も優秀な受験生が多い国公立大受験生（の不合格者）を確保できるので，どちらにも利点がある入試方式である。これらのため，国公立大も私大も毎年可能な限り早く大学入試センターから膨大な数の受験者の点数

を送ってもらい，データ処理を行っていた。このように書けば，**国公立大にとっても私大にとっても第2日程が通常の追試験よりも一週間後ろ倒しになった影響が破滅的に大きかった**ことが理解してもらえるだろう。データ処理のため徹夜になった職員が数多いたのではないか。

　何より問題だったのが，6月30日，**共通テストを作成する大学入試センターが「共通テストを年間に三本作成するのは不可能であるので，特例追試験はセンター試験型とする」という趣旨の発表をしたこと**である（※2）。それも作るのではなく2013-15年頃に用意した緊急対応用のものをそのまま流用するという発表であった。センター試験と共通テストは傾向が大きく異なるので，共通テスト対策をしてきた受験生はセンター試験型の問題だと実力を発揮できないから，受験生が特例追試験を受けるデメリットが大きい。やむをえざる事情で特例追試験に回ったはずなのに，あたかも罰ゲームを受けるような様相になってしまうのである。しかし，ここで大学入試センターを擁護しておくと，実際にセンター試験と共通テストでは作問にかかる労力・コストが全く異なる。世界史について私自身の体感で言えば，共通テスト1本を作る間にセンター試験を3本は作れるだろう。突然日程が増えると言われても，センター試験なら対応できても共通テストは対応できない。とはいえ，**同一名称の試験が，実際には傾向も難易度も異なり日程間での得点調整も無いというのは，予告があったとしてもやはり問題であり，合否の信頼性が損なわれる。**共通テストの信頼を失墜させてまで，拙速に3回の試験実施を決めた政権の政治判断の責任は問われるべきである。

　興味深かったのは，その後の教育産業および高校生たちの動向である。発表された当初の6月頃には，多くの高校生が第2日程に流れるのではないかと推測されていた。共通テストの初年度であるので，どんな問題が出題されるか予想がつかなかったところ，第2日程に回れば第1日程の問題を見てから2週間で対策できるという利点があったためだ。また，前述の試験日が重なっている私大の入試日程を見てもらえれば薄々察しが付く通り，関東の高偏差地帯の大学は入試日程が比較的遅いところが多く，共通テストの日程を遅らせても受験勉強への影響は小さいと見積もられていた。COVID-19の症状がそれほど明確になっていない時期であるため，「浪

人生はわざとかかってでも第2日程を本試験にするメリットがあるのではないか」という意見さえ見られたほどだった。

　しかし，その後の急激な感染者数の増加や感染時の症状や後遺症の重さが明らかになり，加えて共通テストの対策期間が2週間伸びることや第1日程の問題傾向を確認できることのメリットが，感染の後遺症，私大や国公立大二次試験の対策期間が2週間縮むこと，万が一特例追試験に回った際の被害の大きさといったデメリットと比較してあまりに小さいことが，数ヶ月経って冷静に議論されるようになっていった。そう，今振り返れば6月の段階では社会全体がまだ全く冷静ではなかったのだ。加えて，**第2日程選択に校長の許可が必要になったことで受験生の選択に学校が一定の責任を持つ形になった影響も大きい。**受験生が特例追試験に回ってしまった際に，上述のようなデメリットから保護者とのトラブルに発展する可能性があったから，各高校の校長は容易に許可を出さなかったと見られている。おそらく文科省は第2日程・特例追試験を受ける受験生を可能な限り減らしたいと考えて，ねらってこの条件をつけたのではないか。官邸への静かな抵抗である。さらに，2020年の間に教育産業各社が大学入試センター発表のサンプル問題を研究して質の高い共通テスト型の模試や問題集を受験生に供給するようになり，共通テスト対策に対する不安感が受験生の間でぬぐわれていった影響も大きかった。

　以上のような理由が積み重なり，蓋を開けてみると第1日程の志願者が534,527人であったのに対し，第2日程の志願者は718人にとどまった。実際の受験者も第1日程が482,088人，第2日程は536人（＋第1日程欠席による追試験・再試験が1428人）という圧倒的大差がつき，第2日程は例年の追試験よりも少し多い程度の人数となった。特例追試験に至ってはなんと受験人数1名である。大山鳴動して鼠一匹を体現する事件であった。なお，特例追試験は2014年度の緊急対応用のものが使用されたことが後に公表された。私も世界史A・Bに限って解いたが，問題の質はセンター試験として見れば本試験と特に遜色がないものであり，当の共通テストが初年度からやらかしたこともあって（**2021国公立1番**, p.276を参照），センター試験は緊急対応用であっても質を保っていたのは流石だと感慨深くなった。

※1 文部科学省「令和3年度大学入学者選抜実施要項について（通知）」2020年6月19日発表。
https://www.mext.go.jp/a_menu/koutou/senbatsu/mxt_kouhou02-20200619_1.pdf
※2 大学入試センター「令和3年度大学入学者選抜に係る 大学入学共通テスト実施要項」2020年6月30日発表。
https://www.dnc.ac.jp/albums/abm.php?d=72&f=abm00001149.pdf

コラム5

新科目「歴史総合」が誕生するまで

　多くの読者はご存じの通り，2022年4月からの高校課程では，新科目「歴史総合」が設置されている。歴史総合は世界史と日本史の近現代史を簡潔に学ぶ必修科目であり，また暗記事項を減らして資料読解を増やし，閉塞的な暗記科目という歴史科目のイメージを刷新するというのも，新科目設置による仕切り直しの意図であった。この新科目設置は，地歴公民科目に限れば戦後の教育制度が固まった1947年以降で最大の改変と言われ，大きな注目を集めた。意欲的な高校教員や高い関心を持つ大学教員たちからは，歴史総合の教授法についての書籍が多数発行されている。しかし，教授法に比べると，歴史総合がどのような議論を経て生まれた科目であるかはさほど関心が集まっていない。なぜ日本史と世界史は融合することになったのか。ステークホルダーが多い歴史教育という分野において，なぜこれほどの大改革が実施されるに至ったのか。

　そこでここでは歴史総合の成立の経緯を，時系列ではなく論点別に簡潔にまとめてみることにした。ただし，論点別にまとめてみた結果として，ほぼ時系列通りになった。**歴史総合の誕生は論点が重層的に積み重なっていった結果である**というのは，執筆中の大きな発見であった。

　本稿は柔らかい文体を維持する意図もあって学術論文の体裁をとっていないが，本稿を基盤に研究者の方が確実な証拠・史料を探して論旨を整えることは可能であると思うし，そうした論文が書かれるならそれ以上に嬉しいことはない。後世の日本の教育制度史に寄与できるなら幸いである。

1．世界史Ａという科目の形骸化問題

　既存の高校課程で歴史科目として設置されていたのが世界史Ａ，世界史Ｂ，日本史Ａ，日本史Ｂの4つである。このうちＡ科目は近現代史を中心とし，Ｂ科目は前近代を含めて全ての時代を満遍なく扱うという位置づけであった。Ａ科目は2単位，Ｂ科目は4単位の科目であり，単純に言

えば履修に必要な授業数が A 科目は B 科目の半分と設定されていた。さらに世界史 A または B は必修科目であった。日本史 A または B は選択必修だったから，日本史を履修しなくても高校は卒業できるが，世界史を履修せずに高校を卒業するのは許されないことになる。また，難関大学だけが B 科目を入試に課し，それを目指す高校生のみ B 科目をとり，大多数の大学は A 科目を課す，したがってほとんどの高校生は A 科目を学習するという想定の制度設計であった。この制度設計は全面的に失敗したわけではなく，大学受験を目指す生徒が少ない高校では，世界史 A が自由度の高いアクティブ・ラーニングの実践の場として機能したとされ，日本人の市民的教養の底上げに貢献した科目であったという評価もある。

　しかし，大学入試という場において，世界史 A は完全に形骸化していたのもまた事実である。難関とは言えない偏差値帯まで含めたほとんどの大学が，1997 年の初年度から A 科目を入試科目から外し，B 科目を受験生に要求した。見栄を張ったのか，前近代の学習も必要と考えたのか，あるいは周囲の大学に流されたのか，個々に理由は違うだろうが，正しい理念による制度設計を破壊することに良心が痛まなかったのかを当時の大学関係者に聞いてみたい。ともあれ大学がそう求めてくるのだから仕方がなく，高校生は B 科目を勉強することになる。その結果，センター試験で初めて世界史 A が課された 1997 年の受験者数で，すでに世界史 B の 116,681 人に対し，世界史 A は 5,272 人という大差になった。その後も世界史 A の受験人数は減り続け，2023 年の共通テストでは，世界史 B の 78,185 人に対し，世界史 A は 1271 人となった。なお，同年度の日本史 B は 137,017 人，日本史 A は 2,411 人である。世界史 A は必修科目ではない日本史 A にさえ負けているのだ。

　加えてセンター試験の A 科目自体にも問題があった。難関大学以外が課すことが想定されていたから，A 科目の問題は易しくて然るべきである。しかし，**実際のセンター試験の A 科目は難しかった。**もちろん B 科目よりは易しいが，授業数が B の半分程度しかなく教科書もそれに比例して薄いことや想定される受験者層と比較すると，明らかに過剰な難易度であった。たとえば 2023 年の共通テストの平均点は世界史 B が 58.43 点だったのに対し，世界史 A は 36.32 点であった。センター試験や共通テストは平均点が 50 〜 60 点になるように作られているから，明確にそれに達

していない。

さらに言えば，日本史Ａはちゃんと近現代史中心になっていて前近代が極めて薄かったのに対し，世界史Ａは前近代の記述にそれなりに厚みがあり，それに圧迫されて近現代史の記述が薄かった。つまり世界史Ａは「世界史Ｂから近現代史だけを抜粋し，多少簡略にしたもの」というよりも，「世界史Ｂを単純に半分の厚さにしたもの」だったのだ。このためセンター試験でも一定程度の前近代の問題が出題され，前述の通り，過剰な難易度に拍車をかけていた。日本史に比してこのような欠陥があったのはなぜなのか。やはり前近代無しに世界史を描くのは困難だったのだろうか。ともあれ，以上の理由から，世界史Ａは抜本的な改革が必要であった。

２．世界史未履修問題

前述の通り，世界史は必修科目であった。このため世界史Ａは世界史にそれほど時間をかけていられない高校生のために設置されたのであるが，いわゆる進学校ではこの２単位さえ惜しみ，世界史Ａの名前で授業を設置し，実際には理系でセンター試験に使う人が多かった地理Ｂの授業をする……というような現象が横行していた。この現象は進学校に通う高校生や教育産業従事者，歴史教育に関心の高い大学教員なら誰でも知っている暗黙の了解であったが，2006年10月に盛んに報道されるようになって，突如社会問題化した。「世界史未履修問題」，実質的には世界史Ａの未履修問題である。時の第一次安倍政権は超法規的措置をとり，既卒生については不問とし，現役の高校３年生は受験本番まで２・３ヶ月しかない時期であったことから，レポートの提出などをもって履修した扱いとすることを文科省から通知させた。

本件は2006年10月から2007年1月頃までに騒がれ，その後は鎮静化したのであるが，文科省は本件を第一次安倍政権から強く咎められた経験を決して忘れなかった。では進学校の理系の生徒にどうやって世界史の近現代史の学習を強制するか……この課題に対するシンプルな結論は「入試で課す」ということになり，文科省はその実現の機会を虎視眈々と狙っていたのであろう。歴史総合の新設が文科省から発表された2018年当時，進学校の高校教員や教育産業関係者の最大の関心は「歴史総合が入試でい

かに課されるか」の一点であった。今考えると文科省の意図が世界史Aの形骸化やこの未履修問題にあったのだから、共通テストで歴史総合が重要な地位を占めるのは必然であった。しかし、誰も文科省の意図を見抜けていなかった当時は、共通テストで重要な科目になれなければ歴史総合は世界史Aの二の舞になるのではないかと皆危惧していたのを覚えている。

　この危惧は杞憂であった。新課程の共通テストの地歴公民の科目選択は非常に複雑なので説明を割愛するが、多くの受験パターンで歴史総合は必要である。このため、理系の生徒も含め、多くの進学校の生徒が真面目に歴史総合の授業を受けることが期待される。もちろん、歴史総合を受験で全く使わない選択肢もあるので、完全に歴史総合を強制できているわけではないが、世界史Aからは大きな改善が期待されている。ここは素直に文科省を評価すべきであろう。

3. 日本学術会議からの提言

　ここまで挙げた背景のうち、1・2で挙げた理由だけならば世界史と日本史が融合する必要はなかったはずである。なぜ世界史と日本史が融合したのか。これには大きく3つの背景がある。まずは日本学術会議からの提言の影響である。日本の大学の史学科が伝統的に西洋史・東洋史・日本史に分かれていること、その影響下で高校の地歴も世界史と日本史に分かれていることとそれらの弊害は長く指摘されていた。それゆえに世界史と日本史の部分的な融合は歴史家から要請されていた。これに加えて2006年に世界史未履修問題も浮上したことを受けて、日本学術会議は2011年8月に「新しい高校地理・歴史教育の創造 －グローバル化に対応した時空間認識の育成－」という提言を発表し、その中で新科目「歴史基礎」（仮称）の設置を提案した（※1）。この時点ではまだ融合すること自体に重点が置かれていて、「(A) 古代から現代までの時系列型, (B) 近現代史集中型, (C) 主題学習中心型の3タイプ」が構想されている。結果としてはこのうちの (B) 案が歴史総合に結実した形である。**時系列的に並べた時に、2011年の日本学術会議の提言が歴史総合の根本的な出発点となったのは疑い得ない。**歴史総合の生みの親をあえて一つに絞るとすれば日本学術会議ということになるだろう。

　この後、日本学術会議は2014年6月に「再び高校歴史教育のあり方に

ついて」と題した提言を発表し，再び歴史基礎（仮称）の設置を提案した（※2）。この時の提案では「1）日本史と世界史を統合し，2）『なぜ，どうして』という問いに答えられるように，取り上げる史実を精選し，そのために，3）人類史上の長期問題と近代のアジア太平洋史に重点を置く」と方向性がかなり固まっている。ただし，実際の歴史総合は西洋史の割合が大きいので，2014年の提言は必ずしも採用されていない。日本学術会議は2016年5月にも「『歴史総合』に期待されるもの」と題する3つめの提言を行っていて（※3），歴史基礎改め歴史総合の内容について改めて提案を行っている。日本学術会議の3つの提言は本コラムで論じた論点と深く関連しているので，併せて読むことを勧める。ところで，これは個人の趣味の領域になるが，私は日本学術会議の「歴史基礎」の方が歴史総合よりもネーミングセンスが良いと思う。

4．日本史が必修ではなかったことに対する不満

　日本学術会議の動きに触れた次には，これにも触れざるを得ないだろう。1994年以降の課程で世界史のみが必修であり，日本史が選択科目に過ぎないことは，日本史を専門とする高校教員のみならず，保守派の政治家やその支持層から根強い反感を買っていた。実際にそうした層からの応援を背景に，2000～2010年頃にかけて高校の日本史教員による日本史必修化の要望が何度も文科省に提出されている。その要望がことごとく退けられると，いくつかの地方自治体の教育委員会は独自に高校での日本史AまたはBを必修化した。たとえば横浜市は2010年から，東京都は2012年から，神奈川県は2013年度から，それぞれの公立高校での日本史の必修化を強行した。日本史の必修化はなし崩し的に進んでいたのである。

　こうした動きに呼応し，上手く吸収したのが第二次安倍政権であった。2014年1月に当時の下村文科大臣が日本史の必修化の検討を文科省と中央教育審議会に指示し，議論の俎上に乗せた（※4）。さらに2014年11月20日，中教審の総会に出席した下村大臣は高校での日本史必修化を諮問した（※5）。前述の通り，2014年6月に日本学術会議が2回目の歴史基礎(仮称)設置の提言をしていたにもかかわらずのこの諮問であるから，2014年秋の時点で政権は日本学術会議の意向を歯牙にもかけていない。ところがその後，日本史必修化の話題が立ち消える。その矢先の2015年

10月に下村博文氏が文科大臣を退任すると，自民党は急速に日本史必修化に対する熱意を失った。また2014年の夏頃から，歴史総合という新しい科目の設置が検討されているのではないかとマスコミが報じるようになる。おそらく2014年秋から2015年秋頃にかけての一年間に，政権と文科省，中教審，日本学術会議の間で水面下でやりとりがあって，歴史総合という妥協点が見つかったものと思われる。私には想像の域を出ないやりとりであるが，ジャーナリストか学者の方がちゃんと取材すれば，より明確に経緯がわかるのではないかと思う。

　いずれにせよ，**日本学術会議と第二次安倍政権の要望が「日本史を部分的にでも必修化させたい」という奇妙なところで合致し，呉越同舟の船内で生まれたのが「歴史総合」**だったのである。歴史総合がこのような奇妙な落とし子であったことは意外と知られていないのではないか。そして，両者の要望を世界史Aの形骸化問題や世界史未履修問題の解決に利用した点で，文科省は上手くやったと言える。共通テストの顛末に比べると遥かに上手い解決である。しかし，文科省が歴史総合の成立によって解決させたかった問題はもう一つあった。

5．共通テストの理念の残滓として

　最後に，歴史総合を語る上で外せないのが，実は大学入学共通テストである。本来であれば高校の履修科目が大学入試の科目を規定するという関係であり，大学入試の科目が高校の履修科目の成立に影響を与えるのは筋がおかしい。しかし，歴史総合に限って言えば文科省の大学入試改革に間違いなく影響を受けている。

　大学入学共通テストが誕生した経緯については拙著3巻のコラム2「大学入学共通テストの導入騒動の記録」(pp.346-355)で論じているので，少々引用する。

　　中央教育審議会（いわゆる中教審）が初めて高大接続についての特別部会を設置し（2012年9月28日），議論が始まった。その議論で焦点になったのが，大学入試であった。（中略）中教審の特別部会は2014年12月22日に答申を出し，本格的に大学入試改革がスタートする。これを受けて文科省は2015年3月に新たに「高大接続システム改革会

議」を立ち上げて議論を継続させた。最終的に 2016 年 3 月に高大接続システム改革会議が最終報告を提出し，（中略）これを受けて文科省と大学入試センターが新制度の設計を開始し，2017 年 7 月に発表された「高大接続改革の実施方針」において，センター試験に代わる共通試験は「大学入学共通テスト」，通称「共通テスト」と名付けられた。

　こうして立ち上がった共通テストは当初「英語を 4 技能試験化する」「記述式を部分的に導入する」等の様々な意欲的，挑戦的な目標を掲げられていたものの，現実的な障害が立ちはだかってその目標が一つ一つ脱落していき，最終的に「思考力を問う工夫をこらした作問とする」という一点だけが残った。この共通テストで掲げられていたが脱落した目標の一つに，「合教科・合科目型の問題を作成する」というものがあった。これは当該コラムで論じた通り，受験科目選択が複雑になりすぎることと，問題の難易度が高くなりすぎることが原因で共通テストから消えたのであった。これに対して文科省では**「試験科目として合科目を設置するのが困難なのであれば，最初から高校履修科目に合科目を置いてしまえばいいのではないか」**という議論がかなり早い段階から生じていた。省内の会議や中教審の議事録・資料などをさらっていくと，2015 年春・夏頃にはすでに「歴史総合」（仮称）の文言が見え隠れしている。たとえば中教審の初等中等教育分科会，教育課程部会の教育課程企画特別部会が 2015 年 8 月 26 日に公開した資料「教育課程企画特別部会における論点整理について（報告）」（※ 6）でもすでに「歴史総合（仮称)」が提案されている。もちろん，こうした資料上は共通テストの文言が全くなく，両者に関連性がないことになっている。しかし，そうした思惑であることは（おそらく意図的に）文科省の官僚が非公式の場で教育産業の人間に都度漏らしていた。ここで時系列を想起すると，高大接続システム改革会議がセンター試験の大規模な改革を促す最終報告を提出したのは 2016 年 3 月のことである。それに対して 2015 年春・夏頃からそうした思惑での「歴史総合」創設が省内で議論されていたということは，**共通テストの理念が議論されているほぼ当初から，文科省は合教科・合科目型の出題の不合理性を認識し，別の解決策を模索していた**ということになる。

　2016 年 12 月 21 日，中央教育審議会は「幼稚園，小学校，中学校，高等学校及び特別支援学校の学習指導要領等の改善及び必要な方策等について」と題する答申を発表し（※ 7），ここで初めて歴史総合の創設が正式に発表された。その後，間に最終的に共通テストで合教科・合科目の出題をしないことが確定する「高大接続改革の実施方針」の発表を挟み（2017 年 7 月），2018 年 3 月 30 日に官報で告示された教育指導要領で正式に歴史総合が科目となった。こうして世界史と日本史の近現代史を重点的に学習する新科目が誕生したのである。

URL はいずれも 2023 年 12 月 23 日閲覧（※　出版日に合わせて更新）。
※ 1　日本学術会議　心理学・教育学委員会・史学委員会・地域研究委員会合同 高校地理歴史科教育に関する分科会「提言 新しい高校地理・歴史教育の創造 －グローバル化に対応した時空間認識の育成－」2011 年 8 月 3 日公開。
　　https://www.scj.go.jp/ja/info/kohyo/pdf/kohyo-21-t130-2.pdf
※ 2　日本学術会議　史学委員会 高校歴史教育に関する分科会「提言 再び高校歴史教育のあり方について」2014 年 6 月 13 日公開。
　　https://www.scj.go.jp/ja/info/kohyo/pdf/kohyo-22-t193-4.pdf
※ 3　日本学術会議　史学委員会 高校歴史教育に関する分科会「提言「歴史総合」に期待されるもの」2016 年 5 月 16 日公開。
　　https://www.scj.go.jp/ja/info/kohyo/pdf/kohyo-23-t228-2.pdf
※ 4　複数の報道があるが，たとえば産経新聞の社説であれば次の URL を参照のこと。
　　「日本史必修化　誇り持って学べる内容に」2014 年 1 月 12 日公開。
　　https://www.sankei.com/article/20140112-OGA37NCBFVM3JE3XP3V5Z73IXY/
※ 5　文部科学省　中央教育審議会「初等中等教育における教育課程の基準等の在り方について（諮問）」2014 年 11 月 20 日諮問。
　　https://www.mext.go.jp/b_menu/shingi/chukyo/chukyo0/toushin/1353440.htm
※ 6　文部科学省　中央教育審議会　初等中等教育分科会　教育課程部会　教育課程企画特別部会「教育課程企画特別部会における論点整理について（報告）」2015 年 8 月 26 日公開。
　　https://www.mext.go.jp/b_menu/shingi/chukyo/chukyo3/053/sonota/1361117.htm
※ 7　文部科学省　中央教育審議会「幼稚園，小学校，中学校，高等学校及び特別支援学校の学習指導要領等の改善及び必要な方策等について」2016 年 12 月 21 日公開。
　　https://www.mext.go.jp/b_menu/shingi/chukyo/chukyo0/toushin/__icsFiles/afieldfile/2017/01/10/1380902_0.pdf

参考文献

徳橋曜「世界史教育の方向性と大学教育：「歴史総合」の新設を展望して」『教育実践研究：富山大学人間発達科学研究実践総合センター紀要』12 号，2017 年，pp. 149-160
　　https://doi.org/10.15099/00017990
雪丸武彦「2014 年の教育改革案・調査報告等」『教育学研究』82 巻 1 号，2015 年，pp.48-64
　　https://doi.org/10.11555/kyoiku.82.1_48

終章

最後にちょっと，まじめな話を

　ここでは1～3巻でほぼ同じ文章を載せて，受験世界史がこのような状況になっている背景・理由を述べて，入試問題作成者にお願いをしている。1巻から10年近くが経って，少し状況が変わってきた部分もあるので，それも踏まえて改めて入試問題作成者へのお願いをまとめてみたい。

・減少し始めた用語の数と，それにあらがう入試問題

　世界史という科目の用語数が20世紀後半から21世紀初頭にかけて激増した背景には，従来から分厚かった西洋史・中国史の記述があまり減らされないまま，それら以外の地域の記述が増やされたためであった。増えすぎた用語の数は様々な問題を引き起こす要因となったので，以前から意欲のある高校教員や大学教員が批判を強め，2015年にはそうした教員たちによって高大連携歴史教育研究会が発足した。高大連携歴史教育研究会からは2017年10月に「高等学校教科書および大学入試における 歴史系用語精選の提案（第一次）」が発表され，世界史の用語数を2000語以下まで削減する具体的な用語精選案が提示されて大きな話題を呼んだ。本シリーズも微力ながら用語の削減を提案してきた。こうした風潮の高まりは教科書会社や執筆者にも広がり，程度の濃淡や方向性の違いこそあれ，ちょうどその2017年頃から用語削減の動きが見え始めた。特に2023年からの新課程「世界史探究」ではどの教科書も用語削減の努力が見られた。

　にもかかわらず，教科書側の動きに比べると入試問題の動きは鈍い。むしろ狭まる世界史範囲にあらがうかのような動きすら見られる。私を含めた批判者が「せめて教科書や用語集のどこかに載っているものを出すべきで，完全な範囲外からの出題は論外である」と主張してきたのを逆手にとって，教科書や用語集の片隅に載っている用語を出題するという子供じみた返し技は最近になって急増している印象である。これが単なる印象ではないのは本シリーズの3巻や本巻をお読みいただければわかると思う。入試問題が保守的なのはなぜなのか。それは用語主義的な入試問題が，大学

入試にかかわるほぼ全てのプレーヤーにとって都合が良かったため，日本の入試風土に定着してしまい，変化のインセンティブが働かないためである。用語の激増が生んだ怪物は，用語を減らすことを許してくれないのだ。

・実は暗記科目のほうが出題も，覚えるのも，作るの，教えるも楽

　受験生が覚えるべき用語の数が余りにも多いと，当然一つ一つの用語に対する掘り下げが浅くなる。このため，用語の名前と簡潔な内容と年号を覚えたら終わり，というのが「世界史用語の暗記」になってしまう。もちろんこれは苦行である。しかし一方で，受験生は一般に論述問題を嫌う。暗記したものを記号や単語で解答するのと，文章を一から組み立てるのはハードルが大きく異なる。このため一つ一つの用語に対する掘り下げが浅くなるのは歓迎されていて，易しい論述問題を解く訓練をするくらいなら，時間はかかろうともマイナーな用語を覚える方に努力したがる傾向がある。**世界史（というか社会科）は暗記科目だから嫌われている等というのは，実態がわかっていない人の戯れ言である。**

　これに大学，特に私大の側が乗っかる。大量の受験生をさばかなくてはならないから，ちまちまとした論述問題なんて作っていられないし，出題してもどうせ解いてくれない。**大学にとって受験料は貴重な収入源であり，私立大学も商売であるので，課せば受験者が減る論述問題を気軽には課せない。**そもそも大学入試業務なんてものは，少なくない大学教員にとっては研究に直接関係ない事務仕事の一つであって，簡単に終わらせられるに越したことはない。結果として受験生と大学の利害が一致し，マークシート形式で細かい用語の覚えた数を競う入試問題が維持されてしまう。

　さらにこれは教える側も乗っかる。教科書や参考書をじっくり読み込んで，事件や用語の内容を生徒に理解させる授業よりも，「大学入試にはこれとこれとこれが頻出だから，絶対に覚えてね。語呂は××だよ」とやっていくほうが圧倒的に楽である。言いたくないが，東大や一橋大の問題を解かせたら，少なくない指導者が解けないのではないかと思う。難関国公立大を目指す受験生なんて極々一部しかおらず，ゆえにそのような受験生に教える機会がある先生方もそう多くない。論述対策は需要が少なく，受験世界史の指導の主流はどうしても早慶を主とした難関私大型になる。

・そして生じる諸問題

　やや矛盾した話になるが，これが早慶のような超難関校の受験生になると，さすがに重要とされる用語くらいは全て覚えてから受験に臨んでくる。だから，重要語句だけ出す入試では差がつかない。そこで用語集頻度の低い用語や，全く範囲外の用語の出番となる。論述問題ならば重要語句だけでの作問でも難問かつ良問は作れるし，マークシート形式でも練りに練れば良問を作れないこともない。しかし，そこで論述問題を出題したり，練りに練った作問をしたりという努力を大学側がするかといえば，前述の通りである。こうして本問の定義するところの「難問」や「奇問」が誕生する。

　ところがそうした難問の制作過程で，作問者の専門分野外からの細かい知識を問う出題が増えてしまう。これがもちろん危うい。ここできちんとしたチェック機関を挟んでミスを防ぐ手順がある大学はよい。しかし，その手間さえも省く大学は多いようだ。結果として，作問者本人しか解けないような日本語の怪しい問題や，複数正解の問題などが続出してしまう。こうして本書の定義する「悪問」や「出題ミス」が現れる。これが真相だ。

　実際のところ，用語主義的な入試問題自体はそう悪いものではないと私も考えている。もちろん論述問題を課せるならそれに越したことは無いが，「言語能力・作文能力に関しては国語や小論文と分業しているのだから，世界史という科目では本当に知識量だけ問えばよい」というのは極論にせよ成り立つ。だから，用語主義への批判はひとまず置いておきたい。まずいのは，そうした過程を経て生まれた副産物，つまり「（範囲外の）難問や奇問」・「悪問」・「出題ミス」である。

・ではどうしたらいいのか？

　ということで，3つほど提案をしてみようかと思う。

1．悪問や出題ミスに対して，専門家や知識人がきちんと声をあげること

　何よりこれであろう。大学入試に対して意欲的な研究者は増えているが，もっともっと研究者や専門家に近い人々は「受験なんて自分にはもう

済んだこと」なんて思わずに，教科書の誤謬や入試問題の出題ミスについて，積極的に声をあげていくべきだ。そうすることで問題が社会に共有され，教科書も書き変わりやすくなり，悪問や出題ミスの問題性が認識されれば入試からも危うい出題が減る。この意味で，コラム2で取り上げた2018年の地理Bのムーミン問題に対して（p.236），大阪大学の外国語学部が声を上げたのは望ましい姿であった。ちょっと考えてみて欲しいのだが，**これって実は，自らの研究成果や自分の専門分野の知見が社会に認知・反映される，かなり大きな機会なのではないか。**面倒臭がらずに，むしろ積極的に活用していく場面なのではないか。

2．専門家や教科書執筆者・教科書会社は，用語の選定をちゃんと議論すること

　次にこれである。「世界史探究」になって少しすっきりしたが，まだまだ本当に日本人の教養として必要な用語かあやしいものがある。高大連携歴史教育研究会が残すべき用語について具体的な提案をしたのは，やはり一つの大きな画期であった。高校世界史にふさわしい用語とは何かという議論はまだ始まったばかりである。今後も専門家の側が積極的に「何を残して，何を削るべきか」を発信するべきだ。教科書の執筆者や教科書会社はそれを受けて用語の選定を実行に移してほしい。これは入試問題を改良するだけでなく，教材としての教科書の質的改善にもつながるはずである。意欲の薄い教科書執筆者や，入試問題を顧みない執筆者の更迭もお願いしたい。

3．大学側は専門家のいない分野，及び範囲外からは出題しないか，慎重に出題すること

　そしてこれだ。結局のところ教科書や用語集は大学入試の方を向いているので，入試問題の側が変わっていかなければどうしようもない。まとめるに，私が諸大学（特に難関私大）にお願いしたいのは，次の3点だけで

ある。

・最低限範囲外からは出題しないこと。作問者はきちんと教科書・用語集
　を読み込むこと。
・入試問題はなるべくその分野の専門家が作ること。
・自分の専門分野外から出題せざるをえないなら，厳重なクロスチェック
　を行うこと。そして外部の先生にチェックを依頼すること。

　本編の随所で書いてきたが，入試の世界史は「高校世界史での教え方」
と史実の双方に適合したものしか出題してはいけない。どちらかにだけ
沿った問題文を作成すると出題ミスになる可能性がある。ゆえに，「高校
世界史の範囲には沿っているから」として，教員が自らの専門領域外から
作問すると，事故が起きる可能性が高い。専門領域と言ってもそれほど限
定して考える必要はない。専門家からするとどう考えてもありえないミス
をしなければよいのであって，たとえばベルリン三月革命の専門家であれ
ば近代ドイツ史全般を担当してもよいと思う。

　しかし，それでも規模の小さい大学だと「それでは出題できる範囲が非
常に限られてしまう」ということになるかもしれない。あえて言えば，私
はそれでもよいと思う。たとえば一橋大は非常に限られた範囲からしか毎
年出題しない。慶應大の経済学部も募集要項に「1500年以降を中心」と
書いてあり，実際ほぼ近代史からしか出題されない。これはこれで一つの
解決策である。それでもなるべく広い範囲から出題したいという大学は，
別の大学や外部機関と協力しあえば解決するのではないかと思う。

　この3点を守ってもらうだけで，本書に収録されてしまうような悲しい
問題のほとんどは消滅するはずである。本書の存在及びこれらの提言が，
今後の大学入試世界史の改善につながっていけば，幸いである。

あとがき

　まじめなことは全部終章で書いたので，ここでは謝辞と，読者へのお願いだけを書いておきたい。まずは編集の濱崎誉史朗さん。耳の負傷により体調の優れない中，出版に尽力してもらった。次に，引き続き校正を手伝ってくれた皆様。特に TieckP さん，仮名文字一刀流ネ右さんには大変お世話になったので，名前を挙げてお礼を述べたい。ありがとう。

　さて，読者へのお願いである。これだけ手を尽くして校正しても，おそらくまだ誤字や誤解は残っているのではないかと思う。人間はどれだけ努力しても，ミスを犯してしまう生き物だ。ゆえに本書でも，出題ミスのうち当局発表があったものは，よほどひどいものを除いて報告と解説にとどめた。むしろ悪問や奇問の方で辛辣なコメントを書いたつもりである。とはいえ，入試問題にせよ本書にせよミスが無いに越したことはない。そして，本書のミスの責任は全て私にある。何か気づいたことがあれば，遠慮無く（できればやわらかな文言で）私のブログの方まで報告してほしい。入試問題の出題ミスを指摘する本なのに，解説が誤っているのでは本末転倒である。報告のあったものは正誤表にして掲示する予定である。

　最後に。ここまでお読みいただきありがとうございました。楽しんでいただけたなら，または何かの役に立ったのであれば幸いです。

稲田義智，または DG-Law

nix in desertis: https://nix-in-desertis.blog.jp/

（ライブドアブログ側の都合によりドメインを変更）

大学入試問題問題シリーズ4

絶対に解けない受験世界史 4

悪問・難問・奇問・出題ミス集

2024 年 5 月 1 日初版第 1 刷発行

稲田義智

受験受験世界史研究家。東京大学文学部歴史文化学科卒。世界史への入り口は歴史 SLG や RPG 等のゲームから。一番好きな時代は 19 世紀前半。最近はロマン主義的な風景を求めて登山を始めた。運動は苦手なので日々滑落と戦っている。

nix in desertis: https://nix-in-desertis.blog.jp/

著者	稲田義智
発行人	濱崎誉史朗
発行所	**合同会社パブリブ**
	東京都中央区東日本橋 2 丁目 28 番 4 号
	日本橋 CET ビル 2 階
	Tel 03-6383-1810
	https://publibjp.com/
印刷 & 製本	シナノ印刷株式会社